数学内在的力量

修订版

数学教学应围绕"一个中心",进行"两个设计",基于"三个读懂",追求"四个有效",解决"五个问题",实施"八个优化"。

李昌官 著

图书在版编目(CIP)数据

寻找数学内在的力量 / 李昌官著. —2版.—宁波：宁波出版社,2016.1
ISBN 978-7-5526-2336-9

Ⅰ.①寻… Ⅱ.①李… Ⅲ.①中学数学课–教学研究 Ⅳ.①G633.602

中国版本图书馆 CIP 数据核字(2015)第 288980 号

寻找数学内在的力量
李昌官·著

责任编辑	王松见
封面设计	吉祥文化
出版发行	宁波出版社
地址邮编	宁波市甬江大道1号宁波书城8号楼6楼　邮编：315040
网　　址	http://www.nbcbs.com
印　　刷	浙江开源印务有限公司
开　　本	787毫米×1092毫米　1/16
印　　张	22
字　　数	390千
版　　次	2016年1月第2版
印　　次	2016年1月第1次印刷
标准书号	ISBN 978-7-5526-2336-9
定　　价	38.00元

如发现缺页或倒装，影响阅读，请与承印厂联系调换，电话：0574-87638192

第一版序

教育是理想化的事业,而现实总是功利的。在当今功利化的社会环境下,应试教育占据主导地位。数学教育中,注重考试分数、升学率等眼前利益,忽视理性精神、数学能力和学生的全面发展等长期利益的现象普遍存在。这种现状与"德育为先,能力为重,全面发展"的要求相违背,对"建设人力资源强国"的战略目标不利,对创造性人才培养更不利。可以说,我们的教育培养出来的是考试"人才",而不是能够真正解决问题的人才。我国数学教育中的这些弊端,人们都看到了,但许多人说"没办法改变"。

我认为,教育的理想一定是靠着有理想的人在与现实功利的不断斗争中得以实现的。改变现状的办法是有的,关键是我们有没有改变的愿望与决心,能不能舍弃眼前的功利,能不能立即行动起来,潜下心来,沉入课堂开展研究。

李昌官老师是教育的理想主义者,是能深入课堂研究的行动者。在认识他之前,就在一些高级别的教育教学理论刊物上读到过他的论文。当时的感觉是:一位一线教师、教研员能有这样的理论素养,并能将理论用于实践,理论与实践的结合堪称完美,难得!后来,因为对课改的热情、对教科研的共同爱好,以教材培训、课题研究为桥梁,我们得以相识、相知。从他的每一次课题会上的发言和会后的反思论文中,我进一步看到了他的睿智、执着、真诚,常常被他对数学教育的真知灼见所折服。他的发言快人快语、一针见血,他的为人率性耿直、毫不掩饰。常言道,文如其人,李昌官就是这样的。

本书是李老师多年教科研成果的结晶,许多文章以前都拜读过,而且其中有不少文章都与我们一起开展的"中学数学核心概念结构体系及其教学设计的理论与实践研究"课题有关,但今天读来仍然深受启发。

本书几乎涉及了数学教育的所有领域。首先是关于数学教学目标的探讨。20世纪60年代以来,我国明确提出了数学教育的双基、三大能力和个性品质的三维目标结构。经过不断的发展、丰富和完善,"三维目标"的数学课程目标结构得以确立。然而,教学实践中,仍然普遍存在着"重'外显目标'轻'内隐目标'、把数学教学降格为

'解题训练'等误区"。作为每天都能接触到课堂的教研员，李老师看到了数学教学中的这一根本缺失，并开展深入研究，写出了系列文章，这些文章对于我们把握数学教学的根本任务是很有启发的。

其实，数学教育工作者对"三维目标"是耳熟能详的，关键在于日常教学中如何落实。现在的课堂教学设计，教学目标以"三个维度"为时髦。仔细分析可以发现，"过程与方法""情感态度价值观"都被架空了，由此造成的后果就是"说一套做一套"。究其原因，主要还是课堂教学脱离了数学的本质，数学课没有教好数学。对此，我提出了"发挥数学的内在力量，为学生谋取长期利益"的主张。李老师对此不仅表示赞同，而且进一步深化，就如何寻找和挖掘数学内在的逻辑力量展开研究，提出了"数学教学要顺其自然、追求自然，充分发挥数学内在的逻辑力量"，"要抓住知识本质，突出思维主线，让数学思维自然地流淌"，"要让数学教学过程闪耀着理性的光芒"等指导性很强的观点，并亲力亲为地开展教学设计和课堂教学实践。本书中呈现了大量好案例，在引导学生的探究性学习、发展学生的数学思维、使学生学会发现和创造等方面，都有很强的示范性。

当前的课堂存在许多违背数学教学规律的现象。例如：缺乏统领课堂的数学核心观念，在"构建前后一致的、逻辑连贯的学习过程，引导学生开展有序的推理"上缺乏思考和得力措施，致使每一堂课都变成了"从头开始"；不重视知识的背景和基本思想，导致学生不了解为什么要引入这个概念、为什么要研究这个性质(本质上是不重视数学的连贯性)；概念教学走过场，"一个定义，三项注意，几个例题，大量练习"成为常态。例题、习题的选择标准是"新、奇、特"，使用大量缺乏相互关联的题目，目的是让学生熟练掌握更多的技巧(本质上是缺乏方法的目的性)。解题教学搞"题型+技巧"，教师常常讲解各种各样的"锦囊妙计"，而对"从概念和定理出发思考和解决问题"不予重视(本质上是对逻辑推理不重视)。显然，李老师也敏锐地觉察到这些现象，并结合自己的教研工作对解题教学展开研究，提出的"数学解题教学要站在思维策略与方法的高度，引导学生搞清楚解题思维的合理性与必然性，实现解题教学由技能与技巧教学向能力与思维教学的转变，进而提升解题教学的品质与效益"的观点是极有见地的。

关于教学的其他方面就不再一一罗列了，相信读者可以从自己的阅读中得到比我更强烈的共鸣。这里想再谈一谈的是他开展的"改进数学教学，培养学生数学能力和创新能力"系列课题研究。从"'问题中心教学'的含义、特征及其实施策略"，到"中学数学教学存在的问题及其改进策略与方法"，再到"高中数学'导研式教学'

的含义、特征及其实施策略",研究的问题系列化、结构化,新的课题是已有课题的延续和深化,并且扎根于课堂教学,从教学实践中自然地提炼研究课题,紧密结合现实需要展开研究,注重实践基础上的理论概括。这样实践性强、理论水平高的持续研究,是应该得到大力提倡的,不像当下有些课题研究那样,为功利而做,什么时髦"研究"什么。

不夸张地说,我国数学教学理论研究与实施的主体其实是像李昌官老师这样的既有数学教育理论素养又有丰富教学经验的教研员。尽管目前教研员队伍中存在凭经验工作的局限性,他们的理论水平需要进一步提升,并且还要防止教研员变"考研员"的倾向,但可喜的是,一些有远见的教研员已经敏锐地察觉并把握住了用科学的数学教学理论指导教研工作的契机。我国有一支数量庞大的教研员队伍,世纪之交开始的课改实践表明,他们在课程实施、教师培训中的作用是无法替代的,他们提供了我国基础教育质量的基本保证。如果广大教研员能像李昌官老师这样,带头深入学习数学教育、心理理论,进一步开展理论在数学教学实践中的应用研究,并将具有可操作性的研究成果用于指导本地的教学和教师培训,那么我国数学教学的科学性和有效性就能得到极大提高。

我与昌官相识多年,探讨数学教育、教学的实践与理论问题是我们交往的主题,并在这个过程中成为学术上的知己、生活中的朋友,真可谓"萍水相逢,一见如故"。我始终认为,数学教师搞教科研,必须有淡泊名利的心境、面壁十年的耐力。唯有坚持"学而不厌,诲人不倦"的精神,才能在尽教书育人职责的同时,实现自己的人生价值,找到自己的生活乐趣。我想,昌官已经感受到了这种价值,并且也乐在其中。

在本书即将付梓之际,昌官邀我为之作序。我深知自己才疏学浅,并不能把他的研究成果进行再概括、再提炼。上述文字算是我对本书先睹为快的一点感受,作为对老朋友所给予的信任的一种回应。愿广大数学教师能像李老师一样,把自己定位为研究者,真心诚意地热爱教学研究,专心致志地研究教学。"学而时习之,不亦乐乎!"这是教研的真谛,也是教好书、做好人的真谛。

2014年1月18日

前　言

数学教育的核心目标是什么？实现教育目标的基本策略与方式是什么？数学优秀课成长的基础、过程与方法怎样？占用教与学大量时间的解题教学又该如何优化？这些都是广大中学数学教师无法回避的问题。面对不该忘却的教育理想与残酷的教育现实，如何做到既"育人"又"育分"，并使"育人"与"育分"相互结合、相互促进，更是一线教师所面临的严峻挑战。

数学教育的核心价值在于通过发展人的思维，尤其是理性思维来提升人、解放人、完善人，增强学生追求真善美的意识与能力。高分数≠高质量，高分数≠高效率；以摧残学生身心为代价的教育是"伪教育"，以"注射激素"、拔苗助长方式提高的效率是"伪效率"，"只有今天没有明天"、不能可持续发展的质量是"伪质量"。有效教学首先应具有道德正当性和教育性，其次才是在智力与知识技能方面具有较高的效益和效率。

数学是思维的科学、思维的体操；数学是好玩的、有用的、简洁的、美丽的。基于"三个读懂"，寻找和发挥数学内在的逻辑力量是数学教育的"大道"和"王道"，是实现数学教育目标的根本途径与方式，也是"育人"与"育分"相结合的最好途径与方法。数学优秀课不是天上掉下来的，它们的形成与发展有其内在的规律与方法；在关注优秀课的表现形式与评价标准的同时，也应关注优秀课成长的基础、过程与方法，进而使更多教师更多的课成为优秀课。

学之道在于"悟"，教之道在于"度"。接受学习与发现学习是人类学习最基本的方式，也是学生学习最基本的方式；学生学习应该是"接受"中有"发现"，"发现"中有"接受"，教与学应使"接受学习"与"发现学习"相互渗透、相互促进，而不是用其中一个否定排斥另一个。学生是发展的主体、学习的主体、能动的主体、有差异的主体；教师是学生学习的服务者、组织者、指导者和促进者，是学生"游玩"知识世界的"导游"。教师的职责在于尊重和保障学生的学习权，在于通过营造良好的氛围来激励和促进学生学习，在于通过"为了不教的教"来提升学生的自主学习能力。

中学数学教学应围绕"一个中心"（即促进学生思维尤其是理性思维的发展），

进行"两个设计"(即学的设计与教的设计),基于"三个读懂"(即读懂数学、读懂学生、读懂教学),追求"四个有效"(即课堂教学对学生哪些方面有效、对多少学生有效、在多大程度上有效和多长时间内有效),解决"五个问题"(即目前中学数学教学中普遍存在的科学性问题、主体性问题、针对性问题、服务性问题、数学性问题),实施"八个优化"(即优化教学观念、优化教学目标、优化教学内容、优化教学方法、优化教学过程、优化教学技术、优化学生学习、优化教学评价)。

数学教学设计应在"三个读懂"的基础上,根据"变'教'为'导'、变'学'为'研'"的理念,遵循"三个基于"的设计原则(即基于教学目标进行教学过程设计,基于知识的发展轨迹及其本质进行教学过程设计,基于学生的认知基础、认知规律及其生命特点进行教学过程设计),按照"三个自然+一个迁移"(即数学教学通常由"自然地合理地提出问题,自然地合理地解决问题,及时巩固、内化迁移,自然地合理地拓展问题"四个教学环节组成)模式组织和展开教学。

本书分七个部分。第一部分重在探讨数学教学目标。指出数学教学应走出重"外显目标"轻"内隐目标"、把数学教学降格为"解题训练"等误区,走向有效地发展学生思维尤其是理性思维,触动学生的心灵和情感,优化学生的个性品质。第二部分重在探讨数学教学策略。指出寻找和挖掘数学内在的逻辑力量是数学教学方法之"大道"和"王道",即数学教学要顺其自然、追求自然,充分发挥数学内在的逻辑力量;要抓住知识本质,突出思维主线,让数学思维自然地流淌;要让数学教学过程闪耀着理性的光芒。第三部分重在通过具体教学设计案例及其点评说明如何让先进的教学理念落到实处,如何让能力与思维目标落到实处。例如:如何基于"三个读懂",追求自然有效的探究;如何找准难点,用好难点,发展思维;如何使数学学习成为"准发现、准创造"的过程。第四部分重在探讨数学解题教学。提出数学解题教学要站在思维策略与方法的高度,引导学生搞清楚解题思维的合理性与必然性,实现解题教学由技能与技巧教学向能力与思维教学的转变,进而提升解题教学的品质与效益。第五部分重在探讨数学教学评价。提出要强化考试对教与学的引导功能与矫正功能,探讨了如何用积极的考试引导积极的教学,实现考试应由重在考查数学知识与技能向重在考查数学能力与素养转变,由重在考查知识结果向重在考查知识形成过程与方法转变。第六部分探讨了几个初等数学问题。第七部分是三个获浙江省基础教育教学成果奖的主报告。三个成果的共同点都是研究如何通过改进数学教学来培养学生数学能力和创新能力。第一个重在介绍中学数学"问题中心教学"的含义、特征及其实施策略,第二个重在指出当下中学数学教学存在的问题及其改进策略与方法,第三个重在介绍高中数学"导研式教学"的含义、特征及其实施策略。

　　本书是在大量听课、调研的基础上形成的,所有的案例都来自中学数学教学实际,是"用自己的话,说自己的故事,得出自己的结论",因此散发着"泥土的芬芳",具有鲜明的实践性和操作性。期待本书能给中学数学教师改进课堂教学提供有益的参考。由于全书各部分相对独立,因此读者可以根据自己的需要与兴趣有选择、不分先后地阅读其中相应部分。由于本人才疏学浅,书中错误与缺点在所难免,敬请读者能给予批评指正。有关建议与批评请发至lcg@tzedu.org。

目 录
CONTENTS

第一版序 ·· 001
前言 ··· 004

第一章　数学教学目标：发展思维，优化品性

为发展学生思维而教
　　——以人教版"三角形内角和"教学为例 ·· 002
为学生学会学习、学会探究而教
　　——以人教A版"指数函数及其性质"教学为例 ····································· 009
中学数学教学目标技能化透视与对策 ·· 015
重"外显目标"、轻"内隐目标"：数学教学的最大误区 ··································· 022
数学教学应给学生心灵以震撼 ·· 027

第二章　数学教学策略：寻找数学内在的力量

数学教学应顺其自然、追求自然 ··· 035
试论数学教学的结构性原则 ·· 042
数学优秀课成长的基础、过程与方法 ·· 048
寻找数学内在的逻辑力量 ·· 057
再谈寻找数学内在的逻辑力量 ·· 063
让数学教学闪耀理性的光芒 ·· 070
数学"问题发现情境"创设探究 ·· 077

抓住本质 突出主线 让数学思维自然地流淌
　　——以"任意角的三角函数""曲线与方程"教学设计为例 …………… 083
中学数学教学中应处理好的六个关系 ………………………………… 091
中学数学新课程教学中的几个问题 …………………………………… 099
高中数学必修4教学经验介绍 ………………………………………… 105

第三章　数学教学案例：基于"三个读懂"，追求有效探究

基于"三个读懂"　追求有效探究
　　——以浙教版八年级上册"平行线的判定"教学设计为例 ………… 119
在读懂数学的基础上教学
　　——以人教A版"简单随机抽样"教学设计为例 …………………… 127
"函数 $y=A\sin(\omega x+\varphi)$ 的图象"教学设计 …………………………… 134
"两角差的余弦公式"教学设计 ………………………………………… 138
找准难点 用好难点 发展思维
　　——评"两角差的余弦公式"教学 ……………………………………… 144
"合情推理"(第一课时)教学设计 ……………………………………… 147
追求卓越高效的数学教学
　　——评"合理推理"教学设计 …………………………………………… 152
"数学归纳法"教学设计 ………………………………………………… 158
布卢姆认知目标新分类指导下的数学教学设计
　　——以"数系的扩充与复数的概念"教学设计为例 ………………… 165
"准创造"教学法实践与探索
　　——以人教A版"直线的倾斜角与斜率"教学为例 ………………… 176

第四章　数学解题教学：超越技能训练，促进思维发展

例谈数学解题的八大策略 ……………………………………………… 188
一道全国联赛题的推广与一般解法 …………………………………… 195

第五章　数学教学评价:为了引导和矫正教与学

为引导和矫正教与学而考
　　——2006 年浙江省台州市中考数学命题探索与实践 …………………… 198
用积极的考试引导积极的教学
　　——2007 年浙江省台州市初中学业水平考试数学命题实践与探索 …… 206
基于课标的中学生日常数学学业评价研究 …………………………………… 216

第六章　初等数学研究:数学好玩,其妙无穷

方程 $x^2+y^2=n^i(i=1,2)$ 有互素的正奇偶数解的个数 ………………… 226
RMI 原理浅说 …………………………………………………………………… 230
球面面积公式与球体积公式的证明 …………………………………………… 234

第七章　数学教学研究:基于教学实践,改进教学实践

中学数学"问题中心教学"实践与研究 ………………………………………… 238
中学数学优质高效教学之研究 ………………………………………………… 269
高中数学"导研式教学"研究与实践 …………………………………………… 326

参考文献 ………………………………………………………………………… 337
再版后记 ………………………………………………………………………… 339

第一章

数学教学目标：
发展思维，优化品性

为发展学生思维而教

——以人教版"三角形内角和"教学为例*

1 为什么要为发展学生思维而教

"智力,通常称'智慧'.指学习、记忆、思维、认识客观事物和解决实际问题的能力.其核心是思维能力."(《辞海》2012年版)郅庭瑾先生指出:"无论使学生'学会生存'也好,'学会关心''学会学习'也好,只有学会思维,学会创造性地思维才是最核心和最首要的."美国教育大师杜威先生也曾指出:"学习就是要学会思维","教育在理智方面的任务是形成清醒的、细心的、透彻的思维习惯".大师们为教育教学指明了目标与方向.数学是思维的科学,数学大厦在很大程度上是按公理化体系和方法建造的,因此数学教学更应玩概念、玩思维,更应在发展学生思维方面承担更大的责任.

2 如何为发展学生的思维而教

2.1 读懂数学、读懂学生

教师要清楚知识的来龙去脉,准确地把握知识背后所蕴含的数学思想方法和思维方法,把握学生的思维发展水平和学习过程中面临的思维障碍.只有当教师能准确地把握学生的思维起点与难点时,发展学生思维才会有坚实的基础.如"三角形内角和"教学中,教师不仅要清楚定理是如何发现与证明的,也要清楚这些发现与证明是怎样想到的;不仅要看到学生容易通过测量、拼图等方法得出三角形内角和等于180°,也要看到学生跨越由实验几何到论证几何的鸿沟所面临的困难.

2.2 创设合适的思维情境

思维起于问题,起于有问题的情境,发展思维首先要有合适的问题与问题情

---

* 这部分内容发表在《数学通报》2013年第10期,此课例是笔者为贵州省遵义市、黔南州两地初中数学教师所上的示范课、研究课.

境,因此教师要善于创设合适的思维情境,善于发问,善于用问题来激活、驱动和促进学生思考.正如高文教授所指出:"发问是将教师要教授的学习内容转化为学生想学习内容的契机.必须教的东西不能教,必须将其转化为学生想学的东西,这是发问的本质."如"三角形内角和"教学中,教师提出"怎样想到把三个角拼在一起""怎样寻找证明的思路与方法"等问题是把教转化为学、促进学生思考的关键.

2.3 寻找和利用思维的"关节点"

人的身体有许多"关节点"和"穴位",思维也一样.数学教学应寻找、抓住并利用好思维的"关节点"和"穴位".如果教师不知思维的"关节点"和"穴位"之所在,平均用力、"眉毛胡子一把抓",那么学生学习不仅会停留在机械模仿的水平上,而且会降低课堂教学的效率.正如杜威先生所指出:"纯粹的模仿、采用指定的步骤、机械式的练习,均可能最快地取得效果,然而,对反省思维能力的增强,却可能铸成不可挽回的错误."如"三角形内角和"教学中,为什么要证明、如何想到把三个角拼在一起、怎样想到过一个顶点作对边的平行线等都是解决三角形内角和问题思维的"关节点".抓住和利用好这些"关节点"能有效地优化和促进学生思维的发展.

2.4 加强思维策略指导

教师的核心职责是保障学生的学习权,提升学生以思维力为核心的自主学习力.教师要基于学生现有思维水平与学习习惯,通过思维策略指导,有效地突破思维的难点与障碍,使探究的问题处于学生的最近发展区内,进而使学生能够自然探究、有效探究.如"三角形内角和"教学中,如果教师不能有效地指导学生思考与探究,那是教师放弃了自己的核心职责、没有完成自己的核心任务;如果教师看不到学生面临的思维难点,让学生直接通过讨论或独立完成"说理—论证—优化"的过程,这样的探究必然是低效甚至无效的.因此,加强思维策略指导是避免学生"乱动"、提升课堂教学效率与效益的需要.

2.5 揭示事物间的彼此关系

学生被要求做这种或那种具体的事情却不知道其中的道理,这是非常危险而有害的."理智的学习包括积累知识与记住知识.但是,如果不理解知识,那么,知识便成了一堆未经消化的负担.只有理解了的东西才称之为知识.所谓理解与领会,意思是指能够把握已获得的知识的各个部分之间的关系——只有不断地对所学的东西进行反省的思维,才能达到这种结果."(杜威语)如"三角形内角和"教学中,要揭示三角形内角和定理的发现与证明之间的彼此联系,不把发现与证明搞成"两张皮";要揭示三角形内角定理和问题7(见下面)的不同证明(或解决)方法之间的彼此联系.揭示这些联系,不仅有助于学生思维发展,而且还有助于减轻学生的学业负担.

2.6 优化解题教学,强化思维训练

学数学离不开训练、离不开解题,但训练的目的和侧重点是解题的技能技巧还是解决问题的思维方法,却是一个重大的原则问题.重在训练技能技巧可能会禁锢学生的思维,而重在训练思维会促进思维更好地发展.因此为发展学生思维而教的课堂,不仅教学目标、教学内容、教学方法要围绕和促进学生思维的发展,而且其相应的例题与习题也应围绕思维发展而展开.如"三角形内角和"教学中,其配套的例题、习题不应重在应用三角形内角和定理的结论,而应重在运用三角形内角和定理的发现与证明的思路与方法去解决其他问题.

3 课例:"三角形内角和"教学

3.1 内容和内容解析

三角形内角和定理是平面几何最重要的定理之一.它与普罗克洛斯公理(如果一条直线与两条平行线中的一条相交,也必定与另一条平行线相交)、等距公设(两条平行线之间距离处处相等)、普莱费尔公设(经过已知直线外一点,可以作一条,而且只能作一条与已知直线平行的直线)都是等价命题.这些结论是否成立是欧氏几何与非欧几何的分水岭.

三角形内角和定理通过把3个角拼在一起得到,再用逻辑演绎的方法加以证明,是实验几何(经验几何)向论证几何(演绎几何、推理几何)过渡与发展的范例.该定理的发现与证明,都蕴含着丰富的数学思想方法,对学生思维发展具有极高的教育价值.

3.2 学生学情分析

学生在小学就已经学过三角形及其相关概念(如高与底),知道三角形具有稳定性,并对三角形的一些性质(如内角和为180°,两边之和大于第三边)、三角形分类等有初步的了解.在初中本课之前又较系统地学习了三角形的边、高、中线、角平分线等相关知识.学生有测量、拼图等学习几何经验,但对几何论证、对实验几何如何向论证几何过渡与发展十分陌生.由于他们的逻辑思维水平仍比较低,并且是第一次借助辅助线证明几何结论,因此他们独立探究、证明三角形内角和定理难度很

大.另外,他们的学习普遍存在重结论、轻过程,重知其然、轻知其所以然等现象,而这对数学学习、对他们的长远发展极为不利.

3.3 目标和目标解释

根据上述教学内容分析与学情分析,确定教学目标和重难点如下:

教学目标:学生能体会证明的必要性与优越性;能清楚地感受到三角形内角和定理的证明思路与方法的来源并能证明此定理;能说出此定理不同证明方法的共同点,并能初步运用这些方法;能感受数学思维的合理性与必然性,有优化自身思维方法与学习方法的意识;能享受探究与发现的乐趣,有愉悦的心理体验.

教学重难点:三角形内角和定理证明思路与方法的发现与运用.

3.4 教学过程

3.4.1 预热与铺垫

教师先做简要的自我介绍,拉近师生的情感距离,然后花几分钟时间让学生讨论"人是怎样变得聪明起来的".最后教师指出:有效的数学学习不仅要学知识,更要学解决问题的思路与方法;不仅要知其然,还要知其所以然.

设计说明:(1)此课是笔者为陌生的学生上课;(2)引导学生把学习的着力点放到学会学习、学会思考上.

3.4.2 明确证明的必要性

问题1:我们是用怎样的方法得到三角形内角和的?

设计说明:(1)从学生过去所学的内容看,预计学生会说是通过测量得到的,或者是把三个角拼在一起得到的.(2)学法提示:学习不仅要关注知识是什么,更应关注知识是用怎样的方法得到的.

问题2:通过测量真的就能确切地知道三角形内角和等于180°?通过测量你能确信天下所有三角形的内角和都等于180°吗?

设计说明:让学生通过讨论明确:测量虽然是探索与发现的基础,但测量有误差,并且不可能一一测量所有三角形;数学通常只认可经过逻辑证明的结论为真理,三角形内角和定理还需要严格的逻辑证明.

问题3:你是怎样想到把三角形的三个角拼在一起?

设计说明:(1)紧紧抓住每一个发展学生思维的细节,引导学生搞清楚事情的前因与后果,进而避免学习停留在表面化理解的水平上.(2)学法提示:因为所研究问题是三角形内角和,因此从图形角度考虑就是把三个角拼成一个角;解决问题的思路往往蕴藏在问题之中,要学会在无疑处生疑,学会多问几个为什么.因为搞清楚为什么这样做、怎样想到这样做往往比单纯地知道怎样做重要得多.

3.4.3 证明三角形内角和定理

问题4:你能用数学原理说明拼图结果的合理性吗?

设计说明:(1)让学生分组讨论,自己去寻找、发现证明的思路与方法.(2)为了让学生在真实的情境中思考和解决问题,教师提供图1-1、图1-2、图1-3、图1-4让学生讨论、探究.(3)解决拼图与证明相脱节问题,强化由实验向论证过渡的过程与方法,突出实验与论证之间的联系,让学生经历"说理—证明—优化"的过程,充分感受数学思维的自然性与合理性.这里"说理"即学生根据拼图和利用平行线的判定与性质说明三角形内角和定理成立."证明"即按照怎样做就怎样证的思路给出严格的证明,过程如下:如图1-1,作$\angle DAB=\angle B$,$\angle EAC=\angle C$,则$AD//BC$,$AE//BC$.由于过直线外一点有且只有一条直线与已知直线平行,因此D,A,E三点共线,$\angle DAB+\angle BAC+\angle EAC=180°$."优化"即既然$D,A,E$三点共线,且此直线平行于$BC$,那就可过点$A$直接作直线$l//BC$,再证明.(4)学法提示:结论怎么来的就怎样证;要善于从实验中发现、总结出解决问题的思路与方法;要善于优化解决问题的思路与方法.

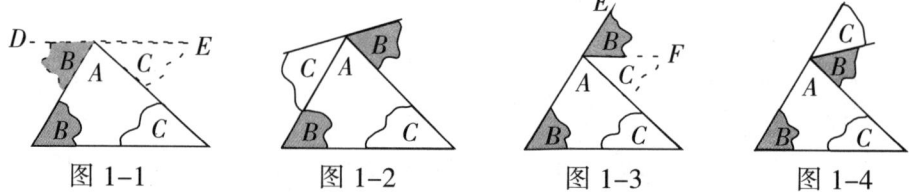

图1-1　　　　图1-2　　　　图1-3　　　　图1-4

问题5:你能对上述结论给出严格的数学证明吗?

设计说明:(1)写出规范的已知、求证、证明,提醒学生注意文字语言、符号语言、图形语言之间的相互转化.(2)突出优化与简化,即过点A直接作直线$l//BC$,再证明.

问题6:你还能用其他方法证明三角形内角和定理吗?

设计说明:(1)在按图1-1方法证明后,再寻找别的证明方法,培养思维的灵活性与多样性.(2)证法二参照图1-3给出,同时指出实验与证明思路之间的联系.(3)在得到两种证明方法后,再追问这两种方法的共同点是什么,以达到以简驭繁、把握本质、减轻学业负担的目的.这里的共同点:一是作平行线,利用平行线性质对角进行"转移";二是"转移"的目的是把分散的角"集中"到一起,组成一个平角.(4)指出学有兴趣与余力的同学还可探讨、寻找其他证法.

教师视时间和学生基础情况,可在证明后指出:(1)由于以上证明方法与结论不受三角形形状与大小的影响,因此我们能绝对可靠、无可争辩地知道天下所有三角形的内角和都等于180°;(2)爱因斯坦12岁时曾被数学的严谨性所深深地折服,数学的明晰性和可靠性给爱因斯坦造成了一种难以形容的印象.

3.4.4 运用三角形内角和定理及其证明方法

问题7: 如图1-5,C岛在A岛的北偏东50°方向,B岛在A岛的北偏东80°方向,C岛在B岛的北偏西40°方向.从C岛看A,B两岛的视角$\angle ACB$是多少度?

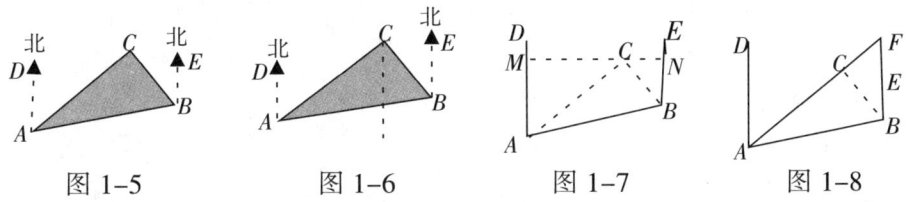

图1-5   图1-6   图1-7   图1-8

设计说明: 此题可按如下多种思路与方法解决.教学时重在其中的1至2种,其他方法教师点到为止,留给学生课外思考、探究.

思路一: $\angle ACB$是$\triangle ABC$的一个内角,要求它,只需先求$\angle CAB$,$\angle ABC$.

思路二: 受三角形内角和定理证明思路的启发,过点C作AD的平行线(如图1-6).

思路三: 过点C作AD的垂线,先求$\angle MCA$,$\angle BCN$(如图1-7).

思路四: 延长AC交直线BE于点F,则$\angle CFB=\angle DAF=50°$(如图1-8).

问题8: (1)如图1-9,从A处观测C处时仰角$\angle CAD=30°$,从B处观测C处时仰角$\angle CBD=45°$,从C处观测A,B两处时视角$\angle ACB$是多少度?

(2)如图1-10,从$AD\parallel CE$,$\angle DAB=30°$,$\angle BCE=45°$,求$\angle ABC$的度数.

图1-9   图1-10

设计说明: (1)鼓励学生用多种方法解决问题;(2)把图1-10绕点A逆时针旋转90°,可发现问题8第(2)小题与问题7本质是一样的.

3.4.5 回顾小结,归纳提升

教师先指导学生从知识、方法、思维等角度小结本节课的收获与体会,自己再从 "证明的意义与魅力""学习数学既要刻苦认真也还要讲究方法和多问为什么" "数学好玩而有趣"等三方面进行小结.

3.4.6 巩固拓展,差异发展

作业不仅应有巩固型的,也应该有拓展型的;不仅应有保底型的必做作业,也应有鼓励差异发展的选做作业.据此对本节课作业安排如下:

(1)巩固型必修作业:课本练习.

(2)拓展型选做作业:

①你能用其他方法发现或证明三角形内角和定理吗?

②四边形的内角和为多少度?五边形、六边形、七边形、n边形呢?

4 课后反思

以上教学设计以发展学生思维为目标,教学展开既自然合理,又层层递进、环环相扣.但从课堂实际看,教学目标、教学设计有脱离和超越学生的思维水平、学习习惯、学习方式之嫌,如何在平时教学中提升学生思维水平优化学习方法、如何加强师生间的有效互动与交流、如何有效地指导学生学会思考等仍是有待解决的问题.

为学生学会学习、学会探究而教*
——以人教A版"指数函数及其性质"教学为例

1 为何要为学会学习、学会探究而教

尽管大家都认可"授人以渔,而不是授人以鱼""教是为了不教"等教学理念,但这些理念远没有落到实处.尽管高一学生已经学过一次函数、反比例函数、二次函数等,却没有掌握研究这些函数所用的思路与方法,不会自主探究或合作探究指数函数的概念和性质.因此数学课要培养学生的学习力、探究力和创造力还有很长的路要走.

2 如何为学会学习、学会探究而教

2.1 把学会学习、学会探究作为教学核心目标

课堂教学因其追求不同、所用的方式方法不同而有品质、品位的高低之分.如"指数函数及其性质"教学,按其品质高低可分为四个层次.第一层次是知识教学,重在学生接受和理解指数函数的概念及其性质;第二层次是方法教学,重在学生理解指数函数概念及其性质的探究过程与探究方法;第三层次是能力教学,以指数函数及其性质的探究为载体,让学生掌握研究函数的一般套路、思路与方法,进而增强学生的观察、分析、抽象、概括、转化等能力;第四层次是品性教学,学生能在理解知识、掌握方法、发展能力的基础上欣赏数学的力量与价值,能用数学的眼光观察世界,养成探究的意识与习惯,弘扬合理地、有条理地思考和解决问题的理性精神.由于在众多的、不同层次的教学目标中,学会学习、学会探究不仅能起承上启下的作用,而且还直接影响和决定着知识教学、品性教学的效果,因此它是数学教育的核心目标.

---

* 这部分内容发表在《中学教研(数学)》2013 年第 12 期.

2.2 明晰知识结构及其探究的思路与方法

布鲁纳认为:"无论教什么课,务必要使学生理解这些科目的基本结构,这是使用知识、运用知识处理课外问题和事件或者处理日后训练中遇到的问题的最起码要求."因此要让学生学会学习、学会探究,首先要明确探究的问题、明确数学知识发展的内在结构与逻辑.如,无论是初中的一次函数、反比例函数、二次函数,还是高中的指数函数、对数函数、幂函数,其内容结构都是"具体实例—相应函数概念—探讨函数性质—明确函数性质—应用性质",要研究的问题都是函数的值域、单调性、奇偶性及其图象的基本特征等.

德国教育家第斯多惠也曾指出:"一个坏的教师是奉送真理,一个好的教师则教人发现真理."而要教人发现真理,就必须教给发现真理的方法.以"指数函数及其性质"教学为例,教师要首先自己明晰然后让学生明晰:指数函数概念形成过程所用的方法主要有观察、分析、抽象、概括等;探究指数函数性质所用的方法主要有以形论数、以退求进、从特殊到一般、分类讨论等;运用指数函数性质解决问题所用的方法主要有建立函数模型、化归等.

2.3 明晰学生探究的起点与能力

只有明晰学生探究的起点与能力,教师才能使探究问题及其难度处于学生的"最近发展区"内,进而做到有效探究.如"指数函数及其性质"教学时,既要看到学生已经学过的函数概念和一些具体的函数,已经有研究函数及其性质的相关经验,又要看到前面这些函数的概念及其性质在很大程度上是教师"告知"的而不是学生自主探究得到的,学生没有掌握研究函数性质的基本思路与方法,缺乏独立自主探究指数函数概念及其性质的能力.

2.4 明晰为学会学习、学会探究而教的策略与方法

遵循"变教为导、变学为研"原则,以数学知识合乎逻辑的发展和数学思维的自然展开为主线,以教师指导下的自主化程度较高的探究为学生学习的主要方式.遵循数学研究的基本套路——背景、问题、方法、结论、应用,即明晰研究背景、提出研究问题、明确研究方法、探究数学结论、巩固应用结论.紧紧抓住和利用思维的"关节点"和"关键点",如"指数函数及其性质"教学中,概念引入要突出数学化的过程与方法,性质探究要明确研究问题和研究方法,性质运用要突出函数建模和转化;整节内容的学习要强化类比思想,突出与前面学过的具体函数在研究问题、研究方法等方面的相似性.

2.5 把握好探究的"度",实现教学效益最大化

提倡让学生学会探究,并不是什么知识都要探究,或什么知识都要彻底探究.事实上,这是不现实的.教学要从学生探究能力的实际出发,根据教学效益最大化原则,选择合适学生探究的内容,并把握好教师启发讲解与学生自主探究之间的"度".如"指数函数及其性质"教学中,要学生探究清楚规定$a>0$且$a\neq 1$的合理性既困难,也会因耗时多而冲淡本节课的学习主题,不如采用教师启发式讲解的方式.需要指出的:认为"规定$a\neq 1$的主要原因是$a=1$时,$y=a^x=1$恒成立,不具有研究价值"的观点是值得怀疑的.因为如果真的是这样,数学中为什么有许多类似于$0!=1$、零向量与任一向量平行等规定?这里规定$a\neq 1$的根本原因还是为了保证数学知识与数学思维的严谨性和简洁性.因为如果底数a可以为1,讨论指数函数的性质通常就要分$0<a<1, a=1, a>1$这3种情形,而这既麻烦又没有必要.类似地,认为规定$a>0$也主要是为了使$x\in \mathbf{R}$的观点也是很值得怀疑的.因为如果允许a为负数,就会出现指数函数有时有意义,如$(-2)^2=4$;有时没意义,如$(-2)^{\frac{5}{2}}$在实数范围内没有意义;有时还根本不知道它是什么,如$(-2)^{\sqrt{2}}$,因为教材只规定了正数的无理数指数幂,而没有规定负数的无理数指数幂.

3 为学会学习、学会探究而教之案例——"指数函数及其性质"教学

3.1 教师创设情境,学生建构概念

问题1:下列两个问题是函数问题吗?如果是,它们是我们以前学过的函数吗?你能举出生活中类似的函数吗?

(1)《庄子·天下篇》:"一尺之棰,日取其半,万世不竭."请写出天数x与木棰长度y之间的关系式.

(2)电脑病毒具有快速自我复制能力.假设某种电脑病毒复制时由1个变成2个,2个变成4个……复制x次后,此病毒个数y与x的关系式是什么?

设计说明:(1)通过学生感兴趣的具体事例,让学生明确指数函数模型的实际背景.(2)让学生在初步感受指数函数特点的基础上,自主举出类似的例子,如细胞分裂模型$y=2^x(x\in \mathbf{N}^*)$、国民经济增长模型$y=1.073^x(x\in \mathbf{N}^*, x\leq 20)$、碳14衰减模型$y=(\frac{1}{2})^{\frac{t}{5730}}(t\geq 0)$等.(3)归纳这些函数的共同特点:指数幂的形式;底数都是常数;指

数是自变量.(4)学生往往容易忽视定义域,从定义域是函数不可缺少的构成要素角度提醒学生注意,同时加深学生对函数概念的理解.

问题2:你能在仔细观察上述函数模型的基础上,抽象、概括出此类函数更一般的模型吗?

设计说明:突出抽象化、一般化、理想化的过程与方法,让学生通过讨论认识到可用一般性的字母a代替$\frac{1}{2}$,2,1.073,$(\frac{1}{2})^{\frac{1}{5730}}$等,得到$y=a^x$.

问题3:函数式$y=a^x$中的a,x的取值有没有什么限制?你能规范地构建出一种新的函数模型吗?这种新的函数叫什么名字比较贴切?

设计说明:(1)引导学生进行反思论证,让学生在感受数学思维、数学创造的严谨性中学会探究、学会创造;(2)对a取负数、零和1可能会出现的问题进行讨论,让学生明确规定底数大于0且不等于1的合理性与必要性;(3)根据此类函数的特点尤其是自变量位置的特点命名函数.

3.2 教师指导策略,学生探究性质

问题4:研究函数性质主要从哪些方面研究?通常又用哪些方法研究?你能类比以前学过的函数,研究指数函数的性质吗?

设计说明:(1)"背景—问题—方法—结论—应用"是研究的基本"套路",这里的"背景"是指数函数性质这个"元问题";"问题"是指应研究函数性质的哪些方面,如函数的值域、单调性、奇偶性等;"方法"是指从特殊到一般、分类讨论、由形到数、函数思想等;结论是指探究后得到的指数函数性质.教学要让学生掌握研究函数的一般思路与方法.(2)考虑到学生的实际探究能力,同时为了强化类比思想、突出不同类型函数之间的共同特征,引导学生从以前如何研究函数中寻找启发.(3)在具体探究前,先明确探究的策略与方法,如为了研究函数的性质,可先画函数的图象,因为图形能给人以直观形象;要研究函数的一般性质,为了降低问题的难度,可先研究特殊情况,如底数取2,3;为了使结论更可靠、全面,故可考虑对底数分大于1和大于0小于1这两种情况讨论.

问题5:请在同一直角坐标系中画出下列函数的图象,并由此归纳、总结出指数函数的一般性质.

(1)$y=2^x$;(2)$y=(\frac{1}{2})^x$;

(3)$y=3^x$;(4)$y=(\frac{1}{3})^x$.

设计说明:(1)在目标和思维策略的指导下,让学生先独立探究,然后再小组讨论、全班展示、交流、完善.(2)为了使归纳具有更坚实的基础,特安排学生画2组4个函数的图象.(3)不限定指数函数性质的范围,给学生更多的思维空间和探究空间.(4)在观察图象得出函数性质的基础上,引导学生从函数表达式角度说明这些性质必然成立.

3.3 教师搭建平台,学生自主实践

问题6:比较下列各题中两个值的大小:

(1)$1.7^{2.5}$,1.7^3;

(2)$0.8^{-0.1}$,$0.8^{-0.2}$;

(3)$1.7^{0.3}$,$0.9^{3.1}$.

设计说明:(1)学生通过讨论,明确直接计算是行不通的,需要另找出路.(2)观察要比较的两个数,发现它们的底数相同,指数不同,由此联想到可把它们看作相应指数函数的两个值.(3)对$1.7^{0.3}$与$0.9^{3.1}$的比较,由于底数与指数均不同,故启发学生寻找第3个数作为"中介".考虑到这两数都是指数式,且一个底数大于1,另一个底数是小于1的正数,联想到指数函数值有一个"分界点"1,故比较它们与1的大小.(4)这里教师的"职责"是启发、暗示,学生的"职责"是想到、想通.(5)通过回顾和反思:明确解决问题方法的实质是构造相应的函数模型,再利用函数单调性解决问题.

3.4 教师设置标杆,学生自我检测

问题7:已知指数函数$f(x)=a^x(a>0,且a\neq 1)$的图象经过点$(3,\pi)$,求$f(0)$,$f(1)$,$f(-3)$的值.

问题8:比较下列各题中两个值的大小:

(1)$0.83^{0.5}$,$0.83^{0.8}$;(2)$3.8^{-1.5}$,$3.8^{-1.2}$;

(3)$(2a-1)^2$,$(2a-1)^3(a>\frac{1}{2})$;(4)$1.5^{-1.3}$,$0.5^{-3.1}$.

问题9:截止到1999年底,我国人口约13亿.如果今后能将人口年平均增长率控制在1%,那么经过20年后,我国人口数最多为多少(精确到亿)?

设计说明:(1)根据课程、教学、评价一致性原则,设置问题7~9.(2)这3个问题原则上由学生自主解决;确有困难的学生或整体基础差的班级,教师可根据学生需

要给予恰当的指导.(3)训练的重点应放在思维策略的掌握和运用上.(4)问题9解决后补充介绍指数型函数$y=ka^x(k\in \mathbf{R}$且$k\neq 0;a>0$且$a\neq 1)$.

3.5 教师提问小结,学生回顾梳理

问题10:本节课你学到了哪些知识?这些知识又是通过怎样的途径与方法得到的?

设计说明:画龙点睛,强化学生对获取知识的思路与方法的理解.

总之,数学教学应深入研究为学生学会学习、学会探究而教的策略与方法,"应当深入揭示隐藏在具体知识内容背后的数学思维方法,并以数学思维方法的分析带动、促进具体数学知识内容的教学,从而使后者真正成为'可以理解的'、'可以学到手的'和'能够加以推广应用的'",有效提升学生的学习力和创造力.

中学数学教学目标技能化透视与对策*

教育心理学告诉我们:学习是人在一定的环境中,使个体获得经验,以及较持久地改变行为、才能与心理倾向(兴趣、态度或价值观等)的过程;学习的任务有两方面:一方面是改变个体的"外显行为",另一方面是改变个体的内在才能与心理倾向.2000年版的《全日制普通高级中学数学教学大纲》规定的高中数学教学目的,既包括数学知识与数学技能方面,也包括思维能力、创新意识和个性品质等方面.《义务教育阶段国家数学课程标准·征求意见稿》规定的数学课程目标体系分为发展性领域和知识技能领域.其中,发展性领域包括对数学的认识、情感体验、思维能力、解决问题四个部分;知识技能领域包括数与代数、空间与图形、概率与统计、联系与综合四个部分.

但现实的数学教学中,偏重书本知识、运算技能和推理技能的学习与训练,缺少对学生学习的情感、态度以及个体差异的关注,忽视学生创新精神和实践能力的培养等现象普遍存在,数学教学目标技能化倾向十分严重.这里的"数学教学目标技能化"是指教师只顾数学知识技能目标而忽视其他方面的目标,把数学当作一门纯粹的技能性学科来教学的行为和倾向.而事实上,数学不仅是一种工具和技能,更是一种精神和文化,数学教学应有更高更全面的目标.

1 数学教学目标技能化的产生原因

造成数学教学目标技能化的原因是多方面的,既有教学思想上的急功近利,也有教学评价上的局限性与片面性,但最根本最直接的原因是现实的数学考试和传统的数学文化.

1.1 传统数学文化的影响

《九章算术》和《几何原本》分别是古代中西数学的经典著作,极大地影响着中西方数学的发展.《九章算术》包括246个应用题及其答案和术文,按算法分属方田、

---

* 这部分内容发表于《数学教育学报》2001年第4期.

粟米、衰分、少广、商功、均输、盈不足、方程、勾股等九章.它的中心问题是求解,其方法是把问题分门别类、找出相应的解题模式,注重的是数学作为技能和工具的一面.与《九章算术》相反,《几何原本》全书13卷469题没有一题是实用性的.它追求的是一种公理化的逻辑体系,一种纯理性的数学思辨,注重的是数学作为精神和文化的一面.由此可见,中国古代和近代数学重视算法、解题技能而忽视数学文化、数学思想、数学精神的倾向十分明显.相应地,中国古代和近代数学教育教学也往往局限在技能教学的层面上,具有明显的急功近利性.中国现行的数学教学继承了近代数学教学以解题为中心、注重计算技术、崇尚功利的特点,但"功利"的具体内容却由解决实际问题变成了应付升学考试.因此传统的数学文化是造成数学教学目标技能化的首要原因.

1.2 现实数学考试的原因

中国是最早采用笔试竞争制度的国家,有着深厚的考试文化.现实的数学考试事实上只检查学生对数学知识技能的掌握程度,并且这些考试(包括数学竞赛)通常题目多、难度大、时间短.以高考为例,学生要在120分钟的时间内完成如此大的题量和难度的考试,根本没有多少探索性思考的时间,靠的只能是"条件反射式"地解题.因此学生要取得高分,至少必须具备下列两个条件:一是会做,二是能熟练、迅速地做.而这必然要求学生在平时通过大量解题、反复操练来强化解题技能.因为不如此训练,就无法在限时限刻的考试中做完大量的题目.另外,高考数学的模式化和每年颁布的考试说明,更加剧了数学教学目标的技能化的倾向.因此现行的数学高考虽然在不断改革,但仍极大地制约着中学数学教学改革,压缩了学生创造性思维发展的时间和空间.可以说,现行的数学考试的内容、方法、制度是造成数学教学目标技能化的根本原因.

2 数学教学目标技能化的主要表现

2.1 肢解数学知识和数学方法

数学是高度结构化和系统化的学科,各知识点之间具有紧密的逻辑联系.教师本应站在系统和结构的高度把握数学,突出数学的整体性、系统性、结构性和相互联系性.但为了使学生便于掌握数学知识技能,教师往往不顾数学知识的整体性和系统性,采用"只见树木,不见森林"的方法把数学知识肢解为若干个"知识点"(对布鲁姆"教育目标分类"理论的片面理解和运用也加剧了这一点),进而又把每个知识点肢解为若干技能.这实际上是一种典型的知识技能教学.并且,就是这种知识技能教学,教师也往往丢弃数学知识的形成、探索和发展过程,丢弃它在日常生活中广泛而丰富多彩的运用,使数学知识成了"帽子里突然跑出来的兔子",成了"无头无尾的怪物".另外,对生动活泼、浑然一体的数学思想方法和数学观念,教师也往往把它们分解为若干步骤,使之模式化、程序化、机械化.

2.2 把教学降格为"训练"

现行的数学教学具有很强的应试性和急功近利性,重在收到立竿见影的效果,这导致学生被作为解题的机器进行加工,教学被降格为训练.具体表现为:(1)学生学习无论从形式到内容都具有高度的强迫性.学生缺少学习内容的选择权、学习时间的支配权、学习方法的自主权,只能自觉或不自觉地按照一个别人设计的模式、计划或步骤去达到他人设计的目标,教师或学校的无形外力延伸到了本该属于学生的自由发展和思考的空间.(2)重视模仿性再现性思维,忽视独立性创造性思维.由于技能被看作"主体在已有的知识经验基础上,经过练习形成的执行某种任务的活动方式",因此"熟能生巧"成了最重要的学习原则,大量的模仿、重复训练被认为理所当然.教师往往只要求学生多做、按规定要求做,而忽视为什么要做、为什么要这样做、怎样想到这样做.(3)"以训练为主线、精讲多练"被当作最重要的教学原则.这里的训练明显存在两个问题,一是训练的目标不够全面,往往重在训练学生的程序化、机械化的解题技能而不是真正的数学思维;二是对学生的解题技能要求过高,即往往要求学生对常规题目的解决达到"条件反射"般的水平.

2.3 重视解题技能技巧,忽视数学思想观念

"重视解题技能技巧,忽视数学思想方法"是数学教学目标技能化的重要体现.它表现在教学模式上,采用的是"概念(定理、公式)—解题示范—模仿练习"型"技能学习模式";表现在教学原则上,是强调"熟能生巧"和"以训练为主线";表现在教学方法上,是把讲解和示范的重点往往放在如何做、放在微观的解题方法和技巧上,而忽视宏观的解题策略的指导,忽视为什么要这样做、怎样想到这样做,忽视对解题技能技巧做进一步概括和提炼,使之上升到一般性的数学思想、数学思维方法和思维策略的高度;表现在教学过程上,是人为地压缩数学思想、数学结论的形成、探索和发展过程,把大量的时间花在解题示范和模仿练习上.

2.4 重陈述性与程序性,轻策略性知识学习

现代认知心理学的广义知识观,把知识分为陈述性知识、程序性知识和策略性知识三类.其中陈述性知识是指个人关于世界是什么的知识,程序性知识是指用于

具体情境的算法或一套步骤,策略性知识是指如何学习、记忆或解决问题的一般方法,包括应用策略进行自我监控.从知识分类的角度看,"重视解题技能技巧,忽视数学思想方法"实质上就是把数学教学局限在陈述性知识、程序性知识的层次上,亦即局限在知识和技能的层次上,而没有使其向策略性知识做进一步的发展.由于知识的层次越低,技能性就越明显,迁移功能和储存性能就越差;知识的层次越高,策略性就越明显,迁移功能和储存性能就越强.因此数学教学的核心任务就在于学生习得与学会应用数学的策略性知识.但现行的数学教学却重在使学生明确"是什么"、掌握"怎么做",忽视"为什么是这样?为什么要这样做?怎样才会这样做?"这实质上就是把数学教学降格为技能教学.

另外,重视求"真"而忽视求"善"求"美",重视问题解决而忽视问题提出在很大程度上也是数学教学目标技能化的表现.

3 数学教学目标技能化的危害

数学教学目标技能化的实质是应试教育在数学教学中的反映.它有违数学教育的真谛和数学教学目的,其危害是严重的.

3.1 对数学的情感、态度没有得到相应的发展

有两个事实可充分说明这一点.一是经过高三的强化训练,尽管学生数学考试分数会得到较大的提高,但学生对数学的兴趣却普遍且明显地下降;二是尽管我国中学生在国际奥林匹克数学竞赛中连获冠军,在21个参加数学测试的国家和地区中以总平均分80分的成绩名列第一(领先第二名7分之多),但学生却普遍对学习数学兴趣不高、对数学美和数学价值缺乏最基本的了解.许多学生虽然数学成绩十分突出,但他们对数学的兴趣、态度、价值观等心理倾向却没有得到相应的发展,甚至却相反.对我校学生的问卷调查发现:65.8%高中学生心目中的数学是升学的工具、计算的工具,是僵化的、枯燥的、困难的甚至是无用的.与教学目标技能化相适应的强制性的、单调的、枯燥的大运动量解题训练则是造成这种后果的根本原因.因为这不仅造成了学生每天埋头于作业、身体苦不堪言,也使学生失去了学习数学的乐趣,难以体会数学的价值、数学的美与善.

3.2 数学思维能力没有与数学技能同步发展

由于数学教学被降格为训练,学生重在通过接受和模仿来学习数学,也由于对策略性知识的教与学重视不够,学生的解题技能技巧没有向解题思维策略做进一

步发展,导致了学生思维发展的空间和时间受到了极大的限制,他们数学思维能力的发展大大落后于技能技巧的发展,问题意识和创新精神严重不足.事实表明:学生从小学到高中,解题越多,创造性和问题意识就越差.最后,学生成了解题技能熟练、解题思想策略贫乏的"机器人".也就是说,由于学生对数学和问题不求甚解,缺少对数学的真正思考,导致了数学中最重要、最本质的数学思维能力、数学精神、数学观念没有得到相应的发展.正如杨振宁教授所指出的:"中国的学生知识太多了,活的思想太少了".

3.3 学生可持续发展的潜力差

这又具体表现在:(1)由于技能训练有明确的目标,而这些目标又是教师根据考试大纲和考试需要确定的,因此学生只能自觉或不自觉地按照一个别人设计的模式、计划或步骤去达到他人设计的目标.这就像教师或他人已经设计好"跑道"和起点、终点,学生只需从教师指定的起点出发,沿教师规定的"跑道"到达教师设定的终点.经过小学、初中、高中三个阶段的不断刺激和强化,学生已经习惯于这样,习惯于依靠教师、由教师来决定自己该学什么和怎样学.因此这种仆从型、依赖型的数学学习大大削弱了学生的自主意识和自主能力.(2)由于数学知识和数学方法在缺乏宏观指导和把握的情况下被肢解,也由于对数学思想方法和策略性知识重视不够,因此学生学习数学往往"只见树木,不见森林",不能站在系统的、整体的高度来把握数学知识和方法,难以形成完整且结构良好的数学认知结构.而这样的数学知识不仅容易遗忘,而且应用性、辐射性差,难以在以后的学习中产生正迁移.(3)接受性、模仿性、机械性的技能训练,导致了学生问题意识、创新意识薄弱,提出问题能力、创新探索能力差.(4)技能化的数学学习,造成了学生的数学思维能力、数学情感没有得到相应的发展,进而导致了学生不会正确地应用数学甚至远离数学.概而言之,数学教学目标技能化忽视和削弱了数学学习中最重要、最宝贵的东西,大大地削弱了学生可持续发展的潜力.

4 对策

4.1 进一步改革高考数学命题和考试

鉴于在现实的环境下,高考对教学具有根本性、决定性的影响.高考数学考试和命题的改革有助于教师矫正教学目标.

(1)高考数学考试说明应更富有弹性.每年颁布的考试说明各方面规定得过死

过细,这虽然有助于控制教学难度和范围,但加剧了教学唯考试要求是从,加剧了教学目标技能化、考试命题模式化、思维模式简单化等倾向,不利于真正提高学生的数学素质.

(2)进一步减少高考数学的题量.2000年卷已由1995年的26题减少到22题,可以再减少到20题甚至18题.因为我们提倡的命题原则是能力立意而不是知识立意,试题减少到18~20题可以在测试学生知识掌握的同时,更好地测试他们的数学能力和综合素质.

(3)恰当延长数学考试时间,由目前的120分钟增加到150分钟.考试时间短,必然限制学生的思考时间,导致平时教学和练习片面追求技能技巧的熟练程度,进而不利于学生创造性思维的发展.

(4)试题要更具有思考性和开放性.题目的条件、结论、解题方法都应更具开放性,给学生思维的自由发挥提供更大的空间.也就是说,高考数学在降低技能技巧方面要求的同时,应适当提高数学化、提出问题能力和创造性思维等方面要求,迫使学生只能通过真正提高自己的数学素养来提高考试成绩.

4.2 加强策略性知识教学

调整教学着重点,加强策略性知识是克服教学目标技能化的具体措施之一.教学长期以来,数学教学的理念是"熟能生巧",教学的重点是陈述性知识和程序性知识,教的方式是讲解和示范如何具体解题,学的方式是大量地模仿性地练习.由于陈述性知识和程序性知识学生难以长期"保存",且迁移能力差,导致了数学教学效益低下.因此需要加强策略性知识教学,变重在示范和模仿的数学学习为重在探索和实践的数学学习,使教与学的重点由"是什么、怎么做"变为"为什么是这样,为什么要这样做,怎样想到这样做",使学生学会如何学习、记忆或解决问题的一般方法,以及应用认知策略进行自我监控,使数学的精神、数学的思想和研究方法随时随地发生作用.

4.3 加大课堂教学的研究性、开放性、自主性

只有富有研究性、开放性、自主性的课堂教学才能更好地促进学生在情感、态度、习惯、思维能力等方面更好地发展,进而有效地克服教学目标技能化的倾向.近几年,尽管课堂教学中学生的主体性有所加强,但总体上来说仍然是灌输式的.我们应该把研究性学习的理念和做法引入课堂教学,通过教学模式、教学方法的改革,变"封闭型、灌输型、仆从型、技能型"的数学教学为"开放型、研究型、自主型、发展型"的数学教学,增强学生自身对学习的体验,使学生从大量繁杂、重复的技能训

练中解放出来,将更多的精力投入到现实的、探索性的数学活动中去.另外,学生总是被要求去解决由他人(教师、教材编写者、出考题者等)所提出的问题,也应被看成传统的"传授—接受"式教学思想的一个具体体现(郑毓信语).课堂上教师呈现的应是问题的背景或有关材料,而不是问题本身;学生学习的起点应是发现问题、提出问题.也就是说,完整的数学学习应是一个不断发现问题、不断解决问题的过程,应该包括"学问"与"学答"两个方面.因此,我们应该把引导学生自己提出数学问题作为课堂教学的一个环节,把培养学生问题提出能力作为课堂教学的目标之一.

4.4 要建立科学合理、导向正确的评估机制

数学教学目标技能化在很大程度上是教学评价方式和技术的落后造成的.要改变这种倾向,关键是要建立科学合理、导向正确的评估机制.这种评估机制要包括教师对学生学习的评价和学校对教师教学工作的评价两个方面,评估的目的是为了促进每一个学生的全面发展.对学生学习的评价,既要评价学生学习的结果,更要评价他们在学习过程中的变化和发展,评价他们在数学实践活动中所表现出来的情感的态度;对知识和技能的评价,应侧重于重要的数学知识和方法,对它们的评价应在实际背景和解决问题的过程中进行,并注重不同内容之间的联系.评价的方法要多样化,可以将考试、课题活动、撰写论文、小组活动、自我评价等各种方法结合起来.学校对教师的教学工作的评价,既要看学生的考试成绩,更要看学生学习兴趣、学习方法、学习习惯的发展和养成情况.因此我们要用科学的、全面的、发展的眼光评价学生的学习和教师的工作,努力形成一种科学合理、导向正确的评估机制.

综上所述,数学教学目标技能化归根到底是现实数学考试、教学评价和传统数学文化造成的,我们需要深刻认识其表现与危害,遵循教学大纲但又不拘泥于教学大纲,克服和纠正数学教学目标技能化的倾向,使数学教学真正成为学生追求真、善、美的教学,使数学教育真正成为培养人、发展人、解放人的教育.

重"外显目标"、轻"内隐目标：数学教学的最大误区"*

教学目标是构成教学基础的意向,它直接影响和制约着教学的模式、原则与方法.目前数学教学存在着许多问题和不足,但最大的问题和不足是我们自觉或不自觉地把数学知识技能目标作为数学教学的唯一目标,注重通过反复模仿来训练学生的解题技能而忽视数学思想、价值、精神,注重数学的工具性而忽视数学的人文性,把数学当作一门纯粹的工具性、技能性学科来教学.也就是说,数学教学主要是为了让学生获得经验和改变外部行为,而很少涉及改变学生的内在才能与心理倾向,它注重的是"外显目标"而不是"内隐目标".这里的"外显目标"主要是指有比较明确而统一的标准,能在各种测试(包括课堂练习、作业、测验、升学考试等)中能较好体现出来的,比较容易观察和测量的行为目标,主要是知识目标和解题技能目标;而"内隐目标"是指相对于"外显目标"而言,没有明确而统一的标准,难以在各种测试中得到体现,短时期内难以观察和测量的目标,主要是内在才能与个性品质方面的目标.

1 重"外显目标"轻"内隐目标"的主要表现

1.1 重视求"真",忽视求"善"求"美"

所谓"真"就是真实的事实,或者能够被加以证实的科学知识;所谓"善"就是道德观念中那些善良的、值得称道的东西;所谓"美"就是价值观念和审美观念中那些值得人们去追求或去欣赏的东西.陶行知先生曾说:"千教万教教人求真,千学万学学做真人."可见,"求真"应是数学教育的首要目标,但数学教育绝不能到此为止.数学教育在引导学生追求真理、区分真伪的同时,也应该引导学生追求善与美、区分

---

* 这部分内容发表于《镇江师专学报》2001年第6期.

善与恶、美与丑.爱因斯坦曾一针见血指出:"用专业知识教育人是不够的.通过专业教育,他可以成为一种有用的机器,但是不能成为一个和谐发展的人.要使学生对价值有所理解并且产生热烈的感情,那是最基本的.他必须获得对美和道德上的善有鲜明的辨别力.否则,他——连同他的专业知识——就更像一只受过很好训练的狗,而不像一个和谐发展的人."爱因斯坦这里所指的"专业知识"实质上就是"真".由于"真"有相对明确的标准,数学考试主要是测试学生"求真"的技能技巧,久而久之,造成了数学教学往往只顾求"真"而忽视求"善"求"美".

但数学本质上是真善美的统一体.数学的"真"来源于现实,又服务于现实.求真是求得真理性的认识,求善是把对真理的认识转化为利国利民的实际行动或良好愿望,使数学为人类的进步和幸福服务.事实上,数学使许多工业产品不仅用料经济,而且也给人以美的感觉."美是真理的光辉",数学知识、定理法则等中到处充满对称美、统一美和简洁美.如恒等式$C_n^0+C_n^1+C_n^2+\cdots+C_n^{n-1}+C_n^n=2^n(n\in \mathbf{Z}_+)$,椭圆的标准方程$\frac{x^2}{a^2}+\frac{y^2}{b^2}=1$,圆锥曲线的统一极坐标方程$\rho=\frac{ep}{1-e\cos\theta}$等等."美是真理的向导",教师可创设情境,引导学生根据数学美进行探索.

1.2 重视问题解决,忽视问题发现和提出

郑毓信先生曾经谈到问题解决作为一个数学教育改革运动是有局限性的,因为数学教育的基本目标不仅包括解决问题的能力,而且也包括培养学生提出问题的能力,而问题解决恰恰忽略了后者.事实上,学习和探求新知识是基于对现有知识的不满足,是由于现有知识还不完整或存在缺陷,因此学习与研究的起点应是发现问题、提出问题;是先有问题和解决问题的愿望,然后再设法解决问题.完整的数学学习应是一个不断发现问题、不断解决问题的过程,应该包括"学问"与"学答"两个方面.心理学研究也表明:问题是思维的动力和路标,问题意识是思维的起点,是个体思维独立性和创造性的重要标志.没有问题的思维是肤浅的、被动的思维.但现行的数学教学却忽视培养学生发现和提出问题的能力,很少见到教师基于学生的现有知识和待解决的实际问题引导学生自己提出数学问题.即使所谓的"启发式教学""发现学习"或"探究性学习",也是教师启发学生解决教师提出的问题或发现问题的结论,而不是启发学生自己发现问题.

以"任意角的三角函数"的教学为例,一般都是教师自己提出"如何定义任意角的三角函数"这一问题,然后探索定义,再利用定义去求一些角的三角函数值,而忽视引导学生发现潜在的问题:(1)为什么会想到要定义任意角的三角函数?(2)我们

该如何定义任意角的三角函数？应该怎样去寻找解决办法？(3)初中时锐角三角函数是借助直角三角形定义的,这两者之间有无必然的联系？(4)既然锐角三角函数值的大小由这个角的大小本身确定,与这个锐角所在的三角形是不是直角三角形或者这个锐角是不是三角形的内角无关,那么我们能否用其他方法来定义锐角三角函数？(5)如果能,那么我们该如何从原有的定义中得到启发,寻找新的定义方法？(6)新的定义科学吗？合理吗？它有什么优点？(7)如何运用新的定义去解决相关问题？其实只要教师平时注意培养学生发现和提出问题的能力,注意对学生进行策略性知识教学,学生是能够自己发现和提出这些问题,进而解决这些问题的。

1.3 重视解题技能技巧,忽视数学思想观念

在传统的学习意义下,数学学习主要是指经验的获得和外部行为的改变,很少涉及内在才能与心理倾向的改变;相应地,数学教学主要是在"外显目标"上做文章,而忽视"内隐目标".由于教师、教材、考试都把数学当作一种技能,因此数学课堂教学模式自然地就成为一种"手艺学习模式",具体就是"概念(定理、公式)—例题—练习".这种教学模式剥夺了学生独立思考、自由发挥的机会,扼杀了学生的创造欲望.主要是指经验的获得和外部行为的改变,很少涉及内在才能与心理倾向的改变.

"重解题技能技巧,轻数学思想观念"在教学观念、教学方法、教学过程中的具体表现有:(1)教师把数学知识分割为若干知识点,再把每个知识点分为若干技能加以落实,训练学生的解题技能成了数学教学最重要的目标;(2)教师人为地压缩数学思想、数学结论的形成、探索和发展过程,数学思想或结论往往成了"帽子里突然跑出来的兔子",教室成了学生静听教师宣讲某些犹如天上掉下来的格言般的规则的讲堂;(3)"熟能生巧"被当作经典格言,"大运动量"训练、"题海战术"盛行,导致了学生花大量时间去掌握能被或将被计算机所代替的一些技能技巧;(4)过多地采用讲解和示范的方法教学生解题,并且讲解和示范的重点往往放在具体方法的介绍上,而忽视解题的思考过程尤其是解题思路的形成产生过程,忽视对解题过程的评价与反思;(5)重视微观的解题技能技巧,但缺少对这些技能技巧的进一步概括和提炼,宏观的一般性的数学思想、数学思维方法被忽视,数学中最重要、最本质的数学精神、数学观念被丢弃.

2 重"外显目标"轻"内隐目标"有悖于数学教育目的和现代教育理念

2000年2月正式出版发行的《全日制普通高级中学数学教学大纲(试验修订版)》明确规定高中数学的教学目的是:使学生学好从事社会主义现代化建设和进一步学习所必需的代数、几何基础知识和概率统计、微积分的初步知识,并形成基本技能;进一步培养学生的思维能力、运算能力、空间想象能力、解决实际问题的能力,以及数学创新意识;进一步培养良好的个性品质和辩证唯物主义观点.《义务教育阶段国家数学课程标准·征求意见稿》把数学课程目标体系分为发展性领域和知识技能领域.其中,发展性领域包括对数学的认识、情感体验、思维能力、解决问题四个部分;知识技能领域包括数与代数、空间与图形、概率与统计、联系与综合四个部分.

心理学理论告诉我们,学习是人在一定的环境中,使个体获得经验,以及较持久地改变行为、才能与心理倾向(兴趣、态度或价值观等)的过程.也就是说,学习的目标有两方面:一方面是改变个体的"外显行为";另一方面是改变个体的内在才能与心理倾向.许多心理学家对学习和教学目标做了积极有益的探索.如布鲁姆等人把教学目标分为认知、情感和技能等三大领域.不仅如此,着眼于未来社会需要和学生可持续发展能力培养的现代学习观,比以往任何时候都更强调学习效果上要出现内部才能和心理倾向的改变.数学教学不仅仅要让学生记住和掌握数学知识,更重要的是要使学生在数学思维品质上得到提高和用数学知识、思想方法在提出问题、解决问题的能力上得到加强.因为"作为知识的数学,(学生)出校门不到两年就忘了,唯有深深铭记在头脑中的是数学精神、数学思想、研究方法和着眼点等,这些却随时随地发生作用,使他们终生受益"(米山国藏).

因此"外显目标"仅仅是数学教育目标或目的的一部分,让学生掌握数学知识技能仅仅是数学学习的任务之一,而远不是全部.我们应有效地把"外显目标"与"内隐目标"结合在一起,做到"以'外显目标'为基础,以'内隐目标'为主导".

3 重"外显目标"轻"内隐目标"的危害

3.1 学生得不到全面、和谐的发展

由于重"外显目标"轻"内隐目标",我们往往通过大运动量训练来提高学生的

解题技能,结果尽管我国中学生在国际奥林匹克数学竞赛中连获冠军,在21个参加数学测试的国家和地区中以总平均80分的成绩名列第一(领先第二名7分之多).但却问题意识、创新意识薄弱,发现和提出问题能力、创新探索能力差,应用能力不足、缺乏对数学美和数学价值最基本的了解.学生问卷调查发现:许多学生虽然数学成绩十分突出,但他们对数学的兴趣、态度、价值观等心理倾向却没有得到相应的发展,甚至相反;大量学生心目中的数学是升学的工具、计算的工具,是僵化的、枯燥的、困难的甚至是无用的.

3.2 学生学习依附性强、自我发展能力弱

由于学生的学习有明确的"外显目标",而这些目标又是教师根据教材和考试大纲确定的,因此学生根本无权确定自己的学习目标、选择自己的学习方式,只能自觉或不自觉地按照一个别人设计的模式、计划或步骤去达到他人设计的目标,因此极大地削弱了学生学习的自主性与主体性,他们已经习惯于依靠教师、由教师来决定自己该学什么和怎样学,他们甚至已经认为学习数学就是解书本和教师布置的习题,就是如何去考试.

3.3 加重了学生的学习负担

由于重"外显目标",过于强调了数学作为技能和工具的一面,因此训练技能的名言"熟能生巧"被广泛而无节制地使用,单调、枯燥的大运动量训练变成了理所当然,造成了学生不仅苦不堪言、因苦生怨,而且根本无心体验数学的价值、数学的美与善,无法享受学习和探索数学的乐趣,进而也加重了学生的心理负担.

3.4 降低了数学学习的效益

教育的真谛是"所有学会的东西都忘却了以后仍然留下来的那些东西"(M.劳厄尔).但由于重"外显目标"轻"内隐目标",学生心理倾向的发展却受到了极大的削弱.又由于外显的知识和技能容易遗忘,"形式训练说"已经被长期的教育教学实践证明是错误的(至少是低效的),再加上未来社会计算机会把技能技巧性的工作做得比人更好,而人的观念、态度、精神、品质等对人和社会将显得更加重要,因此重"外显目标"轻"内隐目标"极大地降低了数学学习的效益尤其是可持续发展的效益.

综上所述,我们需要端正教育教学思想,走出重"外显目标"轻"内隐目标"这一数学教学的误区,遵循教学大纲但又不拘泥于教学大纲,克服和纠正数学教学目标技能化的倾向,使数学教学真正成为学生追求真、善、美的教学,成为培养人、发展人、解放人的教育.

数学教学应给学生心灵以震撼*

在日常的数学教学中,我们经常会遇到许多学生想都不敢想,或与学生的原有认知有重大冲突的数学问题、数学方法、数学结论等.及时地抓住这些时机、利用好这些素材,不仅能有效地突破学生已有的思维方式和思维定势,促进学生更好地学习数学,而且能给学生的心灵以触动和震撼,从而有效地增进学生对数学的情感,增强他们探索和创新的欲望与信心.

1 借助出人意料的数学问题给学生心灵以震撼

笔者曾在高三复习教学实际中遇到这样一件事情:

案例1 求平面内与两个定点 $F_1(-a,0)$、$F_2(a,0)$ 的距离的比为常数 $\lambda(\lambda>0)$ 的点 P 的轨迹.

解:设点 $P(x,y)$ 是所求轨迹上任一点,则由题意有

$$\sqrt{(x+a)^2+y^2}=\lambda\sqrt{(x-a)^2+y^2}$$

即 $(1-\lambda^2)x^2+(1-\lambda^2)y^2+2a(1+\lambda^2)x+(1-\lambda^2)a^2=0$ (*)

(1) 当 $\lambda=1$,则方程(*)表示直线 $x=0$.

(2) 当 $\lambda \neq 1$,则由方程(*)可得

$$x^2+y^2+\frac{2a(1+\lambda^2)}{1-\lambda^2}x+a^2=0$$

即 $[x+\frac{a(1+\lambda^2)}{1-\lambda^2}]^2+y^2=\frac{4\lambda^2}{(1-\lambda^2)^2}a^2$

它表示以点 $[-\frac{a(1+\lambda^2)}{1-\lambda^2},0]$ 为圆心,以 $\frac{2\lambda a}{|1-\lambda^2|}$ 为半径的圆.

---

* 这部分内容发表于《中学数学教学参考》2004 年第 5 期,后被中国人民大学书报资料中心《中学数学教与学》2004 年第 9 期全文转载.

问题似乎到此就结束了.但却有一个学生提出这样一个令所有学生都十分意外、十分困惑的问题:当$\lambda \to 1$时,所求得的圆的"极限"是不是直线?直线可不可以看成半径无穷大的圆?笔者在吃惊之后给予了充分的肯定:赞扬这位学生提出了一个大胆、充满新意的问题,一个十分有意义而伟大的猜想,这个猜想突破了欧氏几何的局限,提出了一个欧氏几何内无法解决的非欧几何问题;同时指出这位学生具有良好的学习习惯、丰富的想象力和勇于创新的精神,值得其他学生学习.这位学生很激动,其他学生也很兴奋.毫无疑问,学生的心灵受到了强烈的震动.

当然,对不同阶段的学生,我们可以抓住和借助不同的问题来达到相同的目的.如对小学高年级学生和初中生来说,$0.\dot{9}=?$ 也是一个十分有意义的问题.我们不必追求每一个问题都得到完满的解决,而可以让问题、困惑长期地留在学生的头脑中,使之成为学生思维的"磨刀石"、创新的"铺路石"、会生"金蛋的母鸡".

2 借助出人意料的数学方法给学生心灵以震撼

案例2 不用开方、查表和无理数知识,你能求出$x^2=2$中的x吗?

这个问题不仅可能让许多小学生和初中生一筹莫展,而且同样可能让许多高中生束手无策.因为长期以来,学生习惯于用"精确的、逻辑的"方法解决数学问题,而从未想到可用测量、实验、逼近的方法解决问题.而事实上,这个问题可用以下方法解决.

方法一: 先作面积为4的正方形,再裁剪出面积为2的正方形,量出边长;或先作面积为1的2个正方形,再拼出1个面积为2的正方形,量出边长.

方法二: 逐步逼近.先得出x在1.4~1.5之间,再得出x在1.41~1.42之间,进而得出x在1.414~1.415之间:

x	1.4	1.5	1.41	1.42	1.414	1.415	1.4142	1.4143	1.41421
x^2	1.96	2.25	1.9981	2.0164	1.999396	2.002225	1.99996164	2.00024449	1.9999899241
x	1.41422		1.414213		1.414214		1.4142135		1.4142136	...
x^2	2.0000182084		1.999998409369		2.000001237796084		1.99999982358225		2.00000010642496	...

如此反复下去,借助于计算机,x的值要多精确就能多精确.学生也许突然意识到,数学原来可以如此!也许无意间,善于思考和猜想的学生发现了一类"新的、非常神秘"的数——无理数.对比无理数发现与发展的艰难历史,这是多么难得和了不起.对学生来说,这是多么大的鼓舞!

案例3 笔者在讨论由浙江省建筑设计院绘制的浙江省临海市回浦中学新校园平面图时,多数人认为400米的运动场与学生宿舍楼的布局不够合理,最好能够调换,但又不知原计划盖学生宿舍楼的地方能否"容纳"得下运动场,怎么办?(图纸为正规的精确图纸)

解:剪一张与运动场一样大小的纸张,看看图纸上原计划盖学生宿舍楼的地方能否放得下这张纸即可.

案例4 如图1-11,一个形状不规则的湖的两侧有A,B两点,现有一人要从点A走到点B,如果湖内无法走,而湖外边和湖岸可以任意走,试画出此人行走的最短路线.

图 1-11

解:用一条绳子把A,B两点连接起来,再拉紧,使之与湖岸相切,则人沿着绳子走即所走的线路最短.

通过这些问题的解决与反思,许多学生会认识到原来数学是如此的丰富多彩、生动有趣,原来看上去很难的问题可以用如此简单的方法解决,原来自己对数学和数学方法的理解太片面、太狭窄了.

3 借助出人意料的数学结论给学生心灵以震撼

案例5 同班同学生日相同的可能性问题.

学生凭直觉和经验,班级里同学只有几十个,而一年有365天,因此没有同学生日相同的概率比有同学生日相同的概率要大.但事实果真如此吗?由等可能事件概率公式知,班级n个同学中生日都不相同的概率为$\dfrac{A_{365}^n}{365^n}$,有同学生日相同的概率为$1-\dfrac{A_{365}^n}{365^n}$.计算可知:

同学生日人数n	10	20	30	40	50	60	70
生日都不相同的概率	0.8831	0.5886	0.2937	0.1088	0.0296	0.0059	0.0004
有同学生日相同的概率	0.1169	0.4114	0.7063	0.8912	0.9704	0.9941	0.9996

如果部分学生对计算的结果还是半信半疑,教师可以指导学生利用学生档案对全校各班学生的生日情况进行调查;或请每个学生独立地虚拟自己的生日,再把这些生日全部输入计算机(可以借助Excel表格或计算机编程).如此反复地虚拟生日10次或20次,看看到底有多少"班"有同学生日相同,进而使学生认可逻辑计算的结果.

案例6 (河内塔问题)一块黄铜板上插着三根相同的宝石针,其中一根针上从下到上叠放着由大到小中间空心的64片金片.要求把金片在三根针上移来移去,一次只许移一片,并且不管在哪一根针上,上面的金片总要比下面的金片大.要把这64片金片从一根针上全部移到另一根针上,共要移动多少次? 如果某人每秒钟移动一片,那么他需要多少时间才能把金片按要求全部移到另一根针上?

解:记这样把n片金片从一根针上全部移到另一根针上共要移动$f(n)$次.从$n=1$开始研究,寻找一般规律.

当$n=1$时,显然只要1次即可,故$f(1)=1$.

当$n=2$时,先将上面的一片小的金片移到第二根针上,移动次数为$f(1)$,再将大的一片移动到第三根针上,移动1次,最后把小的一片从第二根针上取下,套在第三根针上,移动$f(1)$次,共移动$2f(1)+1$次,即$f(2)=2f(1)+1=3$(次).

当$n=3$时,先将第一根上面的两片按$n=2$时的方法移到第二根针上,移动次数为$f(2)$,再把最大的一片,从第一根针上取出放到第三根针上,移动1次,最后把第二根针上的两片移到第三根针上,移动$f(2)$次,这样共需移动$2f(2)+1$次,即$f(3)=2f(2)+1=7$(次).

类似地,当金片有n片时,把第一根上的$(n-1)$片金片移到第二根针上,移动次数为$f(n-1)$,再把第一根针上最下面的一片移动到第三根针上,移动1次,最后把第二根针上的$(n-1)$片移到第三根针上,移动次数也为$f(n-1)$,这样共需移动$2f(n-1)+1$次,即$f(n)=2f(n-1)+1$次.

由$f(1)=1$,$f(n)=2f(n-1)+1$有$f(n)+1=2[f(n-1)+1]$,

$\therefore \{f(n)+1\}$是以2为首项和公比的等比数列,$f(n)+1=2^n$,$f(n)=2^n-1$.

因为$f(64)=2^{64}-1=18\ 446\ 744\ 073\ 709\ 551\ 615$次,1年内可移动$365\times24\times60\times60=31\ 536\ 000\approx3\times10^7$(次),而$2^{64}\approx18\times10^{18}$,所以完成这一项工程需要6 000亿年以上,这确实是出乎意料的.

与此相类似,"把一张普通纸对折30次后的高度超过珠穆朗玛峰""古印度国王奖麦粒给国际象棋的发明者的事故"等,对没有学习相应知识、不知道结果的中学生来说都会起到类似的效果.

通过这几个案例,学生不仅会强烈地感受到数学的力量与价值、理性的力量与价值,也会强烈地感受到,原来直觉有时会"骗人的",学习数学应该把"大胆猜想"与"小心求证"结合起来.

4 借助出人意料的数学联系给学生心灵以震撼

数学知识、方法与结论之间往往有着内在的深刻的联系,集合$\{a_1, a_2, \cdots, a_n\}$子集的个数与恒等式$C_n^0 + C_n^1 + \cdots + C_n^n = 2^n$及乘法原理有着紧密的联系,看似差异很大的椭圆、双曲线、抛物线竟能统一表示为极为简洁、和谐的极坐标方程$\rho = \dfrac{ep}{1 - e\cos\theta}$,等等.

案例7 如图1-12,曲与直、面积与体积之间内在的联系与和谐也许只能靠我们用心去体会:

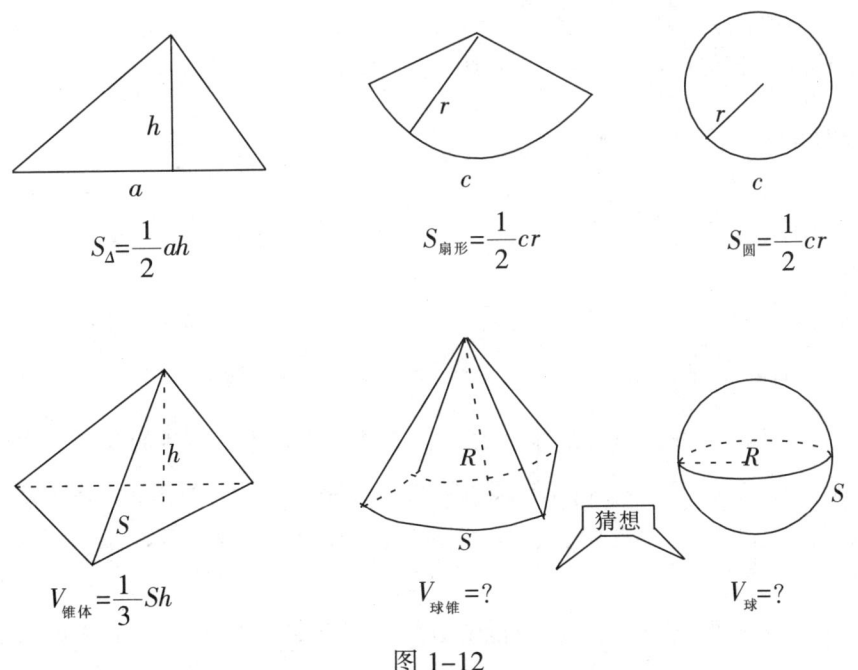

图1-12

案例8 设 $\sqrt{1+\sqrt{1+\sqrt{1+\sqrt{1+\sqrt{1+\cdots}}}}}=A$，$1+\cfrac{1}{1+\cfrac{1}{1+\cfrac{1}{1+\cfrac{1}{1+\cdots}}}}=B$，斐波那契数列 $1,1,2,3,5,8,13,21,34,\cdots$ 的后一项与前一项的比值的极限 $\lim\limits_{n\to\infty}\dfrac{F_n}{F_{n-1}}=C$，你能猜想出 A,B,C 三数之间的大小关系吗？

解：由题设有，$\sqrt{1+A}=A$，$1+\dfrac{1}{B}=B$，

∴ $A^2-A-1=0$，$B^2-B-1=0$.

又 $A>0$，$B>0$，故 $A=\dfrac{\sqrt{5}+1}{2}$，$B=\dfrac{\sqrt{5}+1}{2}$.

又由斐波那契数列的性质知 $F_{n+2}=F_{n+1}+F_n(n\in\mathbf{N}^*)$，

故 $\dfrac{F_{n+2}}{F_{n+1}}=1+\dfrac{F_n}{F_{n+1}}$，$\lim\limits_{n\to\infty}\dfrac{F_{n+2}}{F_{n+1}}=1+\lim\limits_{n\to\infty}\dfrac{F_n}{F_{n+1}}$.

因为 $\lim\limits_{n\to\infty}\dfrac{F_{n+2}}{F_{n+1}}=\lim\limits_{n\to\infty}\dfrac{F_{n+1}}{F_n}=C$，$\lim\limits_{n\to\infty}\dfrac{F_n}{F_{n-1}}=\dfrac{1}{C}$，

所以 $C=1+\dfrac{1}{C}$.

又 $C>0$，故 $C=\dfrac{\sqrt{5}+1}{2}$.

因此 $A=B=C$.

更令人惊奇的是，A，B，C 刚好是黄金分割数 $\dfrac{\sqrt{5}-1}{2}$ 的倒数. 而对黄金分割数，也许我们都知道"符合黄金分割律的形体总是最美的形体"，但我们却很难想到"人类生存的最佳气温约23℃，它非常接近人体的正常体温37℃与黄金分割数0.618的乘积，而且在这一环境温度中，人体的生理功能、生活节奏等新陈代谢水平均处于最佳状态".

数与数、数与形、形与形、数与自然、数与人竟有如此神奇、如此迷人的联系，怎不让人惊叹，令人神往！

5 借助出人意料的数学史实给学生心灵以震撼

案例9 在数学发展史上,π的计算有着重要的地位.它曾经是衡量一个国家数学发展水平的重要标志.3世纪时,刘徽发明了割圆术,用圆内接正192边形的周长与直径之比作为"π"的近似值,得到了$\pi=3.14$的世界首创的近似值.祖冲之沿用刘徽的割圆术,算到正24 576($=6×2^{12}$)边形才得出$3.141\ 592\ 6<\pi<3.141\ 592\ 7$.其间,他做了一百几十次对九位大数的复杂运算(包括开方),取$\frac{22}{7}$为"约率",$\frac{355}{113}$为"密率",保持世界之最达1000多年.直至1706年,伦敦天文学家马青运用$\pi=16\arctan\frac{1}{5}-4\arctan\frac{1}{239}$分析幂级数展开的方法,突破了$\pi$的百位小数大关.1945年世界第一台电子计算机"ENIAC"号诞生后,仅用几秒钟就验算出法国夏因克斯1853年算得的530位π值中第528位的错误.而1989年日本东京大学金田康正副教授,运用"日立"超级计算机,用时67小时13分钟,把π值计算到5.3687亿个数字.

用心感受、体会这段文字,祖冲之的严谨与坚韧、数学方法的功能与价值、现代科学技术价值与威力、数学发展的曲折性与无止境性、国家的兴旺与衰落等,无不强烈地冲击着学生的心灵,令人敬畏、令人感慨、催人奋进.

数学与数学的探索过程处处蕴含着神奇和力量.如果我们善于捕捉这种神奇和力量,善于抓住有利的教学时机,让学生感受数学的神奇、力量与美,而且如果我们能引导学生用自己的方法去发现和探索数学问题,让他们经历那种紧张状态,享受那种发现的喜悦,那么学生得到的将不仅是数学知识、数学方法,更有智慧的启迪、创新的欲望和人格的完善.正如G.波利亚所说:"在一个易受外界影响的年龄段,这样的经历可能会培养出对智力思考的爱好,并对思想和性格留下终生的影响……他们在尝到了数学带来的乐趣以后,他就不会轻易地忘记,于是数学就很有机会成为他生活的一部分:一种爱好,或者他专业工作中的一种工具,或者他的职业,或者是一种崇高的抱负."

第二章

数学教学策略:
寻找数学内在的力量

数学教学应顺其自然、追求自然*

数学是思维的科学.数学教师应在自然的、合理的教学中引导帮助学生学会数学,自然地、合理地提出问题、解决问题、拓展问题,在潜移默化中优化学生的思维品质.但打开各种数学教材或到学校听课,却经常会发现许多数学问题的提出及其解决思路、方法像"帽子里突然跑出的兔子",使人摸不着头脑.而这极大地影响了数学教学目标、教育功能的实现,降低数学学习的效率与效益.

1 数学知识的产生与发展、数学大厦的建构是自然的、合理的

1.1 数学知识的产生与发展是自然的、合理的

翻开数学史,不难发现:数学问题、数学知识、数学方法、数学思想的产生与发展是自然的、合理的、水到渠成的事.以最简单的正负号为例.我们的祖先曾用红筹表示正数,黑筹表示负数;曾用算筹正放、斜放来区别正负.国外,不同的人们也曾分别用$\bar{a}$、v、⊣、⊓、廾等表示负数;用→a表示负数,用←a表示正数;用$\tilde{a}$表示负数,$\tilde{a}$表示正数.直到20世纪初,才开始采用接近现代形式的符号:…,−3,−2,−1,0,+1,+2,+3,….再如,人们对函数的认识也有一个逐步深化和完善的过程:(1)所谓变量的函数就是指由这些变量和常量所组成的解析表达式(1718年).(2)函数就是一条可以随意描画的曲线(1748年).(3)如果某一个量依赖于另一个量,使当后一量变化时,前一量也随着变化,那么第一个量就是第二个量的函数(1775年).(4)x的函数是这样一个数,它被每一个x值所给出,且与x一起变化,函数值可以用公式表示出来,也可以用某种条件给出,这种条件指出怎样把所有的数加以验算.函数关系可以存在而关系本身可以不知道(1834年).(5)如果对任意x的值,相应地有完全确定的y值与之对应,那么称y为x的函数.在此,用什么方法建立对应是完全不重要的(1837年).(6)若对集合M的任意元素x,总有集合N的确定的元素y与之对应,则称在集合M上定义了一个函数,记作y=f(x).元素x称为自变元,元素y称为因变元(20世

---
* 这部分内容发表于《课程·教材·教法》2005年12期.

纪).这里我们可以清晰地看到数学大厦建造过程中的"脚手架",感受到数学家原始的、曲折的、生动活泼的思考过程,认识到完美的数学符号、概念、定理、法则原来是数学界长期自然、合理"进化"的结果.

正如人教版普通高中课程标准实验教科书的主编寄语中指出的:"数学概念、数学方法、数学思想的起源与发展都是自然的.如果有人感到某个概念不自然,是强加于人的,那么只要想一下它的背景,它的形成过程,它的应用,以及它与其他概念的联系,你就会发现它实际上是水到渠成、浑然天成的产物,不仅合情合理,甚至很有人情味."

1.2 "数学大厦"的建构是自然的、合理的

"数学大厦"的建构的科学性、和谐性、合理性往往令人叹为观止.如,数与形之间具有高度的内在的一致性与和谐性,并且这种内在的一致性和和谐性为以形助数和以数助形奠定了坚实的基础."若r为已知圆的半径,d为平面上一点到圆心的距离,则有$d>r \Leftrightarrow$点P在圆外,$d=r \Leftrightarrow$点P在圆上,$d<r \Leftrightarrow$点P在圆内""由直线l_1,l_2的斜率$k_1=k_2$可知$l_1 // l_2$""由椭圆方程$\frac{x^2}{a^2}+\frac{y^2}{b^2}=1$可知椭圆关于原点、$x$轴、$y$轴都对称"等等,都充分说明了这一点.又如,在看似对立或矛盾的曲与直、常量与变量、有限与无限、微分与积分、连续与离散、分解与综合等关系上,也蕴含着统一与和谐的另一面.如图1-12中的三角形、扇形、圆的面积分别为$S_{\triangle}=\frac{1}{2}ah$,$S_{扇形}=\frac{1}{2}cr$,$S_{圆}=\frac{1}{2}cr$;棱锥、球锥、球的体积分别为$V_{棱锥}=\frac{1}{3}Sh$,$V_{球锥}=\frac{1}{3}Sh$,$V_{球}=\frac{1}{3}S_{球面} \cdot R$.由此人们不能不由衷感叹数学的统一美与和谐美.再如,数学概念、定理法则是发明与发现的完美统一.一方面,数学家可以凭借"思维的自由想象和创造"去建构各种概念和数学理论;可以按照相容性(即所有的公理不能互相矛盾)、完备性(即该系统中的一切定理皆可由该公理体系推出)、独立性(即任何一条公理不能从其他公理逻辑地推证出来)的要求自由地建构数学公理化体系.另一方面,这种"自由的想象和创造"又必须具有客观性,并最终接受实践的检验.

2 数学教学、数学思维应该是自然的、合理的

2.1 数学发展的自然性、合理性决定了数学教学应是自然的、合理的

从探究和再创造的角度看,学生的思维方式、思维过程与当初建构、创造这些

数学知识的数学家的思维本质上是一样的.既然数学的产生与发展是自然的、合理的,数学知识与方法之间的联系是自然的、合理的,数学与现实、与其他学科的联系是自然的、合理的,那么数学教学、数学思维也应该是自然的、合理的,并且只有自然的、合理的数学教学才是真正有效的、经得起时间考验的数学教学.

2.2 数学教育的目的和功能决定了数学教学、数学思维应是自然的、合理的

如果对已经毕业的学生作一下跟踪调查,我们不难发现两个基本的事实:一、学生在校所学的数学知识在他们出校门后绝大多数被遗忘;二、还记得的小部分数学知识在实际工作和生活中用到的机会也不多.这就自然产生了一个尖锐的问题:数学教育的价值何在?事实上,数学教育的价值有显性与隐性两方面.数学的显性价值就是直接运用数学知识、方法解决生产生活中的实际问题.数学的隐性价值就是数学作为思维的体操对人的个性和思维品质的优化.而这恰恰应是数学教育最重要的价值.既然教育的真谛是"所有学会的东西都忘却了以后仍然留下来的那些东西"(M.劳厄尔),那么数学教育就应义无反顾地以数学知识、数学方法为载体追求"知识遗忘后仍能留下来的那些东西",而"这些东西"无法传授,且只能在自然的、合理的教学过程中一点一滴地养成和发展.

2.3 数学教学的自然性与合理性有利于提高学生数学学习的效益

教学中经常遇到这样的情况:学生已经听懂一个问题却不会独立自主地解决类似的问题,今天会做的题目到明天却不会做了.为什么会这样?原因主要有两方面,一是学生没有真正地认识和把握问题的本质,只是停留在能够接受和表面理解的水平上;二是学生对问题解决方法的自然性、合理性缺乏足够的感受和认识,导致所学的知识容易遗忘且难以迁移.而自然的、合理的数学教学能较好地弥补这个缺陷.它有助于学生更好地感受、体会、把握数学的结构、本质与内在联系,有助于学生感受、体验、掌握自然的、合理的思维方式和问题解决策略,有助于学生学会理性地、有条理地分析问题、解决问题.相反,如果数学问题及其解决办法是从"天"而降的,那么学生就只能望"天"兴叹,觉得可望而不可即.

3 什么样的数学教学才是自然的、合理的

3.1 数学教学自然性、合理性的涵义

数学教学的自然性与合理性包含如下两层意思:从数学角度看,它合乎数学知识本身的逻辑结构与发展规律,即数学问题的提出与解决是数学知识逻辑发展所

自然产生的,或者是生产生活实践中人们能自然感悟到的.从学生角度看,数学问题的提出与解决既是基于他们原有的数学认知结构,又是他们原有数学认知结构的自然发展与完善;它合乎他们的认知规律和心理年龄特征,以自然的、人本的和学生喜欢的方式展开.

由于数学的核心是问题和解,因此完整的、自然的、合理的数学教学由三个部分组成:一是自然地、合理地发现问题、提出问题;二是自然地、合理地分析问题、解决问题;三是自然地、合理地深化问题、拓展问题.这里需要特别指出的是,相对而言,现在的数学教学在自然地、合理地解决问题方面做得较好,而对引导学生提出问题、拓展问题的认识和重视程度远远不够,更谈不上追求自然与合理.

3.2 教材和教学中许多数学问题及其解决方法不自然

3.2.1 提出问题或猜想的过程不自然

如人教社2000年版第一册(下)中正弦定理是这样提出的:

已知 $\triangle ABC$ 中,$\angle C=90°$,$BC=a$,$AC=b$,$AB=c$,则有 $\sin A=\dfrac{a}{c}$,$\sin B=\dfrac{b}{c}$,$\sin C=1$,即 $c=\dfrac{a}{\sin A}$,$c=\dfrac{b}{\sin B}$,$c=\dfrac{c}{\sin C}$,所以 $\dfrac{a}{\sin A}=\dfrac{b}{\sin B}=\dfrac{c}{\sin C}$.

那么在任意三角形中,这一关系式是否成立呢?

在上面过程中,由直角三角形的边角关系想到探究任意三角形的边角关系,是完全合乎情理的,但由"$\sin A=\dfrac{a}{c}$,$\sin B=\dfrac{b}{c}$,$\sin C=1$"直接猜想得出"$\dfrac{a}{\sin A}=\dfrac{b}{\sin B}=\dfrac{c}{\sin C}$"难度、跨度都比较大,使人觉得有些突然.由于教材回避了这个难点,学生也就失去了一次很好的磨炼和发展思维的机会.事实上,这里完全可以在"大边对大角,大角对大边"以及学生对正弦、余弦函数值变化规律初步认识的基础上进行不断尝试、探索,进而猜想出正弦定理.

3.2.2 解决问题的思路与方法不自然

在一节题为"直线和平面所成的角"的立体几何公开课上,教师希望学生主动探究、建构直线和平面所成的角的概念,但却不知道如何引导,而只是让学生凭着自己的经验与感觉"摸着石头过河".在教学过程中,教师一没有清晰地认识到数学概念是对大量数学现象和生活现象的概括和刻画,没有揭示数学概念形成与产生的必要性;二没有揭示把空间角的问题转化为平面角的问题是建构空间角的概念的共同策略与方法;三没有分析用斜线与它在平面内的射影所成的角作为直线与平面所成角的科学性与合理性;四没有分析当直线与平面的位置关系确定后,直线和平面所成的角具有确定性和唯一性;五没有站在数学概念完整、和谐角度来完善和补充直线和平面所成角的两种特殊情况,没有注意到这个概念构建中所蕴含的分类讨论思想,而只是补充告诉学生"当直线和平面垂直时,直线和平面所成的角是90°;当直线和平面平行时,直线和平面所成的角是0°".因此在整个教学过程中,学生只知道直线和平面所成角的概念,却不知道为什么要这样建构、怎样想到这样建构以及这样建构的科学性与合理性,解决问题的思路与方法的自然性与合理性没有得到体现.在紧接着做的教材中的练习"求证两条平行直线与同一个平面所成的角相等"中,部分学生不知如何入手,并且教材、教师和学生都忽视了应补充说明直线与平面平行和垂直时结论也成立,从一个侧面说明了自然地、合理地、有条理地思考问题的重要性.

4 如何使数学教学更自然、更合理

4.1 认识、把握和顺应数学知识结构

数学课教的是数学.只有当教师充分认识和把握数学知识的结构、本质与内在联系时,他们才能用自然的、联系的、发展的眼光看数学,才能做到"既见树木,又见森林;见森林,才见树木"(孙维刚先生语),才能顺着数学本身的发展轨迹和内在联系自然地、合理地组织和安排教学.为此,教师应从数学内容结构与数学方法结构两方面把握数学知识结构,充分揭示、展示数学知识内在的结构与联系,让学生充分感受、体验数学知识内在的结构与联系.

4.2 认识、把握和顺应学生的数学认识结构

数学教学的对象是学生,影响学生学习的最重要的因素是学生已经知道了什么.因此教师要具有强烈的学生意识(能按照学生思维来思考数学问题)和童年意识(能把学生提出的稚嫩问题和"天真"想法当作宝贵的教学资源),基于学生原有的数学认知结构,完善和发展学生的数学认知结构、优化他们的思维品质、促进他们学会数学地思考问题.这里需要强调的是,数学教学不能从教材、大纲或课标、考试要求出发,也不能从教师自身的美好愿望出发,而要从学生已经知道和掌握什

么、能够知道和掌握什么、需要知道和掌握什么出发.即教师要想学生之所想,急学生之所急,给学生之所需.

4.3 认识、把握和顺应学生的心理年龄特征和认知规律

苏霍姆林斯基曾说过:"在人的心灵深处都有一种根深蒂固的需要,这就是希望自己是一个发现者、研究者、探索者.在儿童的精神世界里这种需要特别强烈."因此教师应创设情境、提供指导、周密组织,让学生带着问题、在愉悦的气氛中进行有效的自主探究,以自然的、人本的方式学习.

问题是思维的动力和路标,问题指向不明或缺乏问题的探索,必然是盲目的、低效的探索,数学教学应让学生带着问题探索.

自己下棋、打扑克到深夜的人比看人家下棋、打扑克到深夜的人多得多.在多数情况下,自己下棋比观棋学得更快、更好、更有兴趣.就学习而言,"我听,我忘了;我看,我记住了;我做,我会了"这是一条带有普遍性的规律.课堂教学应改学生观看教师"下棋"为学生自己"下棋",而教师则为学生设置"棋的难度",创设"下棋"的环境和条件,提供必要的指导和帮助.

4.4 从数学家的"废纸篓"寻找数学思维的自然性与合理性

数学教育家弗赖登塔尔曾这样描述数学的表达形式:"没有一种数学思想,以它们发现时的那个样子公开发表出来,一个问题被解决后,相应地发展为一种形式化技巧,结果把求解过程丢在一边,使得火热的发现变成了冰冷的美丽."教科书已经掩盖了数学家火热的发现过程和思维的轨迹,因此教师应该从数学家的"废纸篓"里找回数学家当年的思维轨迹,把"学术形态的数学"还原为"教学形态的数学".正如生物学中的"个体发育史重蹈种族发展史",数学教学应尽可能让学生的思维经历祖先的思维过程,体验、感受、发现、欣赏数学知识发展的自然性与合理性(如对数的发现和提出).

5 两个教学案例

案例1 "平方根与实数"的教学设计

自然地提出问题:面积为2的正方形的边长为多少?

自然地解决问题:(1)方法一:学生用尺子多次测量正方形的边长,取平均值;(2)方法二:学生用逐步逼近法求近似值(可借助于计算机或计算器);(3)体验、猜想:逼近是无止境的,面积为2的正方形的边长到底是怎样的一个神秘的数,这里也

许蕴藏着激动人心的重大发现.

自然地拓展问题:面积为3,4,5等的正方形的边长为多少？这是一类需要解决的数学问题,即如何求已知数的平方根？我们需要建立相应的数学模型,引出算术平方根、平方根的概念.

自然地解决新问题:(1)建立数学模型(即算术平方根、平方根的概念);(2)查表或用计算器求算术平方根.

自然地再拓展问题:(1)如何求体积已知的正方体的边长;(2)引出无理数、实数的概念;(3)平方根作为数,它有怎样的性质？(4)简要地介绍无理数产生的历史(有条件的学校可鼓励学生自己上网查找)……

案例2 余弦定理的发现与探究

思路一:在勾股定理的基础上,化斜三角形为直角三角形加以讨论、解决.

思路二:求三角形第三边的长实质就是求这个三角形两个顶点间的距离.为此想到把三角形放在平面直角坐标系中,并借助两点间的距离公式加以解决.

思路三:在 $c^2=a^2+b^2$ 的基础上进行探索(不妨设问题为:已知△ABC中的两边 a,b 及其夹角 C,求第三边 c).

(1)分析: c 由 a,b,C 共同确定,且很可能可以在 $c^2=a^2+b^2$ 的基础上加以修正.

(2)从单位和量纲的一致性角度考虑, c^2 不可能含有关于 a,b 的一次式,而应含有关于 ab 的某个表达式.

(3)考虑到正弦、余弦函数的单调性,且当 a,b 确定而角 C 变化时,边 c 的长度随着角 C 度数的增大而增大, c^2 很可能是 a^2+b^2 减去 $ab\cos C$ 的某个倍数,而不可能是 a^2+b^2 加上或减去 $ab\sin C$ 的某个倍数,即可猜想 $c^2=a^2+b^2-k\cdot ab\cos C$,其中 k 为待定系数.

(4)待定系数 k 为何值,可以由特殊情况如正三角形先求出,然后再找一个三角形,通过测量、计算加以验证.

思路四:利用向量加以解决.

综上,只有自然的才是最好的.数学教学应去浮华、求真经,把握本质、顺其自然、追求自然.此乃数学之幸、学生之幸也.

试论数学教学的结构性原则*

教学原则是以一定的教学目的和教学任务为出发点,根据教学规律制订的对教学工作的基本要求.数学教学除了坚持各科通用的、一般的教学原则外,还应坚持结构性原则.

1 数学结构性教学原则的涵义

1.1 数学知识结构的涵义

法国抽象数学的主角布尔巴基(Bour-baki)指出:"数学不是研究数量的,而是研究结构的."数学知识结构主要是指数学内容结构与数学方法结构,它不仅包括数学的基本概念和一般原理,而且还包括基本的数学方法、数学思想和数学观念.其大致构成如下:

数学知识结构 $\begin{cases} \text{数学内容结构} \begin{cases} \text{数学教材内容的编排结构} \\ \text{数学知识本身的逻辑结构} \end{cases} \\ \text{数学方法结构} \begin{cases} \text{教材内容所蕴含的方法结构} \\ \text{解决问题所采用的方法结构} \end{cases} \end{cases}$

数学内容结构既指数学教材内容的编排结构即数学内容及其排列、组合方式,也指数学内容本身所固有的内在的逻辑结构.数学内容本身的逻辑结构,如立体几何中空间的角与距离的概念都是通过转化为平面的角与距离来加以定义的,这些概念同时都具有科学性、合理性、简洁性、最优性和实用性.

数学方法结构既是指数学内容中所蕴含思想方法及其排列与组合的方式,也是指解决某一数学问题所用的具体方法或步骤.如幂函数、指数函数和对数函数两单元的教材所蕴含的思想方法都是:从实例抽象概括出一般数学模型,再用从特殊到一般、从具体到抽象、分类讨论、数形结合的方法研究函数的性质,最后应用函数性质解决问题.

---

* 这部分内容发表于《课程·教材·教法》2002年第5期.

由上知，数学知识结构的实质是数学知识本身所固有的一种内在的统一性与规律性。

1.2 数学认知结构的涵义

数学认知结构就是学习者头脑里的数学知识，按照自己理解的深度、广度，结合自己的感觉、知觉、记忆、思维和联想等认知特点，组成的一个具有内部规律的整体结构，简单地说，就是包括学习态度和学习方法在内的学习者头脑中的数学知识结构。

数学知识结构是数学经验的积累和总结，是客观的、外在的，而数学认知结构是学习数学时，学习者头脑中逐步形成的认知模式，是主观的、内在的。数学知识结构是教材按序组织起来的，通过学习是可以掌握的；数学认知结构是通过学习这些知识内容形成的智能活动模式，它是一个人数学素质的体现，有正误与优劣之分。学习数学的过程就是把数学知识结构转化为数学认知结构的过程，数学教学的主要任务就是不断地形成、发展和完善学生的数学认知结构。

数学认知结构对学习者的行为有内在的调节作用，这主要表现在：(1)一切外来知识对学习者的影响，都必须通过学习者的认知结构才能发生作用；(2)外来知识的相同影响，由于其作用的主体及其认知结构的不同，其影响的结果也不同。

良好的数学认知结构，"应该是构成这样一种含有种种力量——简约化知识的力量、产生新的论断的力量、使知识体形成日益严密的体系的力量——的知识系统"(布鲁纳语)。它具有以下特征：(1)简约性和单纯性。即它舍弃了使人发生混乱的杂多的枝蔓，突出基本结构。(2)迁移性和发展性。即对学习新的数学知识、掌握新的数学方法和数学思想具有积极的影响和迁移作用，是新的知识的"固着点"和"生长点"；同时原有的数学认知结构又在学习新的知识、新的方法的过程中不断地完善、丰富和发展。(3)广泛性和严密性。即它比具体的数学知识、数学方法具有更高的抽象性和概括性，不局限于某个知识、某种方法、某类问题；同时学习者头脑中的数学知识和方法的内部组织和结构是严密而有序的。

1.3 数学结构性教学原则的涵义

所谓数学结构性教学原则，简单地说，就是从数学知识结构和学生的数学认知结构出发设计和组织教学，以完善和发展学生原有数学认知结构为目的。具体地，即教师要从数学知识体系高度"结构化"的特点和学生认知结构的形成、发展规律出发，站在整体、系统和结构的高度把握和处理教材，引导学生充分感受和把握数学的知识结构和方法结构，体验数学知识的发生发展全程，同时努力提高学生原有认知结构的可利用性、稳定性与清晰性,为新知识融入已有的认知结构创造条件,以最大限度地避免因教学的盲目性而走不必要的弯路,尽可能地扩大、健全学生头脑中的数学知识的内容、观念和组织,完善和发展学生的数学认知结构,提高教学效益.在这里,学生的数学认知结构既是学习数学的重要前提和手段,又是学习数学的重要目标和结果.

2 数学结构性教学原则的依据

2.1 有意义学习理论

奥苏贝尔提出,有意义学习过程的实质,就是符号所代表的新知识与学习者认知结构中已有的适当观念建立非人为的(nonarbitrary)和实质性的(substantive)联系.所谓实质性联系,是指新的符号或符号所代表的观念与学习者认知结构中已有的表象、已经有意义的符号、概念或命题的联系.所谓非人为的联系,是指新知识与认知结构中有关观念在某种合理或逻辑基础上的联系.要促进新知识的学习,首先要增强学生认知结构中与新知识有关的观念.

2.2 培养学生良好的数学认知结构是数学教学的目标

奥苏贝尔曾指出:"当我们努力影响认知结构以便提高有意义的学习与保持时,我们便深入到教育过程的核心了."布鲁纳在其《教育过程》一书中也指出,掌握认知结构非常重要和必要:(1)懂得基本结构使得数学更容易理解和掌握.(2)从人类记忆的角度看,"获得的知识,如果没有完满的结构把它联系在一起,那是一种多半会被遗忘的知识.一串不连贯的论据在记忆中只有短得可怜的寿命".(3)基本结构和基本观念,是"迁移力"和"生成力"的重要源泉.(4)对教材结构和基本原理的理解,有助于提高学生策略性思维的水平,缩小"高级"知识和"初级"知识之间的间隙.布鲁纳认为:"不论我们选教什么学科,务必使学生理解该学科的基本结构.这是在运用知识方面的最低要求,它有助于解决学生在课外所遇到的问题和事件,或者在日后训练中所遇到的问题.""经典的迁移问题的中心,与其说是单纯地掌握事实和技巧,不如说是教授和学习结构."由于良好的认知结构具有简约性和单纯性、迁移性和发展性、广泛性和严密性,因此从结构的观点出发设计和实施教学,有利于完善和发展学生良好的数学认知结构,有利于提高数学教学效益尤其是可持续发展效益.

3 数学结构性教学原则的实施策略

3.1 先行组织者策略

所谓"先行组织者"是指先于学习任务本身呈现的一种引导性材料,它比学习任务本身有较高的抽象、概括和综合水平,并且能清晰地与认知结构中原有的观念和新的学习任务关联.设计"先行组织者"的目的,是为新的学习任务提供观念上的固定点,增加新旧知识之间的可辨别性,以促进类属性的学习.事实上,数学教材一般总是包括这个先行组织者的,如一开始的综述,或章节的大纲和标题.它起了如下作用:(1)集中了将呈现的知识、方法和观念之间的联系;(2)提醒学生已有知识和即将学习的新材料之间的关系.

3.2 站在整体与结构的高度把握和处理教材

由于数学教材是高度结构化的,学生数学问题大多数是他们数学认知结构和数学教材结构逻辑发展的结果,因此无论教还是学,站在数学学科结构和单元题材结构的高度,用结构的观点把握教材,用结构化的方法处理教材是非常重要的.我们应该让学生在"见树木,更见森林;见森林,才见树木"的情境中学习数学,引导学生充分感受和把握数学的知识结构和方法结构,体验数学知识的发生发展全程.

3.3 提高学生原有认知结构的清晰性、稳定性、可辨别性

在学生面对新的学习任务时,教师要引导学生寻找他原有认知结构中能够吸收、固定新观念的上位观念,并努力使这个观念具有清晰性、稳定性、可辨别性.因为这个起固定作用的上位观念清晰性、稳定性、可辨别性越强,学生学习新观念就越容易,也越易于保存.

3.4 要及时归纳总结,增强学生认知结构的整体性和结构性

认知心理学告诉我们,认知结构具有整体性和概括性;并且整体性和概括性越强,就越有利于学习的保持和迁移.但实践表明,不少学生掌握的数学知识是零乱的、分散的、彼此孤立的.这种情况,正如俄国教育家乌申斯基所批评的,"脑子里装满了片断的、毫无联系的知识就像东西放在杂乱无章的仓库一样,连主人也无法从中找到他们所需要的东西."因此教师应及时组织、引导学生对前面所学的知识、规律、数学思想方法进行归纳、整理,寻找其内在统一性和规律性,促进学生认知结构整体性、概括性和结构性水平的提高.与此同时,教师应大力发展学生自己将所学

知识系统化、结构化的能力.

3.5 从结构入手,分析问题、解决问题

数学结构具有丰富性和层次性.数学问题的结构决定着解决问题的数学思想与数学方法,结构蕴含着方法,结构提示着方法;结构的丰富性决定着方法的多样性;结构的特殊性决定着方法的特殊性.因此在问题解决教学中,我们可用结构分析法来探索解决问题的途径和方法,从而为数学问题的解决、学生解决问题能力的培养开辟新的道路,提供新的武器.

4 数学结构性教学原则的意义

第一,它为数学教学提供了以建构数学认知结构为中心的整体认识观,促进学生从整体上把握知识、方法和观念,进而有效地克服肢解数学知识和方法的现象.

第二,它提醒我们发现式学习、开放性教学应该有一个"度",不能走极端.中外教育的历史已经证明:学生的学习不可能是不着边际的发现学习,"无结构教学"、极端的"开放性教学、开放课堂、自由学习法"并没有提高教学质量,反而导致了教学质量的下降.

第三,它有助于学生克服只注意知识增长、把解题步骤和程序作为学习重点的倾向,增强学生学习数学的整体意识和结构意识.

第四,它使学生业已掌握的知识提高到简洁的原理性结构的可能性增大,也使学生以已有知识为基础,向未知的新事物迁移、洞察的倾向增大,因此有助于提高数学教学的效率和效益.

5 数学结构性教学原则应用举例

例1 在学习"任意角的三角函数"时,从概念的来源、科学性、合理性、必要性角度等结构性特征出发,教师很自然地引导学生提出:(1)为什么会想到要定义任意角的三角函数?(2)我们该如何定义任意角的三角函数?应该怎样去寻找解决办法?(3)初中时锐角三角函数是借助直角三角形定义的,这两者之间有无必然的联系?(4)既然锐角三角函数值的大小由这个角的大小本身确定,与这个锐角所在的三角形是不是直角三角形或者这个锐角是不是三角形的内角无关,那么我们能否用其他方法来定义锐角三角函数?(5)如果能,那么我们该如何从原有的定义中得

到启发,寻找新的定义方法?(6)新的定义科学吗?合理吗?它有什么优点?(7)如何运用新的定义去解决问题?

例2 在学习和研究球体积公式时,从定理形成、证明的结构性特征出发,(1)我们很自然地形成这样的教与学的思路:在证明一个定理之前,先猜想这个定理;在搞清楚证明细节之前,先猜想证明的主导思想.(2)我们需要从与此相类似的圆周长、圆面积、球面面积等问题的解决中寻找启发.(3)我们可以通过细沙、水等实验来验证或探索球体积公式.(4)我们可从祖暅原理的结构出发,构造相应的几何体证明猜想.

数学优秀课成长的基础、过程与方法*

从2006年国庆期间在北京参加"中学数学核心课程及其教学设计的理论与实践"第一次课题会到现在已经四年多.回顾这四年的课题组活动,真是感慨多、快乐多、收获多.本文从优秀课的成长这一侧面,总结参与课题研究的收获.概言之,优秀课不是天上掉下来的,它不仅有自己内在的、本质的要求,也有其成长的基础、过程与方法.

1 理解数学——教学设计与优秀课成长的基础

1.1 何为理解数学

理解数学是一个多侧面、多层次、无止境的过程.

就所教的数学具体知识而言,理解数学有如下涵义:一是"知其然",清楚该知识是什么;二是清楚该知识是用怎样的数学思想与方法得到的;三是"知其所以然、所以不然",清楚该知识为什么这样而不是那样,是这样的合理性、优越性在哪里;四是清楚该知识的上位知识和下位知识分别是什么,它"来自何处又去向何方";五是清楚该知识的本质与结构.

就所教的数学整体知识而言,理解数学有如下含义:一是清楚数学的总体结构及其各大板块知识的地位与作用如何;二是清楚数学知识所蕴含的思想、方法以及数学特有的思维方式是什么;三是清楚对学生今后学习和发展最有价值的知识是什么;四是有正确的数学信念,对数学美、数学精神有深刻的感悟.

就学生数学学习而言,理解数学有如下涵义:一是清楚所教知识与学生已有的生活经验、数学经验的联系;二是清楚哪些知识学生容易理解、适合于自学或探究,

---

* 这部分内容发表在《课程·教材·教法》2011年第8期,后被人大复印报刊资料高中数学教与学》2012年第1期全文转载.本文系作者作为核心成员参与教育部课程教材研究所"十一五"重点课题"中学数学核心课程及教学设计的理论与实践"(课题批准号:KC2009-004)的研究成果之一.

教师可以少讲甚至不讲,哪些知识学生容易混淆或难以理解,需要教师在恰当的时候给予恰当的点拨;三是清楚数学的教育价值,能为不同的学生提供不同的数学;四是清楚将不同类型的知识用不同的方式呈现给不同学生的策略与方法.

理解数学的实质是把成熟的、静态的、统一的、不利于学生接受和消化的学术形态的数学转化为发展的、动态的、个性化的、更有魅力、更利于学生接受与消化、更富营养的教育形态的数学.简言之,理解数学就是清楚如何把学术数学转化为教育数学.

1.2 为何要理解数学

当下学生对数学缺乏兴趣、不会学习数学,以及数学学习负担重的一个重要原因是教师在理解数学上做得不够.如果教师真正读懂了数学,那么许多教学的热点、难点问题即使不能彻底解决,也至少能解决一半.

第一,理解数学是正确、有效教学的基础.课题负责人、人民教育出版社中学数学室主任章建跃博士在第六次课题会上就明确指出:"'三个理解'是搞好数学教学的前提,数学教学设计的首要问题是理解数学."美国著名数学家、数学教育家赫什指出:"问题并不在于教学的最好方式是什么,而在于数学到底是什么……如果不正视数学的本质问题,便解决不了关于教学上的争议."事实也是如此,离开了理解数学,数学教学的有效性和科学性都无从谈起.

第二,理解数学是指导学生学会探究、学会创造的关键.教师只有懂得知识的成长过程与成长方法,他才有可能引导学生重蹈知识的发展轨迹,指导学生学会学习、学会探究、学会自主建构知识.课堂上学生不会探究的背后是教师自己没有经历过探究、也不会探究.

第三,理解数学是展示知识内在魅力的需要.教师只有理解数学,他才有可能还原数学好玩、有趣的本来面目,才有可能进行艰难曲折、生动活泼的数学探究与创造,才有可能用数学知识内在的魅力和学习过程的乐趣吸引学生.

第四,理解数学是教学实现"有的放矢"的前提.教师只有理解数学,他才有可能把握知识的本质、核心与关键,占领教学的"制高点",对学生的思维障碍进行"精确打击",进而指导学生实现"以简驭繁",抢占数学学习的"制高点".

第五,理解数学是提升数学教学品质的保障.教师只有理解数学,才有可能充分地挖掘数学的育人价值,帮助学生优化思维、发展智慧和完善人格.

因此理解数学是全面落实"三维目标",提高数学教学效益与品质,促进学生可持续发展和全面发展的需要.

1.3 如何理解数学

1.3.1 寻找知识的基础与萌芽

如同人与植物,任何数学知识都是在一定的"环境"与"土壤"中生长的,都有一个萌芽、成长、成熟的过程.因此理解数学,首先要搞清楚知识的基础和萌芽是什么,知识的"根"在哪里,知识的生长点与固着点又是什么.如生活中的你、我、他等都蕴含着用字母表示数的思想萌芽,从1开始的数数蕴含着数学归纳法的萌芽,烧菜时想知道菜的咸淡先尝一口蕴含着抽样调查的萌芽.

1.3.2 经历和体验知识的成长过程

既然任何知识都有一个萌芽、生长、成熟的过程,那为何我们往往看不到知识的"萌芽期、生长期"? 这是因为我们的头脑只有"成年的结论性的知识".因此理解数学需要暂时忘掉"成年的结论性的知识",认真思考"怎样想到研究这个问题""为什么要研究这个问题""用怎样的策略与方法研究这个问题"等,切实经历知识"再发现、再创造"的过程.只有这样,我们才有可能真正体会和感受知识的成长过程与成长方法,体验其中所蕴含的发现与创造,体验发现与创造过程的曲折与艰难,进而避免把没有情感的、无根浮萍式的知识硬塞给学生.

1.3.3 把握知识成长的策略与方法

学习了等差数列的性质却不会用类比的方法探究等比数列的性质,学习了指数函数的性质却不会探究对数函数的性质,其主要原因是学生没有理解和掌握等差数列性质、指数函数性质背后所蕴含的思想与方法,因此教学需要把知识背后的数学思想方法、思维策略方法显性化、明朗化,让学生明明白白、真真切切地感受到知识是通过怎样的途径与方式"来与去"的.只有这样,我们才能把凝结在数学发现、数学创造中的数学家思维打开,把前人是怎样思考和发明的方法内化为我们自己的方法,进而为学生深层次地理解知识、学会学习、学会迁移、学会创造奠定基础,使数学真正成为"思维的体操".

1.3.4 理清知识的联系与结构

任何数学知识都是一定结构和背景下的知识,都是与其他数学知识具有内在逻辑联系的知识.因此理解数学需要搞清楚它来自何处或者它的上位知识是什么,它去向何方或者它的下位知识是什么,它的平行知识又是什么.教师应该自己尝试画知识结构图,而不是看书本上现成的知识结构图.由于知识结构是比较隐性的、需要人们用心去感受和体会,因此看书本上的知识结构图与把书本上的知识结构图内化为自己的东西有很大的距离,把书本上的知识结构图内化为自己的东西与自己独立理清知识结构图并画出又有很大的距离.只有当我们能画出脉络分明、相互联系的知识结构图时,我们才真正理清了知识发展的主线和结构.

1.3.5 把握知识的要点与本质

理解数学有两个阶段:一是"把书读厚",二是"把书读薄".为了"把书读薄",必须搞清楚三个问题:一是知识的核心与本质是什么,如方程的本质是借助未知数用两种不同的方式表示同一个量,函数的本质是刻画两个量之间的一种对应关系;二是它的上位知识是什么,如三角函数的上位知识是函数,因此应在函数的观点下进行三角函数教学;三是构成知识的"基本要素"是什么,如首项、公差(比)是等差(比)数列的基本要素,"定义域、值域、对应关系"是函数的基本要素.也就是说,理解数学要寻找和把握牵一发而动全身的"知识的纲",以实现"纲举目张"和"以简驭繁".

需要指出的是,即使数学解题教学,也要善于抽象与概括,把零碎的知识系统化、结构化,把一招一式的解题技巧上升到解题策略和思维方法.

1.3.6 把握知识的学科意义、方法与价值

把握学科的整体意义、方法与价值是教学不偏离正确方向的前提,是实现教学效益之和最大化的必然要求.如从思维与方法角度看,创造、成长过程的数学充满了观察、比较、实验、分析、综合、抽象与概括,而作为结论性的数学却是严谨的、演绎的、公理化的.又如为了突出学科的意义与方法,我们应在用数和方程刻画图形特征思想的指导下探讨、建立斜率的概念,在通过研究方程来研究曲线性质的思想的指导下研究圆锥曲线的几何性质.

2 教学设计框架——优秀课成长的过程与方法

当下许多课堂教学没有取得预期效果最重要的原因有两个:一是没有在理解数学的基础上进行教学设计,从而使教学设计失去了学科基础;二是教学设计的思路、过程、方法、步骤存在严重的偏差与不足,从而使教学设计失去了教学论基础和程序保障.

2.1 "三个理解"是搞好教学设计和优秀课成长的前提

"三个理解"是指理解数学、理解学生、理解教学.它是课题组针对当前教学设计中普遍存在"去头去尾烧半边中段"、就教学设计论教学设计的现象提出的.这里

的"去头"是指在对数学知识缺乏深刻理解、对学生情况缺乏具体分析、对教学问题缺乏有效诊断的情况下直接进行教学过程设计;"去尾"是指去掉了本该有的教学设计的重要组成部分——目标达成程度检测设计;"烧半边中段"是指只有如何教的设计而缺少如何学的设计,是"以教定学"而不是"以学定教""学教结合".

理解数学前面已有较详细的论述.理解学生是指清楚学生学习数学的基础、潜能、需求与差异,清楚学生学习特定数学知识时已有的知识萌芽、生长点与潜在的困难,清楚学生的认知特点与认知规律.因为数学教学服务的对象是学生,离开了对学生现状的准确把握,最漂亮、最完善的教学设计也难以取得好的效果.

理解教学是指理解教学的本质与功能,理解数学的教育价值,理解学生的认知规律和教学的基本原则,清楚如何在恰当的时机为不同的学生提供不同的帮助,进而使教与学成为有机统一、相互促进的整体.理解教学要求教师理解教学所具有的科学、艺术、技术三方面的属性.教学的科学属性要求我们遵循教的规律、学的规律、教学做合一的规律;教学的艺术属性要求我们充满激情地创造适合不同学生的不同教学;教学的技术属性要求我们把作为科学的教学与作为艺术的教学操作化、规范化,寻找实现教学效益最大化的具体途径与方式.

2.2 科学合理的框架是优秀课成长的过程与方法

教学设计是一项专业性很强的工作.课题组在2006年11月召开的课题会上就达成如下共识:教学设计由内容和内容解析、目标和目标解析、教学问题诊断分析、教学支持条件分析、教学过程设计、目标检测设计等六个部分组成.其中内容和内容解析主要是"阐述教学内容的内涵,在揭示内涵的基础上说明本课内容的核心所在,必要时对该内容在中学数学中的地位进行分析,明确内容所反映的数学思想方法,在此基础上确定教学重点".目标和目标解析主要是"以内容及由内容所反映的思想方法为载体,将数学能力、情感态度等隐性目标融于其中,并用了解、理解、掌握等及相应的行为动词经历、体验、探究等表述目标,特别要阐明经过教学,学生将有哪些变化,会做哪些以前不会做的事".教学问题诊断分析主要是"教师根据自己以往的教学经验,对学生认知状况的分析,以及数学知识内在的逻辑关系,在思维发展理论的指导下,对本内容在教与学中可能遇到的困难进行预测,并对出现困难的原因进行分析".这个教学设计框架的突出优点有:(1)总体框架比较科学合理;(2)在关注如何做的同时,也关注这样做的理由与根据;(3)操作性比较强;(4)从程序的规范来保证教学设计的质量.

2.3 好的设计策略是优秀课成长的技术保障

教学目标设计是教学设计的灵魂,教学过程设计是教学设计的主体.好的设计策略是优秀课成长的技术保障.

策略一:基于教学目标进行教学过程设计

基于教学目标的教学过程设计有三层涵义:一是观念与意识方面,在教学目标的指导下进行教学过程设计,避免教学目标设计与教学过程设计"两张皮"的情况;二是过程与方法方面,思考通过怎样的载体、怎样的过程和怎样的方式实现教学目标,尤其是如何把能力目标、思维目标、情感目标等隐性目标体现和落实在教学过程中,使学生学习成为高认知水平活动;三是反馈与检测方面,考虑如何加强形成性评价,并有效检测教学目标的达成情况.

策略二:基于知识的发展轨迹与本质进行教学过程设计

生物重演律告诉我们:个体发育史重蹈种族发展史.类似地,数学教学也应根据知识的发展轨迹,详略得当、不平均用力但不跳过知识成长的每个环节;应依据数学知识不同发展阶段的不同特点进行教学,使数学发现的经验性、数学结论的形式性在教学中得到充分体现.在明晰大背景、大问题、大思路的前提下,围绕着知识的核心与本质,教给核心知识牢固、结构良好的知识.如数学概念教学通常可分如下6个环节:①播下种子——揭示概念产生的背景,明晰研究和建立概念的必要性;②生长发芽——对典型丰富的具体例证进行分析、比较,找出它们的共同特征;③破土而出——通过比较、概括、归纳、抽象,得到概念的本质属性;④刻画命名——下定义,用准确无误的数学语言刻画、描述概念;⑤浇水施肥——用正反两方面的实例对概念进行辨析,并建立它与相关概念的联系;⑥实现价值——运用概念解决相关学科问题和实际问题.

策略三:基于学生的认知基础与认知规律进行教学过程设计

基于学生的认知基础与认知特点的教学设计有三层意思:一是基于学生的认知基础,提高适切性.正如美国著名的认知教育心理学家奥苏贝尔所指出:"如果我不得不将教育心理学还原为一条原理的话,我将会说,影响学习的最重要因素是学生已经知道了什么,我们应当根据学生原有的知识状况去进行教学."教学设计的出发点是学生的认知基础,而不是课标、教材和考试的要求.教师不要从自己良好的愿望出发,只顾考试要求而不顾学生的接受能力;也不要拘泥于课标和教材,限制学有余力的学生的发展;要把"眼睛向上的备课"(指根据课标与教材进行备课)与"眼睛向下的备课"(指根据学生实际进行备课)结合起来.二是基于生命的能动性,提高自主性.学习、成长是学生的事情,是教师无法替代的;教师可以浇水、施肥、播撒阳光,可以做"助产婆",但不能越俎代庖、拔苗助长,不能做"产妇".教师应该有依"法"教学的意识,在实施某种教学行为之前认真思考自己应不应该这样做、有没有权力这样做;要警惕好心办"坏事"、辛辛苦苦做"坏事"(这里的"法"不仅指教育政策、法规,更是指教学规律和认知规律).三是基于生命的差异性,提高针对性.智力活动与体力活动一样,人与人之间存在很大的差异,对张三来说好的教学设计对李四来说不一定好.教学要关注差异、尊重差异、研究差异、用好差异,鼓励学生有差异地发展;要妥善处理学生个体需求与群体需求的矛盾,关注学生个体的学习方法与学习效率,提高每个学生的有效学习时间.

简而言之,数学教学设计要时刻牢记"以数学知识为载体,以人为目的,以人为手段",即要以数学知识固有的特点、功能与价值为载体,以促进学生作为人的发展为根本目的,以基于学生作为人的特点、激发人的内在动力为根本手段.

3 超越应试——优秀课的基本要求与历史使命

也许我们无法回避应试,但我们必须有效应试、科学应试,坚决反对和杜绝以牺牲学生健康和长远发展为代价的分数教学,因此超越应试是优秀课的基本要求与历史使命,也是课题组的理想和追求.

3.1 深化对课堂教学有效性和教学品质的认识

可从四个维度、用定性与定量两种方法全面衡量课堂教学的有效性.第一,课堂教学对多少学生有效;第二,课堂教学对学生的哪些方面有效;第三,课堂教学对学生多大程度上有效;第四,课堂教学对学生多长时间内有效.要正视、重视课堂教学品质问题.与树木、产品等有品质高低之分一样,数学教学也有品质高低之分.数学教学品质是指数学教学对人影响的广泛程度、深刻程度、持久程度、有用程度.数学教学品质由低到高分为四个层次:一是数学知识技能教学层次,重在解决是什么、怎样做的问题;二是数学思想方法教学层次,重在解决用怎样的思想与方法做的问题;三是数学思维教学层次,重在解决怎样想到这样做、为什么要这样做的问题;四是数学精神与文化教学层次,重在促进学生心智、个性、观念、精神等和谐协调地发展.由于提升数学教学品质处于现实教育与理想教育的交汇点和结合点上,它既能有效地提高学生的数学素养,使学生不至于沦落为"考试的机器"和"只会考试的文盲",又能有效地迎接融知识、能力、素养考查为一体的数学考试的挑战,提高学生的考试成绩,因此提升数学教学品质是现实条件下推进数学教学改革最重要、最可行、最有效的途径与手段,是走向超越应试的数学教育的必然选择.

3.2 深化对过程性知识和过程性目标的认识

《全日制义务教育数学课程标准(实验稿)》对过程性目标界定如下:(1)经历(感受):在特定的数学活动中,获得一些初步的经验.(2)体验(体会):参与特定的数学活动,在具体情境中初步认识对象的特征,获得一些经验.(3)探索:主动参与特定的数学活动,通过观察、实验、推理等活动发现对象的某些特征或与其他对象的区别与联系.《普通高中数学课程标准(实验)》把过程与方法目标分为经历/模仿、发现/探索两种水平,其中经历/模仿所涉及的行为动词有经历、观察、感知、体验、操作、查阅、借助、模仿、收集、回顾、复习、参与、尝试;发现/探索所涉及的行为动词有设计、梳理、整理、分析、发现、交流、研究、探索、探究、探求、解决、寻求.从这两份课标的表述看,过程性目标主要指向过程性活动.这相对于原来没有过程性目标是一个很大的进步,但表面化、形式化十分明显.实际教学工作中,教师对过程性目标的理解和落实则更不如人意.

我们需要深化对过程性知识和过程性目标的认识.首先,要关注过程性知识,即关注知识成长的基础、过程与方法,尤其是知识成长过程中思维障碍与心理障碍的突破过程与突破方法.第二,教学时"快速通过而不跳过知识成长的每个环节",尤其是让学生经历知识"诞生"的"阵痛"过程.第三,明确"过程性目标"的目标是学生掌握活的、有根的、有血有肉的、充满智慧与创造的数学知识,其实质是学生学会学习、学会探究、学会自主建构知识、学会创造.第四,加强过程性知识教学是落实情感态度与价值观目标的关键,是培育学生理性精神、完善学生人格的有效载体.

3.3 教给学生高品质、高附加值的知识

L.W.安德森等修订的《学习、教学和评估的分类学》把知识分为事实性知识、概念性知识、程序性知识、元认知知识(也称反省认知知识).其中事实性知识是指学生通晓一门学科或解决其中问题所必须知道的基本要素;概念性知识是指能使各部分共同作用的较大结构中的基本成分之间的关系;程序性知识是指如何做什么,研究方法和运用技能、算法、技术和方法的标准;元认知知识是指一般认知知识和有关自己的认知的意识和知识.可是,现实中的数学教学往往教给学生孤立的、表面化、傻瓜化的知识.而对学生成长最有用、影响最深刻的概念性知识和元认知知识却认识和重视不够.我们需要认真思考怎样的知识对学生今后的发展最有价值,进而教给学生高品质、高附加值的知识.

3.4 实施高认知、高情感水平的数学教学

《学习、教学和评估的分类学》把认知过程维度分为记忆、理解、运用、分析、评价、创造等6个层次.这样所有认知教学目标都可置于下表一个或多个单元格中.

知识维度	认知过程维度					
	1.记忆	2.理解	3.运用	4.分析	5.评价	6.创造
事实性知识						
概念性知识						
程序性知识						
元认知知识						

我们应该努力把握数学知识背后的认知维度,并以此作为对教学内容进行分析和加工的框架,实施高认知、高情感水平的数学教学.以"数系的扩充和复数的概念"教学为例,对复数概念的认知可分为如下六个层次.

记忆层次:知道$i^2=-1$和复数及其相关概念.

理解层次:理解引入虚数单位i的必要性与合理性,理解复数的概念及其分类.

运用层次:能利用复数、复数相等等概念及其复数分类解决相关问题,能独立完成书本上的命题与练习.

分析层次:理解数系扩充的原因与基本方法,认识到建立复数相关概念、对复数分类是有效研究复数的需要.

评价层次:理解引入虚数单位i、建立复数相关概念、进行复数分类的必要性、合理性与内在的逻辑性;能感受数系扩充过程中所蕴含的真善美,感悟有与无、可能与不可能之间的辩证关系.

创造层次:能从以前学过的数系扩充的过程中寻找数系扩充的策略与方法,能自主探索、建构复数相关概念、复数的代数形式、进行复数分类.

总之,参加课题研究使笔者从理论到实践对数学教育都有更深刻的认识,但学无止境,教无止境.我们不仅应关注优秀课的表现形式与评价标准,更应关注优秀课成长的基础、过程与方法.优秀课研究大有可为,优秀课研究任重道远.

寻找数学内在的逻辑力量*

近阶段参加了两次重要的业务活动,一次是作为课题组核心成员参加了在浙江省金华市召开的教育部重点课题"中小学数学核心内容及其教学研究"第四次会议;另一次是作为学术委员会成员参加了在安徽省黄山市举行的第六届全国高中数学青年教师优秀课观摩与展示活动.这两次活动中章建跃博士提出的"发挥数学的内在力量,为学生谋取长远利益"的观点既旗帜鲜明、指引方向,也击中了当今中国数学教育的软肋.鉴于此,现就如何寻找、挖掘、利用数学内在的逻辑力量做一探讨,以期抛砖引玉.

1 何为数学内在的逻辑力量

查《辞海》知,逻辑一词是多义的:(1) 思维的规律性;(2) 关于思维形式及其规律的科学,即逻辑学;(3) 客观规律性;(4) 观点、主张,一般用于贬义.因此逻辑不等于推理,更不等于逻辑推理.数学内在的逻辑力量是指一种至高无上的、合乎思维规律与数学发展规律、蕴含着逻辑必然的力量,是一种数学地、有条理地思考和解决问题的力量,是一种扎根于数学灵魂深处的理性精神.它包括三个方面,一是数学教学合乎思维的规律所产生的力量;二是数学教学合乎数学发展的规律性所产生的力量;三是数学教学使学生掌握合乎逻辑的思维方法后所产生的力量.

2 为何要寻找数学内在的逻辑力量

2.1 这是数学学科的特点决定的

因为数学大厦在很大程度上是按公理化体系和方法建造的,即数学是从一些不加定义的逻辑概念和不加证明的逻辑公理出发,遵循逻辑法则,通过逻辑推理得

---

* 这部分内容是全国教育科学"十一五"规划 2010 年度教育部重点课题"中小学数学核心内容及其教学研究"(课题批准号 G0A107010)的研究成果之一,发表在《中小学数学》(高中版)2013 年第 1—2 期.

出结论而建构起来的,这使得数学及其结论具有极其强大的逻辑力量.正是这种逻辑力量保证了天下所有的三角形,不论其大小,不论其处于何处,它们的三条高都交于一点,它们的内角和都为180°.这种逻辑力量既是数学独特的力量与价值之所在,也是数学崇高地位的基础.正如爱因斯坦所说:"为什么数学比其他一切学科受到特殊的尊重,一个理由就是它的命题是绝对可靠和无可争辩的,而其他一切学科的命题在某种程度上都是可以争辩的,并且经常处于会被新发现的事实推翻的危险之中.数学之所以有高的声誉,还有另一个理由,那就是数学给予精密自然科学以某种程度的可靠性,没有数学,这些科学是达不到这种可靠性的."

2.2 这是数学教育目的与价值之所在

《普通高中数学课程标准(实验)》指出:"高中数学课程应注重提高学生的数学思维能力,这是数学教育的基本目标之一.人们在学习数学和运用数学解决问题时,不断地经历直观感知、观察发现、归纳类比、空间想象、抽象概括、符号表示、运算求解、数学处理、演绎证明、反思与建构等思维过程.这些过程是数学思维能力的具体体现,有助于学生对客观事物中蕴含的数学模式进行思考和做出判断."数学是思维的科学、思维的体操,让学生学会数学地、合乎逻辑地、有条理地思考问题是数学教育的根本目的之一,也是数学教育的文化价值之所在.正如齐民友先生在《数学与文化》一书中所说的:"每个论点都必须有根据,都必须持之以理,除了逻辑的要求和实验的检验外,无论是千年的习俗、宗教的权威、皇帝的敕令,还是流行的风尚统统是没有用的.这样一种求真的态度,倾毕生之力用理性的思维去解开那伟大而永恒的谜——宇宙和人类的真面目是什么?——是人类文化发展高度的标志.这种伟大的理性探索是数学发展不可缺少的文化背景,反过来也是数学贡献于文化最突出的功绩之一."

2.3 这是数学教学方法之根本

教学方法是为教学目的和教学内容服务的.既然数学蕴含着极其强大的逻辑力量,而发展学生的逻辑思维能力又是数学教育的核心目标之一,那么数学教学理所当然要寻找、挖掘、利用数学内在的逻辑力量.事实上,对数学教学教什么、如何教,许多名家都有精彩的论述.如美国著名数学家、数学教育家赫什在《给数学哲学研究提一些建议》中指出:"问题并不在于教学的最好方式是什么,而在于数学到底是什么……如果不正视数学的本质问题,便解决不了教学上的争议."章建跃博士也指出:"'教什么'是首要问题,是因为这一问题解决不好,课堂教学就是无米之炊,无论你的教学方法多么好,结果都是竹篮打水一场空,不仅浪费学生宝贵的时间和精力,而且会消减学生学习数学的兴趣和热情.课堂中,只有教货真价实的数学知识,教知识蕴含的思维过程和数学思想方法时,改进教学方式才有意义,教学质量的提高才能有前提和保证."可以毫不夸张地说,寻找、挖掘、利用数学内在的逻辑力量是数学教学方法之"大道"和"王道";只有这样,数学教育才能充分发挥自己独特的育人价值与育人功能.

2.4 这是学生思维发展到一定阶段的必然需求

中学阶段既是学生思维水平大发展的可能时期,也是极其重要的时期.错过了这个时期,也许他们一生的思维水平都难以有大的提高.尊重学生的心理与年龄特征,按照其思维发展的规律进行教学,这是具有全局性、根本性、决定性的以生为本、以学定教.

3 如何寻找和发挥数学内在的逻辑力量

3.1 彰显数学知识发展的逻辑必然

种瓜得瓜,种豆得豆.每棵种子一旦开始发芽、生长,就必然有自己的成长路线图.数学知识也一样,有其发展的逻辑必然.如角扩充到任意角后,研究其分类、三角函数是必然的;建立任意角三角函数概念后,研究其定义域、值域、周期性、单调性、对称性、最大值、最小值等函数性质也是必然的.又如,复数概念建立后,建立实部、虚部、复数相等等概念,研究复数的分类、几何意义及其运算法则等是必然的,是深入研究复数所必然需要解决的问题.数学教学应揭示和彰显数学知识发展的逻辑必然,揭示和彰显数学问题提出与解决的逻辑必然.

3.2 突出数学知识发展的逻辑主线

数学知识发展有其内在的逻辑主线和思维主线,突出这条主线有助于学生更好地理解数学知识内在的逻辑联系.当然这些主线也有"大主线"与"小主线"之分."大主线"是指每个数学知识板块形成与发展的逻辑主线与思维主线,如研究向量,第一阶段是从力、速度、移位等现实背景中归纳、抽象出向量的概念;第二阶段是紧紧抓住向量数与形两方面的特征,从数学角度研究向量,包括研究向量与向量之间的关系、建立向量的各种运算法则、明确向量的几何意义等;第三阶段是运用向量研究成果解决物理、几何等现实生活中存在的问题."小主线"是指每个具体知识点所蕴含的逻辑主线与思维主线.如"方程的根与函数的零点"是函数知识的应用课,是为了求方程的根而研究函数零点,其内在的逻辑主线是"为什么要引入函数零点的概念—如何引入函数零点的概念—引入函数零点的概念有什么好处—如何判断函数零点是否存在—如何求函数的零点".

3.3 揭示数学知识内在的逻辑联系

希尔伯特曾指出:"数学是一个不可分割的整体,它的生命力正是在于各个部分之间的联系".事实上,正如每个人都有自己的家谱一样,每个数学知识点也有自己的结构图.如,比较"直线、平面垂直的判定及其性质"与"直线、平面平行的判定及其性质"两部分教材,会发现无论是知识的呈现方式,还是知识结构与思想方法上,两者之间都具有高度的相似性和结构性.从内容的呈现方式看,两者都是按"定义—判定—性质"展开;从知识结构看,两者都是先讨论线线关系,再讨论线面关系,最后讨论面面关系;从思维方法看,两者都强调线线平行(或垂直)、线面平行(或垂直)、面面平行(或垂直)之间的相互转化;从认知方式看,两者都是按照直观感知、操作确认、思辩论证、运用巩固的方式进行;从知识的教育价值看,两者都有助于学生更好地认识直线与平面的位置关系,发展学生的空间想象能力和思维能力.

3.4 聚焦数学思维的逻辑必然性与合理性

思维有其内在的规律与方法,逻辑学就是研究思维的形式与规律的科学.数学知识的建构、数学问题的提出与解决也有其内在的思维方法.教师发挥数学内在的逻辑力量、发展学生思维最根本的办法就是聚焦数学思维的逻辑必然与合理性,强化对学生思维策略与方法的指导,让学生掌握和运用常用的逻辑思维方法,学会合乎逻辑地思考问题.就当前数学教学而言,尤其要加强对如下思维策略与方法的指导.

一是数学概念的建构方法.数学教学不仅要关注概念是什么,更要关注概念的科学性、合理性、优越性在哪里,并把探究概念的科学性、合理性、优越性作为建构概念的重要过程与方法来处理.如建立任意角三角函数定义时,要考虑它与锐角三角函数定义是否一致,考虑它是不是角的函数并揭示角的本质特征,考虑它相对原来形式的定义有哪些优越性.

二是数学定理法则发现与证明方法.尽管定理发现与证明的思维方法是多种多样的,但"先发现结论,再证明结论;先搞清楚证明的思路,再解决证明的细节问题"却是一种非常常用的思维方法,并有其内在的思维合理性.

三是问题要素或特征分析法.问题的构成要素或特征决定着问题的解决思路与方法.如要探讨函数 $y=A\sin(\omega x+\varphi)$ 的性质,不妨从决定此函数性质的三个要素 A,

ω,φ入手分别讨论.又如对三角恒等变换问题通常可从函数名、角、式子的特征等入手寻找解题思维的突破点和切入点.再如,向量具有数与形两方面的特征,自然应该从数与形两方面思考向量问题.

四是因果关系分析法.事物总是有前因后果的,搞清楚事物的因果关系也就搞清楚了解决问题的思路与方法.如要探讨互为反函数的两个函数图象之间的关系,合乎逻辑的思考是反函数是怎样产生的,它与原函数有怎样的关系;如果还有问题和困难,不妨从简单的、特殊的函数如$y=2x+1$与$y=\frac{1}{2}x-\frac{1}{2}$,$y=2^x$与$y=\log_2 x$等图象关系入手探究,发现结论.

五是事物产生的源头分析法.从事物产生的源头和过程开始思考解决问题的思路与方法是行之有效的思维策略.如要研究向量的运算法则,不妨考虑向量的现实原型如力、速度、位移等的运算法则;要研究$(a+b)^n$项的展开式$a^{n-k}b^k$的系数,不妨先考虑项$a^{n-k}b^k$是怎样产生的;要探讨蚂蚁从点A沿向右或向下的方向爬到点B共有多少种爬法(如图2-1),不妨考虑蚂蚁为了到达点B,上一步必然先到达哪里.另外,化未知为已知、化陌生为熟悉、差异分析法、以退为进、回归定义解决问题等常用的思维方法也都需要在教学中渗透和落实.

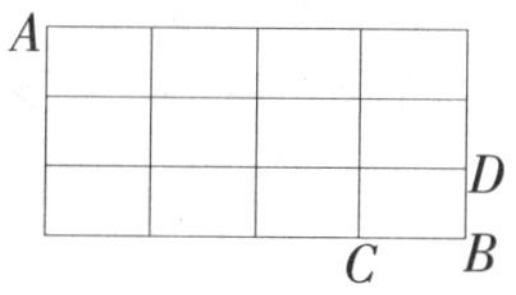

图2-1

3.5 培养学生追根究底的意识和习惯

世界上不存在没有为什么的事物,人们学习和思考的每件事情往往是充满联系的.数学教学需要在无疑处生疑,追问现象背后的原理与本质.如研究任意角三角函数定义时,追问为什么及怎样想到把角放在直角坐标系中;学习了线面垂直的判定定理后,追问为什么是直线与平面内两条相交直线而不是一条或三条直线都垂直直线与平面就垂直;探讨三角形内角和问题时,追问怎样想到把三角形的三个角撕下来拼在一起;证明三角形内角和等于180°时,怎样想到过三角形的一个顶点作对边的平行线.数学教学要通过不断追问来揭示数学思维的逻辑合理性,进而把学生的思维引向深入,提高学生对数学知识的理解水平;要通过不断追问让学生学会思考、学会探究、学会追根究底.

3.6 充分发挥逻辑思维对人的熏陶价值

数学思维是理性的,而不是盲目的;"摸着石头过河"是迫不得已情况下没有办法的办法.因为"摸着石头过河"不仅风险大,而且代价往往也大.中国许多道路、建筑等建好后不久又拆掉重建是"摸着石头过河"思维方式的直接体现.数学教学应在逻辑思维光芒的照耀和指引下,理性地思考和解决问题.如探索如何建立直角坐标系求抛物线方程时,应对按如下三种方式(如图2-2)建系得到的方程哪个更简洁进行预测,并在分别按这三种方式建系得出方程后,要对结果进行比较、分析与反思,搞清楚坐标系与方程的内在关系.也就是说,数学教学要既有助于学生养成大胆猜想、大胆质疑的习惯,也要有助于学生养成言必有据、言必有理、思维清晰、办事有条理的习惯.

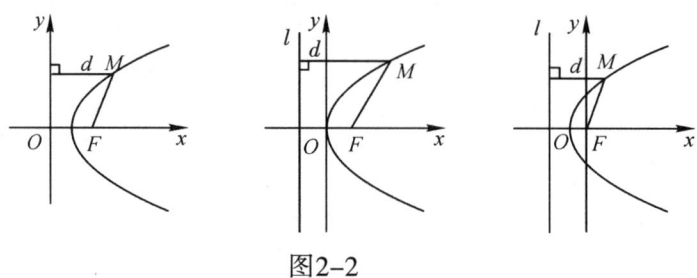

图2-2

综上,寻找数学内在的逻辑力量是数学学科特点决定的,是实现数学教育目标与价值的根本途径之所在,是数学教学方法之根本.

再谈寻找数学内在的逻辑力量*

鉴于当前中学数学教学表面化、傻瓜化、去数学化现象严重,数学作为思维的体操名不符实,笔者曾写了《寻找数学内在的逻辑力量》一文,言犹未尽,现再就此问题谈一些自己的看法.

1 何为数学内在的逻辑力量

查《辞海》知,逻辑思维的涵义如下:亦称"抽象思维"或"概念思维",是指人们在认识过程中借助概念、判断、推理反映现实的过程.逻辑思维和形象思维不同,以抽象出事物的特征、本质而形成概念为特征.因此逻辑不等于推理,更不等于逻辑推理;思维的逻辑性也不等于推理的逻辑性. 正如美国教育大师杜威所说:"我们说,一个人的行动和谈话'合乎逻辑',而另一个人的行动和谈话'不合逻辑',并不是说合乎逻辑的人的活动、思维或谈话是遵循三段论式的,而是指他所说的和所做的是有秩序的,具有连贯性;在他的心目中他所采用的手段能够很好地预测将来获得的结果.在这种场合下,'合乎逻辑'和'合乎道理'是同义词……真正有思想的人,其思想必定是合乎逻辑的.有思想的人细心而不轻率,他们四处查看,谨慎周到,而不盲目地乱碰."

数学内在的逻辑力量是指一种数学内在的、合乎思维规律与数学发展规律、蕴含着逻辑合理性甚至必然性的力量,是一种数学地、有条理地思考和解决问题的力量,是一种扎根于数学灵魂深处的理性精神.它包括三个方面,一是数学教学合乎思维规律所产生的力量;二是数学教学合乎数学发展规律所产生的力量;三是数学教学使学生掌握合乎逻辑的思维方法后所产生的力量.

---

* 这部分内容发表在《中学数学教学参考(中旬)》2013 年第 9 期.

2 为何数学具有内在的逻辑力量

首先,数学与逻辑具有天然的联系.欧几里得几何的产生、数学公理化体系的建立使数学与逻辑的联系更加紧密,并且数学与逻辑都借助对方得到了更快更好的发展.欧几里得几何不仅在数学发展史上,还是在人类思维发展史上都具有里程碑式的意义.正如爱因斯坦所赞叹的:"世界第一次目睹了一个逻辑体系的奇迹,这个逻辑体系如此精密地一步一步推进,以至于它的每一个命题都是绝对不容置疑的——我这里说的是欧几里得几何.推理的这种可赞叹的胜利,使人类理智获得了为取得以后的成就所必需的信心."

其次,数学与思维也有天然的联系.当数学还是一个经验型科学时,它就与归纳、演绎、分析、综合等思维方法密不可分;现代数学更是以借助概念、判断、推理的抽象思维为主.正因为如此,数学被公认是思维的科学,是理性的艺术.数学借助思维得到发展,同时数学也促进了人和人类思维的发展.

3 为何要寻找和发挥数学内在的逻辑力量

3.1 逻辑和逻辑力量与人时刻相伴

人类思维离不开概念、判断与推理,这就决定了即便是直觉思维、形象思维也离不开逻辑思维,决定了科学探究、发现与创造离不开逻辑与逻辑力量.正如前苏联哲学家波·柯普宁曾所说:如果"把逻辑的东西理解为思维向着带有客观真理性质的那种新结果运动的所有规律的总和,那么新观念和新理论的诞生过程不会超越广义的理性和逻辑的范围",就不会把科学发现看成是超逻辑的思维过程.因此逻辑、逻辑思维以及思维所含的逻辑力量与人们的生活和科学研究密不可分、时刻相伴.

3.2 寻找和发挥数学内在力量是实现数学教育价值之根本途径

张奠宙先生指出:"数学教育,自然是以'数学'内容为核心."那数学的核心又是什么?数学教育的核心价值又是什么?学生是否学好数学的标准又是什么?《辞海》告诉我们:"智力,通常称'智慧'.指学习、记忆、思维、认识客观事物和解决实际问题的能力.其核心是思维能力."郅庭瑾先生在《教会学生思维》一书中指出:"无论使学生'学会生存'也好,'学会关心''学会学习'也好,只有学会思维,学会创造性地思维才是最核心和最首要的."杜威先生也指出:"学习就是要学会思维","教育在理智方面的任务是形成清醒的、细心的、透彻的思维习惯".数学是思维的科学、思维的体操,数学教育带给学生的不仅应有数学知识与数学技能,更应有分析、比较、归纳、类比、综合、判断、推理的习惯与能力,以及数学地、合乎逻辑地、有条理地思考问题解决问题的习惯与能力.正如游泳只能在游泳中学会,思维也只能在思维实践中得到发展,因此寻找和发挥数学内在力量是实现数学教育价值之根本途径和方法.

3.3 发挥数学内在的逻辑力量是医治"去数学化"顽疾之良方

中学数学教育"去数学化"现象的主要表现有两方面:一是离开数学知识及其本质,片面地强调数学联系实际、联系其他各学科,结果是"种了别人的田,荒了自己的地";二是数学教学思维含量很低,表面化、傻瓜化、机械化现象严重,数学作为思维体操的功能得不到体现和落实.就当前中学数学教育而言,后一种现象更加普遍、更加严重.其具体表现是:只有操作,没有思维;只有结论,没有缘由;只有推理,没有道理;只有感性,没有理性;只有难点,没有突破;只有程序性知识,没有策略性知识……这样做的结果是许多做法、结论像"帽子里突然跑出的兔子",让人一头雾水;是学生只知其然,却不知所以然.这种把教学降格为"告知"和"训练"的所谓教学对考试也许有一定的效果,但对学生的思维发展却是徒劳无益的.正如杜威先生所指出:"纯粹的模仿、采用指定的步骤、机械式的练习,均可能最快地取得效果,然而,对反省思维能力的增强,却可能铸成不可挽回的错误."因此旨在促进学生可持续发展的数学教学,应充分发挥数学内在的逻辑力量,不仅教数学,更教数学知识的核心与灵魂——数学思维.可以毫不夸张地说,发挥数学内在的逻辑力量是医治数学教学"去数学化"顽疾之良方.

4 如何寻找和发挥数学内在的逻辑力量

4.1 寻找数学问题提出与解决的内在逻辑

数学内在的逻辑力量只能在数学内部找,在数学知识的生产与发展过程中找.问题是数学的心脏,因此要发挥数学内在的逻辑力量,首先,要清楚数学问题提出的逻辑必然.如引入虚数单位i后,研究i如何与实数进行运算是必然的;建立复数的初步概念后,引入实部、虚部、复数相等辅助性概念是必然的,对复数进行分类也是必然的,因为它们都是完整复数概念的重要组成部分;建立完整的复数概念后,探究复数的几何意义、研究复数运算法则和运算律是必然的,否则复数也就失去了真正的意义与价值.其次,要清楚数学问题解决思维方法的逻辑合理性与必然性.如证明三角形内角和定理时,由于此结论是通过把三个角撕下来拼在一起发现的,因此从实验(即拼图)过程中寻找三角形内角和定理的证明思路与方法是合乎逻辑的思考,教学时不应像"帽子里突然跑出的兔子"、直接过点 A 作直线 $l\parallel BC$ 给出证明(如图2-3),而应揭示辅助线 l 产生的过程.即先由拼图(如图2-4)想到作 $\angle DAB=\angle B$,$\angle EAC=\angle C$,再在发现 D、A、E 三点共线的基础上意识到直接过点 A 作直线 $l\parallel BC$ 其实更简单.再如,由于解一元一次方程 $\dfrac{3x+1}{2}-2=\dfrac{3x-2}{10}-\dfrac{2x+3}{5}$ 的过程就是求 x 的过程,对比所给条件与目标的差异,可以发现采用去分母、去括号、移项、合并同类项、把未知数系数化为1等解题步骤有其逻辑的合理性,甚至必然性.

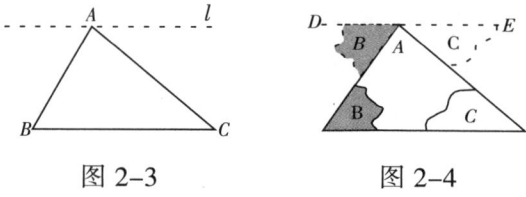

图 2-3　　　　　图 2-4

4.2　寻找数学思维发展的内在逻辑

思维有其内在的规律与方法,逻辑学就是研究思维的形式与规律的科学.逻辑力量的实质是思维合乎规律所产生的力量,而思维则是在表象、概念的基础上进行分析、比较、归纳、类比、综合、判断、推理等认识活动的过程.就数学教育而言,可从两方面促进学生思维的发展:一是引导和促进学生掌握各学科共有的、通用的思维策略与思维方法,如让学生不断地经历直观感知、观察发现、归纳类比、抽象概括、演绎证明、反思与建构等思维过程,并让他们在这些过程中学会观察、分析、比较、归纳与类比;二是引导和促进学生掌握数学学科特有的思维策略与思维方法,如空间想象、符号表示、定量刻画、运算求解等.事实上,数、坐标、斜率、概率、函数、方程等都是数学对客观世界进行数量化处理后得到的结果,角、直线、平行、垂直、平移、等可能事件等都是数学对客观世界进行理想化、抽象化处理的结果,公理化思想与方法更是抽象化、理想化的结果.

认知难点是思维发展的"磨刀石".教学时应找准难点、突破难点、用好难点;要强化难点突破的过程、揭示难点突破的思维合理性,而不是采取简单"告知"的方式回避难点.只有这样,教学才能成为"使大脑建立新结构并由一个思维水平向另一个思维水平发展的阶段"(法国著名数学家绍盖语).如通过强化发现$x^2=2$中x是与前面所碰到的数都不同的无限不循环小数的过程来突破无理数概念的难点;通过揭示实验几何与论证几何的内在联系来突破三角形内角和定理证明思路发现的难点,等等.

4.3 寻找建构和发现数学知识的内在逻辑

每棵种子都有自己的成长路线图,高中数学知识也一样.正如高中数学课标教材人教A版《主编寄语》指出:"在这套教科书中出现的数学内容,是在人类长期的实践中经过千锤百炼的数学精华和基础,其中的数学概念、数学方法与数学思想的起源与发展都是自然的.如果有人感到某个概念不自然,是强加于人的,那么只要想一下它的背景,它的形成过程,它的应用,以及它与其他概念的联系,你就会发现它实际上是水到渠成、浑然天成的产物,不仅合情合理,甚至很有人情味."数学概念是数学界长期"进化"的结果,是最优化的产物,因此学习数学概念不仅要关注概念是什么,也要关注概念建立的必要性以及这样定义概念的科学性、合理性、优越性在哪里,并把探究概念的科学性、合理性、优越性作为建构概念的重要过程与方法来处理.如为什么要用x轴正向与直线向上方向所成的角来刻画直线的倾斜程度,为什么要用倾斜角的正切而不是正弦、余弦来刻画直线的斜率,为什么要规定$C_n^0=1$,等等.同样,数学定理法则也不应是"帽子里突然跑出的兔子",也应有一个不断酝酿、探索发现的过程.如二项式定理的探究,由于我们已经知道$(a+b)^2$、$(a+b)^3$的展开式,因此探究$(a+b)^2,(a+b)^5,(a+b)^n$的展开式是合乎逻辑的;要探索$(a+b)^n$的表达式,从$(a+b)^3$,$(a+b)^4,(a+b)^5$的展开式入手寻找启发是合乎逻辑的.观察与分析这些展开式,会发现求二项式展开式的实质是求$a^{n-k}b^k$的系数.而要求$a^{n-k}b^k$的系数,考虑$a^{n-k}b^k$是怎样形成与产生的是合乎逻辑的.这样思考,不难发现$a^{n-k}b^k$就是$(a+b)^n$的n个因式$(a+b)$中有$(n-k)$个取a而其他k个取b相乘得到的,因此$a^{n-k}b^k$的系数应为C_n^k.教学时应需要寻找与揭示的就是这种思维的内在逻辑.

4.4 寻找数学直觉与顿悟背后的内在逻辑

也许一些数学概念或结论是通过直觉或顿悟得到的,但从教学角度看,应最大限度地避免把这些概念或结论简单地告知学生,而要寻找直觉或顿悟背后的逻辑合理性.也就是说,应尽最大努力"复原、反思直觉或顿悟产生的思维过程",运用逻辑的方法寻找直觉或顿悟的产生的根据,分析直觉或顿悟的思维过程,尤其是直觉或顿悟产生之前思维受阻的原因以及思维突破的过程.因为既然直觉或顿悟能产生正确的结论,说明这些直觉或顿悟不是凭空产生、没有根据的,而是有其内在的思维合理性,只不过这种内在的思维合理性人们一时难以觉察或找到.例如,椭圆概念的探索与发现是极其困难的,也许数学家是凭直觉或顿悟得到的.但可以肯定的是,在这个直觉或顿悟产生之前,数学家一定对这个问题有着长期、深入的思考.椭圆概念教学可寻找其内在的逻辑合理性如下:(1)椭圆由圆演变而来,椭圆的定义肯定与圆的定义存在某种内在的联系,圆有两个核心要素——定点圆心与定长半径,椭圆也应该有类似的定点和定长;(2)圆是椭圆的特殊情况,圆的"定点"与"定长"也应该是椭圆的"定点"与"定长"的特殊情况;(3)圆"压扁"后就变成了椭圆,圆柱的截面与侧棱不垂直时也是椭圆,但由这些椭圆还一时找不到所需要的"定点"与"定长";(4)受球在不与地面垂直的阳光照射下在地面的投影是椭圆,且球与地面的切点当阳光与地面垂直时就是圆的圆心、当阳光与地面的夹角不断变小时切点逐渐偏离原来的圆心(如图2-5)启发,猜想此切点就是要寻找的椭圆定点;(5)由椭圆的对称性猜想椭圆还有另一个定点(如图2-6);(6)由上可进一步猜想:椭圆上的点到两定点的距离之和为定长,并由图2-7,有 $PE+PF=PR+PQ=RQ$,由此找到椭圆的"定长";(7)找一根定长的细线,把它的两端固定在两定点上,套上铅笔,拉紧细线,然后画图验证结论.

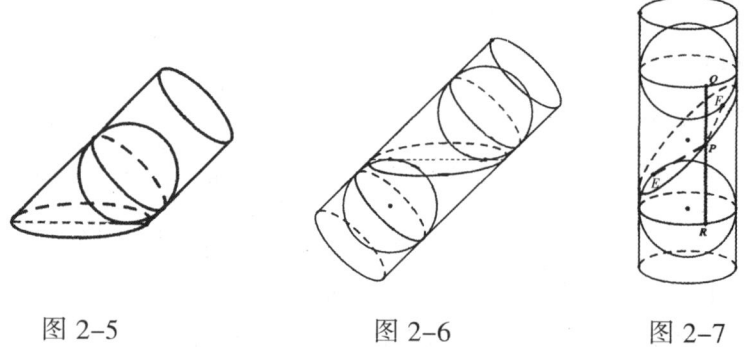

图 2-5　　　　　　图 2-6　　　　　　图 2-7

5 数学内在逻辑力量的局限性

爱因斯坦曾敏锐地指出:"纯粹的逻辑思维不能给我们任何关于经验世界的知识.一切关于实在的知识,都是从经验开始的,又终于经验.用纯粹的逻辑方法所得到的命题,对于实在来说是完全空洞的."因此重视数学内在的逻辑力量并不是要用纯粹的逻辑方法解决问题,并不是要排斥非逻辑力量.事实上,世界上并不存在纯粹的逻辑思维,也不存在纯粹的直觉思维;直觉思维、形象思维、发散思维等虽所含的逻辑思维成分相对比较少,但也都是数学思维的重要方式.重视数学内在的逻辑力量也不是要把数学归结为逻辑、割断数学与现实和学生生活经验的联系,不是提倡逻辑主义.

总之,数学教学要合乎数学知识和思维发展的内在逻辑,要积极寻找和发挥数学内在的逻辑力量.这既是实现数学教育目标与价值之根本途径,也是数学教学之根本方法,是医治"去数学化"顽疾之良方.

让数学教学闪耀理性的光芒*

1 数学教育的核心任务是发展理性思维、培育理性精神

数学具有直接解决实际问题或其他学科问题的显性价值,也具有优化人的思维、个性品质的隐性价值,并且对绝大多数人来说隐性价值的影响更持久、更普遍、更深入.正如米山国藏所指出:"作为知识的数学,(学生)出校门不到两年就忘了,唯有深深铭记在头脑中的是数学精神、数学思想、研究方法和着眼点等,这些却随时随地发生作用,使他们终生受益." G.波利亚曾说:"也许你要解答的题目可能很平常,但是如果它激起了你的好奇心,并使你的创造力发挥出来,而且如果你用自己的方法解决它,那么你就能经历那种紧张状态,而且享受那种发现的喜悦.在一个易受外界影响的年龄段,这样的经历可能会培养出对智力思考的爱好,并对思想和性格留下终生的影响……他们在尝到了数学带来的乐趣以后,他就不会轻易地忘记,于是数学就很有机会成为他生活的一部分:一种爱好,或者他专业工作中的一种工具,或者他的职业,或者是一种崇高的抱负." M.克莱因认为:"在最广泛的意义上说,数学是一种精神,一种理性的精神.正是这种精神,使得人类的思维运用到最完善的程度.亦正是这种精神,试图决定性地影响人类的物质、道德和社会生活;试图回答有关人类自身存在提出的问题;努力去理解和控制自然;尽力去探求和确立已经获得知识的最深刻和最完善的内涵."

数学是文化.数学的内容、思想、方法和语言是现代文明的重要组成部分.数学的理性精神、公理化的思想方法、严谨求实求真创新的作风,表现了人们勇于认识世界的坚定信念,表现了对真理的不懈追求,表现了人们以理性或以理性为基础的思维方法作为判断真假、是非的标准.它大大地促进了人类思想的解放,提高和丰富了人类的精神水平.因此数学教育应通过发展学生的理性思维、培育学生的理性精神,促进学生形成求真、求实的品格,成为更完全、更丰富、更有力量的人.

---

* 这部分内容发表在《数学通报》2006年第7期,由作者在第七届苏步青数学教育奖颁奖大会上的发言整理而成.

2 当前多数数学教学还没有有意识地培养学生的理性思维

尽管数学是思维的科学,数学中到处闪耀着理性的光芒,但由于以分数为目标的数学解题教学的影响,以及教师认识和水平的限制,当前多数数学教学停留在数学知识、数学技能、数学方法教学的层面上,数学理性的光芒被大量没有思想的具体运算、推理所掩盖,理性思维、理性精神的培养还处于自发的、无意识的状态,是数学知识技能教学的副产品.这具体表现在:

一是"只讲结论,不讲缘由".许多数学问题的提出、数学知识和方法的呈现像"帽子里突然跑出的兔子",使人觉得很不自在、很不合理;许多数学概念、结论是教师强加给学生的,学生根本不理解这个概念、结论为什么要这样.如,教师只告诉学生角怎样表示,而不分析为什么要这样表示、怎么会想到这样表示;只告诉学生什么叫作直线的倾斜角和斜率,而不分析探讨概念本身的科学性、合理性;只告诉学生任意角的三角函数的定义而不分析探讨如何由借助直角三角形定义锐角三角函数过渡、迁移到借助平面直角坐标系来定义任意角的三角函数,揭示两者之间内在的统一性.

二是"只讲推理,不讲道理".问题解决时往往只是展现解法、展现思路,而对思路的寻找过程以及为什么要这样解、怎样想到这样解重视不够,对解决问题中思维与策略的自然性与合理性揭示不够,给人以"入宝山而空返"和"买椟还珠"之感.

三是不能站在系统的、结构的高度,揭示知识的内在联系和发展的必然性,往往把知识讲"死"而不是讲"活".笔者最近在一所省重点中学听高一"一元二次不等式的解法"课时,教师根据课本讲解如何利用一元二次函数的图象解一元二次不等式.课后调查发现,绝大多数学生根本没有意识到一元二次不等式也可以像一元二次方程一样用降次的方法去解.而联系到消元、降次是解方程的基本思想和方法,化一元二次不等式为一元一次不等式应是最合乎情理的思路和方法. 又如有理数的减法法则、直线与平面平行的判定定理等许多定理法则,尽管有多种导出或证明的方法,但部分教师就是只讲书本上的方法,而对其他思路和方法只字不提(有的方法、思路虽然不是最简单的,但却往往是自然而合乎情理的).四是看不到问题的本质,分析讲解不深、不透.如教师分析、讲解角的表示法时,没有抓住其深层次原因:一是角的构造;二是数学追求符号化、最简化和确定性.又如证明"互为反函数的两个函数的图象关于直线$y=x$对称"时,看不到问题产生的"源头":一是反函数是怎样产生的,它与原函数之间有怎样的关系;二是关于直线$y=x$对称的两个图象有什么特点.

学生的思维潜能只有经过有效地开发、加工、培育,才能成为现实的思维能力.但目前的许多数学教学却有意无意之间、无形之中禁锢了学生的思维,造成了他们数学素养、数学思维水平低下.甚至连数学考试成绩很好的学生也往往如此.一个很好的例证就是:2005年7月8日《文汇报》的报道,几天前,知名华人数学家、哈佛大学教授丘成桐兴冲冲地赶到杭州,与一群刚在高考中取得好成绩的数学尖子见面,结果却令他大失所望:"大多数学生对数学根本没有清晰的概念,对定理不甚了了,只是做习题的机器.这样的教育体系,难以培养出什么数学人才."

3 如何在数学教学中培养学生的理性思维

3.1 揭示数学知识产生的自然性与合理性

数学知识的产生与发展是自然的、合理的,完美的数学符号、概念、定理、法则是数学界长期自然、合理"进化"的结果.正如人教版普通高中课程标准实验教科书的主编寄语中指出的:"数学概念、数学方法、数学思想的起源与发展都是自然的.如果有人感到某个概念不自然,是强加于人的,那么只要想一下它的背景,它的形成过程,它的应用,以及它与其他概念的联系,你就会发现它实际上是水到渠成、浑然天成的产物,不仅合情合理,甚至很有人情味."因此数学教学应有意识地揭示数学概念、数学方法的形成背景、形成过程以及它与其他概念的联系,揭示数学概念、数学方法形成与完善的必然性、合理性.如角的表示法.从角由两条射线OA、OB构成出发,经比较$\angle AOB$,$\angle ABO$,$\angle OAB$等几种表示法,得出用$\angle AOB$表示最科学合理;从数学追求最简性出发,得出在不引起混淆的情况下,$\angle AOB$可简写为$\angle O$;从数学的确定性出发,当以点O为顶点的射线有3条或更多的时候,角又必须用$\angle AOB$,$\angle AOC$等表示;再从数学的最简性出发,又把$\angle AOB$,$\angle AOC$用$\angle 1$,$\angle 2$或$\angle \alpha$,$\angle \beta$等来表示.

3.2 既讲推理和结论,更讲道理和缘由

数学概念教学,突出其科学性、合理性、确定性、最优性.如"直线和平面所成的角"的教学,师生通过讨论、分析明确以下五点:

(1)直线与平面所成的角形成与产生的现实背景,让学生认识到研究这个问题的必要性;

(2)解决问题的基本思路是把空间角的问题转化为平面角的问题；

(3)用斜线与它在平面内的射影所成的角作为直线与平面所成角是最科学、最合理的,也是最方便的；

(4)当直线与平面的位置关系确定后,直线和平面所成的角具有确定性和唯一性；

(5)从数学概念具有完整性、和谐性的特点出发,需要补充直线与平面垂直、直线与平面平行两种特殊情况.

数学问题解决教学,突出其一般性的策略与思路,揭示解题思路、解题策略、解题方法的寻找过程及其内在的科学性与合理性.数学思想方法教学,不仅突出其形成与发展的背景与过程,更把它们放在整体的、系统的知识背景下加以考察、认识和运用,使学生能较好地理解方法的本质及其内在联系.

3.3 要基于感性,发展理性

数学具有两个侧面,形成过程中的数学看上去是一门实验性的归纳科学,作为结果的数学则是欧几里得式的严谨的科学.数学教学要处理好归纳与演绎、感性与理性的关系.这方面,美国视听教育家戴尔(Edgar Dale)为我们提供了很好的理论指导.戴尔的"经验之塔"理论有三个基本观点:(1)经验之塔最低层的经验最具体,越往上升,则越趋抽象.(2)教育应从具体经验入手,逐步进到抽象.有效的学习之路,必须充满具体经验；教育的最大失败在于让学生记许多普通的法则和概念,而没有具体经验做它们的支柱.(3)教育不能止于具体经验,而要向抽象和普遍发展,要形成概念. 因为概念是最经济的思想工具, 它把我们探求知识的智力大大简单化、经济化.

过去,数学教学的一个很大问题就是教师只传授抽象的数学概念、数学法则,而学生没有自己的活动经验、创造经验做支撑.新课程强调通过观察、模仿、尝试、实验、猜想等手段来获得对数学知识、数学方法的感性认识.这是对传统教学的有效矫正.但在实际教学中,又出现了情境简单化、活动形式化以及为活动而活动、为探究而探究止于具体经验而不向抽象和普遍发展的现象.新课程提倡"做中学",但我们需要对"做中学"有完整、清晰的理解.它应包含如下三层意思:

(1)通过做,通过学生自己的活动来学习.

(2)做是为学服务的,是根据学的需要安排的.做是手段,学是目的.

(3)学什么？学数学,学数学的知识、方法、思想,学数学严谨、求真、创新的品格,学数学的理性思维、理性精神.

一句话，数学教学应基于感性，发展理性.通过生动、形象、有趣的"做"使学生获得对数学知识的感性认识，再使这些感性认识向抽象的、理性的数学过渡和发展.让学生在做与思的过程中，潜移默化地养成追根究底的习惯和理性的探索精神.

3.4 加强数学问题发现教学

数学的核心是问题和解，提出问题是解决问题的逻辑前提，完整的数学学习应包括学"问"与学"答"两方面，但目前的数学教学重学"答"轻学"问".数学教学应改变这种现象，把发展学生的问题意识和提出问题能力作为数学教学的重要目标，把提出问题作为数学教学的重要组成部分和学生学习数学的重要过程与方法. 实践证明：教师创设问题产生的背景，引导学生自己提出数学问题，有助于学生深刻理解数学知识的内在联系，理解数学知识发展的必然性与合理性；有助于变被动学习为主动学习，培养学生勇于探求事物本质与规律的意识和能力；有助于学生明确思维方向、搞清思维依据，发展自然的、合理的、有条理的思考问题的能力；有助于提高学生学习的层次和学习效益.

发展学生的理性思维是一个长期的、艰巨的任务.在具体操作时：一要从学生的实际出发，不宜做过高的、统一的要求；二要潜移默化，重在让学生通过感受、体验、欣赏、思考去获得；三要让不同的学生获得不同的发展，尤其注意为优秀的学生留下充分的发展和探索的空间.

4 一个教学设计案例

课题：实数（单元）

自然地合理地提出问题：如何求出 $x^2=2(x>0)$ 中的 x？（这是一个学生很困惑、很感兴趣的问题，它具有极强的挑战性.）

自然地合理地解决问题：

思考一：$x^2=2(x>0)$ 中的 x 是确定的、可求的(这是探索的前提).

思考二：如何求？在学生目前的知识储备下，难以用"精确的、逻辑的"方法求得.考虑到 x 是面积为2的正方形的边长，因此可用测量的方法求；考虑到 x 是确定的，且 $1<x<2$，因此可用逐步逼近的方法求.

思考三：由于测量有较大的局限性，故用逐步逼近法深入探究.此时，依次有 $1<x<2$, $1.4<x<1.5$, $1.41<x<1.42$, $1.414<x<1.415$, $1.4142<x<1.4143$, $1.41421<x<1.41422$, $1.414213<x<1.414214$, $1.4142135<x<1.4142136$,…但这样下去，何处是尽头？

思考四：$x^2=2$ 中的 x 不可能是有限小数，否则 x^2 不可能等于2，而只能等于某一个小数．x 也不可能是无限循环小数，否则 x 就可以化为分母不为1的既约分数，x^2 也不可能等于2(告诉学生，这是个猜想性的结论，需要给予严格的证明，也能够给出严格的证明，鼓励有兴趣的学生在课外用反证法加以严格的证明．教师也可用数学板报的形式向学生介绍证明)．因此 x 是一种不同于以前所学的有限小数或分数的无限循环小数，是与以前所学的数有着质的区别的无限不循环小数，是一种新的数．然后介绍历史上 $\sqrt{2}$ 的发现所引起的数学危机和所付出的生命代价，可以想象学生的内心将会有怎样的感受．

自然地合理地拓展问题：

思考五：像 $x^2=2$ 中的 x 这样的无限不循环小数，是不是只有一个？$x^2=3$，$x^4=5$，$x^3=2$，$x^4=2 \cdots$ 中的 x 是否也具有类似的性质或特点？

思考六：既然这是一类与众不同的新数，我们应该给它起一个新的名字．结合无理数发现和发展的历史，指出把它们叫作无理数，并指出有理数和无理数合在一起统称为实数．

思考七：$x^2=a$，$x^3=a$ 中的 x 是一个需要单独研究的问题，由此引入平方根、算术平方根、立方根等概念，并介绍如何用恰当的符号来表示它们、如何借助数学用表或计算器求它们．

思考八：无理数、实数是否也具有有理数所具有的运算性质？

……

以上教学设计从大处着眼、小处着手，突出的是思维的主线，强调的是数学知识的产生与发展的必然性，展示的是数学理性思维的强大力量，既自然合理，又层层递进、环环相扣．尽管学生需要在教师的启发和帮助下才能完成上述过程，但是师生共同提出这些问题本身就非常有意义、有价值，哪怕有些问题学生一时无法解决或理解．因为这样的教学，已远远超出了知识教学的范畴．它既蕴含着极其丰富的研究、探索问题的策略与方法，同时饱含着强烈的理性精神和探索创新精神，是很好的理性创新探索的典范．

5 结束语

数学是充满智慧、使人聪明的学科．它在发展学生思维尤其是理性思维方面具有独特的优势和不可推卸的责任.中学阶段是学生思维发展和品格形成的关键期，数学教学既要重视技术与应用层面的数学，更要重视精神与文化层面的数学；要自觉地、有意识地、充分地展示数学理性的光芒，提升数学学习的层次，为优化学生的个性品质、丰富学生的精神世界服务，为学生终身的可持续发展奠基.

数学"问题发现情境"创设探究*

美国教育家布鲁巴克曾说:"最精湛的教学艺术,遵循的最高准则就是让学生自己提出问题."从2000年下半年至今,浙江省临海市回浦中学"中学数学'问题发现教学'实践与研究"课题组针对学生问题意识和问题发现能力严重薄弱的现实,进行为期两年多的相关实践与研究.课题组成员认识到:(1)问题意识和问题发现能力是创新精神和创新能力的基石,发现问题是解决问题的逻辑前提,学生总被要求去解决由他人提出的问题也是传统的"传授—接受"式教学思想的表现.(2)完整的数学学习应包括学"问"与学"答"两方面,数学教育应自觉地把培养学生的问题意识和问题发现能力作为重要的教学目标,变问题解决为中心的课堂教学为问题发现与问题解决并重并相互促进的课堂教学.(3)正如人们需要在游泳中学习游泳一样,学生的问题意识和问题发现能力只能在学生自己发现和提出问题的实践中培养和发展;也正如课堂教学需要为学生创设问题解决情境一样,我们需要为学生创设利于问题产生的教学情境.

1 "问题发现情境"的涵义与特征

创新源于问题,问题源于情境.数学问题总是源于某种数学情境;离开了数学情境,数学问题的产生就失去了肥沃的土壤.事实上,通常所说的"问题情境"可分为"问题发现情境"与"问题解决情境"两种类型.这里我们把"问题发现情境"理解为这样一种氛围:它既能使学生产生安全的、积极的、愉快的情感体验和希望发现问题的心理倾向,又具有利于数学问题产生的丰富的数学信息或背景材料,能对学生提出数学问题起帮助和促进作用.也就是说,"问题发现情境"是学生敢提出问题、想提出问题、能提出问题的一种教学情境.它通常具有以下特征:

---

* 这部分内容发表于《数学通报》2004年第5期,系浙江省教育科学"十五"规划重点研究课题(编号为SB073)《中学数学"问题发现教学"实践与研究》成果之一.

1.1 民主性

"问题发现情境"首先是一种民主的、安全的、自由的氛围.因为"心理的安全"与"心理的自由"是创造的两个前提条件,没有以民主、平等、开放、宽容为特征的教学氛围,没有对质疑、求异和个性的鼓励和张扬,学生是不敢提出问题,也不愿提出问题的.

1.2 激励性

"问题发现情境"是学生所喜闻乐见、与学生的生活经验、学习经验和社会实际有紧密联系、符合学生年龄特征和心理特征的一种情境,也是处于学生"最近发展区"内、难度适当、富有激励性的一种情境.它能促进学生产生某种积极的、愉快的情感体验,激起学生探究的冲动和欲望.

1.3 挑战性

"问题发现情境"提供的不是数学问题本身,而是利于数学问题产生的丰富的数学信息或背景材料.这些信息与材料处于学生认知的"最近发展区"内,或暴露了学生知识结构的缺陷,或提供了有意义的需要解决的初始问题,具有很强的挑战性,能为学生提供足够的探索空间,是学生数学问题的"催生婆".

1.4 初始性

"问题发现情境"其实也是一种问题,只不过这个问题可能是实际问题而不是数学问题,也可能是具有初始性、模糊性、方向性的"初始数学问题".它需要学生在此基础上提出数学问题,或进一步明确问题的条件与目标,或把这个"初始问题"分解、转化为更多的"小问题".

1.5 情境性

建构主义告诉我们,"情境"对意义的建构、对学生的学习具有重要的作用;多元智能理论告诉我们,人的智能是与特定的情境相联系的.因此"问题发现情境"是与学生的学习经验、生活经验和社会实际紧密相连的真实的情境,能为学生利用原有认知结构中的有关经验创造条件,或能引发学生的认知冲突.

1.6 开放性

问题产生的背景往往是开放的而不是封闭的,是丰富的而不是单一的,是迷惑的而不是确定的.学生探索、提问的方式是开放的、多样的;学生所提出的问题也是多样的、开放的,而不一定就是教师期望学生提出的问题.

2 创设"问题发现情境"的理论依据

2.1 建构主义

现代建构主义认为:学习本质上是学习者主动构建心理表征的过程;学习不是外部知识直接输入到心理中的过程,而是主体以已有的经验为基础,通过与环境的相互作用而主动建构新的理解、新的心理表征的过程;学习者是认知的主体、是意义的主动建构者,教师创设"问题发现情境"正是为了学生在原有认知基础上、在与情境的交互作用中主动进行有意义的建构.

2.2 数学教育教学理论

数学的真正组成是问题和解,数学教学的核心应放在数学问题的提出和解决上.数学是高度结构化的,数学的内容、方法和整体构成都是如此,数学教学应从数学知识结构和学生的数学认知结构出发进行设计和组织,以完善和发展学生原有认知结构为目标.数学教学是人的教育的一部分,应尊重学生的自主性与独特性、关注生命的整体性和发展性,创设"问题发现情境",开展"数学发现教学",体现了数学的学科特点和数学教育的根本目的.

2.3 马斯洛的层次需要理论

好奇之心人皆有之,青少年尤其如此.正如苏霍姆林斯基所说:"在人的心灵深处都有一种根深蒂固的需要,这就是希望自己是一个发现者、研究者、探索者.在儿童的精神世界里这种需要特别强烈."教师把问题隐藏在情境中,必然会引起学生探索研究的兴趣.因为兴趣不在于认识就能看得见的东西,而在于探索深藏的奥秘,激发学生在数学奥秘面前的惊奇感.马斯洛的层次需要理论也表明:每个人都有自我实现的需要,都有追求成功的欲望,教师创设"问题发现情境"正是为学生铺设成功的阶梯,为学生提供更多的自我实现的机会.

3 创设"问题发现情境"的策略方法

G.波利亚在《怎样解题》中曾指出:"重要的一点是可以而且应该使教师问的问句,将来学生自己也可以发出."创设数学"问题发现情境"的根本目的是为学生设置一个真实的数学情境,让学生在提出问题的实践中增强问题意识和发现问题能

力,促进学生个性品质的和谐发展.在具体创设时,可运用以下策略方法:

3.1 摆正师生角色,使学生敢提出问题

正如柏拉斯基指出的:"教师的使命不是只向学生教数学,而是让学生自己在教师造成的环境中独立地或大家齐心协力地去掌握知识、技能、技巧."教师要由知识的传授者、课堂教学的主宰,转变为学生学习活动的组织者和指导者,民主平等和谐的课堂气氛的创设者;由原来的问题的提供者与呈现者,转变为问题产生素材的提供者、问题发现情境的创设者,从而给学生提供这样的机会——从给定的情境中提出问题,或通过分解、转化已知问题去产生新的问题.教学中,教师一定要使学生明确:(1)增强问题意识、提高问题发现能力是学习的重要目标,提出问题是学生重要的学习内容和学习任务;(2)课堂的本质是学生的"学堂",是学生探索、讨论、交流的平台,而不是教师的"表演舞台";(3)课堂是"民主的、安全的",学生完全可以按自己的意愿自由地提出问题,绝对不用担心因提出错误或不恰当的问题而受到讽刺和挖苦;(4)教师欣赏学生用不同的思维方式方法从不同的侧面提出问题、探索问题.

3.2 创设挑战性情境,使学生想提出问题

德国教育家第斯多惠曾指出:"教学的艺术不在于传授本领,而在于激励、唤醒、鼓舞."对知识的渴求,探索数学奥秘的欲望与激情,解决生产生活实际问题的需要,以及对教师的热爱等是学生发现问题的强大动力.教师要由原来的精心设问,转变为精心创设"问题发现情境".如以认知为目标,制造认知冲突,创设矛盾式的问题发现情境;以解决实际问题为目标,创设应用性的问题发现情境;以激发学生学习兴趣为目标,创设趣味性的问题发现情境;以激励学生探索为目标,创设开放性的问题发现情境……事实上,只要从与学生的生活环境、知识背景密切相关的学生感兴趣的数学材料入手,就能有效地激活好胜心、好奇心与表现欲,强化学生探索的动机与需求,促使他们提出问题.如教学"等比数列求和公式"时,教师可先提供"古印度太子发不出奖品"和"阿基里斯永远也追不上乌龟"两则材料,然后请学生讨论、发现、提出问题.

3.3 提供丰富的数学素材,使学生能提出问题

创设"问题发现情境"的实质是为学生架设攀登知识高峰的"脚手架",为学生提供足够的探索空间.如教学"二项式系数的性质"时,教师提供比外国人早发现将近400年的"杨辉三角",然后由学生自己去归纳、总结、发现、提出数学猜想,进而探究其中的奥秘.由于所提供的数学背景含有丰富的数学信息,每个学生都能发现、提出许多问题,且不同的学生会提出不同的问题,因此这样的情境能为每个学生提

供足够的探索、研究和发展的空间,每个学生都能进行"再发现".

3.4 加强发现问题策略指导,使学生善提出问题

"问题发现情境"是否合适、有效,一方面取决于教师的设计,另一方面也取决于学生提出问题的策略与水平,因此我们不仅要使学生敢于批判质疑,而且还要使学生善于批判质疑,从技术层面提高他们发现问题的能力.就提出数学问题而言,以下四条是具有根本性意义的策略与方法.

3.4.1 用数学的眼光看世界,从数学知识的来源与应用中提出数学问题

数学问题主要来自两个方面:一是生产生活实际与现实世界,二是数学知识自身的逻辑发展与建构.如何数学化、如何应用数学知识是数学教学中带有根本性的问题,也是学生提出数学问题的重要途径与方式.如教学"球面距离"时,引导学生探讨在通常情况下,大海中的轮船应该沿怎样的航线航行,空中的飞机应该沿怎样的航线飞行;学习用基本不等式求最值时,引导学生从数学角度看易拉罐:为什么通常把易拉罐设置成圆柱体?它的直径与高的比是否合理?

3.4.2 用结构的眼光看数学,从数学知识的逻辑发展中提出数学问题

数学是结构化程度很高的学科,学生大多数数学问题是他们数学认知结构和数学教材结构逻辑发展的结果,因此无论教还是学,站在数学学科结构和单元题材结构的高度,用结构的观点和方法把握教材、提出问题非常重要的.如立体几何中不仅各节教材内容编排结构很相似,而且各种角与距离的概念也具有很强的结构性与相似性;等差数列与等比数列、椭圆与双曲线、平面向量与空间向量等内容的结构都很相近.根据等差数列的概念与性质,可大胆合理地猜想等比数列的概念与性质;根据椭圆的几何性质,可大胆合理地猜想双曲线的几何性质及其研究思路方法;根据平面向量的性质和算法,可完全类推出空间向量的性质和算法.

3.4.3 掌握数学探索的一般方法,从数学现象的共性与个性中提出数学问题

事实上,观察、比较、归纳、类比、抽象不仅是学习数学、研究数学的重要方法,也是发现数学问题、提出数学问题的重要方法.如学习了排列与排列数公式后,教师创设如下"问题发现情境",引导学生讨论、探索、提出问题,进而得出组合的概念与组合数公式.

(1)全班50位同学毕业后,如果相互间互通一封信,那么总共要通多少封信?如果聚在一起开同学会,相互间握一次手,那么要握多少次?

(2)3个同学排成一列拍照片,共有多少种排法?3个同学去共同完成一件任务,有多少种方法?

(3)用2,3,5,7这四个数可组成多少个没有重复数字的三位数？如果从这四个数中任取3个数相乘，那么又可得到多少个不同的积？

3.4.4 培养良好的思维习惯和思维方式，从习以为常的学习中提出数学问题

我们需要改变过去只重演绎推理的严密性而忽视直觉猜想、只重问题解决而忽视对问题的推广深化与反思的倾向，鼓励学生充分运用分析、综合、一般化、特殊化、比较、归纳、类比、联想等各种思维方法提出问题，逐步养成直觉思维与逻辑思维并重，凡事多问几个"为什么"的学习习惯和思维习惯，掌握常用的发现并提出问题的技巧与方法.如对数学概念、定理教学，引导学生思考：怎样想到要定义这个概念？如何定义这个概念？这样定义科学吗？合理吗？还有其他定义方法吗？这个定理是怎样发现的？证明思路又是怎样想到的？还有其他的发现途径与证明方法吗？对解题教学，一方面努力渗透和落实波利亚的"怎样解题"的思想与方法，另一方面着力培养学生在解决问题过程中和问题解决后反思意识与反思能力.

4 "问题发现情境"的教学价值

"问题发现情境"的创设应体现和落实在整个课堂教学过程之中，引入阶段要注意创设，教学展开过程和课堂小结同样要注意创设，以达到让学生带着问题来、带着新的问题回的目的.事实上，创设"问题发现情境"不仅是数学教学形式、教学方法的进步与发展，更是数学教学思想、教学目标、教学功能的发展与完善.

就教师来说，"问题发现情境"是培养学生问题意识和问题发现能力的有效载体和途径，它使发现问题、提出问题成为重要的教学方法、教学过程和学生学习数学的重要方式，从而使数学教学由单纯的问题解决教学转变为问题发现与问题解决并重并相互促进的教学，同时也使自己的教学和权威不再建立在学生的被动与无知的基础上，而是建立在教师借助学生的积极参与促进其充分发展的能力之上.

就学生来说，教师改传统的呈现问题为创设"问题发现情境"，让学生自己去发现问题、提出问题，有助于他们在实践中增强问题意识和提出问题能力；有助于他们学会分解、转化问题，从而提高问题解决能力；有助于他们改变学习习惯和学习方式，以主动的姿态、探究的方式去学习；有助于他们既学会学"答"，也学会学"问"，进而全面地学会学习数学；有助于他们更好地完善和发展自己的数学认知结构，优化思维品质；有助于他们增强主体意识、民主意识、探索意识、批判意识、合作交流意识.

抓住本质 突出主线
让数学思维自然地流淌*
——以"任意角的三角函数""曲线与方程"教学设计为例

"中学数学核心概念、思想方法、结构体系及其教学设计的理论与实践"课题第七次会议于2008年10月17~19日在浙江省嘉兴市秀州中学举行.课题会安排了既是人教高中数学A版教材编者又扎根教学一线的4位专家教师分别上"任意角的三角函数"和"曲线与方程"课.他们对数学、数学教育独到而深刻的理解,给人留下了深刻的印象.人教社和一些师范大学专家对这4节课的讨论发言、同行的交流也给我以很大的启发.现结合这两节课的教学,谈谈自己对中学数学教学的一些看法.

数学是思维的科学,它在培养和发展人的思维尤其是理性思维方面有自己独特的优势.而这种优势得以充分发挥的关键是数学教学要"抓住本质,突出主线,让数学思维自然地流淌".即数学教学应在把握数学知识本质和知识发展主线的基础上,尽可能让学生自然地合理地提出问题,尽可能让学生自然地合理地解决问题、尽可能让学生自然地合理地拓展问题,而教师则在整个教学过程中为学生提供思维策略与思维方法的指导,为学生有效突破思维难点、利用思维难点提供帮助.

1 数学课该如何自然地合理地提出问题

数学的核心是问题和解,提出问题是解决问题的逻辑前提.由于提出问题在思维的主动性与深刻性、在对知识本质和结构的理解与把握等方面比解决问题有着更高的要求,因此提出问题有解决问题无法代替的教学功能.那怎样才能自然地合理地提出问题?第一,搞清楚数学问题来自哪里.事实上,数学问题来自两方面,一是数学知识内部发展所必然产生的问题,二是由日常生活和其他学科中提炼出来的数学问题.第二,要搞清楚数学问题该由谁提出,是教师还是学生.单纯的教师提

---

* 这部分内容发表在《中国数学教育》2009年第9期.

出问题,学生解决问题,会极大地降低了数学教与学的品质与效益.通常情况下,理想的做法是教师创设问题产生的情境,由学生提出问题;或教师提出一个初始问题、元问题,再由学生提出要解决的具体问题.第三,搞清楚问题产生与形成的思维合理性在哪里.只有这样,学生才能在潜移默化中学会提出问题,进而学会探索和创造.而漫无边际地胡乱地提出问题并不能有效地发展学生的思维,因此教学中教师要通过揭示知识的内在联系与发展的必然性,引导学生自然地合理地提出问题,并有效地指导学生掌握提出问题的思维方法,促进他们思维能力的提高.

以"任意角的三角函数"为例.由于锐角有三角函数并且能够解决诸多的问题,因此学生学了"角的概念的推广"后,应自然地提出这样的问题:任意角有没有三角函数?如果有,应该如何定义?

以"曲线与方程"为例.学生前面已经学习了直线的方程、圆的方程等相关知识,并通过研究直线方程、圆方程来研究相关问题,而且学生也了解,解析几何最主要的任务就是通过研究曲线的方程来研究曲线的性质.但如果追根究底的话,这里就有一些深层次的问题:为什么能通过研究方程来研究曲线?这种研究的结果可靠吗?如果可靠,为什么可靠?怎样保证这种可靠性?此时曲线与方程又存在着怎样的内在联系?

为了帮助和促进学生有效地提出问题尤其是提出有价值的问题,教师要突出知识形成与发展的大背景、大框架,高屋建瓴地把握知识的本质和内在矛盾,让学生在"既见森林,又见树木;见森林,才见树木"的状态下提出接近"研究水平的问题".这样做的好处:一是促进学生从本质和源头上理解知识,从而使思维变得富有大气、灵气、才气.如上面围绕曲线与方程关系提出的问题,既有助于学生更好地理解解析几何的本质,也有助于学生深刻地理解曲线与方程关系的本质.二是可以为具有自主探究能力的学生提供探究的空间和平台.因为目标和任务明确后,就可以让"能飞的学生飞,能跑的学生跑,能走的学生走,不能跑不能走的学生跟着教师走".事实上,现在课堂上"等待学习""放慢学习"的现象非常普遍,学生自主学习20分钟可以解决的问题跟着教师学却要用45分钟.三是让学生明确思维的目标和方向,掌握思维的主动权.问题是思维的动力和路标.没有问题或只有思维含量很低的小问题,学生的思维必然无法超越教师的思维,也必然由于缺少动力和方向而处于被动状态.

另外,为了使学生的学习更合乎其认知规律,更有利于其思维发展,课堂教学不宜机械地复习旧知识.许多情况下,先提出要解决的问题,再思考解决这个问题需要哪些相关知识,不仅能让学生明确复习的目的,更能给学生提供一个搜索相关知识并有效地利用已有知识的机会,从而使学习更接近真正意义上的探究,也变得更自然、更主动.

2 数学课该如何自然地合理地解决问题

问题解决是当前课堂教学中教师最为重视,也是做到最好的一个环节.实施新课程后,许多教师的过程意识、探究意识明显加强.但从更高的要求看,平时多数的课堂教学存在以下四个问题:一是重传授解决问题的方法而轻分析为什么要用这种方法、怎样想到用这种方法;二是不能有效地围绕着问题的本质展开讨论和探究,而在细枝末节上花过多的时间;三是回避思维难点而不是有效地突破和利用思维难点;四是解决问题的方法不自然不合理或搞不清其合理性在哪里.那如何才能自然地合理地解决问题?笔者以为,一要抓住问题本质,搞清楚知识形成与发展的背景及其与其他知识的联系;二要顺应知识形成与发展的轨迹,顺应学生的认知基础和认知特点,突出思维主线;三要揭示思维策略与方法的合理性与必然性.

以"任意角的三角函数"教学为例.任意角的三角函数的本质是以角为自变量的函数,其概念建立的难点是转换思考问题的角度,突破用直角三角形定义三角函数的思维局限,把原来锐角三角函数定义中的三角形边的长度比转换为适用于任意角三角函数的坐标比.概念建立的方式是对原有的数学认知结构进行部分改组,进而形成新的数学认知结构.基于以上分析,对任意角三角函数概念建立环节的教学设计如下:

(1)从锐角三角函数原有定义中寻找启发,探究新的定义方式.由于任意角的三角函数是锐角三角函数的基础上学习的,因此任意角三角函数的定义自然应在锐角三角函数定义中寻找启发.鉴于任意角的三角函数无法借助直角三角形来定义,因此必须寻找新的载体和工具来定义.仔细考察初中教材中锐角三角函数的定义,不难发现:虽然锐角三角函数是借助直角三角形来定义的,它的函数值大小却是由角的大小确定的,即无论把锐角放到怎样的三角形中或不放在三角形中,都不改变其函数值的大小.这就启发我们,直角三角形只是定义锐角三角函数的载体与工具,而不是锐角三角函数所固有的本质属性(注:强调这一点,既有利于突破用直角三角形定义三角函数的思维局限,也可为以后的用其他方式定义三角函数埋下伏笔).既然如此,那完全可能用新的载体与工具来定义锐角三角函数.由直角三角形联想到平面直角坐标系和上节课在直角坐标系中讨论角,可以比较自然地想到把锐角放到直角坐标系中.这样就会发现:可以借助角终边上点的坐标来定义三角函数,并且这个新的定义与前面借助直角三角形的边来定义本质上是一样的.只不过,当在直角坐标系中锐角的终边上任取一个点$P(x,y)$,再作出直角三角形时,x,y有双重涵义,即从几何角度看,它们表示直角三角形的边长;从代数角度看,它们表示点P的横坐标和纵坐标.由此,自然有$\sin\alpha=\dfrac{y}{r}$,$\cos\alpha=\dfrac{x}{r}$,$\tan\alpha=\dfrac{y}{x}$(其中$r=\sqrt{x^2+y^2}$).(注:为表述方便,下面把原来的定义称为几何法定义,把借助于终边上点的坐标定义的三角函数称为坐标法定义.)

(2)把锐角三角函数的坐标法定义推广到任意角三角函数.用坐标法定义三角函数后,三角函数概念的推广成为了可能,但这种推广分步进行可能更自然、更符合探究的实际,也更利于学生理解和掌握.如先把它推广到钝角,再推广到0°~360°角,然后再推广到任意角.由于学生对三角函数概念的学习和理解不可能一步到位,为了突出思维主线并分散难点,这里可以把用弧度制表示三角函数定义域的问题暂时回避.

(3)清楚坐标法定义的科学性、合理性与优越性.尽管数学定义是一种人为的规定,但这种规定是以科学性与合理性为基础的.搞清楚定义的科学性、合理性、优越性,对学生学会数学概念学习进而学会自主建构数学概念具有非常重要的意义.对任意角三角函数,不难发现:①坐标法定义与几何法定义本质上是一致的.无论从数的角度看,还是从形的角度看,它们之间不存在任何矛盾(注:指出这一点,既可体现数与形内在的统一性,又可为下面三角函数线的学习提前准备问题).②几何法定义具有形象、直观、简洁等优点,而坐标法定义具有理性、精确、计算简便等突出优点.③坐标法定义适用于任意角,功能更强大,使用更便捷.它蕴含着三角函数周期性的特点,为用三角函数来刻画交流电、简谐振动、水波、潮汐、音乐等周而复始的现象奠定了基础.

(4)明晰几何法定义与坐标法定义的联系与区别.由于任意角三角函数的本质是以角为自变量的函数,因此用函数观点考察其变化是自然的合理的.从函数的定义域、值域和对应法则三个要素看,后者的定义域由前者的锐角变成了任意角;后者的值域由前者的正实数扩大到了实数(注:为避免分散学生的注意力,这里对定义域、值域不作进一步的讨论);对应法则由前者的线段长度比变成了终边上点的坐标比.

(5)对坐标法定义进行进一步优化或简化.由于点P是角终边上异于原点的任意点,并且三个函数值都不会随着点P的变化而变化,因此不妨取点P为角的终边与单位圆的交点,此时线段OP的长r=1.由此得到任意角三角函数的另一定义:$\sin\alpha=y$,$\cos\alpha=x$,$\tan\alpha=\dfrac{y}{x}$.同时简要说明,两种坐标法定义不仅完全一致,而且各有特点和使用方便之时.

以"曲线与方程"为例."曲线的方程与方程的曲线"的本质是两者之间需要建立一种内在的等价对应关系,难点是用怎样的视角看待曲线与方程,才能使它们之间建立一一对应关系.概念建立的方式是概念形成,即在教学条件下,从大量具体例子出发,从学生已有经验的肯定例证中,以归纳的方式概括出一类事物的本质属性.基于这样的分析,对曲线的方程和方程的曲线这两个概念建立环节的教学设计如下:

(1)明确研究的方向和目标.由于解析几何的本质是用代数的方法来研究几何问题,而这就带来一个关键性的问题:即怎样保证这种研究的有效性与可靠性.而要保证这种研究的有效性与可靠性,曲线与方程之间应该有一种内在的、"我就是你,你就是我"的等价关系.

(2)探究等价关系的具体涵义.等价关系的具体涵义是什么？是曲线与方程之间存在一种一一对应关系，还是曲线上的点与方程的解之间存在一种一一对应的等价关系？原始的、朴素的、形象化的"你就是我,我就是你"的等价关系如何数学化、精确化？如何衡量、判断曲线与方程之间是否等价？按照化未知为已知、从特殊到一般、从具体到抽象、数形结合等思维策略,自然地想到考察已经学过的直线方程、圆方程等概念,考察直线与直线方程、圆与圆方程之间的关系.

不妨研究平分第一象限、第三象限的直线与方程$x-y=0$的关系,以点(a,b)为圆心,r为半径的圆与方程$(x-a)^2+(y-b)^2=r^2$的关系.受轨迹、图形对称等相关知识的启发,把曲线看作点的集合或适合某种条件的点的轨迹,把方程看作满足某种条件的解的集合,进而研究点的坐标与方程的解之间的关系.至此,不难得出:直线(或圆)上点的坐标都是这个方程的解;以这个方程的解为坐标的点都是直线(或圆)上的点.更主要的是,在得出这个初步结论的过程中,实现了考察问题角度与思维方式的转化,即实现了由原来的从整体、宏观角度看问题(一般情况下,我们认为直线就是直线、圆就是圆,而不大容易想到把它们看作满足某种条件的点的集体;方程就是方程,而不大容易想到把它们看作满足某种条件的解的集合)到现在的从细节、微观角度看问题(即考察曲线上每一个具体的点和方程每一个具体的解).实现了思维方式和看问题视角的变化后,我们很快会发现:原来直线(或圆)上点的坐标组成的集合与方程的解组成的集合是完全一样的.

考虑到曲线的方程与方程的曲线两个概念比较抽象,为了夯实归纳的基础,同时为学生提供更多直观的、具体的、感性的认识,可以由学生自己再举一些例子进行辨析、讨论.

(3)形成"曲线的方程与方程的曲线"两个概念.有了上面看问题视角的变化和多个具体的实例做基础,我们自然地通过归纳得出一般性的结论:如果曲线C上点的坐标都是方程$f(x,y)=0$的解,且以方程$f(x,y)=0$的解为坐标的点都是曲线C上的点,那么方程$f(x,y)=0$叫作曲线C的方程,曲线C叫作方程$f(x,y)=0$的曲线.同时由于前面已经对问题产生的背景和曲线与方程之间的关系做了深刻的揭示,因此会较好地突破概念形成的难点和学生对概念理解的难点.

(4)强化对"曲线的方程与方程的曲线"两个概念的理解.为此,可安排以下两组练习(也可让学生提出类似的问题或练习):

练习1:(1)以y轴为对称轴的等腰三角形的底边的方程是$x=0$吗?为什么?

(2)到x轴的距离等于2的点的轨迹的方程是$y=2$吗?为什么?

练习2:(1)写出表示如图2-8线部分的方程:

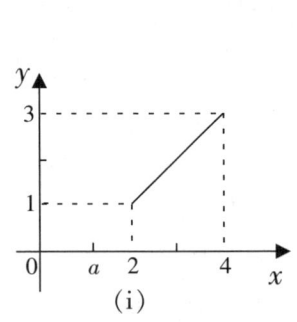
(i)

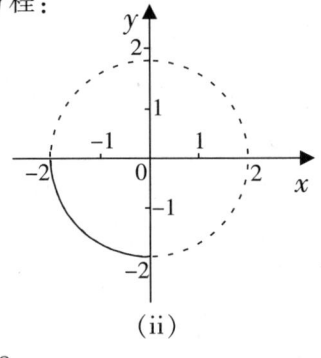
(ii)

图 2-8

(2)作下列方程所表示的图形:

(i)$y=-x-1(0\leqslant x\leqslant 2)$;(ii)$y=\sqrt{1-x^2}$.

3 数学课该如何自然地合理地拓展问题

一个问题解决之后,如何引导学生自然地合理地拓展问题,是当前数学教学的薄弱环节.问题引领教学,不仅应体现在课堂教学之初,也应体现和贯穿于整个课堂教学.只有在适当的时候用恰当的问题来不断地引导课堂教学,我们才能增加数学教学的思维含量,促进学生思维更好更快地发展.一般地,数学问题解决以后,可从两方面拓展问题:一是思考刚才获得的知识可以解决哪些问题.这里应该改通常获得新的数学概念或发现证明定理法则后"教师呈现问题,学生解决问题"为"学生提出问题,学生解决问题";二是发现或提出相关的未解决的或需要进一步研究的问题,因为数学的发展是一个永无止境的过程.

以任意角的三角函数为例.在获得任意角三角函数的概念后,可以引导学生提出以下问题:(1)我们可以运用这个概念解决哪些问题?如求已知角的三角函数值,求终边确定角的三角函数值等;(2)三角函数既然是函数,那它们的定义域、值域分别是什么?它们又具有哪些性质?(3)既然$\sin\alpha,\cos\alpha,\tan\alpha$的值都是由角$\alpha$的大小确定的,那么$\sin\alpha,\cos\alpha,\tan\alpha$之间必然存在某种内在的联系,这种内在的联系又是什么?……

以"曲线与方程"为例.在搞清楚曲线与方程的关系,得出曲线的方程与方程的曲线两个概念后,自然地会提出以下问题:(1)怎样判断或证明一个方程是不是某条曲线的方程,如"证明与两条坐标轴的距离的积是常数$k(k>0)$的点的轨迹方程是$xy=\pm k$"和前面的练习1.(2)如何根据已知条件求出曲线的方程?

需要注意的是,现在学生的学习存在一个很大的误区,即学数学除了听教师讲,就是做练习.这对发展学生的思维、培养学生的探究能力和创新精神极为不利.因为练习中的思维基本上是再现性思维、模仿性思维,探究、创新的含量相当低.因此学生的数学学习不能只有接受性、模仿性学习,教师要为学生真正的探究学习、自主学习留出空间、搭建平台.

4 数学课该如何让数学思维自然地流淌

要让数学思维在教学中自然地流淌,除了前面所述的自然地合理地提出问题、自然地合理地解决问题、自然地合理地拓展问题外,还应做好以下几点.

4.1 抓住本质、突出主线、突破难点

尽管做到这一点非常难,但我们还是要做坚持不懈的努力.具体地,一要从知识的源头出发思考所教知识的本质是什么.因为只有有效地把握了知识的本质,才能做到纲举目张.二要搞清楚数学知识发展的轨迹与思维主线.因为只有这样,才能

站在整体的高度更好地把握和处理局部的问题.三要在学生的思维难点上多花时间,力求突破.因为思维难点是学生思维发展的磨刀石,思维的锋芒只有在思维的磨刀石上才能磨炼出来.四要寻找数学知识背后原始、朴素的东西,力求有效突破难点.因为每一个形式化的数学概念都有其原始的朴素思想或基本要素,并且原始、朴素的东西往往更能给学生以启发和帮助.五是不在细枝末节上纠缠,甚至有的非本质问题可以暂时放一放或推后解决,如角用弧度表示后,三角函数就可理解为一个实数集到另一个实数集的对应关系;也不要在文字表述方面有过高的要求,如关于曲线与方程关系,初学时就不宜在文字的准确、精练、完整表达上花时间,而宜把注意力集中到对其本质的理解和把握上.

4.2 鼓励并指导学生自己不断地提出问题

学生学数学与数学家研究数学相比,除了目的不同和学生的学习要依据课程标准、有教师指导帮助、有相应的巩固练习外,其思维的策略与方式应该是相同的.数学教学的最高境界就是像数学家一样研究数学.数学教学应为学生创设不断地提出问题、不断地解决问题的平台;教师的任务是保障学生的思维自由,不断地拓展学生的思维空间,而不是压缩学生的思维空间.

4.3 强化数学方法论教学

提高学生的有效探究能力.教师要加强思维策略方法、数学思想方法的指导,切实提高学生自主探究能力和探究学习的效益.以"曲线与方程"为例,教师应揭示知识背后所蕴含的如下思想与方法:一是从已学过的、熟悉的直线的方程和圆的方程中寻找启发;二是遵循从特殊到一般,从具体到抽象的原则进行探究;三是通过辨析、讨论,用归纳、概括等方法获取结论,明确解决问题的思维方向;四是从数与形两方面思考问题,充分利用数形结合思想;五是从正反两方面认识事物、论证问题.只有切实加强数学方法论、思维论教学,"授人以渔"才能真正落到实处.

总之,数学教学应抓住一切机会和环节,提高学生思维的主动性、深刻性和流畅性.愿我们共同牢记人教A版《普通高中课程标准实验教科书·数学》主编寄语中所说:"数学概念、数学方法与数学思想的起源与发展都是自然的.如果有人感到某个概念不自然,是强加于人的,那么只要想一下它的背景,它的形成过程,它的应用,以及它与其他概念的联系,你就会发现它实际上是水到渠成、浑然天成的产物,不仅合情合理,甚至很有人情味",努力创造更自然、更合理、更有效的数学教学.

中学数学教学中应处理好的六个关系*

新一轮课改从启动到现在,给教育教学带来了清新的气息和可喜的变化,但也存在诸多认识上的误区和实践中的偏差.教育需要认真的回顾和反思课改,既勇于承认课改中存在的问题,也防止因课改中出现了这样那样的问题而反对和全盘否定课改.而深化对数学教育教学的认识,正确处理教学中出现的一些问题,有助于避免中学数学教学从一个极端走向另一个极端.

1 教师主导与学生主体的关系

教师主导与学生主体关系问题是教学中最基本、也很难把握好的问题之一.教师的主导作用是由教师的特长地位与学生学习的特点共同决定的;而学生的主体作用是由学生作为人天然所具有的独立性、能动性、选择性和创造性所决定的.正确处理和把握好教师主导与学生主体的"度"有助于学生知识、能力、个性和情感态度全面、高效、和谐、协调地发展,但实际教学中,存在教师"不作为"和"过度作为"的现象.

部分教师片面理解新课程所提倡的学生学习的自主性与探究性,在教学中不敢大胆地、有效地发挥教师应有的作用,该"主导"的时候不"主导".笔者曾在一所学校听"角的度量"一课,学生用了12分钟举例说出生活中存在的各种不同的角,而对初中生来说实在没有必要在这一点上费时这么多.另一位教师上"如何作一个角等于已知角"一课,学生提出了八种不同的作法,虽然这些作法都有不合题意的之处或有其他明显的缺陷,但教师却一味地鼓励肯定而没有指出其存在的问题或不足.当然,实际教学中更多的是教师不该"主导"的时候、不该"主导"的地方,教师"主导"了,并且"主导"过度.学生的学习目标、学习内容、学习进度、学习方式都是由教师确定的,学生没有自主选择和支配的权利.更可怕的是,教师对学生的思维也控制得过多、过死,往往强制性地把学生的思维纳入自己思维的轨道,造成了学

---

* 这部分内容发表在 2006 年第 6 期《中学数学教学参考》(初中).

生没有足够的思维空间和思维自由.就是一些表面上看热热闹闹的学生自主探究的活动,其实真正学生自主的成分也很少.如一位优秀教师上人教版七年级上册"再探实际问题与一元一次方程(2)"一课的示范课,把教材中综合性较强、难度较大的"用哪种灯省钱"问题分解为六个由浅入深、环环相扣的小问题,初听不错.但仔细一想,又似乎有些不妥:这些问题到底应该是由教师设计还是由学生提出?这节课中,学生只是不断地解决教师提出的思维层次、思维水平都比较低的小问题,他们不仅不知道为什么要提出这些问题、怎样想到提出这些问题,并且在解决问题的过程中只知道这一步要做什么而不知道下一步要做什么,是走一步看一步,思维只能被动地跟着教师的思维转.

在教师主导与学生主体关系的处理上,需要明确以下三个问题:

一是教师凭什么指导、又为了什么指导.教师应凭借自己对学科知识与结构的深刻理解,凭借自己对学生已有的准备水平、学习兴趣和学习风格的准确把握,凭借自己对教育教学的深切感悟,以优化学生思维品质、服务于学生学习为目的进行指导.

二是在哪些方面、哪些点上进行指导.一般地,教师可以在以下三方面给予学生指导:①在学生的学习方法、思维方向、思维策略上给予指导.如前面"用哪种灯省钱"问题,教师应指导学生在弄清题意的基础上,如何把一个较大、较复杂的问题转化为已经熟悉的、简单的问题.②在学生的学习出现比较重大偏差的时候及时给予矫正,如前面提到的"角的度量"与"如何作一个角等于已知角"两节课.③在学生的思维难点尤其是学生难以一时体会和认识到的数学本质上给予指导.如学生很难独立发现提出对数概念、椭圆定义、正弦定理等,也很难认识到函数的本质是"变化与对应"等.

三是指导到什么程度为好.这需要教师准确地把握学生的"最近发展区",并把问题控制在学生的"最近发展区"内,使学生"跳一跳能摘到桃子".打个不很恰当的比喻:想从地面爬到桌上,对幼儿园小朋友来说,也许要铺设两至三个阶梯;对小学生来说,也许只要一个阶梯就够了;对初中生来说,也许无须再铺设阶梯.

数学教学只有妥善处理教师主导与学生主体关系,解决为了什么指导、在哪些方面指导、怎样指导、指导到什么程度等问题,才能让学生更好地站在前人和教师的肩膀上攀登而避免在黑暗中盲目地探索.

2 接受式学习与发现式学习的关系

世界上不存在纯粹的接受式学习与纯粹的发现式学习,并且接受式学习永远是人类最基本最主要的学习方式.实际教学中,由于对接受式学习和发现式学习的涵义、功能、价值、适用范围认识不清,导致部分教师对发现式学习与接受式学习的关系处理不当,或片面地什么知识都搞探究、发现,或片面地什么知识都排斥探究、发现.

事实上,接受式学习与发现式学习不存在谁好谁差的问题,只存在它们的功能与特点分别是什么的问题,存在怎样的情况下用接受式学习、怎样的情况下用发现式学习的问题.或更进一步,在绝大多数情况下,接受式学习与发现式学习只存在两者之间如何相互结合、相互渗透、相互促进的问题,存在如何在两者之间如何取中、平衡,把握好"度"的问题.如,直线的倾斜角与斜率的教学,教师可以提示学生借助解析几何的思想与方法将几何问题代数化,可以提醒学生按照科学性、合理性、确定性、最优性的原则建构数学概念,然后师生共同探讨、发现、形成、完善这两个概念.这两个教学设计,学生接受中有发现,发现中有接受,是接受式学习与发现式学习的相互结合、相互渗透、相互促进的典范.

知识、能力、思维、情感态度是相互联系、相互促进的.接受式学习与发现式学习有各自不同的特点和功能,有各自的长处和不足.只有把接受式学习与发现式学习有机地结合在一起,数学教学才能最大限度地促进学生的知识、能力、思维、情感态度等和谐、协调、高效、可持续地发展.

3 数学与现实的关系

数学教育家H.Freudenthal曾指出:"数学是现实的,学生从现实生活中学习数学,再把学到的数学应用到现实中去."加强数学与现实的联系,从现实中寻找学生学习的素材,对学生感知数学的来源与价值,提高学生的数学化能力、数学应用能力和学习兴趣都具有重要的意义.课改后,数学与现实的距离明显拉近,这是一个很大的进步.但少数教师不管什么课、不管什么内容,都从实际问题引入,就有点矫枉过正.因为学生的生活经验难以支撑整个中学数学的学习,况且许多数学问题、数学知识与方法是数学知识体系逻辑发展的结果,而不是来自生活实际.因此在处

理数学与现实的关系问题上,要注意以下几点:

第一,要既反对数学脱离现实,又防止机械地人为地联系生活现实.许多数学问题源于现实,但学生的学习现实既包括学生的生活现实,也包括学生的数学现实.教学中,要力求自然地合理地联系现实,而没有必要什么内容都联系生活现实,更不必人为地编造"现实".如学习用公式法解一元二次方程、用二阶行列式解二元线性方程组是为了使问题解决程序化、简单化.如果这些课也从实际问题引入,就脱离了学生学习的现实和数学的现实.

第二,要突出数学高于现实的过程与方法.生活中到处有"1"的踪影、到处有角的形象,但谁也无法在生活中找到数学意义上的"1"、数学意义上的"角".教学中,要注意数学经验与生活经验、数学问题与生活问题、数学语言与生活语言的联系与区别;要突出数学化的过程与方法,使学生把自己的生活经验、生活问题、日常语言抽象、总结、升华为数学经验、数学问题、数学语言.如角的概念教学,要突出舍弃生活中角两边的大小、长短以及公共点的大小等非数学本质属性,归纳抽象出生活中角的共同特征.只有这样,才能让学生充分认识到数学源于现实又高于现实,感受到数学的魅力与理性思维的光芒,并学会学习数学.

第三,要注意让数学回归现实.这里又有两层意思:一是指利用所学数学知识、方法解决现实问题和相关学习中遇到的问题,提高学生在具体的真实的情境中灵活运用数学知识的能力.二是指遇到一些难以解决的数学问题时,可以寻找它在生活中的原型,把数学问题还原为现实问题,寻找启示.如引入负数概念后,自然会提出"两个负数相乘,积为多少"的问题.但七年级学生会觉得这个问题很抽象,难以找到思考和解决的切入点.这时如果把这个问题还原为"如果飞机飞行高度下降6千米,那么飞机外围的温度将会有怎样的变化"等现实问题,那么学生将不仅会得出正确的结论,并且还会掌握思考和解决问题的一种思路与方法.

数学源于现实,高于现实,又服务于现实.学数学与用数学互为目的和手段,它们是相互渗透、相互促进的.数学与现实需要更高意义上的整合.数学教学既要反对因过于关注数学而造成了数学"有骨无肉",也要防止因过于关注现实造成数学失去骨架而只留下血淋淋的皮肉,避免因为生活化而把数学搞得支离破碎、失去灵魂.

4 感性与理性的关系

数学具有两重性,即数学内容的形式性与数学发现的经验性.G.波利亚曾精辟地指出:"数学有两个侧面,一方面它是欧几里得式的严谨的科学,从这个方面看,数学像是一门系统的演绎科学;但另一方面,创造过程中的数学,看上去却像一门实验性的归纳科学."过去数学教学的一个很大问题就是教师只传授抽象的数学概念、数学法则,而学生没有自己的活动经验、创造经验做支撑.新课程强调通过观察、模仿、尝试、实验、猜想等手段来获得对数学知识、数学方法的感性认识.这是对传统教学的有效矫正.但在实际教学中,又出现了情境简单化、活动形式化以及为活动而活动、为探究而探究的止于具体经验而不向抽象和普遍发展的现象.

在感性与理性的问题上,美国视听教育家戴尔(Edgar Dale)的"经验之塔"理论为我们提供了很好的依据.此理论有三个基本观点:(1)经验之塔最低层的经验最具体,越往上升,则越趋抽象.(2)教育应从具体经验入手,逐步进到抽象、有效的学习之路,必须充满具体经验;教育的最大失败在于让学生记许多普通的法则和概念,而没有具体经验做它们的支柱.(3)教育不能止于具体经验,而要向抽象和普遍发展,要形成概念.因为概念是最经济的思想工具,它把我们探求知识的智力大大简单化、经济化.因此数学教学需要妥善处理归纳与演绎、感性与理性的关系;既重视数学创造过程中感性化、经验化的一面,又重视数学内容形式化、抽象化的另一面.新课程提倡"做中学",但我们需要对"做中学"有完整、清晰的理解."做中学"应包含如下三层意思:(1)通过做,通过学生自己的活动来学习.(2)做是为学服务的,是根据学的需要安排的.做是手段,学是目的.(3)学什么?学数学,学数学的知识、方法、思想,学数学严谨、求真、创新的品格,学数学的理性思维、理性精神.

也就是说,数学教学要按照"经验之塔"理论的要求,基于感性,发展理性.即要通过生动、形象、有趣的"做"使学生获得对数学知识的感性认识,再使这些感性认识向抽象的、理性的数学过渡和发展.只有这样,学生才能在做与思的过程中,获得对数学完整的感受和体验;只有这样,数学教育才能承担起发展学生理性思维、培育学生理性精神的学科使命.

5 过程与结论的关系

过程与结论是不可分离、相互依存的两个侧面.课改后,许多教师比以前更加重视知识的形成与发展过程,但仍存在以下两方面的问题.

第一,对"过程"两字理解不到位、不全面.具体表现在:(1)省略、忽视了发现与提出数学问题的过程.而提出问题是解决问题的逻辑前提,问题意识是创新精神的基石,提出问题的过程与方法对学生学好数学非常有意义、有价值.(2)只讲推理和结论,不讲道理和原因,降低了数学教与学的思维层次.如"曲线与方程"教学,尽管许多教师很强调"曲线上的点的坐标都是这个方程的解;以这个方程的解为坐标的点都是曲线上的点",但却无法说明其合理性与必然性:解析几何的本质是用坐标法研究几何图形的性质,而要使坐标法真正有效,就必须在点和点的坐标之间、在曲线与曲线的方程之间建立一种对应关系.

第二,虽重视过程,但不能准确地把握过程的本质与要点.如在一次地市级的教学业务评比中,三位优秀教师上"平面的斜线和平面所成的角"一课,都是按教材的顺序先讲"最小性定理"(即"平面的斜线和它在平面内的射影所成的角,是这条斜线和这个平面内任一条直线所成的角中最小的角"),然后得出直线和平面所成的角的概念.但就是没有意识到"最小性定理"是这个概念科学性、合理性的基石,没有意识到这里合乎学生思维和认知特点的一般思路是:先感受到平面的斜线与平面之间存在角的大小问题,然后猜想该如何定义斜线与平面所成的角,最后搞清楚这个定义的科学性、合理性和最优性,并完善这个定义(对直线与平面平行、直线在平面内、直线与平面垂直这三种情况做补充规定).

数学是思维的科学、思维的体操.学生的思维潜能只有经过有效的开发、加工、培育,才能成为现实的思维能力.数学教学要准确地把握过程的涵义与实质,有效地克服和防止上述现象,并且既不因为重视数学知识形成与发展的过程而忽视数学结论的重要性,也不因为只看到数学结论而忽视数学结论形成与产生的背景、过程与方法.也就是说,数学教学应既重视陈述性知识和程序性知识,更重视过程性知识和策略性知识,淋漓尽致地展现数学思维的自然性与合理性.

6 群体教学与个体教学的关系

"因材施教"是教师共同的心愿和目标,但班级授课制局限性在很大程度上造成了教学难以从每个学生的实际出发,难以兼顾学生之间客观存在的差异性.许多教师心中只有一般性的、抽象性的面向全班学生的教学目标,而很少考虑到这些目标哪些学生已经达到或无法达到.而这又带来了一个十分突出而严重的问题:学生已经知道的还要听、听不懂的也要听,已经会做的还要做、不会做的也要做;15分钟就能跑到目的地的学生要等45分钟才能跑到目的地的学生,等待学习、陪同学习等无效或低效学习的现象非常普遍且严重,教学的针对性和学生个体的课堂时间利用率都大大地降低.因此课堂教学要正确处理群体学习与个体学习、群体教学与个体教学的关系.

第一,要增强关注好差"两头"学生的意识.意识和观念是相应行动的前提和基础,"一刀切"教学的背后是教师对学生之间差异的漠视.面向全体学生不等于全体学生齐步走,教师需要及时了解学生的个体差异,承认差异,尊重差异.在力所能及的范围内,给后进生以更多的帮助、关心和照顾,为学有余力且对数学有兴趣的学生留下自主探索和发展的空间,鼓励他们更好地发展.我们需要把"不同的学生在数学上得到不同的发展"的理念转化为具体的实实在在的教学行为.

第二,要增强教学目标、教学内容、教学评价、课外作业的层次性和多样性.由于不同的学生在数学上应该得到不同的发展,并且也只能得到不同的发展,因此教师要为不同的学生设置不同的课程.有的教学目标、教学内容是为基础好的学生设置的,是要求他们达到和掌握的,而其他学生可以只是了解和感受;有的教学目标、教学内容可能是为后进学生设置的,好的学生已经掌握而不必再去浪费时间.

第三,要赋予学生更大的自主空间.由于班级授课制与学生个性化学习之间存在天然的矛盾,教师要真正兼顾不同层次的学生、有效地面对每一个学生是很难的,因此要提高学生学习的个性化程度,教师必须赋予学生应有的自主权和选择权,允许学生根据自己的实际,自主选择听与不听、做与不做,自主确定学习内容与学习进度.即教师要为学生创设更好的自主学习条件,留下更大的自主学习的空间.

第四,要不断地提升学生自主学习的能力.实现班级授课制下的差异教育最有效最根本的途径是将受教育者变成教育自己的教育者,使教学活动逐渐地由学习活动所代替,学生由消极被动地接受知识变为积极主动地获得知识.为此,教师要不断转变指导的职能,即教师的指导要从权威的传授知识变为判断学生的需要与动机,推动和鼓励学生学习,教会学习方法、思维方法,发展学生自主学习的能力.

第五,要积极探索提高教学针对性的策略、途径与方式.尽管在班级授课制的条件下,提高教学的针对性有一定的难度,但只要教师勇于转变观念积极探索,方法和途径总是有的.如①教师可告知学习目标、学习内容,让好的学生自主地通过阅读、探索去实现学习目标、达到学习要求.如果考虑到学生会遇到某些困难,也可以在方法和策略上给予指导.②教师可借助复式教学的模式,有时面对全班学生进行教学,有时只对特定小组学生进行教学,有时甚至只辅导个别学生,使学生的统一性学习时间与自主性学习时间有机结合.③可以把学生之间的差异作为教学资源加以开发,通过学生之间的相互合作、讨论、互教互学来实施教学.④为强化学生的学习主体意识、责任意识,养成寄希望于自己、通过自己努力去掌握知识、解决问题的意识,师生也可签订"学习合同".

数学教学要遵循"立足全体、兼顾个体"的原则,增强教学内容的弹性和选择性,为学生提供不同的学习资源和学习支持,力求最大限度地减少学生陪同学习、等待学习等无效或低效学习的时间,提高教与学的针对性,使课堂教学最大限度地接近或达到个体教学的效果.

教学是科学,是艺术,也是技术.数学教学既要解决理念意识层面的问题,也要具体解决操作层面的问题,应坚持自然、和谐、可持续发展的原则,用辩证的观点和思维,深刻认识并妥善处理教师主导与学生主体、接受式学习与发现式学习、数学与现实、感性与理性、过程与结论、群体教学与个体教学这六个问题,以积极稳妥的方式推进教学改革,避免课改和教改出现"钟摆现象与盲人摸象现象".

中学数学新课程教学中的几个问题*

传统数学教学因其单一性、封闭性、依附性过强而探索性、开放性、发展性不足而受到批判和质疑.实施新课程后,课堂教学在情境性、探索性、交互性等方面有所加强的同时,带来了许多形式化、表面化的东西,并且有从一种"僵化"走向另一种"僵化"的倾向和危险.本文试图对数学新课程教学的误区以及热点、难点问题进行探讨,以期抛砖引玉.

1 数学课堂教学该如何引入

传统的数学引入教学基本上是"复习旧知,引入新知"一统天下.实施新课程后,这种状况有了根本性的改变.在笔者所听的大量的新课程数学课中,几乎所有的课都是通过实际问题引入,而没有一节课是通过复习旧知引入新知的,似乎新课程有规定"数学课不能以复习旧知的方式引入新知".而这又导致了如下问题:一是学生难以体会知识的连续性与连贯性,从而影响了学生对新旧知识之间内在联系的理解与把握;二是大多数教师虽然积极地创设各种情境,却是为自己更好地提出数学问题服务,而没有有意识地引导学生提出问题;三是许多实际问题不实际,生编硬套,给人以虚假的感觉;四是忽视了"新知识的学习需要提高学生原有认知结构的清晰性、稳定性和可辨别性".数学课标提倡采用"问题情境—建立模型—解释、应用与拓展"的模式展开教学,但这并不是唯一的、通用的模式,并且"问题情境"并不等于"实际问题".片面地、机械地从实际问题引入教学,不符合学生学习的实际和数学的实际.因为数学问题除了来自人们的生产、生活实际外,更多的来自数学知识本身的逻辑发展.

由于提出问题是解决问题的逻辑前提,完整的数学学习包括学"问"与学"答"两方面,因此课堂教学之初应是教师引导学生自然地、合理地提出数学问题.也就

---

* 这部分内容发表在 2005 年第 7 期的《中小学教材教学》,后被人大复印报刊资料《中学数学教与学》(初中) 2005 年第 11 期全文转载.

是说,教师应根据学生前面所学内容(不一定就是上一节课的内容)的逻辑发展,或者学生感兴趣的生产生活问题以及自然与社会发展中的实际问题,提供产生数学问题的背景或材料,创设利于学生发现问题、提出问题的情境,引导学生自己提出数学问题.这有利于学生明确怎样会提出这样的问题,以及为什么要研究和解决这个问题,因而符合学生的认知规律,有助于激发学生的学习积极性.更重要的是,这有助于学生感受数学学习、数学发展的自然性与必然性,有助于学生加深对数学知识本质与内在联系的理解,有助于学生更好地受到数学思想、数学方法、数学精神的熏陶.

2 如何理解和创设问题情境

传统教学中学生难以感受知识的来源与价值.新课程教学中,教师十分注意创设问题情境,这是一个很大的进步,因为知识是在特定的情境中由学生自主建构的.但许多教师往往片面地把"问题情境"理解为"实际问题",并且每个概念、公式、法则的引出都要紧密地联系学生生活和社会实际,而这在操作上又有很大的难度,因而导致了许多应用问题人为拼凑的痕迹很浓,给人以"现实问题"不现实的感觉.这种倾向至少带来了如下两个问题:一是"虚拟现实问题"不利于提高学生解决实际问题的能力,而且容易误导学生的心理;二是忽视学生学习的现实和心理的现实,不利于学生真正理解数学.

其实,数学课的"问题情境"应是一种真实的、自然的学生学习所需要的"问题情境".它应包含以下四层涵义:(1)它是一种民主的、安全的、开放的氛围,能促使学生积极主动地、自由地(而非迫于外界压力)想象、思考、探索;(2)它激发学生产生某种积极的、愉快的情感体验,能促进学生的个性、情感和意志品质等方面的和谐发展,具有良好的教育性和发展性;(3)它具有有利于学生提出数学问题、解决数学问题的丰富的数学信息或背景材料,是学生学习和探索所需要的载体与平台;(4)它与学生已有的生活经验、学习经验紧密联系,是有意义的、富有挑战性的,是学生数学活动的源泉.当然,如同艺术有"艺术的真实"一样,数学也可以有"数学的真实".数学课堂上的"问题情境"可以是源于生活但又高于生活的"数学的真实".

3 如何看待数学探究,怎样进行数学探究

传统教学中,学生学习的问题性、自主性、探究性往往很弱.实施新课程后,教师引导学生探究的意识明显增强.但却往往不知探究什么,如何探究,存在为探究而探究、探究效益低等现象.具体表现在:(1)探究的问题超越学生的"最近发展区",学生根本不会探究的,也要探究.(2)探究的问题在学生的"现有发展区"内,学生已经知道的,也要探究.(3)不需要探究或无法探究的问题也要探究.如一位教师要学生自己探究整数和分数统称为什么数,结果劳而无功.(4)教师把问题分解得过小、过细,学生不需要经过认真思考就能得出结果,学生探究的空间很小、成分太低,实际上变成了教师指令的执行者.(5)教师往往压缩学生的思维空间,强制性地把学生的思维纳入自己思维的轨道,迫使学生用教师预设的方法解决教师预设的问题,得到与教师预设相一致的结果.(6)没有在探究方法方面给予学生有效的指导,似乎学生天生就会探究,或者学生已经具有较强的探究能力.而当学生真正困难时,教师不是从思维策略、方法等方面指导学生,而是在学生想过或讨论过后把结论直接告诉学生,似乎学生想过了、讨论了就是探究.

事实上,接受式学习与探究式学习是人类学习的两种基本方式,它们之间不存在谁好谁差的问题,只存在各自的主要功能是什么的问题,存在在什么情况下什么条件下用接受式学习、什么情况什么条件下用探究式学习的问题,存在如何把握接受与创新的"度"的问题,存在两者如何相互配合、相互渗透、相互促进的问题.在引导学生探究时,教师一要增强学生意识,尽可能准确地估计学生已有的知识与经验,而不是用自己的想象来代替学生的现实;二要给学生足够的思维空间和思维自由,不搞形是实非的"假探究";三要充分利用学生思维的难点,使难点成为学生思维的"磨刀石",提高探究效益.

4 如何正确认识和运用"小组讨论"与"合作学习"

传统教学往往是教师唱独角戏,即使有一些互动,也是师生间的互动,学生与学生之间缺乏有效的交流与合作.实施新课程后,课堂教学中合作学习的形式普遍都有,但"形式多于实质",往往是为"小组讨论"而"小组讨论",而没有真正从教与学的需要和实际出发.这具体表现在:一是不需要合作学习、不适宜合作学习的,也

要搞合作学习,似乎不这样,就是理念不新;二是合作学习中学生之间缺乏明确的分工,学生不知道自己该做什么;三是有的合作学习看似全员参与,实际上是好学生一统"天下",学困生"袖手旁观";四是有的把合作学习当作一种形式,一种点缀,只用两三分钟时间,学生还没有进入状态,就草草收场;五是有的课堂气氛看似很活跃,但思维含量很低,合作学习没有与个体的独立思考相结合,反而影响和妨碍了学生的思考.

因此数学教学需要把"动手实践,自主探究,合作交流"作为一个完整的学习过程,以学生的独立思考为主,"小组讨论"和"合作学习"为辅.要把握时机,建立一套基本的程序和规范,明确的分工,提高"小组讨论"和"合作学习"的效益.

5 如何有效地培养学生发现问题、提出问题的能力

传统教学注重问题解决而忽视问题提出.就是传统的发现式教学也往往注重发现数学结论而忽视发现和提出数学问题.实施新课程后,这方面的情况有了一定的改善.但大多数教师仍然没有有意识地把培养学生的问题意识和问题发现能力作为课堂教学的重要目标,没有自觉地把引导学生提出数学问题作为重要的教学过程和教学手段,更没有使问题发现和问题解决成为一个相互渗透、相互促进的过程.

但数学真正的组成部分是问题和解,"疑是思之始,学之端","求学问,需学'问';只学'答',非学问",问题意识和提出问题能力是创新意识和创新能力的基石.就数学教学而言,学生总是被要求去解决由他人(教师、教材编写者、出考题者等)所提出的问题,也应被看成传统的'传授—接受'式教学思想的一个具体体现.问题解决作为一个数学教育改革运动是有局限性的,因为数学教育的基本目标不仅包括解决问题的能力,而且也包括培养学生提出问题的能力,而问题解决恰恰忽略了后者.数学教学需要把培养学生的问题意识和问题发现能力作为重要的教学目标,把引导学生提出数学问题作为重要的教学过程和教学手段,并使提出问题成为学生学习数学的重要手段和方法.

6 如何让数学课真正成为"思维的体操"

传统课堂教学重在知识的落实与解题技能的掌握,使学生学会数学地思考问

题只是传授知识和解题教学中无意之间产生的"副产品".新课程在这方面基本上没有涉及,许多数学问题、数学方法、数学结论仍然像"帽子里突然跑出的兔子"令人摸不着头脑.课堂教学违反思维规律和学生认知规律现象仍时有发生,提出问题不自然、解决问题不自然、拓展问题不自然的现象更是大量地存在.就是新课程的数学教材,也有许多限制学生自由思考或硬性地把学生的思维纳入教材的轨道的地方,也有许多问题和方法使人觉得很突然.如北师大版教材中就有较多的"只需要做不需要想"的"操作步骤—数学结论"式的安排,至于怎样想到这样做,为什么要这样做却没有一点的说明.这些不仅在很大程度上降低了数学学习的效益,而且也与"数学是思维的科学"这一特点相违背.

事实上,学生学习数学与数学家研究、探索数学的思维方式、思维方法本质上是一致的.数学思维有顿悟的时候,但更多的是自然地、合理地、有条理的思考.要让数学真正成为"思维的体操",关键是数学教学应创设条件让学生学会自然地、合理地、有条理地提出数学问题,自然地、合理地、有条理地解决数学问题,自然地、合理地有条理地拓展数学问题.只有当学生真正理解、认可数学问题提出、解决、拓展的合理性与自然性,认为这个数学问题就应该这样提出、解决和拓展时,学生才真正理解和掌握了相应的知识.否则即使学生表面上会做,也是停留在依样画葫芦的水平上.就是动手实践与尝试探究,也应是建立在一定的猜想与推断基础之上的自然的、合理的、有条理的尝试,而不是盲目的、无序的.

7 数学课该如何"小结"

传统的课堂教学往往由教师做一个简单的小结,然后布置作业.实施新课程后,许多教师注意让学生自我小结、自我评价,这是一个很大的进步.但听课时,笔者发现课堂小结有三个明显的问题.一是"作秀"的味道很浓.如,许多课小结时学生都会说体会到"生活中到处有数学,数学是有用的"或者"数学来自生活,数学又服务于生活",给人以形式化、模式化的感觉.而这不仅浪费学生的时间,而且也会对学生心理、人格造成不良的影响;二是许多教师仍习惯于学生课堂上提出的问题一定要在课堂上解决,而没有想到让学生带着问题回去自己探索;三是往往从学到了哪些知识角度去小结,而对获得这些知识的方法关注不够,"授人以'鱼',不如授人以'渔'"还只是停留在口头上.

只有适合教学内容特点和学生实际的、自然的小结才是好的小结.课堂小结的两个基本任务:一是回顾、总结、反思所学的内容与方法;二是拓展、深化、提出新的问题.因此教师课堂收尾时,一要顺其自然地引导学生从知识、技能、方法、思路、注意点、收获与体会、问题与困惑等方面进行回顾、总结、反思,让学生有感而发,而不是追求形式化、表面化的迎合教师需要的所谓的"体会与小结";二要把握知识之内的本质联系,引导学生用变维(改变问题的维度)、变序(改变问题的条件和结论)、扩展、深化等方式提出新问题,将问题链引向课外或后继课程.

高中数学必修4教学经验介绍*

1 课改后教材发生了很大的变化,您觉得应该从哪些方面理解教材、把握教材?

答:应从以下三方面理解教材、把握教材、吃透教材,进而超越教材.

第一,把握好课标和教材要求的变化,领会其精神实质.

课标和教材要求明显降低的,如任意角的三角函数、同角三角函数的基本关系、三角恒等变换等,教师要理解课标和教材"削枝强干,精简内容"的意图,教学时没有必要把教材中已经去掉的如余切正割余割函数、已知三角函数值求角等再捡回来,把精简掉的诱导公式等再补充回来.半角公式、积化和差、和差化积公式,教材是以例题的形式,作为三角恒等变换的典型素材出现的,目的是提高学生的三角变换能力和三角运算能力,教学时没有必要要求学生能够应用这些公式解决问题.许多教师觉得"三角函数"和"三角恒等变换"教学课时不够,我看主要是拔高了教学要求造成的.教学时要防止原来的教学习惯和粗制滥造的教学辅助用书对教学的不良影响,避免人为地增加学生的负担.对课标和教材明确要求加强的,要切实落到实处.如通过"讲背景、讲应用"强化数学与现实的联系,提升学生的数学应用能力;通过每章导语,阐明知识的来源与价值,明确学习的重点与问题,激发学生的学习兴趣;通过每章小结,突出知识的本质、结构及其相互关系,强化学生的回顾与反思意识,帮助学生形成良好的知识结构.

另外,教材设置了大量的"思考"与"探究",是为了更好地引导学生思考,并达到"看过问题三百个,不会解题也会问"的目的.教学时也要注意加强对学生问题意识和质疑意识的培养.

教材设置的 "观察与猜想""阅读与思考""探究与发现""信息技术应用" 等栏目,表明了教材关注学生学习兴趣和数学素养的提高,注重为不同的学生提供不同

---

* 这部分内容发表在《中小学数学(高中版)》2009年第6期.

的发展空间.教师不仅要充分地认识到这一点,并且要使这些材料成为沟通数学课内与课外、教师教与学生学的桥梁.

第二,搞清楚教材的知识结构,把握好教学的着重点.

(1)把握知识形成与发展的思维主线和知识结构.如第一章"三角函数"的知识形成与发展的主线为

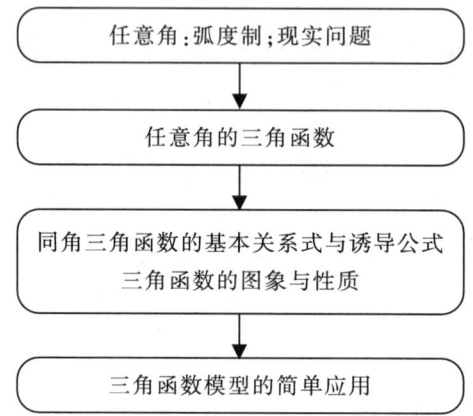

第二章"平面向量"的知识形成与发展的思维主线和知识结构为

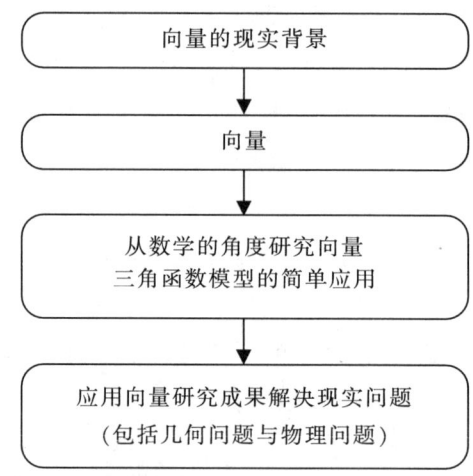

这其实是研究三角问题与向量问题的一个大"三步曲".小而言之,它与用向量方法解决平面几何问题的"三步曲"相一致;大而言之,它与学习和研究数学的整个"三步曲"相一致.或者说,数学教学要关注两方面的问题:一是数学与现实的关系问题,即数学知识源于哪里、来自何处,又用于哪里、去向何处;二是数学内部的问题,即如何从数学内部建构相关知识,为解决现实问题提供足够的、有效的工具.如从数学角度研究向量,需要解决下列问题:

向量 ⎰ 向量的相关概念:向量的模、零向量、单位向量等;
　　　 ⎪ 向量的表示:几何表示、代数表示(坐标表示);
　　　 ⎪ 向量之间的关系:相等关系、平行关系、共面关系;
　　　 ⎨ 向量的运算 ⎰ 线性运算:加法、减法、数乘;
　　　 ⎪　　　　　　 ⎱ 非线性运算:数量积
　　　 ⎩ 向量在几何和物理中的应用

除了以章为单位的,也应该搞清楚以节为单位的知识形成与发展的思维主线. 如教材"正弦函数、余弦函数的图象"中明确指出:"遇到一个新的函数,非常自然的是画出它的图象,观察图象的形状,看看有什么特殊点,并借助图象研究它的性质."这段话指明了研究函数的一般思路与方法,也指明了知识发展的主线.

(2)准确地把握教学的着重点.许多教师教学时把大量的时间花在一些细枝末节、一招一式的东西上,放在讲解例题和做习题上,给人以"轻重倒置""本末倒置"之感.就当前课堂教学而言,一应教学重心前移,如弧度制、任意角的三角函数、平面向量基本定理、两角和与差的三角公式等,应切实研究如何加强概念形成与定理发现过程的教学,因为数学概念和定理法则所蕴含的数学思想方法和思维方法更加丰富,是学生思维的"磨刀石".二应加强核心知识教学.如第一章"三角函数"应突出如何用三角函数描述、刻画圆和现实生活中的周期性变化;第二章"平面向量"的着重点应放在向量问题与几何问题如何相互转化和利用向量解决几何问题与物理问题上;第三章"三角恒等变换"应突出变换的思想与方法,而切忌搞人为的技巧性强的难题和过分强调细枝末节的内容.

第三,完整、准确、深刻地理解知识,把握知识的本质.

(1) 完整地理解知识.如要把零角、零向量、零向量与任一向量平行、$\vec{a}+\vec{0}=\vec{0}+\vec{a}$ 分别看作任意角、向量、向量平行概念、向量加法运算法则的有机组成部分来处理. 这样会既有助于学生全面、深刻地理解数学知识,也可以有效地避免学生解题时出现思维漏洞.

(2) 准确地理解知识.如许多教师对为什么用单位圆上点的坐标来定义三角函数很困惑,其实这是由三角函数的本质、单位圆的功能决定的.首先,三角函数是刻画周期现象的数学模型,而"周期现象"最典型、最简单的实例就是匀速圆周运动;其次,这种定义方式使正余弦函数从自变量(角的弧度数)到函数值(单位圆上点的横、纵坐标)之间的对应关系更加简单、明了,而且反映本质;第三,高中角的概念与初中不同,它不仅是转出来的,并且是用单位圆的半径来度量的;第四,单位圆定义使数与形内在的统一性、和谐性体现得更加明显、更加充分.单位圆上点的纵坐标、横坐标就是相应三角函数线的数量;第五,强化单位圆的工具价值,为后面研究同角三角函数的基本关系、诱导公式、三角函数的图象、两角差余弦公式等提供了方便.当然,用单位定义三角函数也会有不足,如与学生的原有认知基础距离较大,有时使用不方便.教学时可以同时向学生介绍坐标比值定义和单位圆定义.这样,一方面使这两种定义优势互补,另一方面也有助于学生更好地理解三角函数的概念.

(3) 深刻地理解知识.如平面向量基本定理,我们不仅要理解定理本身,而且要通过这个定理认识到事物由基本要素构成的；认识到分解与综合是解决问题的常用方法;认识到平面向量基本定理与平行向量之间的关系定理、空间向量基本定理在本质与思维方法都是一致的,是一维空间、二维空间、三维空间的维数在代数表达式中的体现.要高度重视理解教材旁边的框图,并通过这些框图更好地理解知识.如"你能说说在直角坐标系内讨论角的好处吗？""单位圆中的三角函数线是数形结合的有效工具,借助它,不但可以画出准确的三角函数图象,还可以讨论三角函数的性质.""考察三角函数的性质,就是要研究这类函数具有的共同特点.""因为有了运算,向量的力量无限,如果不能进行运算,向量只是示意方向的路标.""思维的有序性和表达的条理性是三角变换的基本要求.""'倍'是描述两个数量之间关系的,2α是α的二倍,4α是2α的二倍,$\frac{\alpha}{2}$是$\frac{\alpha}{4}$的二倍,这里蕴含着换元思想."

2 提升课堂教学的有效性是一个永恒的主题，在课改的背景下应该怎样评价和衡量课堂教学有效性的？

答:应从以下四个方面衡量课堂教学的有效性：

第一,课堂教学对多少学生有效.如果全班50个学生中,基础好的10个学生教师不教他们就已经知道,基础差的10个学生教师教后他们还不知道,那么这节课就只有对中间的60%学生有效.

第二,课堂教学对学生的哪些方面有效.我们要看到有相当多的课堂教学在知识与技能方面是有效的,在过程与方法方面是低效的,在情感态度与价值观方面是负效的.

第三,课堂教学对学生多大程度上有效.对每个学生个体来说,课堂45分钟他真正有效利用的时间有多少, 高效的课堂教学应关注和提高每个学生的有效学习时间.

第四,课堂教学对学生多长时间内有效.我们应该有今天的课堂教学能为学生的明天和后天留下什么的意识.

因此,对课堂教学的有效性,我们不仅应该有全面衡量的意识,也应该有从定性与定量两方面衡量的意识.就当前课堂教学而言,我们要特别关注数学教学品质问题.我认为,数学教学的品质由低到高可分为如下四个层次:一是数学知识技能教学层次,重在解决是什么、怎样做的问题;二是数学思想方法教学层次,重在解决用怎样的思想与方法做的问题;三是数学思维教学层次,重在解决怎样想到这样做、为什么要这样做的问题;四是数学精神与文化教学层次,重在促进学生心智、个性、观念、精神等和谐协调地发展.正视数学教学的品质问题,对提高数学教学效益、推进数学学科素质教育大有裨益.

以"平面向量基本定理"为例,采用"一个定理+三项注意"的模式,重点放在学生接受平面向量的基本定理和例题、习题的模仿与训练上,是一个层次;告诉学生平面向量基本定理蕴含着分解、转化思想,重点放在定理的得出和证明的方法上是另一层次;理解平面向量基底的作用与意义,师生共同探讨为什么要研究这个问题,怎样研究这个问题,搞清楚其中思维的自然性与合理性则是更高的一个层次;如果学生能由平面向量基本定理体会到"事物是相互联系、相互转化的""事情是由一定的基本要素构成的,可以用构成它的基本要素来表示""研究事物可转化为对它的基本要素的研究",有助于养成理性地、有条理地思考和探究问题的习惯,那就更理想.

3 合理的教学设计是保证课堂教学效益的关键,请问您觉得教师在教学设计时要注意什么?

答:当前教学设计要注意两个优化:一是教学目标的优化;二是教学设计思维方式的优化.

就教学目标而言,当前普遍存在照搬课标和教参目标的盲目性,只顾知识目标而忽视思维与情感目标的片面性,目标写在纸上而与具体教学设计相脱节的虚假性,忽视学生个体差异而全班甚至全校一刀切的单一性等问题.相应地,制定教学目标需要大处着眼,小处着手,在准确把握知识的本质和内在联系、准确把握学生原有认知结构的基础上,做到以下"五个性":(1)全面性.即数学教学要以学生知识、思维、情感等全面和谐发展为目标,不能只顾知识教学而忽视智慧教学、情感教学,数学教学一定要有让学生通过数学学习而变得更聪明、更理性、更乐于学习的意识.(2)整体性.正如空间一个点具有三维坐标一样,知识与技能、思维与方法、情感态度与价值观是数学教学不同的三个侧面,是一个统一的、"你中有我、我中有你"的整体,既要根据实际有所侧重,又要防止把知识、技能、思维、情感人为地割裂.(3)明确性.要切切实实明了这节课学生要掌握什么、掌握到什么程度,增强教学目标对教学设计的指导性,对学生达标与否的评判功能.(4)差异性.教师心中不仅要有一般的、抽象的学生,也要有具体的、鲜活的个体学生,教学目标不可一刀切,而应因人而异.前段时间看到一份材料,中国人在澳大利亚的一个只有20多个学生的班级里听课,教师为不同的学生准备了6份自学提纲,由此可见他们是如何满足不同学生的不同需求.(5)适切性.课标和教材对教学具有很好的指导性,但全国统一的课程标准不可能为每个具体的学生"量身定做",因此制定具体教学目标时,不仅要基于课标和教材,更要基于学生的实际.

以"两角差的余弦公式"为例,"全面性"就是要求避免机械地呈现、讲解公式及其证明过程,而要高度关注其中所蕴含的思想方法和思维方法,帮助学生养成追根究底的习惯和意识;"整体性"就是要求在公式发现过程和证明过程的探究中加深对公式的理解,同时发展思维,增强思考和探究的乐趣;"明确性"就是要求基础好的学生对公式的整个探索过程有一个比较透彻的理解,能利用公式熟练解决课后的相应练习和习题;"差异性"就是允许部分学生对公式发现和证明的思想方法理解不到位,甚至不理解;"适切性"就是根据不同学校学生的实际可以有不同的教学要求,学生基础差的学校可以简化公式的猜想与发现过程、证明思路的探究过程,而改为在特殊值验证的基础上直接呈现公式和公式的证明思路、方法,然后说明其合理性.

就教学设计的思维方式而言,我觉得突出以下三点:

一要突出大背景、大问题,做到孙维刚先生所说的"见树木更见森林,见森林才见树木".教学时首先要向学生介绍本章的全貌.这方面教材的章头语为我们提供了很好的帮助.如教材第二章"平面向量"的章头语指出:"向量是近代数学中重要和基本的概念之一,有深刻的几何背景,是解决几何问题的有力工具.向量概念引入后,全等和平行(平移)、相似、垂直、勾股定理就可以转化为向量的加(减)法、数乘向量、数量积运算(运算律),从而把图形的性质转化为向量的运算体系."这段话阐明了向量的背景、地位、作用、作用的途径与方式,为本章学习指明了方向.

又如教材第三章"三角恒等变换"的章头语指出:"变换是数学的重要工具……三角变换是只变其形不变其质的,它揭示了某些外形不同但实质相同的三角函数式之间的内在联系……三角变换包括变换的对象,变换的目标,以及变换的依据和方法等要素.两角和与差的正弦、余弦和正切公式就是三角变换的基本依据.通过这些公式的探求,以及利用这些公式进行三角变换,我们将在怎样预测变换的目标,怎样选择变换公式,怎样设计变换的途径等方面做思考,这些都将帮助我们进一步提高推理能力和运算能力".这段话指明了三角变换的背景、性质、内涵、依据、思路与目的.

二要突出大思路、大框架,如"任意角"部分重在解决两方面的问题:一是怎样有效地刻画和研究日常生活和工作中存在的各种各样的角,把生活问题和现实问题数学化,包括引入正角、负角;二是怎样从数学内部深入地研究角及其它们之间的关系,包括引入零角、象限角、终边相同的角等概念.又如研究函数$y=A\sin(\omega x+\varphi)$图象,其大思路、大框架是"化整为零,各个击破,再积零为整",因为"天下难事作于易,天下大事作于细".事实上,每节课都应尽可能在搞清楚"需要研究什么问题和应该用怎样的方法研究这些问题"的基础上进行教学,这样对学生认识和把握教材的知识结构,优化学生的思维品质,提升他们的探索能力和自主建构知识的能力非常有好处,也是让课堂教学成为"教师指导下学生自主探究知识、建构知识"过程的有效途径.

三要做到"三个自然地合理地",即要引导学生自然地合理地提出问题、自然地合理地解决问题、自然地合理地拓展问题.

要突出提出问题的自然性与合理性.由于提出问题是解决问题的逻辑前提,并且提出问题对学生的思维品质和主动性有更高的要求,因此完整的数学学习应包括学"问"与学"答"两方面.教师应创设问题产生的情境,引导学生从解决现实问题和数学知识逻辑发展的需要中提出问题.如对两角和与差的余弦公式,既可以由观察诱导公式提出,也可以由如何求$\sin 75°=?$ $\cos 15°=?$等提出,也可以由函数$y=\sin(x+\varphi)$的图象可以由函数$y=\sin x$的图象通过平移得到进而猜想它们的表达式也有内在的联系,也可以由现实中相应的问题提出.

要突出解决问题思维的自然性与合理性.世界上不存在"没有为什么的事物",我们要站在系统的、结构的高度,从事物的产生源头和构成要素出发,寻找解决问题的思路与方法.如函数是三角函数的上位概念,而定义域、值域、对应关系是函数的三个要素,因此三角函数的概念从锐角推广到任意角后,我们自然应考虑其定义域、值域、对应关系发生了怎样的变化.三角函数表达式由函数名称、角及其结构三方面共同决定,因此三角恒等变换自然要从函数名称的变换、角的变换、结构特征的变换来寻找变换的思路与方法;向量具有数与形两方面的特征,我们自然应该从数与形两方面思考向量问题.

要突出拓展问题的必要性与必然性.如建立任意角概念后,自然要研究角的"分类"和表示法;建立任意角的三角函数概念后,自然要研究三角函数的性质、图象及其应用;建立向量概念后,自然要研究向量相关概念、向量表示法、向量之间的关系、向量运算及其运算律等.

这里,我想和大家一起重温一下本套教材的"主编寄语":"在这套教科书中出现的数学内容,是在人类长期的实践中经过千锤百炼的数学精华和基础,其中的数学概念、数学方法与数学思想的起源与发展都是自然的.如果有人感到某个概念不自然,是强加于人的,那么只要想一下它的背景,它的形成过程,它的应用,以及它与其他概念的联系,你就会发现它实际上是水到渠成、浑然天成的产物,不仅合情合理,甚至很有人情味."这段话不仅阐明了数学是自然的,而且指导我们如何从它的背景、它的形成过程、它的应用、它与其他概念的联系等方面入手搞清楚为什么是自然的.

4 您多次说过,当前数学教学最欠缺的是能力与思维教学,但真正做到、做好这一点很难,请问您在这方面有什么建议?

答:做到、做好这一点很难,这里既有教师的因素,也有学生的因素.但只要教师有能力教学和思维教学的意识,并持之以恒、不断地寻找能力和思维教学的途径与方式,那学生一定会变得更加聪明、更加善于思考、更加喜欢数学学习.为了有效地加强能力与思维教学,应做到以下三点:

第一,积极挖掘知识所蕴含的数学思想方法,切实加强数学方法论教学.

如"三角函数"章的数学辅助工具是直角坐标系、单位圆和三角函数线,主要思维方法是归纳、类比,主要数学思想方法是数形结合、分类讨论、函数思想、分解转化.教学时要注意通过单位圆、三角函数线这两个数与形结合的典范,揭示形象、直观的几何与精确、抽象的代数之间的内在联系与统一,帮助学生形成"以数论形"与"以形论数"的思维习惯.

"平面向量"章最重要的思想方法,一是把现实问题数学化,舍弃力、位移、速度、加速度等的物理背景,抽象出这些量的共同特征——"既有大小又有方向",进而建立向量的概念;二是数学问题现实化,向量加法运算、减法运算、数乘运算、数量积应遵循怎样的法则等问题,都应该从向量形成与产生的源头即相应的现实背景中寻找启发;三是牢牢把握向量所具有的数与形两方面的特征,善于从数与形两方面思考问题;四是突出类比与转化,包括向量及其运算与数及其运算的类比、向量之间的分解与转化、向量问题与几何问题和物理问题之间的转化.

第二,积极挖掘知识发展所蕴含的思维方法,切实加强思维方法论教学.

数学探索应该在一定的数学思想方法和思维方法指导下进行,应该让学生在搞清楚探究和解决问题主导思想的前提下再研究、解决细节问题,盲目地"摸着石头过河""走一步算一步",那是很危险的.

要强化归纳、类比等思维方法.如2.1.1节"向量的物理背景与概念"教材中明确指出:"回顾学习数的概念,我们可以从一支笔、一棵树、一本书……中抽象出只有大小的数量'1'.类似地,我们可以对力、位移……这些既有大小又有方向的量进行抽象形成一种新的量."这段话包含着两层意思:一是向量的概念是通过对现实问题的归纳、概括、抽象得到的.二是向量具有数的特征,学习和研究向量应注意与学习数进行类比,从运算法则和运算律两方面进行研究.

要帮助学生养成良好的思维习惯和方法.引导学生遇事多问几个"为什么"和"怎样想到":如为什么要引入任意角、象限角的概念,为什么先推导两角差的余弦公式而不是两角和的正弦公式;怎么想到利用单位圆来定义三角函数和引入向量的坐标运算.要培养学生追根究底的意识和习惯.现在学生的创新思维、创新意识不足的根源在于教学重接受与模仿.我们一定要让学生认识到,数学学习就是一个不断提出问题、不断解决问题、不断拓展问题的过程;要时刻注意对所学的知识进行归纳、类比、特殊化、推广.如由正弦、余弦函数的周期性,想到一般的周期函数;由 $y=A\sin(\omega x+\varphi)(\omega>0, x\in \mathbf{R})$ 的周期为 $\dfrac{2\pi}{\omega}$,想到"如果函数 $y=f(x)$ 的周期是 T,那么函数 $y=f(\omega x)$ 的周期是 $\dfrac{T}{\omega}$"是否成立.要善于从简单的事例中提取、发现深刻的思维方法:如通过研究 $y=\sin(x+\dfrac{\pi}{4})$,$y=\sin(x-\dfrac{\pi}{4})$ 与 $y=\sin x$ 的图象之间的关系来研究 $y=\sin(x+\varphi)$ 与 $y=\sin x$ 的图象之间的关系,就蕴含着从特殊到一般、从简单到复杂、分类讨论、数形结合等思想方法.

要引导学生从事物产生的"源头"、构成要素及其相互联系中寻找思维的切入点.如向量形成与产生的"源头"是位移、力、速度等,那么研究向量加法及其运算律,就应该从位移、力、速度等合成中寻找启发和帮助.教学时,应先提出研究向量加法的问题,再来看位移、力、速度是如何合成的,而不是反过来.又如函数$y=A\sin(\omega x+\varphi)$是由$A$,$\omega$,$\varphi$三个"要素"决定的,因此研究$y=A\sin(\omega x+\varphi)$的图象自然地要研究$A$,$\omega$,$\varphi$发生变化时,$y=A\sin x$,$y=\sin\omega x$,$y=\sin(x+\varphi)$图象会发生怎样的变化.

第三,充分利用思维难点,而不是回避思维难点.

高品质的数学教学不但要引导学生提出接近研究水平的问题,而且还要启发学生用接近研究水平的方式解决问题.由于思维难点往往与思维方式的突破紧密联系在一起,因此它是学生思维的"磨刀石",是会生"金蛋的母鸡",教学时要在思维难点上多花时间,尽力突破.

如为什么要引入弧度制?如何引入弧度制?因为每种单位制都有其优点和缺点,不同的单位制能带来不同的方便.角度制中,角的60进位制与其三角函数值的10进制存在着明显的不协调:$\sin 30°=0.5$中,左端的$30°$是用弧长来度量的,以$1°$为单位,而右端的0.5可以看作正弦线的长,它是以半径为单位的.这正如如果有人给出一张桌子的尺寸:长是1.2米,宽是2.5英尺,我们会觉得不自然、不方便一样.$\dfrac{\sin 30°}{30°}$更让人难以理解和接受.这就促使我们思考,有没有更客观、更合理的度量角的方式,联想到$C=2\pi R$,即无论圆周长是多少都只能分成2π个半径单位,因此以长度等于半径长的弧所对的圆心角规定为1(弧度)是科学的、合理的.教学时,要牢牢抓住从角度制到弧度制的过渡与衔接的本质是如何更科学、更合理地等分圆周.

又如,任意角三角函数概念的难点在于如何突破借助直角三角形定义三角函数的思维局限,由锐角三角函数概念中直角三角形边的比,转化平面直角坐标系中坐标的比.考虑到任意角的三角函数是在锐角三角函数的基础上学习的,因此任意角三角函数的定义自然应在锐角三角函数定义中寻找启发.仔细考察初中的锐角三角函数定义,不难发现:虽然锐角三角函数是借助直角三角形来定义的,它的函数值大小却是由角的大小确定的,即无论把锐角放在怎样的三角形中或不放在三角形中,都不改变其函数值的大小.这就启发我们,直角三角形只是定义锐角三角函数的载体与工具,而不是锐角三角函数所固有的本质属性.既然如此,那完全可能用新的载体与工具来定义锐角三角函数.由直角三角形联想到平面直角坐标系和上节课在直角坐标系中讨论角,可以比较自然地想到把锐角放到直角坐标系中.这样就会发现:可以借助角终边上点的坐标来定义三角函数,并且这个新的定义与前面借助直角三角形的边来定义本质上是一样的.只不过,当在直角坐标系中锐角的终边上任取一个点$P(x,y)$,再作出直角三角形时,x,y有双重涵义.即从几何角度看,它们表示直角三角形的边长;从代数角度看,它们表示点P的横坐标和纵坐标.

第四,基于感性,发展理性.

教学应从具体经验入手,但不能止于具体经验,而应逐步向抽象和普遍发展.教材中许多问题的处理,都是遵循从特殊到一般的原则进行,这既有利于降低思维的难度,也可以通过具体的例子为一般性的原理提供生动直观、有血有肉的事例.但数学是严谨的、理性的,数学的价值在于发展学生的思维能力.因此我们应在学生获得感性认识的基础上,帮助和促进他们形成理性认识.如研究三角函数的性质,我们既要注意通过观察具体的、特殊的三角函数的图象得出,也应注意回归到三角函数定义和三角表达式这一源头来说明或论证三角函数的性质,把"以形论数"与"以数论形"有机地结合起来.对函数$y=A\sin(\omega x+\varphi)$图象与函数$y=\sin x$图象的关系问题,也要注意从代数表达式这一源头来说明问题,而不能止于观察、归纳,而应该有理性的思考和更严谨的依据.

总之,数学思想方法、思维方法教学应重在与知识教学相结合,并且要引导学生善于及时归纳、体会、感悟知识探究与发展过程中所蕴含的数学思想方法与思维方法.

5 改进学生的学习方式是本次课程改革的重要内容,您能否结合实际谈谈如何改进学生的学习方式?

答:当前学生学习存在的问题比教师教学存在的问题更多、更大,这也预示着学生的学习有着很大的改进和提高的空间.就学生的数学课堂学习而言,应注意以下四点:

第一,让学生带着问题主动思考,而不是被动地跟着教师走.教与学的问题性应包含如下三层意思:一是要注意引导学生自然地提出问题,帮助学生养成"凡事问个为什么"的习惯;二是要用问题来引导和促进学生学习,让学生的学习变得更主动、更生动、更富有探索性和趣味性;三是用问题来拓展学生的思维深度和广度,沟通知识间的内在联系.

第二，避免"听多思少""做多悟少"现象，加强学生的学习感悟.现在课堂教学还存在着十分明显的接受学习时间与发现学习时间比例失调的问题，学生听多悟少的问题，学生只会把书读厚而不会把书读薄的问题.孔子曰：学而不思则罔.学生只接受，而不消化、不整理，严重地影响和降低了学习的效益，因此课堂教学应为学生的独立思考和自我感悟留出时间和空间.应鼓励和帮助学生及时梳理所学知识，理清知识形成与发展的思维主线，了解知识间的相互联系，努力形成良好的知识结构.这方面，教材每章小结中的"本章知识结构"和"回顾与思考"都为我们提供了很好的素材.我们应积极借助这些素材让学生把书读"薄".

第三，帮助学生树立"能跑则跑，能飞则飞"意识.教师应帮助学生减少课堂上放慢学习、等待学习等现象，避免学生自己学习探索20分钟能解决的问题跟着教师学却用了45分钟.如同角三角函数的基本关系、诱导公式等内容，对优秀学生，教师完全可以放开让他们自己探究、发现，并独立完成教材上的例题和习题.

第四，强化学生学习方法和学习效率意识.应强化学生的数学方法论和数学思维论意识，引导他们关注提出问题、解决问题思维的合理性，从而促进有效的、积极的迁移；对所学例题、习题，要善于从知识、方法、思维、注意点等角度进行剖析，进而使无限多的高中数学题目能通过运用有限的知识、方法、策略加以解决.

6 教材是教学的重要材料和依据，但又有一些与学生实际不相吻合的地方，请问我们该如何处理教材与教学的关系？

答：第一，应认真仔细阅读教材，深刻地理解教材的编写意图、知识结构与知识本质.这一点前面已经讲得比较多，这里不再重复.

第二，应增强用教材教而不是教教材的意识，教师可在认真思考的基础上，基于课标，根据自己的教学风格和学生的实际对教材进行再调整、再开发.如"函数$y=A\sin(\omega x+\varphi)$的图象"教学，有些教师习惯先分别探索$A,\omega,\varphi$对函数$y=A\sin(\omega x+\varphi)$图象的影响，再把$A,\omega,\varphi$中2个量或3个量结合在一起探讨函数$y=A\sin(\omega x+\varphi)$图象的变化，我觉得也是可行的."平面向量的实际背景与基本概念"教学，可以把零向量、向量的模、单位向量等概念往前移到"向量的物理背景与概念"部分，作为向量概念的一个有机组成部分和自然延伸加以处理；而把平行向量的概念可以往后移到"相等向量与共线向量"部分，使它们之间的联系更加紧密.

第三，可以根据学生的实际，慎重地对教材的习题甚至例题进行调整或改编.

"三角函数模型的简单应用""平面向量应用举例""简单的三角恒等变换"这三节教材中都有偏难或过难的例题和习题.这些例题和习题,我觉得可以根据学生的接受能力加以恰当的调整甚至放弃,也可以根据不同学生的实际作选学或选做处理.因为学生是教学的最大出发点和着力点.

7 加强数学与现实的联系、强化数学的应用价值是新课程的一个重要理念,请问教学时该如何处理数学与现实、数学与应用的关系?

答:教材提出的"讲背景,讲数学,讲应用"已经为这个问题的解决提供了很好的指导原则,具体教学要基于数学"源于现实,高于现实,用于现实"的思路加以处理.但在具体操作时要注意,"源于现实"并不等于每节课都要从实际问题引入,因为大量的数学问题是数学知识内部逻辑发展所必然提出的;"高于现实"是指把现实问题数学化,去掉现实问题中"形"与"量"以外的非数学本质的属性,如向量概念就没有考虑力的三要素中的作用点;"用于现实"是指要体现数学的应用价值,并通过数学应用来强化数学学习,但要量力而行,不搞"唯用至上".

第三章

数学教学案例：
基于"三个读懂"，追求有效探究

基于"三个读懂" 追求有效探究*
——以浙教版八年级上册"平行线的判定"教学设计为例

"自主、合作、探究"是新课程所倡导的教学理念,但许多教师深感困惑的是如何使探究不流于形式而真正做到真实、自然、有效.本文以浙教版八年级上册"平行线的判定"教学设计为例,与大家一起探讨这个问题.

1 "三个读懂"的涵义

"三个读懂"是指读懂数学、读懂学生、读懂教学.

1.1 读懂数学

读懂数学是指教师不仅清楚数学知识本身是什么,能解各种数学题,也指教师清楚数学知识的产生背景、形成过程、形成方法,清楚数学知识的本质、结构及其与相关知识的联系,清楚数学知识"来自何处,又去向何方",具有把现成的、成熟的数学知识还原为生成的、发展的知识的能力.数学教学教的是数学.只有当教师清楚知识的发展过程与发展方法,他才能带领学生"重演"知识的"萌芽期、生长期、成熟期",才能让学生学到"有根、有血有肉的知识",进而把"过程与方法目标"落到实处.只有当教师理解知识的本质、联系与结构,他才能把知识教"活"而不是教"死",才能让学生学会学习数学,学会数学地、智慧地思考.

以浙教版八年级上册"平行线的判定"为例.教师首先要站在数学是刻画与研究现实世界的有效模型的高度加以认识.数学意义上的平行线源于现实,高于现实,是对现实世界有关平行关系进行抽象化、理想化处理后得到的结果,是研究各种图形关系的基础.生活中没有数学意义上的平行线,却要经常用到平行线知识.

平行线判定公理是学生所学的第一个几何判定公理(或定理),是后面学习和

---

* 这部分内容发表在《数学通报》2011 年第 5 期,后被人大复印报刊资料《初中数学教与学》2011 年第 11 期全文转载.

判定各种平行关系的基础,是连接数学直觉、数学实验、数学论证的桥梁.它与普罗克洛斯公理(在同一平面内如果一条直线与两条平行线中的一条相交,也必定与另一条平行线相交)、等距公设(两条平行线之间距离处处相等)、普莱费尔公设(经过已知直线外一点,可以作一条,而且只能作一条与已知直线平行的直线)、三角形公设(三角形三个内角和等于180°)都是等价命题.是否假设该公理成立是欧氏几何与非欧几何的分水岭.

由于平行线判定公理学生是作为不加证明的公理加以学习的,因此教学时需要从不同的角度、用大量的实例和操作来强化其生成性,让学生充分感受其成立的必然性,进而发自内心地理解它、接受它.

1.2 读懂学生

读懂学生是指教师清楚学生学习数学的基础、潜能、需求与差异,清楚学生学习特定数学知识时已有的知识萌芽、生长点与潜在的困难,清楚学生的认知特点与认知规律.数学教学服务的对象是学生,离开对学生现状的准确把握,最漂亮、最完善的教学设计也达不到理想的效果.

以浙教版八年级上册"平行线的判定"教学为例.学生已经学过用平推法画平行线,头脑中已经有许多关于两直线平行的生活经验,甚至在生活中创造过各种平行线.对多个不同基础学生的访谈发现:每个学生都能独立地、粗略地说出一种或多种平行线判定的方法,如等距公设、垂直于同一条直线的两条直线平行、平移一条直线看其与另一条直线是否重合等. 这说明学生在学习平行线判定之前头脑中有许多原始的、朴素的、不完整的判定两直线是否平行的方法,也表明他们具有极大的创造力.教学要基于学生的已有知识和经验,引导学生把感性的、朦胧的、不完整的数学直觉发展为理性的、明确的、系统化的数学知识.

从认知能力看,初中学生的理性思维还处于比较低的水平,缺乏把实际问题上升为数学模型的意识与能力,因此如何把已有的关于平行的生活经验抽象为明确的数学平行判定方法,尤其是如何想到借助第三条直线来判定两直线平行是学生学习的难点,需要教师给予指点和帮助.但初中生乐于相互交流、动手实验、自主探究,学生自己能得出的结论应让学生在大量的感性实例和具体操作的基础上通过讨论、分析、归纳得出.

1.3 读懂教学

读懂教学是指教师清楚教学的本质与功能,掌握一定的教学方法与教学艺术,清楚学生的认知规律和教学的基本原则,能够把教与学作为有机的、统一的、相互促进的整体来加以处理.真实、自然、有效的探究呼唤教师引导学生在真实的情境中提出真实的、处于他们认知"最近发展区"内的问题,并用与学生已有的认知基础与认知策略相适应的方法进行探究.

以"平行线的判定"教学为例,教学设计时应体现下列理念、思路与方法:

(1)数学是研究与刻画现实世界的模型.教学时要突出平行线判定公理的归纳抽象过程,让学生清楚数学知识的来源及探究目标.

(2)数学是思维的科学.数学教学应尽可能展示数学思维的自然性与合理性,让学生觉得数学结论的得出是水到渠成的.

(3)为了有效地发展学生的能力与思维,数学教学应该是一个教师指导下学生自主探究、发现数学问题与数学结论的过程.由于数学概念与定理的形成与发现过程思维含量高,教学价值大,因此数学教学应充分开发和利用知识形成过程的价值,而切不可在模仿性的解题训练上花过多的时间.

(4)学生的探究发现应该是自然的、真实的,因此学生先发现哪个结论、后发现哪些结论应该是随机的、因人而异的,教师和书本都不应该压缩学生的思维空间,硬性地把学生的思维纳入自己思维的轨道.

(5)学生的探究发现应遵循认知的一般规律.如本节课学习宜按"提出问题—直观感知—操作确认—理性思辨—明确结论—运用巩固—拓展深化"等步骤逐步展开.

(6)真实、自然、有效的探究,呼唤教师增强"课标意识"和"用教材教的意识";突破人为设置的、不合理的课时内容间的界限,强化单元教学、整体教学意识.

2 基于"三个读懂",追求真实、自然、有效的数学探究

2.1 把探究真实、自然、有效作为教学目标和教学设计的要求

有效的教学设计应是目标导向型的活动.为了使探究真实、自然、有效,教师首先要做到两点:一是把学生经历与感受真实、自然、有效的探索过程作为教学目标的重要组成部分;二是把探究真实、自然、有效作为教学设计的基本要求.以浙教版八年级上册"平行线的判定"为例,其教学目标如下:

(1)学生在对教室等现实世界的观察和思考中认识到需要从数学角度研究如何判定两直线是否平行,切实感受到数学问题源于现实、高于现实,并能从生活经验中寻找解决数学问题的方法.

(2)学生经历提出问题、直观感知、操作确认、理性思辨、明确结论、拓展深化等完整的思维过程,能把自己头脑中感性的、朦胧的、零碎的关于平行的生活经验和判定方法上升为理性的、明确的、系统的平行线判定方法.在这个过程中,学生能感受到数学归纳、抽象、探究与发现的乐趣.

(3)学生理解并掌握平行线判定的基本方法,能用这些方法判定两直线是否平行.

为实现以上目标,教学时应基于学生的直觉、生活经验和已有知识,让学生在教师的引导下自己发现、归纳出平行线的判定方法,并不断完善和深化,以达到知识、能力、思维、情感教学相互渗透、相互促进之目的.

2.2 把探究真实、自然、有效体现和落实在具体的教学流程中

造成探究教学无效或低效的一个很大原因在于教师已经知道现成的结论并且往往站在自己角度考虑问题,因此为了使探究教学真实、自然、有效,教师需要"忘掉"已知的结论性知识,把自己当作与学生一样的未知者,重新体验、经历知识的发展过程.进行探究教学设计时,时刻牢记"真实、自然、有效"三个关键词.以浙教版八年级上册"平行线的判定"为例,设想其教学流程如下:

2.2.1 自然地合理地提出问题

(1)教师引导学生观察、思考教室等周围世界,发现生活中到处有平行线的原型,生活中到处需要创造平行线.

(2)生活中人们是如何使两条铁轨、桌子的对边等平行的?前面学习中,我们又是如何作平行线的?

(3)我们能否从数学上解决两条直线平行的判定问题?(出示课题:平行线的判定)

2.2.2 自然地合理地解决问题

2.2.2.1 直观感知

问题1:请大家回顾平行线的定义及生活中平行线的相关经验,探讨平行线的判定方法.

设计说明:让学生自己说出对平行线判定的大致想法,然后再讨论这些方法的合理性、可行性以及如何用准确的数学语言进行表达.这样做有助于探究与生成更真实,有助于学生经历知识的成长过程,更有助于学生认识和思维的深化.

方法1:延长线段,看其能否相交于一点(注:学生的大致意思,表述不准确).

设计说明:对学生提出的这种方法,教师可通过点拨和学生讨论,让学生明确:

虽然延长线段看其是否交于一点的想法是有一定的合理性,但就实际操作而言,由于我们永远只能画出直线的一部分,因此如果两直线的交点在远方就难以画出,我们就难以判断.况且这里我们要判断的是两条直线是否平行,根本不存在延长直线的问题.另外,如果有学生说"延长两条直线看它们是否相交",教师要指出其错误的原因.

方法2:如图3-1,如果两条直线间的距离处处相等(也有学生说成两条直线间的"宽度"相等),那么这两条直线就不可能相交,因此只能平行(注:学生的大致意思,表述不严谨).

图 3-1　　　　　　图 3-2　　　　　　图 3-3

设计说明:对此法,教师一要引导学生搞清楚"两条直线间的距离处处相等"(或"宽度相等")的涵义;二要让学生明白正是距离处处相等,因此才保证了平面内这样的两条直线不会相交;三是指出"两条直线间的距离处处相等或宽度相等"表达不准确、不规范,应改为"如果一条直线上任一点到另一条直线的距离都相等".

方法3:如图3-2、图3-3,受矩形的启发,如果两条直线都与同一条直线垂直,那么这两条直线平行.

设计说明:对此法,要注意用反例说明这些直线应在同一平面内,否则结论不一定成立.

方法4:受用平推法画平行线启发,把所画的两条直线分别记为直线a,b,把直尺的一边看成一条直线c,发现平推法的实质是由同位角相等得出两直线平行,即若$\angle 1=\angle 2$,则$a/\!/b$(如图3-4、图3-5).

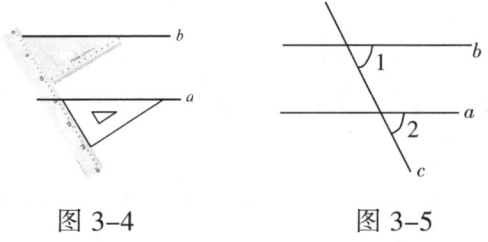

图 3-4　　　　　　图 3-5

设计说明:此法是本节课的重点.为此,教师一要舍得花时间,要强化归纳、抽象和建模的过程,即通过直尺的位置变化与三角板的角的大小的变化,让学生充分体会平推法的实质,从而突破难点.二要指出由于两条平行线缺乏直接的联系,因此往往需要架设桥梁即借助第三条直线来判定两直线的位置关系.

方法5:如果两条直线都与第三条直线平行,那么这两条直线也平行.

设计说明:如果有学生提出这种方法,则予以讨论、确认;如果学生没有提出,则可以放在以后讨论.

2.2.2.2 操作确认

问题2:请确认判定方法2、方法3、方法4、方法5是一致的,还是相互矛盾的?

设计说明:让学生在具体的操作中明确结论成立的必然性与合理性,以及不同判定方法之间内在的统一性.

2.2.2.3 理性思辨

问题3:刚才我们从操作实践中得到结论"同位角相等,两直线平行",大家能否用前面已学的结论说明这个结论的正确性?

(众生:迷惘、困惑.)

问题4:在同位角相等的条件下,两直线相交是否可能?为什么?如果相交的话,那又会出现怎样的情况?

设计说明:(1)如果相交的话,那么就会出现三角形的外角与内角相等,进而与三角形内角和等于$180°$矛盾(注:浙教版前面已学三角形内角和定理).(2)这里的"理性思辨"实际上只是从另一角度加深对该判定方法的理解,而不是真正的论证.(3)考虑这个环节对学生的理性思维水平要求比较高,因此实际教学时可视学生基础好差决定是否要这个环节.就是有这个环节,也宜采用在学生思考基础上的教师自问自答的方式.(4)操作基础上的理性思考,能彰显数学思维的魅力与威力,有助于学生学习方式和思维方式的优化,有利于把三角形内角和问题与平行线的判定连在一起,也有助于后面平行线性质的学习.

2.2.2.4 明确结论

由上,得到平行线判定的四种方法:

判定方法1:如果一条直线上任一点到另一条直线的距离都相等,那么这两条直线平行.

判定方法2:在同一平面内,垂直于同一条直线的两条直线平行.

判定方法3:两条直线被第三条直线所截,如果同位角相等,那么这两条直线平行.简单地说,同位角相等,两直线平行.

判定方法4：如果两条直线都与第三条直线平行，那么这两条直线也平行.

问题5：判定方法2与判定方法3之间有怎样的关系？

设计说明：判定方法2是判定方法3的特殊情况.当图3-5中的∠1=∠2=90°时，判定方法3就变成了判定方法2.

2.2.3 运用巩固

问题6：已知直线l_1,l_2被直线l_3所截(如图3-6)，∠1=45°，∠2=135°，试判断l_1与l_2是否平行，并说明理由.

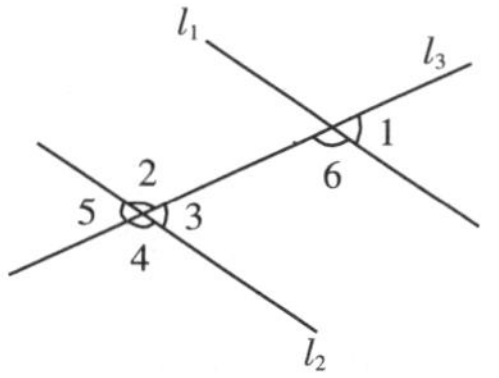

变式1：图3-6中，若∠1=45°，当∠2为多少度时，直线l_1与l_2平行？

变式2：图3-6中，∠1=45°，∠4=135°，直线l_1与l_2是否平行？

变式3：图3-6中，∠1=45°，当∠5为多少度时，直线l_1与l_2平行？

变式4：图3-6中，∠3=45°，当∠6为多少度时，直线l_1与l_2平行？

图 3-6

设计说明：例1教学后，及时引导学生总结、深化解题感悟.如：(1)由于判定方法3是"同位角相等，两直线平行"，因此在解题时要先寻找相等的同位角或证明同位角相等；(2)解题时要善于发现，并抓住发现.与"同位角相等，两直线平行"一样，类似地也可以有"内错角相等，两直线平行""同旁内角互补，两直线平行".

2.2.4 回顾反思

问题7：本节课我们得到了哪些结论？我们是怎样得出这些结论的？在这个过程中我们用了哪些方法？通过本节课的学习，你有哪些感悟与体会？

设计说明：学生围绕以上问题发表自己的观点与看法，教师再做简要的小结.

以上设计总说明：(1)真实的探究应该具有整体性、随机性，教师应避免把学生思维硬性地纳入自己和教材预设的轨道.以上探究中，学生也可能先提出"垂直于同一条直线的两条直线平行"或平推法，教师需要临场随机应变.(2)本设计以单元教学、整体教学为出发点，否则45分钟难以完成如此多的内容.

2.3 拓展延伸，把课后作业作为真实、自然、有效探究的重要组成

真实、自然、有效的探究，呼唤课堂教学要引导学生在解决问题的基础上不断地拓展新的问题，呼唤作业不仅要有以巩固和掌握本节课所学知识为目标的"后置性作业"，更要有以探究本节课未尽的、相关的未知知识为目标的"前置性作业"；要减少模仿性、巩固性作业，增加创新性、探究性作业.如本节课的作业可安排如下：

(1)必做题：课本后面相应练习.

(2)选做题：如果两条平行线被第三条直线所截，那么所得的同位角、内错角、

同旁内角之间有怎样的关系？

3　提升专业素养，为真实、自然、有效的探究提供保障

真实、自然、有效探究的基础是"三个读懂"，即读懂数学、读懂学生、读懂教学．离开了"三个读懂"，探究就会成为无源之水、无根之木、无效之举．而"三个读懂"的基础是教师具有深厚的教育理论素养、数学素养、教学素养．这正所谓"台上一分钟，台下十年功""功夫在诗外"．

真实、自然、有效的探究是一个理想、一个理念、一个过程、一个载体、一种追求．它是社会和教育发展对数学教学的必然要求，是提升数学教学效益与品质的必由之路，是促进教师精神与专业成长的有效途径．

在读懂数学的基础上教学*
——以人教A版"简单随机抽样"教学设计为例

参加2009年12月2~5日在山西省晋中市召开的人教社"中学数学核心概念、思想方法结构体系及其教学设计的理论与实践"第九次课题会,最大感受是中学数学看似简单,实则不然,因为简单的背后往往蕴藏着深刻的思想与方法;只有在读懂数学的基础上进行的教学才有可能是有效、优质的教学.

1 何为读懂数学

"读懂数学"是一个多层次的、无止境的过程.它包括以下几个方面:一是"知其然",清楚该数学知识是什么、怎么样;二是"知其何以然",清楚该数学知识是用怎样的数学思想与方法的;三是"知其所以然、所以不然",清楚该数学知识为什么这样而不是那样,是这样的合理性、优越性在哪里;四是"既见树木、又见森林",清楚该数学知识的上位知识和下位知识分别是什么,它"来自何处又去向何方";五是能"以简驭繁",把握该数学知识的本质与结构.

读懂数学要求教师具有把成熟的、静态的、抽象的数学知识还原为发展的、动态的、有血有肉的知识的能力;具有引导学生把书读"厚"的能力和把书读"薄"的能力.

2 为何要读懂数学

学生对数学缺乏兴趣、不会学习数学以及数学学习负担重的一个重要原因是教师没有读懂数学.试想,如果教师心目中的数学是抽象的、枯燥的,那么学生心目中的数学怎能是鲜活的、生动的?如果教师没有亲近数学,那么学生又怎能发自内心地喜爱数学?如果教师自己也不清楚知识的成长过程与成长方法,那么他又怎能

---

* 这部分内容发表在《数学通报》2011年第8期.

有效地指导学生学会学习、学会探究？如果教师不清楚知识的本质与关键,那么教学时怎能不"眉毛胡子一把抓"、布置作业时怎能不依靠"狂轰滥炸"？因此读懂数学是有效教学、有效探究的基础,是当前数学教师专业发展所面临的重要而紧迫的任务.

第一,读懂数学是正确、有效教学的基础.正如美国著名数学家、数学教育家赫什在《给数学哲学研究提一些建议》中所说:"问题并不在于教学的最好方式是什么,而在于数学到底是什么……如果不正视数学的本质问题,便解决不了教学上的争议."

第二,读懂数学是指导学生学会学习的基础.教师只有懂得知识的成长过程与成长方法,他才有可能把知识教"活"而不是教"死",才有可能有效地帮助学生落实"过程与方法目标",引导学生学会学习、学会探究.课堂上学生不会探究的背后是教师不会引导、不会帮助学生探究.

第三,读懂数学是激发学生学习兴趣的基础.教师只有读懂数学,他才有可能还原数学好玩、有趣的本来面目,才有可能进行艰难曲折、生动活泼的数学探究与创造,才有可能用数学知识内在的魅力和学习过程的乐趣吸引学生.教师只有读懂数学,他才有可能让数学思维像高山流水一样自然流淌,让学生享受"思维冲浪"的愉悦.

第四,读懂数学是减轻学生学习负担的基础.教师只有读懂数学,他才有可能把握知识的本质、核心与关键,才有可能有效地占领教学的"制高点",对学生的问题和困难进行"精确打击".教师只有读懂数学,他才有可能在磨快自己"教学之刀"的同时指导学生磨快"学习之刀",进而帮助学生实现"以简驭繁"、抢占数学学习的"制高点".

因此读懂数学是全面落实"三维目标"、提高数学教学效益与品质、促进学生可持续发展和全面发展的基础.

3 如何读懂数学

3.1 寻找知识的基础与萌芽

如同植物,任何知识都是在一定的"环境"与"土壤"中生长的,都有一个萌芽、生长、成熟的过程,因此读懂数学需要搞清楚知识的基础和萌芽是什么,知识的"根"在哪里,知识的生长点与固着点又是什么.以"简单随机抽样"为例.学生初中时已学过全面调查与抽样调查,知道抽样调查的必要性和总体、样本等概念,以及用样本估计总体的思想.另外,学生生活中也经历过许多抽样调查,如买水果时先尝一个、想知道所烧菜的咸淡先尝一口等;学生也接触过许多通过抽样调查得到的数据,如产品的合格率、当地的气温等.这些是简单随机抽样知识赖以生长的"土壤"和"根".

3.2 理清知识的结构与关系

数学知识发展有其内在的逻辑必然性,知识与知识之间也具有内在的逻辑联系,因此读懂数学需要理清知识发展的主线和结构,使之成为脉络分明、相互联系的整体.以"简单随机抽样"为例.它所在的必修3"统计"章包括随机抽样、用样本估计总体、变量间的相关关系.而简单随机抽样与系统抽样、分层抽样一样,只是随机抽样的一种方式方法而已,因此本章的主题相当清楚:研究如何通过收集大量的数据和统计分析来发现随机现象中的规律性.本章知识逻辑关系也相当清楚:研究随机抽样的目的是为更好地、更准确地用样本估计总体,而用样本估计总体的深层次目的则是研究各种变量之间的相关关系.

附:人教A版教材中"统计"这一章的知识结构:

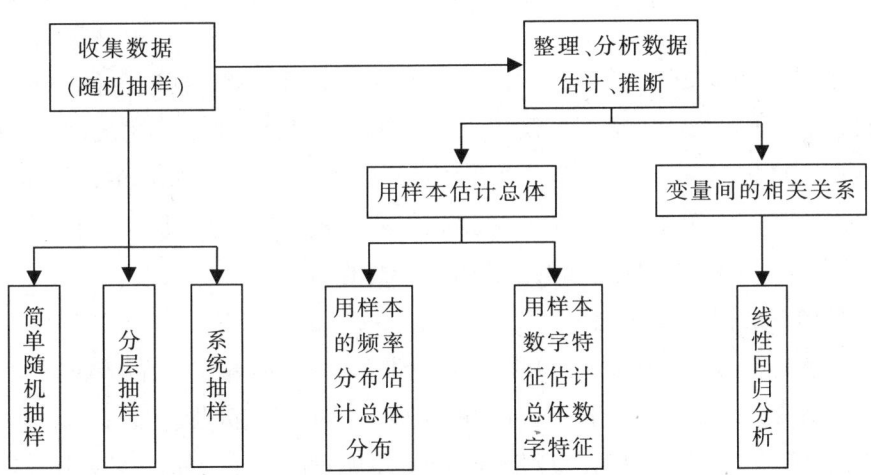

3.3 挖掘知识所蕴含的数学思想方法和思维方法

"工欲善其事,必先利其器."数学思想方法是我们"善其事"的"工具",因此读懂数学不仅需要搞清楚知识"来自何处又去向何方",也需要搞清楚知识是通过怎样的途径与方式"来与去"的,即搞清楚知识背后所蕴含的数学思想与数学方法.人是通过教育变得聪明起来的,数学教学只有更多地站在思维方法角度看待问题、处理问题,突出思维主线,强化思维方法教学,才能使数学教学真正成为"思维的体操",进而为学生深层次地理解知识、学会学习、学会迁移、学会创造奠定基础.

以"简单随机抽样"为例.尽管这部分知识相对简单,但也蕴含着如下一些重要的数学思想与思维方法:

(1)把实际问题与生活经验数学化、模式化.本节课有两个不同水平的数学化:一是把日常生活中的抽签法数学化,这是水平数学化;二是把抽签法进一步抽象化得到随机数法,这是垂直数学化.事实上,学习数学就是一个学习如何数学化的过程.

(2)从确定性思维到非确定性思维的转化.尽管我们希望抽样的对象是"完全搅拌均匀"的,但这在多数情况下是很困难的,因此抽样得到的结果通常是有误差和风险的,我们需要有多大可能结论成立的风险意识,需要思维方式由确定性思维向非确定性思维转变,需要注意语言表达的严谨性与准确性.

(3)判断标准由"对错之分"变为"好差之分".如果说我们以前是用对与错衡量、区分数学结果,那么统计学则是用好与差衡量、区分统计结果.统计学追求的是更好,而不是正确;抽样调查追求的是用更经济的方式得到精度达到一定要求的样本.

(4)拓展反思意识.学习就是一个不断提出问题,不断解决问题,再不断发现新问题的过程."随机抽样"部分不仅有一个如何在不同的情形下通过随机抽样得到更好样本的问题,也有一个如何用更合理、更便捷的方法抽取样本的问题.简单随机抽样、系统抽样、分层抽样都只是数据收集的方式,知识的发展过程是一个不断地寻找新的、适合各种不同情况的抽样方式的过程.

3.4 把握知识的要点与本质

数学发展有两个方面:一是内容不断地扩张;二是内容不断地浓缩.因此读懂数学也包括两个过程:一是"把书读厚"的过程,二是"把书读薄"的过程.以"简单随机抽样"为例.先"把书读厚",搞清楚:(1)好的抽样调查特点,如代表性强、简单易操作、投入成本低;(2)设计抽样方法的关键是保证每个个体有同样的机会被抽中,从而使样本能够更好地代表总体;(3)简单随机抽样是逐个、不放回地抽取每个被抽到可能性相等的个体;(4)抽签法的实质是通过一定的程序和方法保证每个个体被抽到的可能性相同.再"把书读薄":简单随机抽样的本质是用简单的方法得到优质的样本.

3.5 "忘掉"结论性知识,体验知识的成长过程

任何知识都有一个萌芽、生长、成熟的过程.读懂数学不仅需要理解和掌握"成熟期"的数学知识,也需要认识和了解"萌芽期、生长期"的数学知识.为什么我们往往会看不到知识的"萌芽期、生长期"? 因为我们的头脑已经被成熟的、结论性的知识所占据.因此只有当教师"忘掉要教的知识",把自己当作与学生一样的未知者,他才有可能真正体会和感受知识的成长过程、体验其中所蕴含的发现与创造、体验发现与创造过程的曲折与艰难.只有当教师经历知识"再发现、再创造"的过程,他才有可能更好地读懂数学,才有可能避免把"无根浮萍式的"知识硬塞给学生而"教"给学生"有根的、活的、有血有肉的"知识.

4 基于数学知识的"成长轨迹"和本质进行教学设计

4.1 寻找知识的固着点与生长点

4.1.1 寻找知识生长的背景与土壤

问题1:说说生活中遇到的抽样调查的例子,说说青少年近视率、农作物产量、当地气温、就业率等数据的来源,说说你希望了解的一些生活中的数据.

设计意图:让学生再次感受统计与抽样调查的必要性与意义.在此基础上,教师介绍本章的知识结构:随机抽样——用样本估计总体——变量间的相关关系.

4.1.2 寻找知识的萌芽点和固着点

问题2:请对生活中抽样调查结论的可靠性进行分析,并思考、讨论为什么有的调查结果可信度高,而有的调查结果可信度却很低.

设计意图:通过对正反两方面的典型事例(如尝一口汤知道一锅汤的咸淡,1936年一本有名的美国杂志预测美国总统选举结果失误等)的分析、讨论,使学生认识到抽样调查结论是否可靠的关键是样本是否能够代表总体,而样本是否能够代表总体的关键是每个个体被抽到的可能性是否相同.

4.1.3 寻找知识的生长点和突破点

问题3:如何进行有效的抽样调查? 怎样的抽样调查算是好的?

设计意图:学生通过讨论、分析,明确好的抽样调查通常具备三个特点:一是可靠性强;二是简单易操作;三是投入成本低.

问题4:你曾经历过哪些比较简单的抽样调查?这些抽样调查具有怎样的特点?

设计意图:学生自己由具体实例分析、归纳、抽象出"简单随机抽样"的概念,并明确其两个特点:一是逐个不放回地抽取;二是每个个体被抽到的可能性相等.

4.2 再探、重走知识发展之路
4.2.1 抽签法
问题5:你能把生活中经常用到的抽签法数学化吗?

设计意图:从最简单、最熟悉的情形入手研究简单随机抽样.学生讨论、归纳后得出:(1)把总体中的N个个体编号,把号码写在号签上,将号签放在一个容器中,搅拌均匀后,每次从中抽取一个号签,连续抽取n次,得到一个容量为n的样本.(2)其步骤可分为五步:

一是将总体中的所有个体编号(号码可以是1到N);

二是将1到N这N个号码写在形状、大小相同的号签上;

三是将号签放在同一个容器中,并搅拌均匀;

四是从容器中每次抽出1个号码,并记录其编号,连续抽取n次;

五是从总体中将与抽到的签的号码相一致的个体取出.

问题6:实际应用中,抽签法有怎样的优点和缺点?

设计意图:(1)培养学生的分析反思意识和质疑批判意识,引导学生学会在解决问题的基础上提出新的问题.(2)优点:简单易行.缺点:一是总体中的个体数较多时,将总体"搅拌均匀"比较困难,因此用抽签法得到的样本的代表性较差;二是制作"签"费时、费力、不方便.

4.2.2 随机数法
问题7:抽签法的实质是什么?你能想办法弥补抽签法的不足吗?

设计意图:(1)避免简单地介绍随机数法,避免让学生"在铺好的路上平稳走过",避免把成熟的知识硬塞给学生,因为数学是思维的科学,让学生搞清楚数学概念与方法的合理性比简单地传授概念与方法重要得多.因此教学时应在分析抽签法实质的基础上,找出能弥补抽签法缺陷的方法或工具.(2)抽签法的实质是在一定范围内随机地、等可能地产生一组有实际背景的数.(3)抽签法有简单化、程序化、机械化等特点.(4)根据抽签法的实质,如果能从事先准备好的、随机产生的一列数即随机数表中抽取不大于总体容量的数,那么就能用随机产生的数来代替抽签的过程与方法,并且这个随机数表可以用于其他场合的抽签.

在教师、学生讨论以上问题的基础上,学生自学教材上的随机数法,不懂之处与同学讨论或请教老师.

问题8:如何制作随机数表?

(可根据学生的实际,考虑在课内或课外介绍)

设计意图:(1)介绍随机数表的三种产生方法:抽签法、抛掷骰子法、计算机生成法.(2)把握随机数表产生的特点:只要是随机的、等可能的,怎样产生都行.(3)引导学生追求用更简捷的方法解决问题.

有兴趣的同学可在课外与同学合作一起制作一张随机数表.

4.3 挖掘知识成长背后蕴含的数学思想方法和思维方法

问题9:本节课的知识发展主线和思维主线怎样?

设计意图:突出思维的合理性以及知识发展的必然性,是优化学生思维的有效载体与途径.教学中注意引导学生感受本节课的思维主线:抽样调查的必要性与优越性→分析头脑中已有的抽样调查→讨论怎样的抽样调查是好的抽样调查→把抽签法数学化→分析如何更便捷地使用抽签法→分析、反思、改进抽签法,探究新的抽样调查方法.本节课的思维主线是把实际问题与生活经验抽象为数学问题和数学知识,再从数学角度解决问题.

问题10:抽样调查所得的结果与以前所得数学结果在可靠性方面有什么不同?

设计意图:引导学生的思维方式由确定性思维向非确定性思维转变.

4.4 在解决问题的基础上提出新的问题

问题11:某校为了了解学生对教师教学的看法,打算从高一的500名学生中抽取50人进行调查,你认为怎样抽取比较好?如果要调查一所学生人数为3000人的高中学校学生的视力和身高情况,你认为怎样做比较好?

设计意图:(1)设置新的问题情境,制造认知冲突,引导学生反思简单随机抽样的不足和局限性,提出新的问题和新的解决办法.因为问题不仅由观察产生,更产生于对知识背景的分析、对现状的不满.(2)把此问题作为研究性、探究性作业让学生带回去思考、讨论.课外作业不仅应有巩固型的,也应该有探究型、发现型的.

学无止境,教无止境,读懂数学无止境,但我们注定要在这些永无止境的艰难小道上前行.

"函数 $y = A\sin(\omega x + \varphi)$ 的图象"教学设计*

教学目标:

1. 掌握函数 $y=A\sin x$, $y=\sin \omega x$, $y=\sin(x+\varphi)$ 图象的变化规律,明确常数 A, ω, φ 对图象变化的影响,掌握函数 $y=A\sin(\omega x+\varphi)$ 图象的画法及其与 $y=\sin x$ 图象的关系.

2. 经历观察、抽象、归纳、分析、论证等思维过程,理解研究函数 $y=A\sin(\omega x+\varphi)$ 图象背后所蕴含的从特殊到一般、以退求进、分解转化、数形结合等思想方法.

3. 能体会到事物是运动变化和相互联系的,了解和欣赏数学知识、方法的价值,乐于探究.

教学重点: 三种基本变换及其综合运用.

教学难点: 曲线 $y=\sin(x+\varphi)$ 到曲线 $y=\sin(\omega x+\varphi)$ 的变换.

教学过程:

1 创设情境,导出问题

教师:前面我们学习了正弦函数、余弦函数的图象和性质.事实上,日常生活中的许多现象,如声波、水波、光波等都与三角函数有着紧密的联系;物理、工程技术中的许多问题,如交流电中电流强度 I 与时间 t 的关系、物体做简谐振动时位移 s 与时间 t 的关系都可以用形如 $y=A\sin(\omega x+\varphi)$ 的函数来描述.(用多媒体电脑显示上述物理现象)因此在物理和工程技术中经常需要画出函数 $y=A\sin(\omega x+\varphi)$ 图象,搞清楚常数 A, ω, φ 对图象的影响.

2 分解转化,解决问题

2.1 分解转化,提出"子问题"

问题1:(学生觉得困惑)看起来这个问题比较难,大家一下子难以解决.大家能

---

* 这部分内容发表在《中学生数学》1998 年第 3 期,这里做了一些修改.

否讨论一下这个问题到底难在何处?

设计说明:(1)由于多数学生对教师所提的问题觉得茫然、无从下手,故教师先引导学生寻找造成困难的原因,从方法论角度予以指导.(2)通过讨论让学生明确:主要难点在于函数$y=A\sin(\omega x+\varphi)$含有$A,\omega,\varphi$三个常数,与已知函数$y=\sin x$的相距"太远".

问题2:既然难点已经找到,那又该如何化解这个难点?能否把这个问题分解、转化为几个更简单、更容易解决的问题?

设计说明:(1)变教师提出问题为教师引导学生自己提出问题,培养学生提出问题的能力.(2)通过讨论,让学生明确,可先解决$y=A\sin(\omega x+\varphi)$中只含$A,\omega,\varphi$三个中的一个或两个常数的情形.即先解决如下问题:

(1)函数$y=A\sin x$图象与$y=\sin x$图象的关系;

(2)函数$y=\sin\omega x$图象与$y=\sin x$图象的关系;

(3)函数$y=\sin(x+\varphi)$图象与$y=\sin x$图象的关系;

(4)函数$y=A\sin(x+\varphi)$图象与$y=\sin x$图象的关系;

(5)函数$y=\sin(\omega x+\varphi)$图象与$y=\sin x$图象的关系;

(6)函数$y=A\sin\omega x$图象与$y=\sin x$图象的关系.

2.2 逐个击破,解决"子问题"

问题3:函数$y=A\sin x$图象与$y=\sin x$图象有怎样的关系?我们又该如何研究这个问题?

设计说明:(1)在探究一般性问题遇到困难时,可以退求进,但可以先对A取特殊值进行讨论.如先研究$y=2\sin x$与$y=\frac{1}{2}\sin x$的图象可由$y=\sin x$的图象经过怎样的变换得到.(2)明确图象变换的实质是图象上每个点的变换.(3)在此基础上,再明确函数$y=A\sin x(A>0,A\neq 1)$图象是如何由$y=\sin x$图象变化得到的,A在变化中起怎样的作用.(4)由特殊到一般,由具体到抽象,由感性到理性,突出知识的探索和发展过程,目的是使学生掌握一般的科学思维方法,培养他们思维的逻辑性、严密性与深刻性.

问题4:函数$y=\sin(x+\varphi)$图象、$y=\sin\omega x$图象与$y=\sin x$图象有怎样的关系?我们又该如何研究这个问题?

设计说明:由于已经有了解决问题3的经验,问题4应让学生在讨论的基础上独立解决.

问题5：函数 $y=A\sin(x+\varphi)$ 图象、$y=\sin(\omega x+\varphi)$ 图象与 $y=\sin x$ 图象有怎样的关系？

设计说明：(1)让学生遵循由易到难、由简单到复杂的原则学会有条理地、合理地思考问题.(2)由 $y=\sin x$ 图象到 $y=A\sin(x+\varphi)$ 图象可以先向左或向右平移 $|\varphi|$ 个单位，也可先把曲线上的点的纵坐标变为原来的 A 倍；但由 $y=\sin x$ 图象到 $y=\sin(\omega x+\varphi)$ 图象先左右平移还是先把曲线上的点的横坐标变为原来的 $\dfrac{1}{\omega}$ 倍却有微妙的区别，教学时要引导学生搞清楚.

问题6：函数 $y=A\sin(\omega x+\varphi)$ 图象与 $y=\sin x$ 图象有怎样的关系？

设计说明：(1)由 $y=\sin x$ 图象变化得到 $y=A\sin(\omega x+\varphi)$ 图象的途径有如下六种，应鼓励学生灵活掌握.

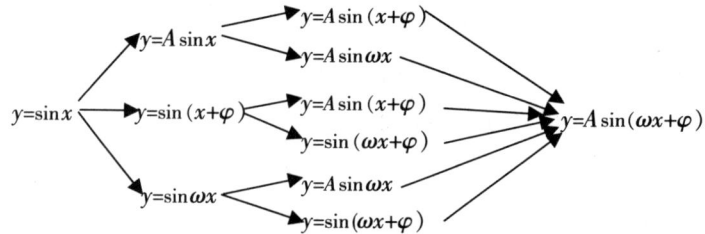

(2)变化是相互的，也应让学生清楚如何由 $y=A\sin(\omega x+\varphi)$ 图象变化得到 $y=\sin x$ 图象.

3　巩固应用，促进迁移

(1)作下列函数在长度为一个周期的闭区间上的简图，并说明它们可由 $y=\sin x$ 的图象经过怎样的变换得到.

①$y=\dfrac{3}{2}\sin x$；②$y=\sin 4x$；

③$y=\sin\left(x+\dfrac{2\pi}{3}\right)$；④$y=2\sin\dfrac{1}{3}x$；

⑤$y=2\sin\left(x-\dfrac{\pi}{3}\right)$；⑥$y=\sin\left(2x+\dfrac{\pi}{3}\right)$.

(2)作函数 $y=3\sin\left(2x+\dfrac{\pi}{3}\right)$ 的简图，并讨论它是由 $y=\sin x$ 的图象经过怎样的变换得到的.

设计说明:要重视学生的常见错误:①认为$y=3\sin(2x+\frac{\pi}{3})$的图象是由$y=3\sin 2x$的图象左移$\frac{\pi}{3}$个单位得到的;②混淆$y=3\sin 2x \rightarrow y=3\sin(2x+\frac{\pi}{3})$与$y=3\sin(x+\frac{\pi}{3}) \rightarrow y=3\sin(2x+\frac{\pi}{3})$这两种变换的差异.为此教师可通过计算机演示图象变换的过程以及让学生自己用"五点法"画简图,搞清楚错误的原因与实质,巧妙而有效地突破教学难点.

4　回顾反思,拓展问题

4.1　回顾总结

(1)知识:由$y=\sin x$图象到$y=A\sin(\omega x+\varphi)$图象的变化规律及其注意点;

(2)方法:由简单到复杂、由特殊到一般、数形结合;

(3)策略:以退求进、分解转化、各个击破.

4.2　反思拓展

(1)经过刚才的学习,大家有什么问题或想法?

(2)函数$y=A\cos(\omega x+\varphi)$图象和$y=\cos x$图象有怎样的关系?

"两角差的余弦公式"教学设计*

1 教学内容解析

三角恒等变换处于三角函数与数学变换的结合点和交汇点上,是前面所学三角函数知识的继续与发展,是培养学生推理能力和运算能力的重要素材.两角差的余弦公式是"三角恒等变换"这一章的基础和出发点,公式的发现和证明是本节课的重点,也是难点.

由于和与差内在的联系性与统一性,我们可以在获得其中一个公式的基础上,通过角的变换得到另一个公式.我们可以用"随机、自然进入"的方式选择其中的一个作为突破口.教材选择两角差的余弦公式作为基础,其基本出发点是使公式的证明过程尽量简洁明了,易于学生理解和掌握,同时也有利于提高学生运用向量解决相关问题的意识和能力.

教材没有直接给出两角差的余弦公式,而是分探求结果、证明结果两步进行探究,并从简单情况入手得出结果.这样的安排不仅使探究更加真实,也有利于学生学会探究、发展思维.

由于本节课可以从不同的角度提出不同的问题,并且可以用不同的途径与方法解决问题,因此本节课为学生的思维发展提供了很好的空间和平台,教师要注意引导学生用观察、联想、对比、化归等方法分析、处理问题,寻找解决问题的思路.

2 教学目标解析

(1)掌握两角差的余弦公式,并能简单运用这个公式求解教材上的练习和习题.

---

* 这是浙江省台州市第一中学胡小莉老师为人教社培训资料包拍摄的一节示范课,本书作者参与了讨论和设计.相关文章发表在《中小学数学》(高中版)2009 年第 7-8 期.

（2）全体学生能理解"探求结果,证明结果"这一常用的探究的步骤;多数学生能在两角差余弦公式的探究过程中体会以退求进、割补思想、分类讨论、观察联想等数学思想方法和思维方法,能体会到数学思维的合理性与条理性.

（3）能理解怎样运用向量解决问题,充分认识和感受向量的工具价值;课堂上能乐于思考和主动探究,并有愉悦的情感体验.

3 教学问题诊断分析

（1）按常规,学生很可能想到先探究两角和的正弦公式,怎样想到先研究两角差的余弦公式是一个难点(但非重点),教学时可以直接提出研究两角差的余弦公式,但这样探究会显得预设太多,而生成不足,也不够自然,不利于学生思维的发展.

（2）两角和正弦余弦公式的猜想与发现也是一个难点.因为学生可能不明白为什么要添辅助线和如何添辅助线,也不会想到用"割补法"求正弦线、余弦线.

（3）尽管教材在前面的习题中,已经为用向量法证明两角差的余弦公式做了铺垫,但多数学生仍难以想到.教师需要在引导学生仔细观察$\cos(\alpha+\beta)=\cos\alpha\cos\beta-\sin\alpha\sin\beta$或$\cos(\alpha-\beta)=\cos\alpha\cos\beta+\sin\alpha\sin\beta$的构成要素和结构特征的基础上,联想到单位圆上点的坐标特点和向量的数量积公式,努力使数学思维显得自然、合理.

（4）用向量的数量积公式证明两角差的余弦公式时,学生容易犯思维不严谨、不严密的错误,教学时需要引导学生搞清楚两角差与相应向量的夹角的联系与区别.

4 教学支持条件分析

（1）学生认知基础:学生对用举反例推翻猜想、以退求进、单位圆、割补法、用向量解决三角问题已经有一定的基础,但还远未达到综合运用这些方法自主探究和证明两角差余弦公式的水平.

（2）教学设备:整节课借助多媒体进行辅助教学,但关键的探究过程和推理过程要借助黑板.在当$\alpha,\beta,\alpha+\beta$都是锐角时得到两角和的正弦、余弦公式后,设计多媒体软件取任意角进行验证.

5 教学过程设计

5.1 提出问题

问题1:观察诱导公式$\sin(\pi+\alpha)=-\sin\alpha$,$\cos(\pi+\alpha)=-\cos\alpha$,$\sin(\alpha+\frac{\pi}{2})=\cos\alpha$,$\cos(\alpha+\frac{\pi}{2})=-\sin\alpha$.我们会发现:当角$\alpha$变成$\alpha+\frac{\pi}{2}$或者$\alpha+\pi$时,其正弦、余弦的三角函数值都与角$\alpha$的正弦、余弦有关,那大家有没有想过当角$\alpha$变成$\alpha+\frac{\pi}{4}$或者$\alpha+\beta$时,其正弦、余弦与$\alpha$、$\beta$的正弦、余弦又有怎样的联系呢?

设计意图:引导学生从联系的角度与变换的角度自然地提出接近研究水平的问题,增强学生的问题意识.不直接提出先研究$\cos(\alpha-\beta)$,是为了使探究更真实、更自然;不用教材上的实际问题情境而改为开门见山直奔主题,是为了不让学生在情境的理解上花过多的时间,同时离本节课的主题更近.

5.2 探究问题

5.2.1 明确探究的思路与步骤

问题2:我们应该用怎样的思路和方法进行探究?

学生可能会说:把探究分为两个步骤,一是探求表示结果;二是对结果的正确性加以证明.

设计意图:引导学生搞清楚探究的大背景、大思路,学会从宏观到微观、理性地、有条理地思考和探究问题,避免盲目性.

5.2.2 猜想结果

问题3:同学们第一反应这个结果可能是什么?

如果有学生提出$\sin(\alpha+\beta)=\sin\alpha+\sin\beta$,$\cos(\alpha+\beta)=\cos\alpha+\cos\beta$,则引导学生取特殊值进行验证,同时分析错误的原因:正弦、余弦函数名与角之间并不是相乘关系,因此类比乘法分配律在思维方法上是错误的.

设计意图:让学生体验如何用反例进行反驳,同时搞清错误的原因,避免以后犯类似的错误.

问题4:对这个问题,老师也曾猜想过$\sin(\alpha+\beta)=m\sin\alpha+n\sin\beta$,$\cos(\alpha+\beta)=p\cos\alpha+q\cos\beta$,其中$m,n,p,q$都是常数.但最后发现都不成立.那我们该怎么办呢?

引导学生以退求进,先讨论$\alpha,\beta,\alpha+\beta$都是锐角的情况.

设计意图:进一步强化学生的猜想与探究意识,同时让学生感受或学会思维受阻时如何"拐弯".

问题5:当$\alpha,\beta,\alpha+\beta$都是锐角时,我们又该怎么办?

引导学生在直角三角形或单位圆中构造这些角进行讨论.

问题6:怎样用α,β的三角函数来表示$\sin(\alpha+\beta),\cos(\alpha+\beta)$?

引导学生构造如图3-7所示的直角三角形,并用割、补的方法得到

$\sin(\alpha+\beta)=MC+CP_1=BA+CP_1=\sin\alpha\cos\beta+\cos\alpha\sin\beta$,

$\cos(\alpha+\beta)=OB-MB=OB-CA=\cos\alpha\cos\beta-\sin\alpha\sin\beta$.

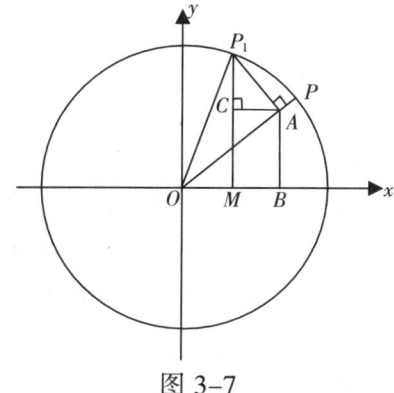

图 3-7

设计意图:让学生感受如何化陌生问题为熟悉问题,如何通过作辅助线,用"割补法"寻找量与量之间的联系.

问题7:那上面两个式子是否对任意角α,β都成立呢?

引导学生再用非锐角的特殊角或任意角进行验证,而教师借助事先设计的多媒体软件,由学生提出任意角进行验证.

5.2.3 证明结果

问题8:数学是严谨的,数学结论必须经过严格的逻辑证明.现在初步结果已经出来,目标和方向已经明确.请大家仔细观察上面两式的构成要素和结构特征,看看从中会得到什么样的启发?产生怎样的联想?有什么新的发现?

设计意图:让学生通过观察,联想到α,β终边与单位圆的交点分别为$A(\cos\alpha,\sin\alpha),B(\cos\beta,\sin\beta)$,同时发现$\cos(\alpha+\beta)=\cos\alpha\cos\beta-\sin\alpha\sin\beta$的右边与向量数量积公式的坐标表示$\vec{a}\cdot\vec{b}=x_1x_2+y_1y_2$十分相近,进而联想到$\overrightarrow{OA}\cdot\overrightarrow{OB}=\cos(\alpha-\beta)=\cos\alpha\cos\beta+$

$\sin\alpha\sin\beta$.这样有助于强化"为什么想到"和"怎样想到",凸显数学思维的自然性与合理性,并突破思维难点,同时再现"有心栽花花不开,无心插柳柳成荫"这种真实的探究过程.

问题9:如何证明$\cos(\alpha-\beta)=\cos\alpha\cos\beta+\sin\alpha\sin\beta$?

设计意图:引导学生关注两个向量的夹角θ与$\alpha-\beta$之间的联系与区别,并通过观察和讨论搞清楚$\alpha-\beta=2k\pi\pm\theta$(如图3-8),增强学生用数形结合、分类讨论的方法解决问题的意识,感受数学思维的严谨性.

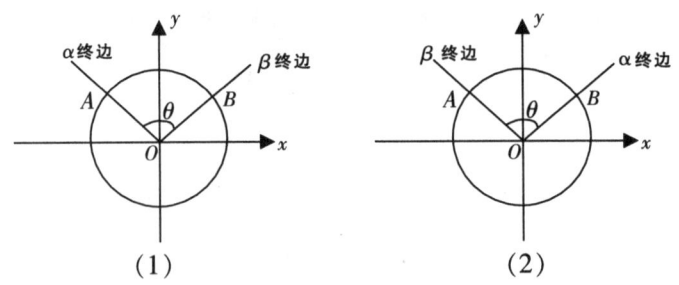

图3-8

问题10:时间关系,我们把两角和的余弦公式、两角和与差的正弦公式的证明与探究留给大家课外去完成.刚才我们经历了完整、曲折的探索过程,回过来看,大家有什么启发和感悟?教材为什么要先提出求$\cos(\alpha-\beta)$?

设计意图:引导学生从探究思路、数学思想方法、所用到的数学知识等方面进行回顾与反思,强化学生的思维发展,突出向量的工具价值.

问题11:两角差的余弦公式有什么特点:

引导学生总结公式的特点:左边是两角差的余弦,右边同名三角函数的积的和.

5.3 巩固应用

例1 利用差角余弦公式求$\cos15°$的值.

引导学生用$15°=45°-30°$,和$15°=60°-45°$两种方法求解.

巩固练习:求值:

(1)$\cos15°\cos105°+\sin15°\sin105°=$_____.

(2)$\cos(\theta+21°)\cos(\theta-24°)+\sin(\theta+21°)\sin(\theta-24°)=$_____.

例2 已知$\sin\alpha=\dfrac{4}{5}$,$\alpha\in(\dfrac{\pi}{2},\pi)$,$\cos\beta=-\dfrac{5}{13}$,$\beta$是第三象限角,求$\cos(\alpha-\beta)$的值.

设计说明:如果学生基础比较好,这两个例题可以让学生独立完成.同时在完成例2后提出,如果去掉$\alpha\in(\dfrac{\pi}{2},\pi)$这一条件,又该怎么办?

5.4 回顾小结

5.4.1 学生小结

引导学生从学到了什么知识、怎么获得这些知识和有什么感悟与体会三方面进行小结.

5.4.2 教师小结

(1)本节课所走过的路：

$$提出问题\begin{cases} \sin(\alpha+\beta)=? \\ \cos(\alpha+\beta)=? \\ \cos(\alpha-\beta)=? \end{cases}$$

$$探究问题\begin{cases} 探求结果\begin{cases}猜想,举反例推翻猜想,并分析猜想不成立原因;\\ 以退求进,从\alpha,\beta,\alpha+\beta都是锐角开始探究;\\ 特殊值验证,确认猜想.\end{cases} \\ 证明结果\begin{cases}观察猜想结果的构成及其结构特征,展开联想;\\ 发现\cos(\alpha-\beta)=\cos\alpha\cos\beta+\sin\alpha\sin\beta和证明思路;\\ 搞清楚\alpha-\beta与相应向量夹角的联系与区别,给出证明.\end{cases} \end{cases}$$

$$仍未解决的问题\begin{cases} \sin(\alpha+\beta)=\sin\alpha\cos\beta+\cos\alpha\sin\beta的证明; \\ \cos(\alpha+\beta)=\cos\alpha\cos\beta-\sin\alpha\sin\beta的证明; \\ \sin(\alpha-\beta)=? \end{cases}$$

(2)两位数学大家的名言很好地概括了本节课的探究思路与学习感悟：

G.波利亚："在你证明一个数学定理之前,你必须猜想到这个定理;在你搞清证明细节之前,你必须猜想出证明的主导思想."

高斯所说："一个人在无结果地深思一个真理后能够用迂回的方法证明它,并且最后找到了它的最简明而又最自然的证法,那是极其令人高兴的.""假如别人和我一样深刻和持续地思考数学真理,他会作出同样的发现."衷心祝愿大家通过数学学习变得更加聪明、更加富有创造力.

设计意图：让学生对探究的过程与思路、方法有一个清晰的认识,进一步达到"教思维"的目的.

5.5 课外作业

(1)根据自己的情况选做教材习题第2,3,4题中两题.

(2)试自主探究公式$C_{\alpha+\beta},S_{\alpha+\beta},S_{\alpha+\beta}$并加以证明.

(3)(选做题)课本第138页习题B组第4题.

找准难点 用好难点 发展思维*
——评"两角差的余弦公式"教学

两角差的余弦公式是本章的基础和出发点.上好这节课很不容易,因为在教学处理上面临三个难点:一是怎样想到先研究这个公式;二是怎样猜想、发现这个公式;三是怎样证明这个公式.但胡小莉老师很好地突破了这些难点.我感觉,这节课有如下五个特点.

1 教学目标定位高、立意新

人不是一生下来就聪明的,而是通过不断教育变得聪明起来.数学是思维的体操,数学教育应该在促进学生思维发展方面承担更多的责任.本节课以两角差余弦公式的探究为载体,以培养和发展学生的思维为教学的着力点,进行了精心的、富有创意的设计.具体表现在:(1)紧紧抓住思维的"关键点"来"教思维".既重视问题提出的自然性与合理性,也重视问题解决的自然性与合理性.(2)教学重心前移.强化了公式的发现和证明的过程.整节课四分之三左右的时间用于问题的提出、猜想的发现、证明思路的探讨.(3)强化了学生对数学思想方法和思维方法的感悟.教学中,教师在公式证明后和课堂小结时两次引导学生对探究的思路和方法进行总结.(4)针对通常作业中存在的模仿性太强,而创新性不足的问题,教师将通常的单纯做课后习题改为探究性、创新性作业,包括两角和余弦公式证明的探究、两角和与差正弦公式证明的探究,真正体现了学生自主探究知识、构建知识的教学理念.作业分层次,并给学生一定的自主选择的空间,体现了让不同的学生学不同的数学、得到不同的发展的理念.(5)借用名家名言对学生进行数学精神和数学文化的熏陶,激发学生探究和创新的积极性.

---

* 这部分内容发表在《中小学数学》(高中版)2009年第7-8期,是对前面胡小莉老师示范课所做的点评.

2 教学设计遵循教材、超越教材

本节课在遵循教材总的设计思路、框架的前提下,在一些具体的细节上做了调整.遵循教材体现在:一是学习的内容、要求没有变;二是探究的整个框架没有变,第一步是猜想结果,第二步是证明结果,并且猜想和证明的思路也没有变.超越教材体现在:一是问题的引入做了调整.教材由实际问题引入,显得有些生硬,并且离本节课的主题较远,学生理解起来比较吃力、费时,而教师改成由诱导公式直接引出,显得自然、干脆.二是研究和思维的切入点做了调整.教材直接提出两角差的余弦公式问题,回避了为什么要先研究这个问题、怎样想到先研究这个问题,而教师处理是先探究得出两角和的正弦余弦公式,在正弦公式证明思维受阻、余弦公式与向量数量积公式相近的情况下,自然地发现两角差的余弦公式.三是在对简单情况进行讨论得出猜想的细节上做了改进.教材是作角 $\alpha, \beta, \alpha-\beta$,但教师在处理时是作角 $\alpha, \beta, \alpha+\beta$,从而使得探究的思路更加自然、更贴近学生的原有知识结构.四是根据学生的实际水平,对课外作业做了调整和补充.

3 数学思维展开如高山流水,自然、流畅

本节课教师在问题的提出、解决、拓展等方面都十分注意这一点.教师紧紧抓住思维的"关键点",非常重视引导和帮助学生搞清楚"为什么"和"怎样想到"这两方面的问题:如为什么要研究这个问题,用怎样的思路和方法研究这个问题,如何用特殊值推翻初步猜想,怎样想到在角都是锐角的情况下放在直角三角形中讨论,怎样想到要作这样的辅助线,怎样观察与联想,怎样想到用向量的数量积公式证明猜想,如何完善证明的思路与方法,怎样拓展问题,等等.整个课教师真正做到了让数学思维在教学中自然地流淌,达到了有效"教思维"的目的.

4 探究过程真实、自然,师生互动充分

学生在教师的指导、帮助下,自己提出接近研究水平的真实问题,再用接近研究水平的方式进行探究.这突出表现在:一是关注问题的提出和解决的自然性与合

理性,采用了课堂随机生成、自然进入的方式先解决两角差的余弦公式,力求还原真实的、曲折的探究过程,再现了科学研究中经常遇到的"有心栽花花不开,无心插柳柳成荫"的现象;二是在搞清楚探究和解决问题的大框架、证明的主导思想的前提下进行探究,避免了探究的盲目性,同时有助于学生思维的发展;三是在整个探索过程中充分体现了"证明与反驳"的思想:提出初步猜想—举反例反驳—再次提出新的猜想—取任意角验证—给出严格的逻辑证明—得到数学公式.课堂上,教师注意保证学生思考、讨论的时间,让学生充分表达自己的观点、看法、思路与感悟,真正做到了学生在教师的指导下自主探究、建构知识.另外,教师力求通过波利亚、高斯等大家的名言,来强化一般性的探究的思路与方法,激发学生探究的欲望,增强他们探究的信心.

5 有效地利用了难点,突破了难点,突出了重点

教师教学时不仅把着力点放在猜想提出和猜想证明思路的寻找上,并且围绕学生的思维难点进行了有效的指导,达到了利用难点、突破难点、突出重点、发展思维的目的.例如,在发现猜想遇到困难的时候,指导学生以退为进,从简单的、特殊的情况开始探究;在对角为锐角的情形进行讨论时,指导学生化陌生为熟悉,把角放在直角三角形中,并用"割补法"求出两角和正弦、余弦的三角函数线;在已经得到探求结果的情况下,指导学生通过观察表达式的组成及其结构特征,联想到单位圆上点的坐标、向量的数量积公式,进而转化为向量问题加以解决;在证明思路初步基本明确但不够清晰、完整的情况下,指导学生搞清楚两角差与相应向量的夹角的联系与区别,进而给出严格的证明.另外,为了使课堂上的生成更自然,过程更充分,并有效地突破难点,教师把重要的探究过程、推理过程都在黑板上板书,而不是用多媒体播放.

总之,本节课教学定位清晰合理,数学思维自然流畅,学生探究真实自然,学习效果优质高效,是一节亮点纷呈、高品质、高效益的数学课,值得大家很好地学习和研究.

"合情推理"(第一课时)教学设计*

1 教学目标

知识与技能目标:

理解归纳推理的概念,了解归纳推理的作用,掌握归纳推理的一般步骤,会利用归纳进行一些简单的归纳推理.

过程与方法目标:

学生通过积极主动地参与课堂活动,经历归纳推理概念的获得过程,了解归纳推理的涵义;通过欣赏一些伟大猜想的产生过程,体会并认识利用归纳推理能猜测和发现一些新事实、得出新结论;能初步掌握归纳推理的一般步骤;通过具体解题,进一步感受归纳推理的优缺点及其使用方法.

情感态度与价值观目标:

学生乐于主动探究、积极思考,欣赏合情推理的价值,认识到"大胆猜想、小心求证"的重要性,并受到数学文化、数学精神的熏陶.

2 教学重点与难点

重点: 归纳推理的涵义与作用.

难点: 利用归纳法进行简单的合情推理.

3 教学过程

3.1 创设情境,引出课题

教师:某市为了解本市的高中生数学学习状态,对四所学校做了一个问卷调

---

* 这部分内容发表在《数学通报》2010 年第 7 期.此课例曾获 2008 年全国高中数学优秀课评比一等奖,并在 2009 年河南省高二数学跟进培训会上展示,作者是浙江省天台中学洪琼老师,本书作者参与了讨论.

查,其中有两个问题的统计数据如下:

某市高中数学学习状态问卷调查	对数学的印象		数学学习的目的	
	生动活泼	严肃枯燥	发现问题	解决问题
甲学校	19%	71%	11%	89%
乙学校	7%	75%	23%	77%
丙学校	16%	64%	21%	79%
丁学校	25%	53%	16%	84%

根据这四所学校的情况,你能推测全市高中生对数学的印象吗?

设计意图:既为归纳推理概念的形成埋下伏笔,也为学生数学观、数学学习观的转变埋下伏笔.

学生:谈自己的认识与体会(绝大多数表示接受和认可表中的数据).

教师:你是用怎样的方式得出结论的?这个结论一定正确吗?

师生:得出推理的概念:由已知判断(前提)新的判断(结论).

教师:显示少年侦探柯南、埃及金字塔、医生诊断病人的症状、中央气象台天气预报等4张图片,说明推理在现实生活中是到处存在的.

设计意图:推理在生活中大量存在,需要从数学上做深入的研究.

3.2 顺其自然,解决问题

3.2.1 由实例归纳出归纳推理的概念

教师:请仔细分析、比较下列推理,说出其推理的方式与特点.

(1)由铜、铁、铝、金、银等金属都能导电,猜想一切金属都能导电.

(2)由三角形内角和为180°,凸四边形内角和为360°,凸五边形内角和为540°,猜想凸n边形内角和为$(n-2)\cdot 180°$.

(3)地球上有生命,而火星具有一些与地球类似的特征,猜想火星上也有生命.

(4)因为所有人都会死,苏格拉底是人,所以苏格拉底也会死.

设计意图:让学生通过直观感知、观察分析、归纳类比对推理做出合理分类,并抽象概括出合情推理和归纳推理的概念,经历由浅入深、由易到难、由特殊到一般的思维过程.

教师:给你们一列数,第一个数是2,第二个数是4,第三个数是6,第四个数会是什么呢?

教师:集中显示下列4个推理,请学生归纳其特点,并得到归纳推理的概念.

铜能导电
铝能导电 } ⇒ 一切金属都能导电;
金能导电
银能导电

甲、乙、丙、丁
4所高中学生
普遍认为数学
是严肃枯燥的 } ⇒ { 全市高中学生普遍认为数学是严肃枯燥的

三角形内角和为180°
四边形内角和为360° } ⇒ { n 边形内角和为 $(n-2)\cdot 180°$;
五边形内角和为540°

第1个数是2
第2个数是4 } ⇒ 第 n 个数是 $2n$
第3个数是6

学生：得出归纳推理的概念,明确归纳推理的特点.

教师：你能举出生活中和学习中归纳推理的例子吗？

3.2.2 进一步认识归纳推理

教师：介绍浙江省地图着色问题,再现四色猜想产生与探究的过程;再介绍相关历史,如1852年英国人弗南西斯·格思里为地图着色时发现了四色猜想,1976年美国数学家阿佩尔与哈肯在两台计算机上用了1200个小时完成了四色猜想的证明,等.

教师：观察下列等式：3+7=10,3+17=20,13+17=30,…,你能从中发现什么规律？

如果换一种写法呢？

10=3+7,20=3+17,30=13+17,…

教师：大家能验证"偶数=奇质数+奇质数"对任何大于4的偶数成立吗？

师生互动：当正偶数比较小时,由学生直接验证,然后再由学生任意提出一些比较大的偶数,教师借助计算机软件马上把它分解为2个质数之和.

教师：介绍哥德巴赫猜想,并用式子表示;然后再介绍陈景润和陈氏定理.

3.2.3 进一步感受和体会归纳推理的魅力与价值

教师：把全班学生分成两组,一组举出生活中用归纳推理发现结论的例子,另一组举出科学研究中用归纳推理发现结论的例子.

教师：在学生举例的基础上,再举牛顿发现万有引力,门捷列夫发现元素周期律,植物的向光性等例子,并指出：应用归纳推理可以发现新事实,获得新结论;归纳推理是科学发现的重要途径.

3.2.4 归纳出归纳推理的一般步骤及其注意点

师生：归纳推理的一般步骤：(1)观察分析；(2)发现规律；(3)检验猜想.

教师：归纳推理得到的结论是否一定可靠？为什么？

教师：介绍费马猜想：

(1)已知$2^{2^1}+1, 2^{2^2}+1, 2^{2^3}+1, 2^{2^4}+1$都是质数,运用归纳推理你能得出什么样的结论？

(2)半个世纪后欧拉发现,$2^{2^5}+1=4294967297=641×6700417$,说明了什么？

(3)后来人们又发现$2^{2^6}+1, 2^{2^7}+1, 2^{2^8}+1$都是合数,你们又有什么样的想法？

教师：这是一个"猜想—验证—再猜想"的过程,科学发现需要把大胆猜想与小心求证有效地结合在一起.

3.3 运用巩固,形成能力

例 已知数列$\{a_n\}$的首项$a_1=1$,且有$a_{n+1}=\dfrac{a_n}{a_n+1}$,

(1)请用直接推理和归纳推理两种方法分别求这个数列的通项公式,并仔细比较这两种方法的优缺点；

(2)记$S_n=\dfrac{1}{a_1^3}+\dfrac{1}{a_2^3}+\dfrac{1}{a_3^3}+\cdots+\dfrac{1}{a_n^3}$,试求$S_n$.

设计意图：第(1)小题要求学生用归纳推理和演绎推理2种方法解决,并比较这2种方法的优缺点；第(2)小题重在让学生感受归纳推理发现新事实、提供研究方向上的价值,并增强学生用归纳推理解决问题的意识和能力.

练习 任取两条平行直线l_1, l_2,在l_1上取三个点依次记作A_1, B_1, C_1,在l_2上任取三个点依次记作A_2, B_2, C_2.连接A_1B_2, A_2B_1,记交点为P;连接A_1C_2, A_2C_1,记交点为Q;连接B_1C_2, B_2C_1,记交点为H,你能发现什么规律？

设计意图：为学生提供一个真实的、开放的数学问题,让学生进一步感受数学美和发现规律的喜悦,同时认识到只要做个有心人,发现规律并非难事.

3.4 回顾总结,提升认识

教师：请从知识、方法、思维三方面谈本节课的收获.

教师：请谈谈本节课的学习体会与心理感受.

教师：合情推理是地球上最美丽的思维花朵之一.

3.5 拓展延伸,继续提高

(1)书面作业：课本第93页A组第1,2,3题.

(2)选做作业：

下列三角阵，从上往下数，第1次全行的数都为1的是第1行，第2次全行的数为1的是第3行，…，第n次全行的数都为1的是第____行；第61行中1的个数是____.

    第1行   1 1
    第2行   1 0 1
    第3行   1 1 1 1
    第4行 1 0 0 0 1
    第5行 1 1 0 0 1 1
     …   …

追求卓越高效的数学教学*
——评"合情推理"教学设计

一位小学女生告诉我:我语文不错,数学也很想学好,但数学很难,我觉得自己不是读数学的料.一位高二男生告诉我:我数学成绩还不错,但感觉学数学很枯燥、很疲惫,因此读大学一定要读远离数学的专业.一位高中教师告诉我:我和我的学生都很努力,花的时间也比较多,但成绩仍然不理想,老是被校长批评,因此比较苦恼.

这三位教师和学生的话代表了许多教师和学生的心声和苦恼,也向我们提出了严峻的问题:如何让数学学习更加容易、更加有效、更有乐趣?面对理想教育与现实教育的双重压力,数学教学如何做到既卓越又高效?应该说,洪琼老师用实际行动较好地回答了这个问题.我认为这节课有如下七个亮点.

亮点一:对课标和教材理解与把握到位

数学教学教的是数学,因此我们首先必须从数学上理解好教材.首先,为什么原来的大纲和教材没有"推理与证明",而现在要有?我觉得课标和教材单独设置"推理与证明"有两个背景:一是以前我们教的推理是不完整的推理,我们过多地重视了演绎推理,而对合情推理关注和重视不够,而这不利于学生思维能力的全面发展和真正发展,更不利于学生创新思维和创新能力的发展;二是以往的数学教学,无论教师还是学生,从数学方法、数学思维角度看问题的意识比较淡薄,教学中"重术轻道"的现象比较严重.因此教材变分散为集中,变隐性为显性,把"合情推理与演绎推理""直接证明与间接证明"以独立的形式设置,有利于加强数学方法论、数学思维论教学.

---

* 这部分内容由 2009 年河南省高二数学跟进培训会上评课发言改写而成,是对前面洪琼老师所上课的点评,发表在《数学通报》2010 年第 7 期.

其次,我们应该怎样理解本节教材?站在数学教学应该教什么怎样教、数学学习应该学什么怎样学的角度看,它是促进学生的数学观、数学方法观、数学学习观等向积极的、正确的方向发展的极好素材,有助于矫正学生中普遍存在的"数学单调、枯燥、死板,数学远离生活"等不正确的认识.站在数学方法论、数学思维论的角度看,它是"推理与证明"的一个组成部分,是提高学生的理性思维和合情推理能力的极好素材.站在数学知识与技能角度看,它能帮助学生理解和掌握归纳推理的涵义、特点、价值、应用一般步骤等.洪老师很好地把握了课标和教材的编写意图与精神实质,不重在让学生记住归纳推理的概念、特征、步骤,而重在让学生感受合情推理的价值与魅力,增强学生用归纳推理解决问题的意识和能力.

亮点二:对学生现状的分析与把握到位

数学教学的对象是学生.学生已经知道什么、学生需要知道什么、学生需要教师怎样的帮助是教学设计最根本的依据.这节课,洪老师所教学生的学习基础和学习现状如下:(1)学生对推理既熟悉,又陌生.说熟悉,是因为他们无论说话还是办事,时时刻刻都用到推理;说陌生,是因为他们对推理的种类、方法、特点等缺乏清晰的、理性的认识.(2)学生虽然已经有一定的归纳推理的经验和能力,但却往往不能自觉地、有意识地运用归纳推理发现结论、解决问题.(3)学生来自省级重点中学,数学基础比较扎实,接受能力也相对较强.(4)学生的自主学习能力还比较弱,离不开教师的有效指导.学生的学习只能是教师指导下的自主性程度较高的学习.(5)学生的数学观、数学方法观、数学学习观存在较大的偏差.正如课堂之初所显示的数据:近70%的高中生认为数学是严肃枯燥的,80%多的学生认为学数学就是为了解题.洪老师的课紧扣学生的心理、现状、基础与需求,为教学的成功奠定了基础.

亮点三:教学追求既实在实际又有深度高度

目标是行动的指南与方向.教师教学时内心追求什么不仅关系到教学设计,更直接关系到数学课的效率与效益.不过,对教学目标,我们不仅要"听其言",看教师嘴上如何说、纸上如何写,更要"观其行",看他们在课堂上是如何做、如何落实的.对这节课"观其行",我们会发现:就知识与技能目标而言,这节课是讲究实在、实际、实效的课.教师把归纳推理的涵义、特点、步骤与方法、注意点、运用等都讲得很清楚,也注重落实好.归纳推理概念得出后,安排学生举例,及时巩固.教师对教材上的例题进行了补充和强化、选用2007年高考题作为作业的选做题等充分地说明了这一点.就过程与方法目标而言,教师注重归纳推理概念的形成过程与形成方法,以及在怎样的情况下用归纳推理及如何运用归纳推理.就情感与价值观目标而言,教师创设了许多情境、舍得花时间,让学生强烈地感受到归纳推理的力量与价值,欣赏、享受数学思考、探究、发现的乐趣,并受到数学文化、数学精神的良好熏陶.课堂之初教师用大量的推理实例充分展示了数学生动活泼和紧密联系实际的一面;课堂中间用大量的事例浓墨重彩地阐明归纳推理的价值;课堂之尾又注意总结和提升学生的内心感受.

因此这节课的教学目标既实在实际,又有深度高度.洪老师把显性目标与隐性目标、课时目标与课程目标很好地结合在一起,做到了"高立意"与"低起点"的有机结合,知识与技能目标、过程与方法目标、情感态度价值观目标的有机结合.

亮点四:教学过程如行云流水,自然流畅

这具体表现在以下四个方面:

第一,问题的提出不仅自然合理,而且紧扣数学本质.教师一开始就设置了三个问题情境,一是一组问卷调查的统计数据;二是一组生活味浓、学生感兴趣的推理实例;三是一组为归纳出归纳推理概念做铺垫的推理实例.这三个问题情境具有下列四个特点:一是有生活味,能有效地激发学生的学习兴趣;二是有数学味,能揭示体现数学问题的本质;三是简单自然,贴近学生的认知基础,不在情境的理解上设置人为的障碍;四是与后继学习相结合,为后继学习做好铺垫.

教师自然地从生活中提取数学问题,不仅让学生自然地感受到数学与生活的紧密联系,也有助于矫正学生对数学的错误认识,有助于强化学生从数学角度研究和思考日常生活现象的意识.

第二,概念建立的过程自然合理,符合数学概念学习的一般认知规律.教师从大量的具体例子出发,通过辨析、归类,找出具有共同特点的推理方式,再分析、总结这些推理方式的特征,得出归纳推理的概念.其心理过程为:基于对具体事物正反两方面的辨析,通过比较分析,找出它们共同的属性,再通过抽象推广到一般同类事物,概括形成概念.

在教师所举的六个例子中,有四个是归纳推理,有两个不是.洪老师把四个归

纳推理的例子集中在一起展示,强化了归纳推理由部分到整体、由个别到一般的特征,抓住了思维的关键点和探究的难点,做得非常好.

另外,这里还有两点值得注意:一是教师没有马上用教材上的哥德巴赫猜想、费马定理、四色猜想等作为例子,为什么?因为这些例子尽管学生很感兴趣,但学生不熟悉,会增加学生理解的难度,分散学生的注意力,不利于归纳推理概念的得出和理解.二是教材把金属能导电作为归纳推理的例子加以使用,而教师处理时,把这些例子前移.为什么?因为数学是模式的科学,数学概念研究的是一类对象,而不是一个对象,因此这样处理更有利于学生自然地得出归纳推理的概念,从而更深刻地认识归纳推理.

第三,问题的拓展自然而合理.在得到归纳推理的概念后,教师及时引导学生感受其魅力与价值.先后再现了哥德巴赫猜想、四色猜想的发现过程,指出了万有引力、植物的向光性、元素周期律等都是利用归纳推理发现的,从而使学生强烈地感受到归纳推理是科学发现的重要工具.

在学生学习归纳推理的积极性得到充分调动的基础上,教师又设法深化学生对合情推理的认识,及时介绍了费马猜想及其变化与发展的情况,让学生经历了"猜想—检验—再猜想—再检验"的过程,感受什么是真正的科学探究与发现.同时这个过程也让学生更加清楚地认识到:合情推理是冒险的、有争议的和暂时的.因此这个环节安排得非常好,既让学生认识到归纳推理的局限性及其产生错误的原因(结论的范围超出了前提的范围,逻辑上犯了以偏概全的错误),又让学生认识到举反例是发现错误、证明命题是假命题的好方法.

第四,及时巩固,促进知识向技能转化.在学生对归纳推理已经有较全面认识的基础上,教师及时引导学生运用归纳推理,以便提高他们运用归纳推理解决问题的意识和能力.为了更好地实现此目标,教师对教材做了两个小调整:一是对例1的第(1)小题要求学生用直接推理和归纳推理两种方法求解,并让学生自己去比较、体会归纳推理的优点和不足. 二是补充了能有效提高学生运用归纳推理意识与能力的第(2)小题.

第五,课堂结构合理、环环紧扣.这节课教师先是从整体和数学学科高度入手,再在局部研究探讨问题,最后回归整体,整节课是按整体—局部—整体展开,思维主线、知识主线清晰,整体性、综合性、层次性强.教学有如行云流水,既大气精彩,又自然合理,从而使教学目标的落实有了可靠的载体与途径,也使三维目标的达成"你中有我,我中有你",既相互融合,又相互促进.

亮点五：学生自主性、探究性程度高，思维活跃

学之道在于"悟"，教之道在于"度"．这节课教师一方面在学生学习方向、方法、策略、注意点等方面给予了有效而恰到好处的指导；另一方面，学生自己能做的让学生自己做，学生自己能说的让学生自己说，教师不越俎代庖．如归纳推理的概念不是教师简单地归纳、呈现出来的，而是学生自己在教师创设的情境中通过归纳、总结得到的，概念的形成过程是学生再发现、再创造的过程．在这个过程中，教师主导与学生主体得到了完美的结合，指导中有发现，发现中有指导；既符合学生的认知基础和认知规律，也有助于学生能力与思维的发展．

另外，教师让学生举出生活和学习中运用归纳推理的例子，自己在具体的情境中感悟归纳推理的意义、价值及其局限性，归纳总结归纳推理的一般步骤，自己探究发现例题的解决方法等，都充分体现了学生学习的自主性与探究性．课后学生一致认为，这节课不仅师生交流、生生交流比较充分，而且学生的思维空间、自主空间、探究空间大，学习充满自主与探究的乐趣．

亮点六：教师用教材教的意识与能力强、效果好

这节课教师既基于教材但又不拘泥于教材．基于教材体现在教师尊重教材的精神、总体框架、整体安排，不拘泥于教材体现在教师根据教学和学生的实际对教材进行调整、补充．这节课中，课堂引入、问题情境的创设、归纳推理概念的导出、归纳推理价值的欣赏、例题、课内练习、课后作业等教学的每一个环节教师都根据学生的实际对教材进行了二次开发．可以说，正是教师深刻理解教材基础上的创造性地使用教材，才使整个教学过程变得更加自然、更加合理，情境和探究也更加真实；正是教师独具匠心的教学处理和教学艺术，才使课堂教学精彩纷呈、高潮迭起．

亮点七：教师精益求精，教学细节处理细腻、到位

洪老师的教态亲切自然、亲和力强，语言表达力、感染力强．课堂上师生交流自然、充分．教学中，教师精益求精．除前面所述的一些细节和处理外，教师介绍哥德巴

赫猜想时,采用表达式"$2n=p_1+p_2,2n=p_1+p_2p_3$",使学生对哥德巴赫猜想和陈氏定理的具体涵义有更形象、更直观的认识.介绍四色定理时,在对河南地图、中国地图、世界地图的着色中提出猜想,然后再介绍四色猜想如何变成四色定理,整个过程自然流畅,过程性、生成性强.

最后的课堂小结,先由学生自己进行,然后教师做画龙点睛式的总结,达到了回顾、梳理、提高之目的.在作业的设计上,教师也颇费心思.这节课的作业既有重在知识与技能巩固的常规作业,也有着眼于学生素养提高的实习性作业;既有面向全体学生的作为基础的共同作业,也有尊重学生个体差异、面向部分学生的选择性作业,此外,教师对黑板、多媒体、计算机的使用恰到好处.

这节课中重要的知识点和关键点,教师在黑板上书写,而对需要展示的图片、题目本身等则借助于多媒体,教师较好地利用了黑板和多媒体的长处而避免了它们的短处.更难能可贵的是,教师设计了把大于4的偶数分解成两个素数之和的软件,由学生任意取正偶数进行验证,使计算机成为学生探究数学结论的有效工具.对数学文化和数学精神,在教学中也落到实处.

这节课不但很好地渗透了数学观、数学方法观、数学文化、数学精神的教学,而且能够和知识与技能、过程与方法教学有效地结合在一起.学生在整节课中都处于兴奋、陶醉之中,心灵受到触动,甚至震撼,学生强烈地感觉到原来数学是如此的有趣、如此的好玩,原来归纳推理是如此的有用,进而矫正学生的数学观和数学学习观,养成"大胆猜想、小心求证"的科学态度.课堂中学生的表情、学生课堂小结和课后所谈的对这节课的看法,都充分说明了学生不仅在课堂上心理的感觉是快乐的、愉悦的,而且对数学、数学的价值、数学的精神等有了新的认识.

当然,课堂教学是遗憾的艺术,每节课的功能与价值也是有限的.在这节课中,推理、归纳推理概念的得出过程如何进一步强化,学生的活动如何更加充分,值得我们继续努力;例1第(1)小题的教学可进一步深化,如教师可引导学生思考$a_n=\dfrac{1}{n}$的结论是否一定可靠,以及$a_n=\dfrac{1}{n}$成立与$a_{n+1}=\dfrac{1}{n+1}$成立的关系等,为后面数学归纳法的学习埋下伏笔.(当然,这里教师对这些问题应该引而不发,让学生带着问题回去)

"数学归纳法"教学设计*

1　内容和内容解析

数学归纳法是一种重要的数学思想方法,是证明与正整数$n(n$取无限个值)有关命题的重要工具.数学归纳法的理论依据是归纳公理(即设M是正整数的一个子集,且它具有下列性质:①$1 \in \mathbf{M}$;②若$k \in \mathbf{M}$,则$k+1 \in \mathbf{M}$.那么M是全体正整数的集合)和最小数原理(即自然数集的任何非空子集必有一个最小数),其实质是把具有共同特征的、无限重复的递推过程$P(n_0)$真$\Rightarrow P(n_0+1)$真$\Rightarrow P(n_0+2)$真$\Rightarrow \cdots$用具有高度代表性、概括性$P(k)$真$\Rightarrow P(k+1)$真$(k \geq n_0, k \in \mathbf{Z})$来代替,其核心与关键是如何利用归纳假设和递推关系.

数学归纳法是以归纳为基础、以演绎为手段证明结论的一种方法,是归纳法与演绎法的完美结合.这也许是数学归纳法不是归纳法但又叫"数学归纳法"的原因.

2　学生认知基础分析

2.1　学生已有的经验和基础

(1)学生已有数学归纳法的萌芽和相关经验.虽然学生没有正式学过数学归纳法,但小学的数数、找一列数的规律,高中等差数列和等比数列通项公式的推导过程等等,都蕴含着数学归纳法的萌芽和基础.(2)学生已经有用具有代表性的元素来代替任意的、无穷多的元素的经验.如在线面垂直的定义和证明中,用"平面内任意一条直线"来代表"平面内所有直线";在讨论函数奇偶性时,用定义域内任意数x来代表定义域内的所有数.(3)学生具有学习数学归纳法的心理需求,如学生希望证明通过归纳推理得到的与正整数有关的命题.

2.2　学生可能遇到的问题与困难

(1)对数学归纳法产生源头及其所要证明的问题的特征理解不到位.(2)形成和

---

* 这部分内容发表在《中小学数学》(高中版)2009年第10期.

得到数学归纳法原理时,如何把无穷的不断重复的递推过程用有限的、一般性的步骤来代替学生会有困难.(3)对数学归纳法第二个步骤的作用,尤其是为什么可以根据归纳假设进行证明、如何利用归纳假设进行证明,学生往往难以理解.(4)由于数学思想的形成需要经历萌芽期、明朗期、成熟期,因此学生难以在一节课或几节课内深刻理解数学归纳法的精神实质.(5)学生初学数学归纳法时容易把注意力集中到第二步归纳推理上,而对第一步归纳奠基重视不够.

教学设计时,要基于学生已有的、模糊的数学归纳法的萌芽,充分考虑学生可能会遇到的困难,通过强化数学归纳法思想的形成过程,揭示数学归纳法的本质来突破难点.

3 目标和目标解析

(1) 经历与感受数学归纳法原理发现和提出的过程,体会其中蕴含的化无限问题为有限问题的思路与方法.因为用有限的、一般性的步骤来代替无限的逐个检验是思维方法上的创新与突破,因此数学归纳法的发现和完善是发展学生思维的极好材料.又因为数学思想方法难以通过传授和灌输来掌握,因此教学时应重在让学生在具体的情境中,亲身感悟、慢慢感悟、深刻感悟,而切不可操之过急.

(2)理解数学归纳法原理及其本质,掌握它的基本步骤与方法.能较好地理解"归纳奠基"和"归纳递推",两者缺一不可,尤其是归纳假设在证明中的地位和作用;能体会到数学归纳法的实质和核心是递推.

(3)能利用数学归纳法证明简单的、蕴含着递推关系的、与正整数有关的命题;能把数学归纳法与观察、归纳、演绎等其他思维方法结合在一起加以使用.

为实现以上目标,教学设计要基于数学归纳法的源头,基于学生头脑中蕴含的数学归纳法的萌芽,让学生在教师的指导下自己发现、归纳出数学归纳法,并不断完善和深化,以达到知识、能力、思维、情感教学相互渗透、相互促进之目的.

4 教学过程设计

4.1 设计问题,以旧引新

问题1:一只口袋中有许多球,第一个取出的是白球,第二个、第三个取出了也是白球,你能肯定这只口袋的球都是白球吗?为什么?

设计意图:让学生认识到第一次取出、第二次取出、第三次取出,以及后面的取出之间没有逻辑的、必然的联系.

问题2:等差数列$\{a_n\}$通项公式的推导:
$$a_2=a_1+d,$$
$$a_3=a_2+d=(a_1+d)+d=a_1+2d,$$
$$a_4=a_3+d=(a_1+2d)+d=a_1+3d,$$
$$\cdots$$
$$a_n=a_{n-1}+d=a_1+(n-1)d. \qquad (*)$$

你能确认(*)式成立吗?为什么?根据是什么?

设计意图:让学生通过讨论认识和感受到由于$a_n-a_{n-1}=d$,因此前一项结论成立必然有下一项结论成立,达到在认知上为学生形成数学归纳法奠基的目的.

问题3:前面学习归纳推理时,有一个问题没有彻底解决,即对于数列$\{a_n\}$,已知$a_1=1$,$a_{n+1}=\dfrac{a_n}{1+a_n}$($n=1,2,3,\cdots$),通过对$n=1,2,3,4$前四项的归纳,猜想出其通项公式$a_n=\dfrac{1}{n}$,但却没有进一步的检验和证明.

(1)你能肯定这个结论成立吗?为什么?

设计意图:问题2学生可能会觉得已经圆满解决,但问题3却能使学生真切、强烈地感受到证明和确认的必要,从而激发学生探究的欲望.但学生对问题3的理解会有两种情况:一是学生仅仅根据前4项的情况猜想出结果,这种猜想类似于前面摸球得到的猜想,有一定的道理但缺乏足够的依据;二是学生已经发现第1项与第2项、第2项与第3项、第3项与第4项之间内在的联系,即上一项结论成立必然导致下一项结论成立.这是两种不同的思维水平,教学时要引导学生从变化的角度、联系的角度思考问题,并根据学生的实际调整下面的教学.如果多数学生都已清楚第n项与第$n+1$项之间内在的联系,那下面的第(2)个小问题可以不要.

(2)如果对第5项,第6项,第7项继续验证,那情况会怎样?如果$a_{100}=\dfrac{1}{100}$,那么是否有$a_{101}=\dfrac{1}{101}$?

设计意图:让学生切身感受到,由于正整数有无限多个,因此要证明关于全体正整数的命题,如果靠一个接一个验证下去,那永远无法完成.同时让学生在反复验证的过程中发现第n项与第$n+1$项之间内在的联系,为下面的归纳、抽象做好铺垫.

(3)你能证明这个猜想成立吗?你是否认为上面的验证过程可以无限地进行下去?如果可以,你能否用更一般的形式来表示?或者,更一般地,我们能否把这个无限的问题转化为有限的问题加以解决呢?

设计意图:通过讨论,让学生明确以上持续不断的验证过程的实质就是P(1)真⇒P(2)真⇒P(3)真⇒P(4)真⇒P(5)真⇒…或者,更一般地,如果 $a_k=\frac{1}{k}$,那么 $a_{k+1}=\frac{a_k}{1+a_k}=\frac{\frac{1}{k}}{1+\frac{1}{k}}=\frac{1}{k+1}$.也就是说,如果猜想 $a_n=\frac{1}{n}$ 当 $n=k$ 时成立,那么 $n=k+1$ 时也成立,即 $P(k)$ 真⇒$P(k+1)$ 真,进而猜想对所有的正整数都成立.

4.2 明确思想,提炼方法

问题4:大家玩过多米诺骨牌游戏吗?这个游戏有怎样的规划?(多媒体演示多米诺骨牌游戏)

师生共同讨论,明确多米诺骨牌游戏规则:码放时保证任意相邻的两块骨牌,若前一块骨牌倒下,则一定导致后一块骨牌倒下.只要推倒第一块骨牌,就必然导致第二块骨牌倒下;而第二块骨牌倒下,就必然导致第三块骨牌倒下……最后,不论有多少块骨牌都能全部倒下.

问题5:问题2、问题3、问题4有什么共同的特征?其推理方式又有什么共同特征?我们能由此总结出证明某类问题的推理方式吗?

预设:通过学生讨论,达成以下共识:

(1)问题的特征:P(1)真⇒P(2)真⇒P(3)真⇒P(4)真⇒P(5)真⇒…

其实质是当 $k\geq n_0, k\in \mathbf{N}^*$ 时,$P(k)$ 真必有 $P(k+1)$ 真.

说明:如果学生对上面递推过程的实质理解有偏差,则师生共同讨论,回顾以下事例.(学生可能提出更多的事例)

直线与平面垂直⇔直线与平面内所有的直线都垂直⇔直线与平面内任一条直线垂直;

$f(x)$ 是偶函数⇔对定义域内的任意一个 x,都有 $f(-x)=f(x)$;

(2)结论成立的条件:结论对第一个值成立;结论对前一个值成立,则对紧接着的下一个值也成立.

(3)递推公式 $a_n-a_{n-1}=d$,$a_{n+1}=\frac{a_n}{1+a_n}$ 保证了"结论对前一个值成立,则对紧接着的

下一个值也成立".

设计意图:从学生已有的经验和认知结构中寻找新知识的固着点和生长点,在新旧知识之间建立非人为的、实质性的联系,以求有效地突破难点,并加深学生对数学归纳法原理形成过程与方法的理解.同时让学生认识到数学归纳法是"水到渠成、浑然天成的产物"(人教A版主编寄语).

问题6:你认为前面得出的结论:$a_n=a_1+(n-1)d$,$a_n=\dfrac{1}{n}$,以及所有的多米诺骨牌都会倒下等,是否都正确?如果是,你能否由此归纳、总结、提炼出证明与自然数有关命题的方法与步骤?

预设:通过学生讨论,得出以下结论:

一般地,如果一个与自然数n有关的命题$p(n)$满足以下两个条件:

(1)当n取第一个值n_0时命题成立;

(2)由$n=k(k\geq n_0,k\in \mathbf{N}^*)$时命题成立,必有$n=k+1$时命题也成立.

由上,可以断定命题$p(n)$对从n_0开始的所有正整数n都成立.

问题7:上面两个条件分别起怎样的作用?它们之间有怎样的关系?我们能否去掉其中的一个?你能举反例说明吗?

在上述两个条件中,第一个条件是归纳递推的前提和基础,没有它,后面的递推将无从谈起;第二个步骤是核心和关键,是实现无限问题向有限问题转化的桥梁与纽带.如在前面的问题1中,如果a_1不是1,而是2,那么就不可能得出$a_n=\dfrac{1}{n}$,因此第一步看似简单,但却是不可缺少的.而第二步显然更加不可缺少.这一点在多米诺骨牌游戏中也可清楚地看出.

问题8:在实际证明过程中,我们是否已经确认$n=k$时命题成立?

设计意图:这里是学生理解数学归纳法的难点之一,需要教师提醒学生注意,并做出明确的、合理的解释.因为在证明结论之前,还不知道$n=k$时结论是否成立,因此只能是假设成立.同时为了使这个假设有一定的基础,因此这里要求$k\geq n_0$,$k\in \mathbf{N}^*$.

由上,证明一个与自然数n有关的命题,可按下列步骤进行:

(1)证明当n取第一个值$n_0(n\in \mathbf{N}^*)$时命题成立;

(2)假设$n=k(k\geq n_0,k\in \mathbf{N}^*)$时命题成立,证明当$n=k+1$时命题也成立.

由上两个步骤,可以断定命题$p(n)$对从n_0开始的所有正整数n都成立.

这种证明方法叫作数学归纳法,它是证明与正整数n(n取无限多个值)有关、具有内在递推关系的数学命题的重要工具.

4.3 巩固应用,形成技能

例1:用数学归纳法证明
$$1^2+2^2+\cdots+n^2=\frac{n(n+1)(2n+1)}{6}(n\in\mathbf{N}^*).$$

设计意图:考虑到本节课是数学归纳法的第一课时,因此在例题的选择与安排上不人为拔高,避免学生分散精力,影响重点、难点的掌握和落实.在解题的技能与方法方面,重在提醒学生进行解题反思,加强解题感悟,如搞清楚利用数学归纳法证明的前提是命题不仅是与正整数有关,而且命题$k=n$与$k=n+1$存在内在的递推关系,关键是如何合理地利用归纳假设,注意点是书写和表述规范.

4.4 回顾总结,促进迁移

(1)本节课学到了什么?

(2)这些知识是怎样得出的?

(3)你有什么体会与感悟?

4.5 检测成效,反馈矫正

(1)用数学归纳法证明:

①当n为正整数时,$1+3+5+\cdots+(2n-1)=n^2$;

②$1+2+2^2+\cdots+2^{n-1}=2^n-1$.

(2)已知数列$\frac{1}{1\times 2},\frac{1}{2\times 3},\frac{1}{3\times 4},\cdots,\frac{1}{n(n+1)},\cdots$,计算$S_1,S_2,S_3$,由此推测计算$S_n$的公式,并给出证明.

5 教学设计特点分析

5.1 基于数学归纳法的源头与本质,基于学生的原有认知基础,有效地突破难点

(1)任何思想方法都有产生的源头,都要经过萌芽期和明朗期.生物"重演律"告诉我们,生物的个体发育是其系统发育的简单而迅速的重演.人的思维发展、数学概念与思想也是如此.数学教学不应超越萌芽期,直接进入明朗期.否则,学生很难形成有血有肉、牢固深刻的数学思想.数学归纳法的源头在于如何证明由猜想得到的、具有内在规律性和递推关系的与正整数有关的命题,如何把等差数列通项公

式等结论的推导严谨化,如何把模糊的、经验型的证明方法上升理性的、普遍适用的数学方法.而数学归纳法的实质是把具有共同特征的、无限重复的递推过程$P(n_0)$真$\Rightarrow P(n_0+1)$真$\Rightarrow P(n_0+2)$真$\Rightarrow \cdots$用具有高度代表性、概括性$P(k)$真$\Rightarrow P(k+1)$真来代替.我们紧紧抓住这一实质,有效地突破学生理解和运用数学归纳法的难点.

(2)学生头脑中的数学归纳法的"生长点"和"固着点"在于数自然数,找一列数的规律,以及在归纳、分析、推理的基础上得到与正整数有关的结论,如等差数列的通项公式等.教学时注意挖掘学生头脑中相关的、原始的、朴素的、有用的东西,并使之明朗化、清晰化.为了帮助学生突破用有限来代替无限这一思维难点,教学设计时一方面让学生认识到所要解决问题的特征,另一方面从学生已有的用任意一条直线来代替平面内所有直线等经验中寻找启发.

5.2 强化数学归纳法思想的形成过程,使其既有灵魂又有血肉

(1)十分注意用典型例子来支撑抽象的原理.为此注意用好三个例子:一是等差数列通项公式的推导;二是求满足条件$a_1=1$, $a_{n+1}=\dfrac{a_n}{1+a_n}$的数列$\{a_n\}$通项公式的证明;三是多米诺骨牌游戏.具体表现在:一是突出这些例子的共同特征$P(n_0)$真$\Rightarrow P(n_0+1)$真$\Rightarrow P(n_0+2)$真$\Rightarrow \cdots$;二是突出其抽象化、一般化、简单化的过程,即如何用$P(k)$真$\Rightarrow P(k+1)$真$(k \geq n_0, k \in \mathbf{N}^*)$来代替无限的递推过程.

(2)增强学习的探究性.除重视数学归纳法原理的提炼过程外,还把数学归纳法证明两个步骤缺一不可作为数学归纳法探究过程的一部分来处理,而不是作为原理应用注意事项的一部分.

(3)突破学生对归纳假设理解上的难点.阐明为什么是"假设"以及如何利用归纳假设,避免学生机械、盲目地套用数学归纳法.

(4)强化了运用数学归纳法必须同时具备两个条件:一是与正整数n(n取无限多个值)有关的数学命题;二是研究的问题中存在可利用的递推关系.

5.3 注意把握教师引导与学生自主探究的"度"

一方面,教师注意创设富有数学本质的情境、提出问题、提供学生探究的"脚手架";另一方面,教师放手让学生通过探究、讨论,自主建构知识,如三个例子共同特征的概括、用一般化的递推来代替无穷的递推、完整数学归纳法原理的形成都是学生自己在教师的启发下完成的.整个教学做到"接受中有发现,发现中有接受",力求做到课堂教学既"优质"又"高效".

布卢姆认知目标新分类指导下的数学教学设计*
——以"数系的扩充与复数的概念"教学设计为例

布卢姆(Bloom B.S)等人撰写、1956年出版的《教育目标分类学第一分册:认知领域》至少被译成22种文字,对世界教育产生了广泛而深刻的影响.三位课程与教学专家(Anderson L.w, Cruikshank K.A.& Raths J.)、三位教育心理学家(Mayer R.E, Wittrock M.C.& Pintrich P.R.)、两位测量评价专家(Krathwohl D.R.& Airasian P.W.)组成的专家组与有经验的中小学教师合作,历时十年对它进行了修订,于2001年出版了《学习、教学和评估的分类学:布卢姆教育目标分类学修订版》.这个版本与原版本相比,最大变化有三点:一是将元认知知识(也称反省认知知识)作为第四类知识,强化了为高级目标而教、学、评,强化了学生的学习主体地位;二是教学目标由原来的一维框架(知识、领会、应用、分析、综合和评价)变成了采用"知识"(事实、概念、程序、元认识)与"认知过程"(记忆、理解、运用、分析、评价、创造)的二维框架;三是将目标、教学和评估紧密联系起来,强调目标、教学与评估三者之间的内在一致性.

下文探讨L.W.安德森等修订完成的《学习、教学和评估的分类学:布卢姆教育目标分类学修订版》(下面简称为"布卢姆认知目标新分类")对数学教学设计的启示与指导.

1 布卢姆认知目标新分类对数学教学的指导意义

1.1 可以引领学生学习更有价值的知识

现行的数学教学往往注重教给学生更多的事实性知识,而忽视把知识更好地组织起来,教给学生结构更好、质量更高的知识;往往注重教学生如何做并通过重复训练加以强化和巩固,而忽视教给学生做的策略、思路与方法;往往注重学生做

---

* 此文发表在《数学教育学报》2012年第3期,是全国教育科学"十一五"规划2010年度教育部重点课题"中小学数学课程核心内容及其教学的研究"(GOA107010)的研究成果之一.

的结果,而忽视引导学生对如何想到这样做、为什么这样做以及对已经做得怎样的自我评价与自我反思.

布卢姆认知目标新分类把知识分为事实性知识、概念性知识、程序性知识、元认知知识.其中事实性知识是指学生通晓一门学科或解决其中问题所必须知道的基本要素,包括术语知识、具体细节和要素的知识;概念性知识是指能使各部分共同作用的较大结构中的基本成分之间的关系,包括类别或类目的知识、原理与概念的知识、理论模型与结构的知识;程序性知识是指如何做什么,研究方法和运用技能、算法、技术和方法的标准,包括具体学科技能和算法的知识、具体学科技巧与方法的知识、确定何时运用适当程序的标准的知识;元认知知识是指一般认知知识和有关自己的认知的意识和知识,包括策略性知识、关于认知任务的知识、自我知识.

从这个知识分类得到启示:(1)存在不同类型、不同特点的知识,应根据知识的不同类型与特点采用不同的教学策略与教学方法;(2)教与学应该将注意力放在对学生成长与发展更有价值的知识上,放在知识的关键属性上;(3)要根据知识之间的联系与结构,围绕核心概念与核心思想组织事实性知识教学,促进事实性知识向概念性知识发展;(4)要关注和开发事实性知识、概念性知识、程序性知识形成与发展过程中所蕴含的元认知知识,并以前三类知识教学为载体促进学生元认知知识学习,同时又以良好的元认知知识保障和促进前三类知识学习;(5)要用分类观点(指把知识分为四个类别)、整体观点(指注重四个类别知识间的联系与整合)、重点论与两点论辩证统一的观点(指既突出重点知识和知识的重点属性,又兼顾一般知识和知识的其他属性)看待和处理知识,教给学生结构更好、层次更高、价值更大的知识,进而为学生的全面发展和可持续发展服务.

以"数系的扩充与复数的概念"教学设计为例.

如果教师甲认为学生应记住虚数单位、复数、复数集、复数的实部与虚部、复数相等、虚数、纯虚数等术语及概念,而忽视这些概念间的联系,他把教学的着力点放在相对分散的、孤立的、抽象与思维水平比较低的知识上,那么他关注的是事实性知识.由于这些知识没有形成统一的、有机的整体,因此它们既难以记忆与保持,更难以迁移和运用.

如果教师乙认为应该在数概念发展的大背景下,以复数概念为核心组织上述相关概念的教学,让学生理解数系扩充的主要原因,搞清楚复数集、实数集、虚数集、纯虚数集之间的关系,他把教学的着力点放在揭示知识间的联系,帮助学生掌握理解基础上的、有着良好组织与结构的知识,那么他关注的是概念性知识.这些知识相对于事实性知识,更利于记忆与保持.

如果教师丙认为学生应该掌握求所给复数的实部与虚部的技能与方法,判断一个数是不是实数、虚数、纯虚数的技能与方法,理解新数系中的加法运算、乘法运算与扩充前数系中的加法运算、乘法运算协调一致,新数系中加法和乘法都满足交换律,乘法对加法满足分配律,他把教学的着力点放在揭示数系扩充的主要原因和基本方法上,让学生以研究复数概念(包括自主建构虚数单位、复数集、复数实部与虚部、虚数、纯虚数等相关概念,对复数进行分类)为载体学会研究数学对象的基本方法,那么他关注的是程序性知识.

如果教师丁认为学生应该在达到教师丙要求的基础上,搞清楚为什么要扩充数系、如何扩充数系等问题,能把由实数系扩充到复数系的基本策略与基本方法(如通过回顾数的发展史寻求启发和突破;通过类比实数概念建立方法、实数分类方法等建立复数概念并对复数进行分类)上升到思维策略或认知策略的高度,能感受到引入虚数的难点在于根深蒂固的思维定势和习惯心理,能感悟数系扩充过程中所蕴含的真善美、曲折与艰难,他把教学的着力点放在以上目标的实现上,那么他关注的是概念性知识、程序性知识基础上的元认知知识.

1.2 可以提升学生学习的层次与品质

尽管实施新课程后,教师对过程与方法目标较原先给予了更多的关注,但还远没有落实到位.省略知识的形成过程和思维的突破过程,用"短平快"的方式把"无根浮萍式的、成年的"知识硬塞给学生的现象还十分普遍而严重.由于许多教学满足于学生"知其然",而对"知其所以然、所以不然""知识来自何处又去向何方""知识间的联系与结构"等缺少应有的关注,学生学到的更多的是认知层次和思维含量都比较低的结论性知识.而这些不仅造成了学生对概念和公式理解的"先天不足",也造成了知识与技能无法向能力与智慧发展.尽管许多教师都认可"教是为了不教""要授人以渔,而不是授人以鱼",但他们却没有掌握"教是为了不教"和"授人以渔"的策略与方法.从小学到高中甚至大学,学生的自主学习能力、探究和创造的能力并没有随着知识和年龄的增长而相应增长就充分证明了这一点.

布卢姆认知目标新分类把认知过程维度分为记忆、理解、运用、分析、评价、创造等6个类目、19个亚认知过程类目,并为目标、教学、评估提供了操作性更强、精确性更高的二维框架(见表).其中记忆是指从长时记忆系统中提取有用信息,包括再认、回忆等两个亚类目;理解是指从口头、书面和图画传播的教学信息中建构意义,包括解释、举例、分类、概要、推论、比较、说明等7个亚类目;运用是指在特定的情境

布卢姆认知目标新分类的二维框架

	记忆	理解	运用	分析	评价	创造
事实性知识						
概念性知识						
程序性知识						
元认知知识						

中执行或使用某程序,包括执行、实施等两个亚类目;分析是指把材料分解为它的组成部分并确定各部分之间如何相互联系以形成总体结构或达到目的,包括区分、组织、归属等3个亚类目;评价是依据标准或规格做出判断,包括核查、评判等两个亚类目;创造是指将要素加以组合以形成一致的或功能性的整体,将要素重新组织成为新的模式或结构,包括创新、计划、建构等3个亚类目.

认知维度分类和二维框架的启示:(1)制定教学目标、设计教学过程也应该从知识与认知过程二维度进行考虑;(2)事实性知识学习不一定就停留在记忆或理解的水平上,可以提升到评价与创造的水平上,而元认知知识学习也可以是记忆或理解水平上的;(3)数学教学要努力提高学习的认知维度和认知过程维度,尽可能让学生体会知识成长过程所蕴含的思维与方法,理解知识发展的内在必然性,进而学到有根的、活的、有血有肉的、充满智慧与创造、富有营养的知识;(4)数学教学要加强元认知知识教学,有意识地培养学生的学习能力、探究能力、自主建构知识能力和创造能力,并使这些能力更好地促进学生后续的数学学习.

以"数系的扩充和复数的概念"教学设计为例,其教学目标可设置如下:(1)记忆层次:知道$i^2=-1$和复数及其相关辅助性概念.(2)理解层次:理解引入虚数单位i的必要性与合理性,理解复数及其相关辅助性概念、复数的分类.(3)运用层次:能利用复数及其相关辅助性概念、复数分类知识确定复数的实部与虚部,确定一个数是否属于虚数集、纯虚数集等;能利用复数相等知识解决简单的问题.(4)分析层次:理解数系扩充的主要原因与基本方法,认识到建立复数相关辅助性概念、对复数进行分类是有效研究复数的需要.(5)评价层次:理解引入虚数单位i、建立复数相关辅助性概念、进行复数分类的必要性、合理性与内在的逻辑性;能感受数系扩充过程中所蕴含的真善美,感悟有与无、可能与不可能之间的辩证关系.(6)创造层次:能从学过的数系扩充的过程中发现、归纳出数系扩充的策略与方法,能自主探索建构复数相关辅助性概念、复数的代数形式,进行复数分类.

2 布卢姆认知目标新分类的应用原则

2.1 把握实质

布卢姆认知目标新分类的精髓在于引领教学充分挖掘和利用知识的教育价值,提高学生学习的认知水平.教学内容的多样性和学生的差异性决定了教学情境的复杂性、多样性,因此在运用该理论时,要把握精髓,切不可生搬硬套、削足适履.具体地说有以下几点:(1)并不是每个知识点都要达到创造水平,因为这既没有必要,也没有可能.或者说,每个知识点达到哪个层次目标要根据学生的可接受能力、探究能力和教学效益最大化原则而定.(2)课标是保底要求,而不是最高要求,教学要尊重课标但不拘泥于课标,不要人为地限制学生的发展.(3)要有意识、有计划地不断提高学生的认知水平和自主建构知识的能力,真正做到"教是为了不教".(4)要积极探索布卢姆认知目标新分类适用的条件与范围,做到该用则用,不该用则不用.

2.2 强化隐性目标和课程目标

教学目标有显性目标与隐性目标、眼前目标与长远目标之分,也有课时目标、单元目标、课程目标之分.事实上,几乎所有重要的数学思想与方法(如化归思想、函数思想、方程思想、极限思想、坐标法、数学归纳法等)都不是一节课甚至几个星期内所能掌握的.从知识分类角度看,许多程序性知识、元认知知识也是这样.这些思想方法或知识都需要教师创设相应的载体、平台与机会,让学生通过不断接触、不断感知、不断领悟来学习.

从认知心理学角度看,"记忆水平"之前还有一个"感知水平",它是记忆、理解、运用的基础,是抽象概念和理性思维的基础.教学需要根据学生的认知规律,基于感性、发展理性.对于单元目标、课程目标的落实,既要有"好雨知时节,当春乃发生"的敏感,有"随风潜入夜,润物细无声"的自然,也要有"面向未来,未雨绸缪,厚积薄发"的意识和行动.

就"数系的扩充与复数的概念"教学而言,数系扩充的原则、策略与方法,研究复数的策略与方法,以及相关的元认知知识等,是学生一时难以完全理解和掌握的,需要教师做"随风潜入夜,润物细无声"式的渗透.

3 案例:"数系的扩充与复数的概念"教学设计

本教学设计适合于生源比较好的重点中学或示范中学;具体实施时多大程度上通过教师引导解决,多大程度上通过学生自主探究解决要根据学生的能力和水平有所调整.

3.1 教学目标知识

知识维度	具体内容	感知	记忆	理解	运用	分析	评价	创造
事实性知识	虚数单位、复数概念		√	√	√			
	复数的实部、虚部与表示方法,复数相等		√	√	√			√
概念性知识	复数分类		√	√	√	√	√	√
程序性知识	数系扩充及复数概念建构的方法	√		√				
	运用复数知识解决相关问题				√	√		
元认知知识	知识建构中所蕴含的元认知知识	√		√				

3.2 教学过程

3.2.1 创设情境,提出问题

问题1:面对老师和16世纪数学家的困惑,你是否同样感到困惑?你觉得应该用怎样的思路与方法消除这个困惑?

(1)老师读初中时的困惑.

老师当年读初中时曾遇到这样一道题:已知$x^2-x+1=0$,求$x^2+\dfrac{1}{x^2}$的值.

老师的老师解:由$x^2-x+1=0$有$x+\dfrac{1}{x}=1$,再两边平方得$x^2+\dfrac{1}{x^2}=-1$.

老师当时的困惑:方程$x^2-x+1=0$无解,为什么$x^2+\dfrac{1}{x^2}$的值不但存在,而且还为负数?难道存在二次幂为负数的数?当年老师的老师也无法回答这个问题.

(2)16世纪数学家的困惑.

16世纪前半叶,意大利数学家泰塔格利亚给出了方程$x^3+px+q=0$的公式解

$$x = \sqrt[3]{\sqrt{(\frac{p}{3})^3+(\frac{q}{2})^2}-\frac{q}{2}} - \sqrt[3]{\sqrt{(\frac{p}{3})^3+(\frac{q}{2})^2}+\frac{q}{2}}.$$

人们发现方程 $x^3=15x+4$ 的解为 $4, -2+\sqrt{3}, -2-\sqrt{3}$, 但按上面公式求解却出现了 $\sqrt[3]{2+\sqrt{-121}}-\sqrt[3]{2-\sqrt{-121}}$. 其他许多一元三次方程如 $x^3-7x-6=0$(解为 $-1,-2,3$)等也有类似情况. 人们感到困惑: 实数是实实在在的数, 为什么可以表示成不存在的数的和? 难道负数真的能开平方?

设计意图: 制造强烈的、合乎自然的认知冲突, 提出高认知水平的问题, 引发学生思考, 激发学生探究的欲望, 同时为学生更好地接受和理解虚数埋下伏笔.

3.2.2 回顾历史, 寻求启发

问题2: "历史是一面镜子." 面对一时难以解决的困惑, 可通过"回顾历史"来"展望未来", 因此不妨从数发展的历史轨迹中寻找启发. 请大家重温数的发展史, 并从数学内部(特别是解方程)、生产生活两个方面举例说明每次数系扩充的背景、原因, 以及解决了哪些原来无法解决的问题.

	从数学内部看	无解变有解方程举例	从生产生活需求看
引入正整数			
引入分数			
引入负数			
引入无理数			

设计意图: (1)让学生通过具体事例感知如何从事物的发展轨迹中寻找启发, 探讨事物的发展规律; (2)通过讨论、交流以及填写上表, 让学生认识到数系扩充的原因与动力来自数学内部与数学外部两个方面; (3)数系的每一次扩充都带来了数学的巨大进步, 并解决了众多原来不能解决的问题.

问题3: 运算法则和运算律是数的本质之所在. 每次数系扩充后, 它的运算法则是否前后协调一致? 运算律是否仍然成立?

设计说明: (1)如有可能, 此问题由学生提出; (2)引导学生感悟研究数系的思路与方法, 同时增进对数的本质的认识.

问题4: 你能由前面历次的数系扩充中, 发现、归纳出数系扩充的一般规律与方法吗?

设计说明：鉴于学生的实际，此问题可通过讨论、交流和教师点拨，让学生认识到，每次数系扩充都有如下五个特点：(1)新数系内能进行某些原数系内无法进行的运算；(2)新数系的元素，是以原数系的元素为基础，以某种方式构造而成的；(3)原数系是新数系的一部分；(4)运算法则协调一致，即新数系中规定的加法、乘法运算，与原数系中规定的加法、乘法运算协调一致；(5)运算律仍然成立，即加法和乘法都满足交换律、结合律和乘法对加法的分配律.

问题5：从思维方法和认知心理看，每次数系扩充对我们有怎样的启示？

设计说明：数的发展的真正阻力来自人们的习惯心理，难点在于突破根深蒂固的心理障碍与认知障碍.这些难点是思维的"磨刀石"，具有很高的教学价值，教学不应跳过或绕过而应充分运用.要通过讨论、交流和教师点拨，使学生明确：(1)世界上本没有数，数是人类伟大的创造；(2)人们遇到需要时，不断创造新的数，并且每次创造的新数，都解决了数学内部和实际生活中原先无法解决的问题；(3)有与无、能解决与不能解决都是相对的，创造新的数的难点在于突破原有的思维方式与认知心理.

问题2~5设计总说明：数学家笛卡尔曾说："我们解决的每一个问题都将成为一个范例，用于解决其他问题."数学教育家波利亚也指出："假如你想从解题中得到最大收获，你就应该找出所做题目的最大特征，这些最大特征在你以后求解题目时，能起到指引的作用."教学时应避免为历史而历史，应通过对数系扩充的思路与方法的分析与梳理，将凝结在数学发展中的数学家思维打开，使之成为引领学生探究的灯塔与路标；应舍得在问题2~5的解决上花时间让学生充分讨论，避免由教师一带而过；应注意让学生感知、感悟、理解蕴含在背后的元认知知识.

在此基础上，教师介绍亚历山大解结的故事.西方古代寓言中，有个著名的"高尔丁结"故事：只要谁能解开奇异的"高尔丁结"，谁就会成为亚洲王.所有试图解开这个复杂怪结的人都失败了，最后轮到亚历山大了.他想尽办法要找到这个结的线头，结果还是一筹莫展，最后他想："我要创建自己的解法规则."他拔出宝剑，将那个结劈为两半.于是亚历山大成了亚洲王.

设计意图：为思维而教，为创新而教，强化并鼓励学生敢于、善于突破原有心理障碍，敢于、善于自主构建知识，敢于、善于建立"游戏规则".

3.2.3 类比创造，构建新知

问题6：分析问题1中面临的困惑，会发现其实质是能否找到一种新的数，使方程 $x^2+1=0$ 有解？你能借鉴前面数系扩充的思路与方法解决这个问题吗？

设计意图:让学生认识到:(1)方程$x^2+1=0$是否有解代表着一类意义重大的问题;(2)方程$x^2+1=0$是否有解的关键在于能否引入新的数.至于新的数用怎样的符号表示,不是问题的关键.

在学生讨论的基础上,教师介绍复数发展的历史.早在16世纪前半叶,意大利数学家在研究一元三次方程解时就遇到了负数开平方问题.他们一方面猜想负数可以开平方、负数的平方根是存在的;另一方面又对自己的做法深感疑虑,觉得形如$\sqrt{-1}$,$\sqrt{-2}$等表达式是虚无缥缈和不可捉摸的,因而不得不声称它们是"虚构的""想象的".如数学大师欧拉(L.Euler,瑞士,1707~1783)在使用虚数时,做了如下描述:"一切形如$\sqrt{-1}$,$\sqrt{-2}$的数学式,都是不可能有的,都是想象的数,因为它们所表示的是负数的平方根.对于这类数,我们只能断言,它们既不是'什么都不是',也不比'什么都不是'多些什么,更不比'什么都不是'少些什么,它们纯属虚构."因此在欧洲,人们把平方根内带有负号的数称为虚数(imaginary number).欧拉最早用英文名称的首字母i表示虚数单位.

问题7:如果引入虚数i,使数系得到扩充,那么它如何与实数进行运算?新的数的一般形式又如何?

设计说明:(1)引导学生类比有理数与无理数之间的运算,如$1+\sqrt{2}$,$3\sqrt{2}$等,并依据数系扩充的特点,把实数a与i相加,结果记作$a+i$;把实数b与i相乘,结果记作bi;把实数a和实数b与i的积相加,结果记作$a+bi$.又加法和乘法的运算律仍然应该成立,故这些运算的结果都可写成形如$a+bi(a,b\in\mathbf{R})$的数.

教师再介绍复数发展史.人们在"虚幻"中度过了200年,直到18世纪,挪威测绘员威赛尔和巴黎的会计师阿尔干借助于法国数学家的平面直角坐标系,给复数做出了令人信服的几何解释,从此长期笼罩着虚数的神秘面纱终于被揭开!

问题8:引入新数i和$a+bi(a,b\in\mathbf{R})$后,有哪些相关的概念需要建立?

设计意图:(1)建立复数和复数集概念,并把围绕核心概念——复数建立虚数单位、复数的代数表示、复数的实部与虚部、复数相等的条件等辅助概念,使它们成为完整的复数概念的有机组成部分;(2)帮助学生掌握研究数学对象的基本套路与方法,同时让学生感受到数学知识发展的内在必然性.

问题9:建立实数概念后,为了研究方便,我们曾对实数进行分类.类似地,你能对复数进行分类,并用韦恩图表示相应不同数集之间的关系吗?

设计意图:(1)突出类比方法,为学生学会类比与迁移而教;(2)让学生学会根据一定的标准与不重不漏的原则尝试对复数进行分类;(3)引导学生用韦恩图表示复数集、实数集、虚数集、纯虚数集之间的关系;(4)为迁移而教、为探究而教、为创造而教.

问题6~9设计总说明:用元认知知识统率事实性知识、概念性知识、程序性知识教学,促进事实性知识向概念性知识发展,同时积极寻找事实性知识、概念性知识背后所蕴含的程序性知识、元认知知识,避免把零碎的、死的知识硬塞给学生.

3.2.4 运用巩固,促进迁移

问题10:(例1)实数m取什么数时,复数$z=m+1+(m-1)i$是(1)实数;(2)虚数;(3)纯虚数.

设计意图:让学生及时巩固复数分类的知识,同时加强对虚数、纯虚数等的理解.

问题11:(例2)解方程:(1)$x^2+9=0$;(2)$x^2+x+1=0$;(3)$x^3-1=0$.

设计意图:让学生初步感受数系扩充到复数后带来的新变化,增进对复数的意义与价值的认识,进一步激发学习兴趣.

3.2.5 回顾小结,拓展延伸

问题12:请谈谈本节课你学到了哪些知识?这些知识是通过怎样的方法得到的?知识发现或创造的过程对你有什么启示?

设计意图:在知识维度和认知过程维度的二维框架下,引导学生把事实性知识上升为概念性知识,把程序性知识上升为元认知知识,不断提升学习层次与认知水平.

问题13:我们知道,数与形之间具有高度的内在的和谐性与统一性.如实数与数轴上的点一一对应,因此实数可用数轴上的点来表示.类似地,你能发现复数的几何意义吗?从"形"的角度看,你认为复数还有哪些相关概念需要建立?

设计意图:以元认知知识为指导,引导学生在解决问题的基础上不断提出新的问题,为学生问题意识和探究能力的发展、思维水平的提高搭建平台.

教师在学生回顾、小结的基础上,做画龙点睛式的小结;同时指出复数的意义与价值.如弥补了方程$x^2+1=0$在实数集内无解的缺陷;使"复数系的一元n次方程在复数系恰有n个根";在三角、几何、电学、流体力学等领域都有广泛的应用.

3.3 教学评价

练习1:求适合下列方程的实数x与y的值.

(1)$(3x+2y)+(5x-y)i=17-2i$;

(2)$(x+y-3)+(x-4)i=0$.

练习2:符合下列条件的复数一定存在吗?若存在,请举出例子;若不存在,请说明理由.

(1)实部为$-\sqrt{2}$的虚数;

(2)虚部为$-\sqrt{2}$的虚数;

(3)虚部为$-\sqrt{2}$的纯虚数.

练习3:5i 是不是正数? $-3i$ 是不是负数?为什么?

练习4:实数可用数轴上的点来表示.请用类比的方法探索复数的几何意义.

设计说明:作业与评估不等于简单的巩固性练习,要保持目标、教学、评估内在的一致性,同时兼顾不同学生的不同需求.如第3、4题可供学有余力的学生使用.

4 结束语

启智育人是数学教育的根本使命.数学教学尤其是数学核心知识教学需要以布卢姆认知目标新分类为指导,让学生理解与把握数学知识发展的基本轨迹、基本规律与基本方法,掌握研究一个数学对象的基本思路与基本方法,培养学生有条理地、理性地、批判地思考问题的能力,同时让学生的个性、品质、情感在学习过程中得到提升与发展,进而使数学教学由以育分为目标的知识教学、解题教学走向以育人为目标的思维教学、智慧教学、全人教学.

"准创造"教学法实践与探索*
——以人教A版"直线的倾斜角与斜率"教学为例

1 "准创造"教学法的涵义

所谓"准创造"教学法是指学生在教师创造策略与探究方法的指导下,通过独立思考或小组合作讨论,以再发现、再创造的方式自主构建数学知识,进而培养学生创造意识与创造能力的教学法.

"准创造"教学法的目的是通过学生自主探究与发现结论、自我建构数学知识来提高自身的数学学习能力、思维能力、探究能力、创造能力,发展和完善学生的个性品质尤其是创新意识.

"准创造"教学法的实质是变教为导、变学为研,使学生的学习成为教师指导下的"准发现、准创造"的过程.

"准创造"教学法不仅意味着教学理念与方式的变化,更意味着学生学习状态、学习策略、学习方式的变化.它不仅为学生学会学习、学会思考、学会探究提供帮助,更为学生的主动发展和可持续发展奠定坚实的基础.

2 "准创造"教学法的依据

2.1 实施"准创造"教学法是完全必要的

数学知识的发现、创造过程最富有教育价值.因为它往往蕴含着心理与思维的突破,策略与方法的运用,对问题和知识本质的把握.通过"准创造"获得的数学知识远比通过教师讲授获得的知识更利于保存,更利于运用,更利于创造能力和创新意识的发展.因此实施"准创造"教学法是数学教育主动适应信息化、网络化社会对

---

* 这部分内容发表于《中学教研(数学)》2012年第11期.该课例为作者为工作室成员及全市部分高中数学教师所上的示范课、研究课.

人创造能力需求的需要,是体现和落实教育是为未来的社会培养人的理念.

2.2 实施"准创造"教学法是完全可行的

陶行知早在1943年就指出:"处处是创造之地,天天是创造之时,人人是创造之人."建构主义认为,知识并不能简单地由教师或其他人传授给学生,而只能由每个学生依据自身已有的知识和经验加以建构.教育教学实践也一再告诉我们,学生中蕴藏着极大的创造潜能.正如英国物理学家、数学家开尔文(Kelvin)所指出的:"别把数学想象得艰难晦涩,不可捉摸,它只不过是常识的升华而已."数学实质上是把人们的常识数学化、系统化.因此数学知识的形成与产生方式也表明实施"准创造"教学法是完全可能和可行的.

2.3 实施"准创造"教学法是必然的

正如只能在游泳中学会游泳一样,创造能力只能在创造实践中得到发展.弗赖登塔尔再三告诫:学习数学的唯一途径是实行"再创造";再创造应贯穿于数学教学的全过程.同时学生学习的特殊性决定了学生的"再创造"只能是教师外在力量与学生内在力量共同起作用的创造,是淡化教的痕迹的创造,是一种"准创造、亚创造".

3 "准创造"教学法的实施原则

3.1 数学现实原则

弗赖登塔尔指出:"每个人都有自己生活、工作和思考着的特定客观世界以及反映这个客观世界的各种数学概念、它的运算方法、规律和有关的数学知识结构."也就是说,每个人都有自己的"数学现实".数学教学应基于学生的数学现实,把"准创造"控制在学生能力可达到的范围内,并不断丰富和优化学生的数学现实.

如在学习解析几何之前,学生既有用身高、体重、速度、体积、压强、概率等把客观事物数量化的经验,也有实数与数轴上的点一一对应、坐标平面上的点与有序数对(x,y)一一对应等相关知识,更有借助图象研究函数性质的经验,这些都是与学习解析几何直接相关的数学现实.教学时要从这些"数学现实"出发,引导学生把思维的着力点放在如何对图形进行数量化处理上来.

3.2 本质结构原则

数学知识是按一定的结构组织而成的,具有鲜明的结构性.正如建筑有主体建筑与附属建筑之分,数学知识也有主体知识与附属知识之分,有核心知识与非核心知识之分.数学教学应遵循知识建构的基本套路,把握知识的核心与本质,促进学生习得层次更高、价值更大的知识.

"直线的倾斜角与斜率"是解析几何的起始课.无论是介绍解析几何的起源与基本思想方法,还是如何用直线上点的坐标来刻画直线的倾斜程度,都应突出解析几何的基本思想,并在其基本思想方法的指引下进行相关探究.另外,对于倾斜角、斜率两个概念的建构,要关注数学概念的建构思路与方法,关注概念的科学性、合理性与最优性.

3.3 情意驱动原则

脑科学告诉我们,人的思维总是伴随着情感的发展变化而同步进行的;需要、兴趣、好奇心、求知欲、意志力、毅力、数学信念等对数学学习有着直接的影响.数学教学应以问题为载体,以探究为手段,以知识的应用价值为驱动力,有意识、多方面、多层次地培育学生学习数学的心理需求,在痛苦并快乐的探究中培育学生的兴趣、意志、毅力、数学信念,进而为数学思维和问题解决提供强大的动力.

本节课是笔者面向陌生的学生上课,课前拉近师生的情感距离是教学的重要环节.更重要的是,作为解析几何的起始课,要让学生通过具体情境强烈地感受到学习解析几何的意义与价值,强烈地感受到解析几何好玩、有用又有趣.如对神舟八号飞船运行轨迹的准确预测、对月全食时间的准确计算、建筑中对几何图形的准确计算等都离不开解析几何.

3.4 注重过程原则

教育像农业,而绝不像工业.知识有一个萌芽生长、开花结果的过程,教师可为学生提供所需要的水、阳光、空气和养料,可以做助产士,但绝不能拔苗助长,不到万不得已不实施"剖腹产".因为知识形成与创造过程的教育价值远比机械地做几道题目要大得多;注重知识的形成与创造的过程是引导和帮助学生学会学习、学会创造的根本途径,是促进学生热爱数学、享受学习的根本途径;经历"临产前阵痛"的知识更有价值,而把"成熟的、成年的"知识硬塞给学生会造成学生消化不良.

注重过程原则要求教学,一要揭示知识产生的基础与萌芽,如实数与数轴上的点一一对应、坐标平面上的点与有序数对(x,y)一一对应是解析几何思想的基础与萌芽,两相交直线所成的角、借助参照物确定物体的位置是倾斜角概念的基础与萌芽,"坡度"是斜率的基础与萌芽;二是强化知识的形成过程,如通过在平面直角坐标系中考察斜坡的"坡度",通过不断地追问规定的科学性、合理性与最优性来揭示斜率概念的形成过程.

3.5 策略指导原则

知识的生长与动植物的生长一样,同样需要一定的环境、条件与"温度".由于学生已经习惯于教师传授、讲解知识,对自主建构知识往往会觉得困难,因此教师为学生搭建探究的"脚手架"、提供策略与方法的指导是学生有效探究、自主建构知识的必要条件.

如探究斜率公式$k=\frac{y_2-y_1}{x_2-x_1}$时,教师可视学生实际提供如下指导:(1)用解析几何的基本思想方法做指引;(2)以"坡度"概念做铺垫,通过把"坡度"进一步数学化、一般化来建构斜率的概念;(3)先考虑倾斜角为锐角时的情况,再依次考虑倾斜角为钝角、0°和90°时的情况,让学生感受数学思维的自然性、合理性与严谨性.

3.6 自主建构原则

学习是学习者新旧知识经验相互作用的过程;高层次的学习应是学习者在与教师和同伴互动过程中自主发现、建构知识的过程.在这个过程中,教师是"助产婆",是建构策略的指导者与"脚手架"的搭建者,而学生是知识的建构者和生产者.

本节课中,教师不断提醒学生注意数学概念的科学性、合理性和最优性,让学生在原来认知的基础上,在与同学的讨论与交流中逐步建构和完善倾斜角与斜率概念.

3.7 功能互补原则

每种教学法都有自己的优点与不足,"准创造"教学法并不排斥其他教学法,相反它十分注重与其他教学法的互补.事实上,让学生自己去发现、创造所要学的每一个数学知识既没有必要,也没有可能.数学教学需要做的是切切实实地让学生自己发现、创造一些他们自己能够发现、创造的知识,切切实实地减少教学中灌输的成分,增加学生自主发现、自主创造的成分,是努力开发学生的创造潜能,而不是抑制学生创造潜能的发挥.

在本节课中,解析几何的意义与价值、基本思想方法的学习以教师的讲解、启发、引导为主;倾斜角、斜率的概念则以教师点拨指导下学生自主建构为主.两者都是"授受中有发现、发现中有授受",只不过前者学生有意义授受的成分多些,而后者学生"再创造"的成分多些而已.

4 "准创造"教学法案例——以人教A版"直线的倾斜角与斜率"教学为例

上课背景说明:本节课是笔者离开课堂整10年后再次走上面向学生的讲台.所教的班级是天台中学的高一创新班,但所授的内容是高二的.上课前学生没有接触教材,更没有自学教材,因为先自学就很难再有真实的"准创造";上课时有意不印发相应的教材给学生,以避免学生在探究遇到困难时有意无意地"偷看"书本上的结论.以下是教学过程概况.

4.1 解析几何的学科意义与基本思想方法

播放神舟八号飞行视频.提问:科学家是如何预测飞船的飞行轨迹的?

显示月全食图片.提问:天文学家为何能准确地预测月全食的时间?他们为何有如此神奇的本领?

教师:监测飞船或预测月全食时间的实质是对飞船或天体的运行轨迹进行代数化处理,再借助计算机对运行轨迹进行精确计算.数学是幕后真正的英雄.

设计意图:通过真实的、学生感兴趣的情境与事例,让学生真切地感受到解析几何的意义与价值,激发学生探究的兴趣与欲望.

问题1:如何对几何图形(多媒体显示图3-9)进行数量化、代数化处理?(稍停)以前我们有过相关的经验和经历吗?

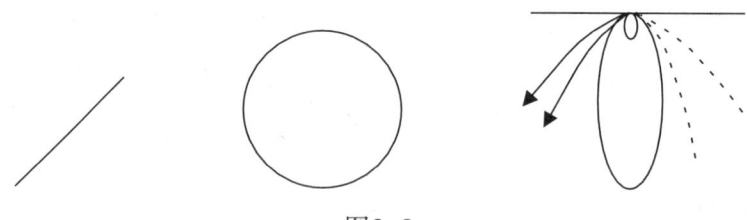

图3-9

操作说明:师生共同回顾、揭示:实数与数轴上的点一一对应;坐标平面内的点与有序数对(x,y)一一对应;一次函数的图象是一条直线,反过来,平面直角坐标系中的一条直线可以用解析式$y=kx+b$表示(如图3-10).如果学生能联想到曾用身高、体重、速度、概率等把客观事物数量化,则应予肯定和鼓励.

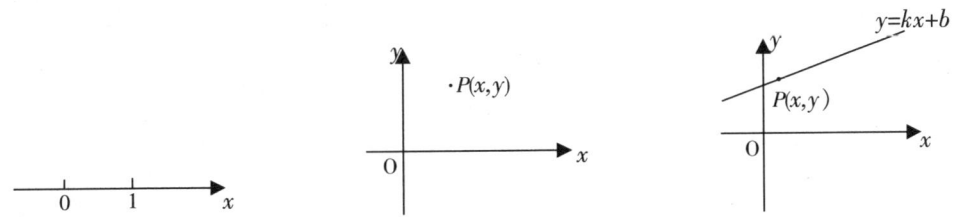

图3-10

问题2:你能类比平面上的点与有序数对(x,y)一一对应,进一步说明直线与它的解析式$y=kx+b$内在的对应关系吗?

操作说明:受坐标平面上的点与有序数对(x,y)一一对应启发,把直线看作是点的集合,此时直线上点的坐标都满足相应的解析式,而坐标满足相应解析式的点都在此直线上.这样直线(即一次函数图象)上的点与方程(即一次函数解析式)的解的关系是"你就是我,我就是你",是一种一一对应关系.

在此基础上,教师进一步指出:解析几何的基本思想方法就是以坐标系为桥梁,借助点与点的坐标之间的一一对应关系,把几何问题转化为代数问题,通过代数运算来研究几何图形的性质.即

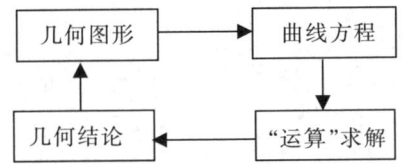

解析几何的创立是数学发展史上的里程碑.它的创始人是法国数学家笛卡尔(Descares,1596~1650)、费马(Fermat,1601~1665).我们应铭记他们的历史功绩.

设计意图:从学生"数学现实"出发,让学生初步体会和理解解析几何思想方法的萌芽与发展非常重要.

4.2 直线的倾斜角

教师:下面从如何对最简单的几何图形——直线进行数量化、代数化处理开始探究.

问题3:对于平面直角坐标系内的一条直线l(如图3-11),它的位置由哪些条件确定?(稍等)如图3-12,过同一点的直线l与l'的不同点在哪里?

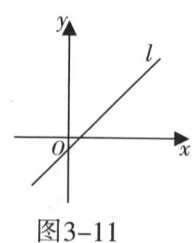

图3-11

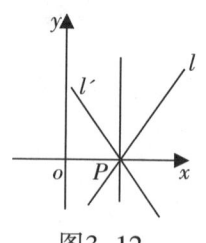

图3-12

问题4:怎样在平面直角坐标系中刻画直线的方向呢?(稍等,让学生先做适当的讨论)能否用一个适当的角来刻画?如果能,这个角又应该是怎样的角?

设计意图:教师通过指导和追问,帮助学生明确问题及其解决思路,使探究的问题处于学生的"最近发展区"内,同时帮助学生学会如何建构数学概念.

操作说明:(1)教师搭建"脚手架":①能否类比两相交直线的夹角来刻画直线的方向?②刻画物体的位置常借助一定的参照物,从中你能得到一些启示吗?③让学生每4人一组分组讨论;④你给出的解决方案科学吗?合理吗?(2)教师视学生探究情况,追问:①在x轴正方向、y轴正方向、x轴负方向三个方向中,参照方向选哪一个比较合乎自然?②如果图3-12中直线l,l'与x轴所成的角均为α,那么它们的方向是否相同?③平移后可重合的直线是否应视为方向或倾斜程度相同?④结论完善了吗?有没有漏掉什么情况?

问题5:如果用这样的角来刻画直线的倾斜程度,那么:

(1)是否每一条直线都唯一确定这样的角?

(2)倾斜程度相同的直线,这样的角一定相等吗?倾斜程度不同的直线,这样的角一定不相等吗?

设计意图:让学生明确,数学概念应建立在科学合理规定的基础上.

问题6:你能用一个准确的、完整的数学概念来刻画直线的倾斜程度吗?

设计意图:把直线与x轴平行或重合时的情形作为定义的一部分来处理,一是为了保证知识的完整性;二是体现数学思维的严谨性;三是有助于学生准确理解倾斜角的概念;四是有利于减少相关解题错误.

操作说明:让学生在确信以上规定具有科学性、合理性、最优性的基础上,自主得出完整的倾斜角的概念.

问题7:倾斜角的取值范围如何?

操作说明:让学生通过讨论、探索自己得到倾斜角的范围,特别是直线l与x轴平行或重合时倾斜角为$0°$.

4.3 直线的斜率

问题8：建立倾斜角概念后，有没有新的问题需要解决？有没有更好的方法来刻画直线的倾斜程度？

设计意图：让学生认识到：数学是在不断地解决问题，在不断地提出新问题的过程中发展的；倾斜角具有简单、直观等优点，但其本质上仍然是一个几何量．倾斜角没有与直线上点的坐标建立联系，具有计算不方便、"坐标化"程度低等缺点．

操作说明：让学生展开适度的讨论，说不到位也没有关系，因为学生还不习惯这样的问题．

问题9：既然两点决定一条直线，那能否用直线上两点 $P_1(x_1,y_1), P_2(x_2,y_2)$ 的坐标来表示直线的倾斜程度呢？

设计说明：这里没有按教材安排直接给出斜率概念，而改为探索两点坐标与斜率的关系，目的是强化解析几何基本思想方法教学，同时使学习更具探究性与创造性．

操作说明：(1)从知识内在的联系出发提出问题；(2)让学生尝试在解析几何基本思想方法的指引下解决问题；(3)数学来源于实际，引导学生从"坡度(比)=$\dfrac{升高量}{前进量}$"等已有"数学现实"中寻找启发(出示坡度图片，如图3-13)；(4)放手让学生讨论．

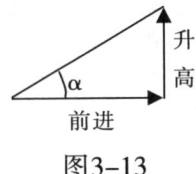

图3-13

问题10：能否从"坡度"概念中寻找启发，突破用直线上两点的坐标来表示直线倾斜程度的难点呢(如图3-14)？

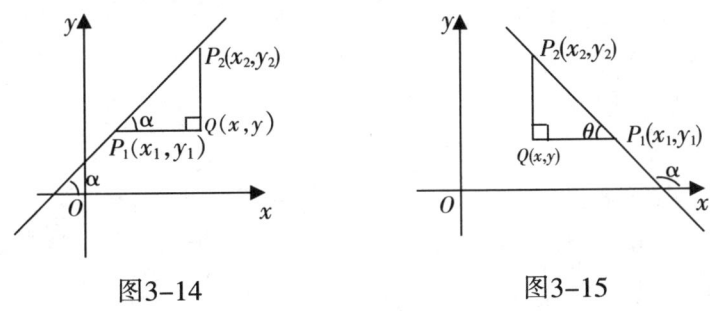

图3-14　　　　　　　　图3-15

设计说明:教师的追问实质上是对学生建构知识策略与方法的指导.

操作说明:(1)使问题及其解决途径进一步具体化、明朗化,便于学生讨论和探究.(2)视学生的探究能力和具体探究情况,教师追问:①如何用点$P_1(x_1,y_1)$,$P_2(x_2,y_2)$的坐标来表示"升高量"与"前进量"?②倾斜程度=$\dfrac{纵坐标增量}{横坐标增量}=\dfrac{\Delta y}{\Delta x}=\dfrac{y_2-y_1}{x_2-x_1}$与$P_1$,$P_2$两点的选取是否有关?③当倾斜角$\alpha$大于90°时(如图3-15),能用同样的方式刻画直线的倾斜程度吗?④有没有漏掉什么情况(指倾斜角α等于90°时)?⑤你能用一个合适的数学概念来表示直线的倾斜程度吗?能用准确、完整的语言来表述这个概念吗?

问题11:直线的倾斜角与斜率都是刻画直线倾斜程度的量,它们之间是否存在内在的联系?

设计说明:问题11最好由学生自己提出,这样探究会更真实,学生的思维会更主动、深刻.

操作说明:让学生自己去发现结论,然后设法证明.如果学生只考虑倾斜角为锐角的情况,教师再追问倾斜角为钝角的情况.在得出结论"直线的斜率就是倾斜角的正切值"后,教师说明直线倾斜角的正切值也叫作直线的斜率.

4.4 巩固与运用

问题12:请填写下表.

倾斜角	0°	30°		90°	120°		150°
斜率		1	$\sqrt{3}$			-1	

操作说明:由学生直接口答.

问题13:如图3-16,已知$A(3,2)$,$B(-4,1)$,$C(0,-1)$,求直线AB,BC,CA的斜率,并判断这些直线的倾斜角是钝角还是锐角.

操作说明:此题难度不高,不需要教师作为例题来讲解,故由学生自主作答.教师请一位学生上台板演,然后就巡视中发现的问题和板演情况予以矫正.

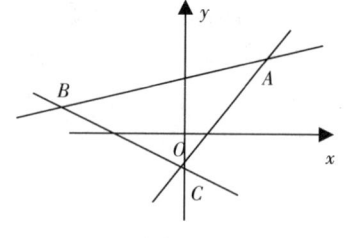

图 3-16

问题14:在平面直角坐标系中,画出经过原点且斜率分别为1,-2的直线l_1,l_2.

操作说明:用如下两种思路求解.

思路一:要画出过原点的直线l_1,只需在l_1上再找某一点A_1.

思路二：由斜率的意义知，把原点先向右移动1个单位，再向上移动1个单位，即得直线l_1上另一点$A_1(1,1)$；把原点先向右移动1个单位，再向下移动2个单位，即得直线l_2上另一点$A_2(1,-2)$.

4.5 回顾与梳理

问题15：本节课你学到了哪些知识？又用到哪些数学思想方法？

操作说明：教师在学生回顾小结的基础上，指出：(1)本节课用到的思想方法有坐标法、类比、数形结合、分类讨论等；(2)华罗庚曾指出："数缺形时少直观，形少数时难入微，数形结合百般好，隔离分家万事休."而坐标法是数形结合的最好载体.

4.6 课后作业

(1)若直线的倾斜角越大，则它的斜率也越大，对吗？试举例说明.

(2)①当m为何值时，经过两点$A(-m,6)$, $B(1,3m)$的直线斜率是12？

②当m为何值时，经过两点$A(m,2)$, $B(-m,-2m-1)$的直线的倾斜角是60°？

(3)$A(1,2)$, $B(3,4)$, $C(5,6)$三点是否在同一直线上，为什么？

(4)请探究两直线平行和垂直时，它们的斜率有怎样的关系？

(5)(选做题)请上网或到图书馆查找笛卡尔与解析几何起源的相关材料.

设计说明：既应有模仿型、巩固型作业(如第(1),(2),(3)题)，也应有探索型、创新型作业(如第(4)题)；既应有必做作业，也应有选做作业.

5 "准创造"教学法实践后的体会与反思

体会与反思一：不可机械地、片面地理解和使用"准创造"教学法.实践中时时、处处使用"准创造"教学法，既没有必要也没有可能.教学的关键在于处理好教师引导与学生创造之间的"度"与关系；在于统筹兼顾、各有侧重地培养学生的各种能力；在于追求教学效益的最大化.

体会与反思二：要处理好预设与生成的关系.本节课就犯了预设太多、放得不开、没有随机应变的毛病.要让没有探究习惯的学生在45分钟内以讨论、探究等方式自主建构坐标法、倾斜角、斜率等几乎是不可能的，去掉讨论斜率与倾斜角的关系和课堂巩固练习等，进一步强化解析几何思想方法的形成过程，强化学生对倾斜角概念、斜率概念的讨论与探究，实际教学效果可能会更好.

体会与反思三：要在教师有效指导和学生有效"再创造"上下功夫.教师有效指导学生探究和学生进行有效创造是一件说起来容易做起来难的事情."准创造"教

学法要求教师的指导应力求具体、针对性强;要求学生不断地改进自己的学习习惯与学习方法,提高探究能力.

体会与反思四:"准创造"教学法是完全可行的.教师不要低估学生"再创造"的能力,剥夺学生"再创造"的机会.例题未必需要教师讲,概念和结论未必需要教师给出;学生一旦适应这种新的教法、学法,他们的创造潜能会得到极大的发挥.

第四章

数学解题教学：
超越技能训练，促进思维发展

例谈数学解题的八大策略*

站在思维策略与方法的高度,引导学生搞清楚解题思维的合理性与必然性,让数学思维在解题中自然流淌,是发展学生思维能力的有效方式.本文试图从思维策略与方法角度探讨如何寻找解题思维的切入点和突破点.

策略1 识别模式,明确方向

波利亚曾指出:"对你所不理解的问题做出答复是愚蠢的,""最糟糕的情况是学生并没有理解问题就进行演算或作图."但许多学生犯的正是这样的错误.

例1 (2004年高考数学全国卷理科第12题) 已知$a^2+b^2=1, b^2+c^2=2, c^2+a^2=2$,则$ab+bc+ca$的最小值为( )

(A) $\sqrt{3}-\dfrac{1}{2}$ (B) $\dfrac{1}{2}-\sqrt{3}$ (C) $-\dfrac{1}{2}-\sqrt{3}$ (D) $\dfrac{1}{2}+\sqrt{3}$

分析:此题条件和结论的结构与基本不等式的相近,许多学生被表象所迷惑,机械地套用基本不等式求解,造成了解题思维受阻.事实上,本题题设是由3个方程组成的含有3个未知数的方程组,解题的实质是解方程组.

例2(2008年高考数学江苏卷第13题) 满足条件$AB=2, AC=\sqrt{2}BC$的三角形ABC的面积的最大值是_____.

分析:从"数"的角度看,此题属于最值问题,解题的常用方法是把△ABC的面积表示成某个变量(如设$BC=x$)的函数,然后求最值(运算量较大).从"形"的角度看,由于边AB长为定值,求△ABC面积的最大值可转化为求点C到直线AB距离的最大值,因此只要搞清楚点C的轨迹就可.以直线AB为x轴,线段AB的垂直平分线为y轴,建立直角坐标系,易求得点C的轨迹方程为$(x-3)^2+y^2=8$,故最大值为$2\sqrt{2}$.

---

* 这部分内容发表在《上海中学数学》2009 年第 9 期.

策略2 观察联想,多元联系

解题过程的实质是一个反复观察、多元联系、不断转化的过程.解题要善于捕捉题目所蕴含的信息和解题过程中出现的"蛛丝马迹",做到"见微知著".

例3 (2006年高考数学辽宁卷理科第22题) 已知$f_0(x)=x^n$,$f_k(x)=\dfrac{f'_{k-1}(x)}{f_{k-1}(1)}$,其中$k\leq n(n,k\in \mathbf{N}_+)$,设$F(x)=C_n^0 f_0(x^2)+C_n^1 f_1(x^2)+\cdots+C_n^k f_k(x^2)+\cdots+C_n^n f_n(x^2)$,$x\in[-1,1]$.

(Ⅰ)写出$f_k(1)$;

(Ⅱ)证明:对任意的$x_1,x_2\in[-1,1]$,恒有$|F(x_1)-F(x_2)|\leq 2^{n-1}(n+2)-n-1$.

分析:由已知有$f_k(x)=(n-k+1)x^{n-k}$,$f_k(1)=n-k+1$.又$F(x)$在$[-1,1]$上为偶函数,且在$[0,1]$上为增函数,

故$|F(x_1)-F(x_2)|\leq F_{\max}-F_{\min}=F(1)-F(0)$
$=C_n^0+nC_n^1+(n-1)C_n^2+\cdots+(n-k+1)C_n^k+\cdots+2C_n^{n-1}+C_n^n-1$

再仔细观察$nC_n^1+(n-1)C_n^2+\cdots+(n-k+1)C_n^k+\cdots+2C_n^{n-1}$,不难发现每对相等的组合数如$C_n^1$与$C_n^{n-1}$,$C_n^2$与$C_n^{n-2}$,它们前面的系数的和相等,如$n+2=(n-1)+3$.联想到$C_n^0+C_n^1+C_n^2+\cdots+C_n^{n-1}+C_n^n=2^n$及求证不等式的右边含有式子$2^{n-1}(n+2)$,不难有

$|F(x_1)-F(x_2)|\leq F(1)-F(0)$
$=\dfrac{1}{2}[(n+2)C_n^0+(n+2)C_n^1+(n+2)C_n^2+\cdots+(n+2)C_n^{n-1}+(n+2)C_n^n]-n-1$

$=\dfrac{1}{2}(n+2)(C_n^0+C_n^1+C_n^2+\cdots+C_n^{n-1}+C_n^n)-n-1=2^{n-1}(n+2)-n-1$.

例4 (2006年高考数学浙江卷理科第20题) 已知函数$f(x)=x^3+x^2$,数列$\{x_n\}$($x_n>0$)的第1项$x_1=1$,以后各项按如下方式取定:曲线$y=f(x)$在$(x_{n+1},f(x_{n+1}))$处的切线与经过$(0,0)$和$(x_n,f(x_n))$两点的直线平行(如图4-1).求证:当$n\in \mathbf{N}^*$时,

(1)$x_n^2+x_n=3x_{n+1}^2+2x_{n+1}$;(2)$\left(\dfrac{1}{2}\right)^{n-1}\leq x_n\leq \left(\dfrac{1}{2}\right)^{n-2}$.

分析:由已知有$f'(x_{n+1})=\dfrac{f(x_n)-0}{x_n-0}$,进而易得$x_n^2+x_n=3x_{n+1}^2+2x_{n+1}$.对第(2)小题,由题设和结论中的"隐含信

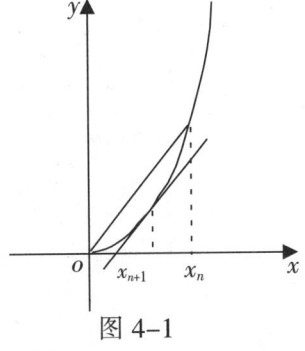

图4-1

息",可对解题思路做如下推断:①由所要证的结论$(\frac{1}{2})^{n-1} \leqslant x_n \leqslant (\frac{1}{2})^{n-2}$猜测,$\{x_n\}$是一个与等比数列有一定联系的数列;②第(1)小题的结论$x_n^2+x_n=3x_{n+1}^2+2x_{n+1}$是等式,而第(2)小题的结论是不等式可知,证明过程需要进行放缩,否则第(2)小题的结论仍是等式;③放缩什么?怎样放缩?考虑到$x_n \in [0,1]$,$x_n^2 \leqslant x_n$,故放缩很可能在x_n^2的增减上做文章;④放缩的"路标"与关键量是$\frac{1}{2}$.事实上,

由$x_n^2+x_n=3x_{n+1}^2+2x_{n+1} \leqslant 4x_{n+1}^2+2x_{n+1}$,有$x_n \leqslant 2x_{n+1}$,$\frac{x_{n+1}}{x_n} \geqslant \frac{1}{2}$,$x_n \geqslant (\frac{1}{2})^{n-1}$.

由$x_n^2+x_n=3x_{n+1}^2+2x_{n+1} \geqslant 2x_{n+1}^2+2x_{n+1}=2(x_{n+1}^2+x_{n+1})$有

$\frac{x_{n+1}^2+x_{n+1}}{x_n^2+x_n} \leqslant \frac{1}{2}$,$x_n^2+x_n \leqslant (\frac{1}{2})^{n-2}$,进而有$x_n \leqslant (\frac{1}{2})^{n-2}$.

由上可知,有效解题不仅需要仔细地、反复地从不同的侧面挖掘题目的有用信息,分析结论或目标中为什么是这个量而不是其他量,为什么是这种结构而不是其他结构,而且要时刻注意挖掘和利用解题过程中所暴露出来的各种信息,继续不断地"弄清问题",避免解题思路受阻.

策略3 执因索果(或执果索因),架设桥梁

事物发展总是有前因后果的.搞清楚事物发展的前因后果,搞清楚题目中的"数"与"形"源自哪里及其形成过程,是寻找解题思路、突破思维难点的有效方法.

例5 从原点出发的某质点M,按向量$\vec{a}=(0,1)$移动的概率为$\frac{2}{3}$,$\vec{b}=(0,2)$移动的概率为$\frac{1}{3}$,设点M到达点$(0,n)$的概率为P_n.

(1)求P_1,P_2的值;(2)求证$P_{n+2}-P_{n+1}=-\frac{1}{3}(P_{n+1}-P_n)$;(3)求$P_n$的表达式.

分析:易知$P_1=\frac{2}{3}$,$P_2=\frac{2}{3} \times \frac{2}{3}+\frac{1}{3}=\frac{7}{9}$.由于第(2)小题要证的是一个关于$P_{n+2}$,$P_{n+1}$,$P_n$的关系式,因此思维的切入点应是搞清楚点$M$是怎样到达点$(0,n+2)$的,以及$P_{n+2}$源自哪里.由于点$M$到达点$(0,n+2)$,必先到达点$(0,n)$或点$(0,n+1)$.由题设可知,$P_{n+2}=$

$\frac{1}{3}P_n + \frac{2}{3}P_{n+1}$,即 $P_{n+2} - P_{n+1} = -\frac{1}{3}(P_{n+1} - P_n)$.由 $\{P_{n+1} - P_n\}$ 是等比数列,可求 P_n 的表达式.

例5的解题思路是通过搞清楚事物发展变化轨迹,寻找事物前后的内在联系,进而发现规律.而前面的例4则是一个执果索因、寻找联系的典型例子.

策略4 迎难而上,化解难点

学生解题时常遇到这样的情况:觉得有困难但又不清楚具体的难点在哪里,造成困难的症结是什么.其实,"知难则不难",搞清楚思维的难点在哪里、困难的原因是什么,往往能有效地化解难点,找到解题思路.

例6(2008年高考数学宁夏、海南卷第24(2)题) 解不等式 $|x-8|-|x-4|>2$.

分析:此题学生也许不会做,但解不等式 $(x-8)-(x-4)>2$ 却肯定会.这说明解题的难点在于题目中含有绝对值,因此思维的切入点应是去掉绝对值.

例7(2008浙江省高中数学竞赛题) $\cos(\sqrt{1-\sqrt{x^2+5x+7}} + \sqrt{x^2+5x+6}) = \_\_\_$.

分析:此题的难点在于角 $\sqrt{1-\sqrt{x^2+5x+7}} + \sqrt{x^2+5x+6}$ 比较"特殊",难以化简.而这个难点不克服,求值就无从谈起.仔细观察,不难发现,由题意有,$x^2+5x+6 \geq 0, 0 \leq x^2+5x+7 \leq 1$,故 $x^2+5x+7 = 1$,$\cos(\sqrt{1-\sqrt{x^2+5x+7}} + \sqrt{x^2+5x+6}) = \cos 0 = 1$.

策略5 寻找差异,缩小差异

问题意味着给定的信息和目标之间存在着"距离"和差异,问题解决的过程就是不断缩小条件与结论之间"距离"、消除它们之间差异的过程.通过分析题目条件与结论中所蕴含的数量特征、结构特征、位置特征等去发现目标差异,并不断地缩小差异,这是解题常用的策略.因为这种"差异分析法"同时回答了"从何处入手"和"到何处去"两个问题.

例8 已知 $\tan(\alpha+\beta) = -2, \tan(\alpha-\beta) = \frac{1}{2}$,求 $\frac{\sin 2\alpha}{\sin 2\beta}$ 的值.

分析:此题已知条件与所求结论在角、函数名称、式子结构方面都有明显的联系和差异,因此解题的关键是消除条件与结论之间的差异、建立已知与未知之间的联系.

$$\frac{\sin 2\alpha}{\sin 2\beta} = \frac{\sin[(\alpha+\beta)+(\alpha-\beta)]}{\sin[(\alpha+\beta)-(\alpha-\beta)]} = \frac{\sin(\alpha+\beta)\cos(\alpha-\beta)+\cos(\alpha+\beta)\sin(\alpha-\beta)}{\sin(\alpha+\beta)\cos(\alpha-\beta)-\cos(\alpha+\beta)\sin(\alpha-\beta)}$$

$$= \frac{\tan(\alpha+\beta)+\tan(\alpha-\beta)}{\tan(\alpha+\beta)-\tan(\alpha-\beta)} = \frac{3}{5}.$$

事实上,不仅解题之初寻找解题思路时可用"差异分析法",就是解题过程中也要注意运用"差异分析法"。

例9(2006年全国高中数学联赛第6题) 数码$a_1, a_2, a_3, \cdots, a_{2006}$中有奇数个9的2007位十进制数$\overline{2a_1a_2a_3\cdots a_{2006}}$的个数为( )

A. $\frac{1}{2}(10^{2006}+8^{2006})$ B. $\frac{1}{2}(10^{2006}-8^{2006})$ C. $10^{2006}+8^{2006}$ D. $10^{2006}-8^{2006}$

分析:由分类加法计数原理、分步乘法计数原理有,出现奇数个9的十进制数个数有$C_{2006}^1 9^{2005}+C_{2006}^3 9^{2003}+\cdots+C_{2006}^{2005} 9$。考虑9与选择支中10,8之间的差异与联系,观察$C_{2006}^1 9^{2005}+C_{2006}^3 9^{2003}+\cdots+C_{2006}^{2005} 9$的结构特征,联想到二项式定理,自然有$(9+1)^{2006}=\sum_{k=0}^{2006}C_{2006}^k 9^{2006-k}$,$(9-1)^{2006}=\sum_{k=0}^{2006}C_{2006}^k(-1)^k 9^{2006-k}$,把这两式相减,可得$C_{2006}^1 9^{2005}+C_{2006}^3 9^{2003}+\cdots+C_{2006}^{2005} 9=\frac{1}{2}(10^{2006}-8^{2006})$。

策略6 化整为零,各个击破

笛卡尔列出的近代科学思想方法四条原则中的两条是:(1)分析困难对象到足够求解的小单位;(2)从最简单、最易懂的对象开始。他指出:"不可以从庞大暧昧的事物中,只可以从最容易碰见的容易事物中演绎出最隐秘的真知本身。"老子也指出:"天下之难作于易,天下之大作于细。"这些都告诉我们,"化整为零、化大为小"有利于降低问题难度,找到解题思维的切入点。

例10 求由四面体的4个顶点及各棱中点所确定的平面的个数。

分析:要做到求平面个数时不重不漏,关键是思维要按一定的合理的顺序展开。如图4-2 符合题设的平面按其含四面体的顶点A, B, C, D个数可分为以下4类:

(1)含其中3个顶点的平面有且只有四面体的4个面。

(2)含其中2个顶点的平面,即由每条棱及其对边的中点所确定的平面有6个。

(3)含其中1个顶点的平面,即一个顶点与其所对面三条边中点所确定的平面有4×3个。

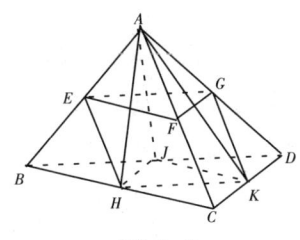

图 4-2

(4)不含四面体任何顶点的平面又分为两类:一是由有公共端点的3条棱的中点确定的平面(如平面EFG)有4个,二是过4条棱的中点且平行于两条对棱的平面(如平面$EHKG$)有3个.

故符合题意的平面共有4+6+12+3+4即29个.

事实上,分类讨论、分类加法计数原理、分步乘法计数原理等都是"化整为零,各个击破,再积零为整"思想的具体运用.教材中探究函数$y=A\sin(\omega x+\varphi)$图象与函数$y=\sin x$图象之间则是这种思想方法运用的典型例子.

策略7 以退求进,以进求简

华罗庚先生曾说过,解题时先足够地退,退到我们最易看清楚问题的地方,认透了,钻深了,然而再上去.善于"退",足够地"退",退到原始而不失重要性的地方,是解决数学问题的一个诀窍. 由于特殊情况往往涉及一些无关紧要的细节而掩盖了问题的本质和关键,容易造成人们"只见树木,不见森林",而一般情况却更明确地揭示了问题的本质,反映问题的全貌,因此把特殊问题一般化有时会使问题变得简单、容易.

例11(2006年高考数学辽宁卷理科第16题) 若一条直线与一个正四棱柱各个面所成的角都为α,则$\cos\alpha=$____.

分析:此题是直线与平面所成角的问题,因此把正四棱柱"退"到正方体,把直线"退"到经过正四棱柱一个顶点的直线,仍不失问题的一般性.容易求得$\cos\alpha=\dfrac{\sqrt{6}}{3}$.

例12(2001年高考数学全国卷理科第20(2)题) 已知m,n是正整数,且$1<m<n$.证明:$(1+m)^n>(1+n)^m$.

分析:直接证明较难.考虑到$(1+m)^n>(1+n)^m$即$(1+m)^{\frac{1}{m}}>(1+n)^{\frac{1}{n}}$,我们只需证一

个更一般的结论:$f(x)=(1+x)^{\frac{1}{x}}$在区间$(1,+\infty)$为减函数.

正如波利亚所说:"越是宏大的计划,越有机会获得成功……宏大的计划如果不是仅仅基于自负,而是基于洞察了超越那些表面现象的东西,它就更有可能获得成功."

策略8 直难则曲,正难则反

直接证明或求解有困难,则间接证明或求解;正面求解有困难,就反向思考.这是突破思维难点的常用方法.

例13 已知函数$f(x)=x-\sin x$,数列$\{a_n\}$满足:$0<a_1<1$,$a_{n+1}=f(a_n)$,$n=1,2,3,\cdots$.证明:(1)$0<a_{n+1}<a_n<1$;(2)$a_{n+1}<\frac{1}{6}a_n^3$.

分析:易证$0<a_{n+1}<a_n<1$.由于$a_{n+1}<\frac{1}{6}a_n^3$难以直接证明,因此思维的关键和难点在于不断地转化问题:①把证$a_{n+1}<\frac{1}{6}a_n^3$转化为证$a_n-\sin a_n-\frac{1}{6}a_n^3<0$,再转化为证$g(x)=x-\sin x-\frac{1}{6}x^3$在区间$(0,1)$上恒小于$0$;②因为$g(0)=0$,故证$g(x)$在区间$(0,1)$上恒小于$0$可转化为证$g'(x)=1-\cos x-\frac{1}{2}x^2$在区间$(0,1)$上恒小于$0$;③因为$g'(0)=0$,故证$g'(x)$在区间$(0,1)$上恒小于$0$可转化为证$[g'(x)]'$在区间$(0,1)$上恒小于$0$.

其实,分析法、反证法、同一法、倒推法、举反例、动静互换、数形互化、反客为主等,都是"直难则曲,正难则反,迂回转化"的具体运用.而转化的关键则是弄清题目的深层次的结构及其特征,弄清条件与结论的内在联系.

"教会学生思考"是数学教学的根本任务.数学解题教学需要由技能与技巧教学向能力与思维教学转变,让学生在享受思考和探究乐趣的同时,有效地发展能力与思维,进而提升数学教学的品质与效益.

一道全国联赛题的推广与一般解法

2001年全国高中数学联赛试题第12题:

在一个正六边形的六个区域栽种观赏植物（如图4-3），要求同一块中种同一种植物,相邻两块种不同的植物.现有4种不同的植物可供选择,则有____种栽种方案.

图4-3

本题参考答案的解法如下:按间隔三块区域A,C,E种植植物的种数,分为以下三类.

(1)若A,C,E种同一种植物,则共有$4\times3\times3\times3=108$种方法.

(2)若A,C,E种2种植物,则共有$A_4^2\times3\times3\times2\times2=432$种方法.

(3)若A,C,E种3种植物,则共有$A_4^3\times2\times2\times2=192$种方法.

根据加法原理,总计有$108+432+192=732$种方法.

以上解法没有揭示这类问题的本质.显然,如果把题目中的"六个区域"改为"五个区域或七个区域",那么这种解法就会失效;如果区域数增加,或可供选择的植物种数增加,那么这种解法即使能用也会很复杂.事实上,以上问题可推广到更一般的情况,也可用更一般的方法解决.

问题推广:在一个正n边形的n个区域栽种观赏植物(如图4-4),要求同一块中种同一种植物,相邻两块种不同的植物.现有m种不同的植物可供选择,则有____种栽种方案.

一般解法:设n个区域时符合题意的栽种方案共有$f(n)$种.由题意,第1个区域有m种栽法,第2,3,…,$n-1$区域都有$(m-1)$种栽法.第n区域如果允许与第1区域的栽法相同,那么也有$(m-1)$种栽法.当第n区域与第1区域的栽法相同时,那就相当于在符合题设的$(n-1)$个区域中栽种,故有$f(n-1)$种栽法.

故$f(n)=m(m-1)^{n-1}-f(n-1)$.

同理 $f(n-1)=m(m-1)^{n-2}-f(n-2)$,

$f(n-2)=m(m-1)^{n-3}-f(n-3)$,

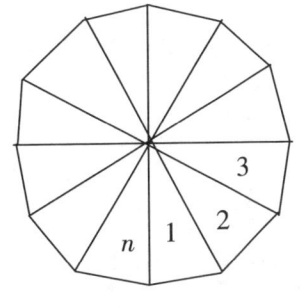

图4-4

$$\cdots$$
$$f(4)=m(m-1)^3-f(3),$$
$$f(3)=m(m-1)^2-f(2)$$
$$=m(m-1)^2-m(m-1)$$
$$=m(m-1)(m-2),$$
$$\cdots$$

所以 $f(n)=m(m-1)^{n-1}-f(n-1)$
$$=m(m-1)^{n-1}-[m(m-1)^{n-2}-f(n-2)]$$
$$=m(m-1)^{n-1}-m(m-1)^{n-2}+f(n-2)$$
$$=m(m-1)^{n-1}-m(m-1)^{n-2}+m(m-1)^{n-3}-f(n-3)$$
$$=\cdots$$
$$=m(m-1)^{n-1}-m(m-1)^{n-2}+m(m-1)^{n-3}-m(m-1)^{n-4}+\cdots+(-1)^{n-4}f(4)$$
$$=m(m-1)^{n-1}-m(m-1)^{n-2}+m(m-1)^{n-3}-\cdots+(-1)^{n-4}m(m-1)^3+(-1)^{n-3}f(3)$$
$$=\frac{m(m-1)^{n-1}\left[1-(-\frac{1}{m-1})^{n-3}\right]}{1+\frac{1}{m-1}}+(-1)^{n-3}m(m-1)(m-2)$$
$$=(m-1)^n+(-1)^{n-2}(m-1)^3+(-1)^{n-3}m(m-1)(m-2)$$
$$=(m-1)^n+(-1)^{n-2}(m-1)$$
$$=(m-1)^n+(-1)^n(m-1).$$

第五章

数学教学评价:
为了引导和矫正教与学

为引导和矫正教与学而考*
——2006年浙江省台州市中考数学命题探索与实践

中考有选拔、评价、反馈、激励、引导、矫正等诸多功能.但作为教育教学的重要组成部分,中考应强化其对教与学的引导和矫正功能.因为中考考查的目标、内容、方式在很大程度上影响着初中教师教与学生学的目标、内容与方式.

1 现行中考数学命题中存在的深层次问题

近几年,各地的中考数学命题普遍都有了很大的改进,对教与学起到了积极的导向作用,但由于纸笔测试的局限性和命题技术水平的限制,中考数学命题还存在诸多深层次的问题.

问题1 中考考查的主要是作为知识与技能的数学,而不是作为素养与能力的数学.

例证1 数学尖子生只是做习题的机器

2005年7月8日《文汇报》报道,几天前,知名华人数学家、哈佛大学教授丘成桐兴冲冲地赶到杭州,与一群刚在高考中取得好成绩的数学尖子生见面.结果却让他大失所望:"大多数学生对数学根本没有清晰的概念,对定理不甚了了,只是做习题的机器.这样的教育体系,难以培养出什么数学人才."

丘教授对数学尖子生的评价,从一个侧面说明了高考对学生数学素养、数学能力的考查很不到位;或者说,高考考查的主要是学生的数学知识与数学技能.其实,类似的问题在数学中考中更加普遍而严重地存在着.与此相应的是,数学教学中教师"重术轻道",过于关注一招一式的解题技能的训练与落实,而轻视数学的核心概念、思维策略方法和数学思想方法的渗透与体验.

问题2 中考考查的主要是作为结果的数学,而不是作为过程与方法的数学

例证2 三年的数学课程两年学完

---

* 这部分内容发表在《中学数学教学参考》2006年第8期.

无论高中还是初中，学校和教师赶进度、开快车使三年的数学课程两年教完(初中通常为两年半)，拿出大量的时间进行高考、中考复习的现象非常普遍.

这一事实至少说明两点:(1)数学教学没有对数学知识的形成与发展过程给予足够的重视,考试关注的是数学知识是什么,忽视的是数学知识为什么这样;(2)数学中考考的主要是作为结果的数学,而不是作为过程与方法的数学,三年的课程两年学完余下一年搞复习训练有利于考试成绩的提高.与此相应的是,"注入式"教学十分流行:教师普遍采用"概念(定理、法则)—例题—练习—习题"的教学流程,轻视概念与定理的发现与形成过程,只注重题型的归纳、整理与重复训练;课堂教学封闭性、接受性有余而开放性、探究性不足.

问题3 中考考查的主要是僵化呆板的数学,而不是生动活泼的数学

例证3 数学教与学极少关注与考试无关的数学

数学知识的海洋浩瀚无边、精彩无比,但教师和学生心目中的数学似乎只有教材和考试中的数学,是一套严密的证明和演绎系统,是一道又一道习题及其解法.笔者曾抽样调查了浙江省台州中学和临海市回浦中学这两所省一级重点高中7000多学生中的616位高中生,浙江省临海市外国语学校、温岭市第三中学这两所省城镇示范初中5000学生中的599位初中生, 发现除了教材及与教材配套的课外习题集、数学竞赛用书等与考试有直接相关的书籍外,只有3.9%的高中生和7.68%的初中生经常看数学科普、数学史料等与考试没有直接关系的课外读物.

2 改进中考数学命题的努力和尝试

为了搞好2006年台州市中考数学命题,引导积极的教与学,同时矫正教与学中存在的问题,我们从以下两方面做了努力:

2.1 明确中考命题的指导思想,明确反对什么、提倡什么

不论中考还是初中毕业生学业考试,作为连接初中教育与高中教育的桥梁,它们都应从小学教育、初中教育是义务教育,高中教育仍然是基础教育的根本现实出发,并适应高中教育已经基本普及、高等教育已经大众化的新形势,充分体现义务教育的基础性、普及性与发展性.中考与教育教学一样,需要正确的、明确的指导思想.中考命题不仅要搞清楚"谁在考、考什么、考到什么程度",更要搞清楚我们为什么而考,搞清楚我们应该提倡什么、反对什么.

今年我市的中考数学命题以"面向全体、注重基础、着眼未来,有利于引导正确

的、积极的教与学,有利于学生掌握必要的数学基础知识、基本技能和基本思想方法,有利于初中数学教育面向全体学生并让学生以成功者的心态走向后续的学习和生活,有利于高中教育的普及与学生的可持续发展"为原则,反对过度学习,提倡学有用的、适度的数学,以便为学生其他方面的发展留出时间和空间;反对题海战术,提倡通过优化学生的思维品质、提高学生的数学素养来提高学生的考试成绩;反对单调枯燥的数学,提倡学习丰富多彩、生动活泼的数学;反对"注入式"的数学教学,提倡"探究式、发现式"的数学教学.

2.2 积极探索把先进的教学理念转化为具体的命题行为和试题的途径与方式

(1)矫正过度学习现象,引导师生教与学有用的、适度的数学.为此,我们在以下两方面做了努力:

一是降低起点、减缓坡度、控制难度.无论选择题,还是填空题和解答题,试题的起点都很低,并且前四分之三甚至前五分之四的题目坡度都不大,以求矫正初中数学教学起点过高、难度过大、训练过强等问题,达到减轻学生学业负担、为学生个性品质和综合素质发展留下较大空间之目的.

二是以学生的发展为本,重在考查学生的数学基础知识和基本能力、基本素养.整份试卷不在繁、难、偏、旧上做文章,不出偏题、怪题,而重在考查作为一个公民应具有的基本数学素养和后续学习应具有的基本数学知识、数学技能、数学思想方法,同时帮助他们树立学好数学的信心.命题做到了"活而不难,熟而不俗,平和清新,平淡中寓新意".

(2)矫正数学单调枯燥现象,引导师生教与学生动活泼的数学.为此,命题特地在以下三方面做了努力:一是加了卷首语:"亲爱的同学:欢迎参加生动活泼,趣味无穷的数学'旅行'.相信聪明的你一定会认真细致地克服'旅行'中的一些小小困难,顺利到达目的地.'旅行'中请注意……";二是试题的表述力求生动活泼、贴近学生心理年龄特征.如全卷共出现了四处"小敏"探究、解决问题的情形.三是试题内容的选取上,力求体现数学生动活泼、多姿多彩的一面.

例1(台州卷第16题) 有人说,数学家就是不用爬树或把树砍倒就能够知道树高的人.小敏想知道校园内一棵大树的高(如图5-1),他测得$CB=10$米,$\angle ACB=50°$,请你帮他算出树高AB约为____米.(注:①树垂直于地面;②供选用数据:$\sin 50°≈0.77$,$\cos 50°≈0.64$,$\tan 50°≈1.2$)

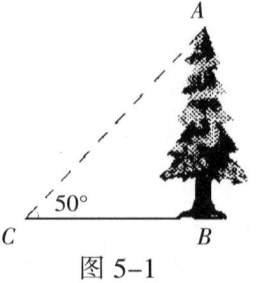

图 5-1

此题前面特地加了"有人说,数学家就是不用爬树或把树砍倒就能够知道树高的人",目的在于既增强试题的趣味性,又体现数学家思维方式与其他人思维方式的区别以及数学的应用价值.

例2(台州卷第17题) 日常生活中,"老人"是一个模糊概念.有人想用"老人系数"来表示一个人的老年化程度.他设想"老人系数"的计算方法如下表:

人的年龄x(岁)	$x \leq 60$	$60 < x < 80$	$x \geq 80$
该人的"老人系数"	0	$\dfrac{x-60}{20}$	1

按照这样的规定,一个70岁的人的"老人系数"为____.

此题以模糊数学和分段函数为背景,考查学生的阅读理解能力,并力求引导教与学更多地关注背景深刻、趣味无穷、应用广泛但又是初中生能够理解和接受的数学.

例3(台州卷第18题) 小敏中午放学回家自己煮面条吃.有下面几道工序:①洗锅盛水2分钟;②洗菜3分钟;③准备面条及佐料2分钟;④用锅把水烧开7分钟;⑤用烧开的水煮面条和菜要3分钟.以上各道工序,除④外,一次只能进行一道工序.小敏要将面条煮好,最少用____分钟.

此题是以统筹学知识为背景,考查学生的数学素养和灵活运用知识的能力,同时让学生了解数学的多样性及其应用的广泛性.

(3)矫正数学教学非数学化倾向,引导教与学更多地关注数学的本质与灵魂.课改后,部分教师片面地理解课改,出现了为情境而情境、为探究而探究、为联系实际而联系实际的倾向,而忽视了创设情境、探究、联系实际等是为了更好地学习数学、运用数学、探究数学内在的本质与规律.

例4(台州卷第22题) 如图5-2,直角坐标系中,点A的坐标为(1,0),以线段OA为边在第四象限内作等边△AOB,点C为线段OA延长线上一动点,连结BC,以线段BC为边在第四象限内作等边△CBD,直线DA交y轴于点E.

①△OBC与△ABD全等吗?判断并证明你的结论;

②随着点C位置的变化,点E的位置是否会发生变化?若没有变化,求出点E的坐标;若有变化,请说明理由.

此题适度开放、难度适中,重在让学生自己去发现和探究变化中的不变量,发现运动中所蕴含的内在规律,对引导学生学什么、怎样学都有一定的积极意义.

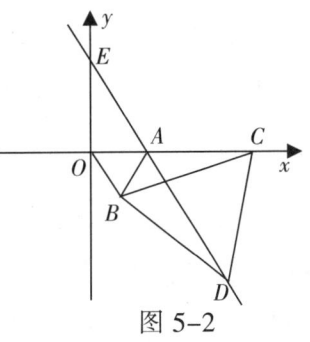

图 5-2

(4)矫正学生学习囫囵吞枣现象,引导教与学关注知识内在的科学性与合理性,学会再创造.学会学习、探究和再创造数学概念是学会数学的重要组成部分.为了矫正学生学习数学概念时只知概念是什么,而不知这个概念为什么这样、不了解数学概念的产生背景及其科学性与合理性的问题,除了前面为了描述一个人的老年化程度而"自主"定义"老人系数"外,还引导学生学会自主构建数学概念.

例5(台州卷第12题) 我们知道,"两点之间线段最短""直线外一点与直线上各点连接的所有线段中,垂线段最短".在此基础上,人们定义了点与点的距离,点到直线的距离.类似地,若点P是$\odot O$外一点(如图5-3),则点P与$\odot O$的距离应定义为( )

(A)线段PO的长度　　(B)线段PA的长度

(C)线段PB的长度　　(D)线段PC的长度

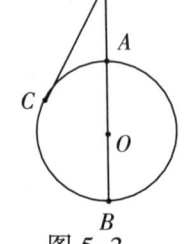

图5-3

此题根据距离的本质,让学生由已经学过的点与点的距离、点到直线的距离通过类比、迁移,自我构建点与圆的距离的概念,并力图借此引导学生关注数学概念的本质,进而学会自我探究和再构建数学概念(注:此题可直接要求学生根据距离的特征给出点与圆的距离的定义,题中所做的铺垫纯粹是为了降低难度).

(5)矫正数学教学技能化的倾向,引导教与学更多地关注思维策略与思维方法.完整的数学学习应包括学"问"与学"答"两方面,完整的有效的数学学习过程应包括自然地合理地提出数学问题、自然地合理地解决数学问题、自然地合理地拓展数学问题三个部分.针对学生只学"答"不学"问"、只知解决问题而不知如何提出问题、题海战术盛行,以及教师自觉或不自觉地采用了"思维层级下移"的策略来提高解题能力的倾向,并考虑到学会学习数学概念和学会探究发现数学结论是学会学习数学的两个重要方面,试卷在引导学生如何发现问题、探究问题等环节做了精心的设计,着力引导教与学通过优化学生的思维品质、提高学生的数学素养来提高考试成绩.

例6(台州卷第25题) 善于学习的小敏查资料知道:对应角相等,对应边成比例的两个梯形,叫作相似梯形.他想到"平行于三角形一边的直线和其他两边相交,所构成的三角形与原三角形相似",提出如下两个问题,你能帮助解决吗?

问题一 平行于梯形底边的直线截两腰所得的小梯形和原梯形是否相似?

(1)从特殊情形入手探究.假设梯形$ABCD$中,$AD//BC$,$AB=6$,$BC=8$,$CD=4$,$AD=2$,MN是中位线(如图5-4).根据相似梯形的定义,请你说明梯形$AMND$与梯形$ABCD$是否相似?

(2)一般结论：平行于梯形底边的直线截两腰所得的梯形与原梯形_____（填"相似"或"不相似"或"相似性无法确定".不要求证明）.

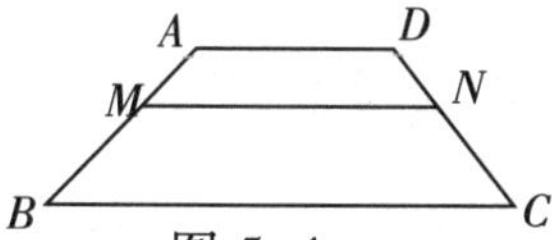

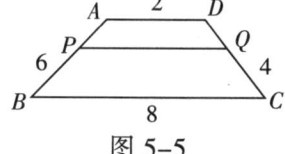

图 5-4

问题二 平行于梯形底边的直线截两腰所得的两个小梯形是否相似？

(1)从特殊平行线入手探究.梯形的中位线截两腰所得的两个小梯形_____（填"相似"或"不相似"或"相似性无法确定".不要求证明）.

(2)从特殊梯形入手探究.同上假设，梯形$ABCD$中，$AD\parallel BC$，$AB=6$，$BC=8$，$CD=4$，$AD=2$，你能找到与梯形底边平行的直线PQ（点P，Q在梯形的两腰上，如图5-5），使得梯形$APQD$与梯形$PBCQ$相似吗？请根据相似梯形的定义说明理由.

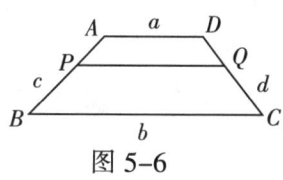

图 5-5

(3)一般结论：对于任意梯形（如图5-6），一定_____（填"存在"或"不存在"）平行于梯形底边的直线PQ，使截得的两个小梯形相似.若存在，则确定这条平行线位置的条件是$\dfrac{AP}{PB}=$_____（不妨设$AD=a$，$BC=b$，$AB=c$，$CD=d$.不要求证明）.

图 5-6

本题是一个典型的研究性学习问题，问题情境学生既陌生又熟悉，远离学生机械训练过的常规题目，重在考查学生的探究方法与探究能力.由于学生面对的是一个新的、比较陌生的情境，因而能较为真实地反映出学生的学业水平，有利于提高考试的信度和效度.为了降低难度，并且引导学生学会探究，本题特地提示学生从定义出发，按从特殊到一般、从具体到抽象的思路进行探究，较好地体现了对学生学习方法、探究策略、探究方法的指导.创设善于学习的小敏在学习和查找资料中自然地提出问题的情境，则是为了引导学生养成自主发现问题、探究问题的意识和习惯，同时也使问题的表述更加贴近学生的心理、激发学生探究的欲望.

(6)矫正课改"形似而神不似"的倾向，引导教与学关注课改的本质.试卷避免了为情境而情境、为联系现实而联系现实、为探究而探究、为思想教育而思想教育等庸俗化的做法.

3 探索中的困惑与遗憾

命题是遗憾的艺术,命题过程是一个权衡各种利弊甚至顾此失彼的艰难的选择过程.由于认识和水平的限制,我们在命题过程中也存在一些困惑,留下了一些遗憾.

困惑与遗憾一 如何处理优秀生与后进生的矛盾?浙江省教育厅和台州市教育局有关文件明确要求中考各科的难度系数必须达到0.7以上,这对防止过度学习、减轻学生学业负担、促进教育均衡发展和让更多的学生以成功者的姿态进入后继学习等都具有积极的意义.但由于目前初中教育两极分化严重,许多学生连最简单的数学知识都没有掌握,因此整体难度系数达到0.7必然导致了试题相对简单,而这又必然使应试倾向严重的学校和教师的教学停留在低水平、低层次的重复训练上,进而削弱中考数学对尖子学生的激励功能,妨害优秀学生在初中阶段得到足够的、良好的数学训练,妨害学生的思维尤其是理性思维能力的发展.毕竟面向全体也应该包括面向优秀学生.教学提倡因材施教,新课程提倡"不同的人在数学上得到不同的发展",与此相对应,数学考试如何"因材施考"是一个新的需要研究的问题.

困惑与遗憾二 如何处理基础与创新、考能力素养与控制难度的矛盾?鉴于考试改革与教学改革既相互促进又相互制约,以及多数学校教学改革滞后,许多学生、教师对数学知识的本质与联系理解和关注不够,为了面向全体学生,命题组教师在降低难度上动了许多脑筋,不仅放弃了许多能较好测试学生能力和素养的题目,甚至为降低难度而在试题中做了不必要的过多的铺垫.这样做既影响了对数学能力和素养的深入考查,也在一定程度上降低了试卷的区分度、信度、效度等,不能不说是一个遗憾.因此如何在基础与创新、考能力素养与控制难度之间寻找一个合适的"度"是一个很值得研究的问题.

4 对初中数学教学的几点建议

一要坚定地把基本知识、基本技能落到实处.这不仅是考试的需要,更是学生继续学习和发展的需要.

二要坚决控制教学难度,防止加重学生不必要的负担.尤其是要坚决不做那些难得没有道理、没有价值的题目.

三要关注知识的形成过程,引导学生学会学习数学.如数学概念学习,不仅要搞清楚是什么,更要搞清楚为什么要这样定义,这样定义的科学性、合理性与优越性在哪里;数学定理法则学习,不仅要搞清其内容,更要搞清楚其产生背景、证明思路、应用条件及相关拓展等.

四要下大力气优化和发展学生的数学思维.要看到在不断强化能力立意的背景下,题海战术的有效性已经大大下降.因此数学教学不仅要在学生掌握数学知识、数学技能的过程中"顺便地"发展能力和思维,更要更多地直接指向能力和思维发展本身,尽管这里的教学也是凭借一定的数学知识和技能进行的.

五要关注数学本质和核心观念.数学教学要紧抓数学知识的本质与核心概念不放,削枝强干,防止在细枝末节上花过多的时间和精力,防止把数学教学降格为低层次的解题技能的训练.

六要关注生动活泼的数学.借此扩大学生的知识面,提高学生的数学素养,激发学生的学习兴趣.

考试改革与教学改革一样,是一个受各方面因素制约的、长期的、艰难的过程.我们愿与全体同行一起共同努力、积极探索,继续为引导和矫正教与学而考,为激励和促进学生发展而教.

用积极的考试引导积极的教学*
——2007年浙江省台州市初中学业水平考试数学命题实践与探索

1 命题前几点不成熟的想法

1.1 现行的考试有很大的副作用

曾任中国台湾地区新竹清华大学教授,2002年作为引进的百人海外专家被清华大学工程物理系聘为教授的程曜在《救救清华大学的这些孩子吧》一文中一针见血地指出清华学子中普遍存在的问题:到处都是无神无政府无信仰的无头苍蝇;他们不但对知识不感兴趣,对文化也十分陌生,不敢提问题、不喜欢动手、课本里没有的他们就不会而只会考试.其实,这不仅是清华的问题,更是中国教育的问题;不仅是教师教与学生学的问题,也是考试导向与命题水平的问题.

1.2 考试要向教与学发出积极的、明确的、强烈的信号

在考试无法取消也不应该取消的今天,作为命题教师,尤其是对教与学有着重要、直接而深刻影响的考试的命题教师,我们需要反复研究和思考的是怎样的考试才能引导和促进积极的教学,并最大限度地降低考试的副作用,使会考试的学生不再是"文盲"."考什么教什么""怎么考怎么教"的现象对考试来说,既是极大的挑战,也是难得的机遇.因此初中毕业生学业考试要为教与学指引正确的方向,并尽力矫正教与学中存在的问题;要向教与学发出积极的、明确的、强烈的信号,并使所有的教师都能接收到这种信号.

1.3 考试与教学要寻找正确的结合点和平衡点

现在教学和考试之间存在"猫抓老鼠"的现象:教学过分地研究考试、服务于考试、屈从于考试的现象十分普遍.由于教学和考试都是促进学生更好地成长和发展的手段与途径,因此教学和考试都要围绕学生成长和发展需要怎样的教学这一点上做文章,进而找到两者之间的结合点与共同点.也就是说,教学要在研究教学应

---

* 这部分内容发表在《中学数学教学参考》2007年第8期.

该怎样而不是考试将怎样的基础上进行教学,命题也要在搞清楚教学应该怎样、真正的教育需要怎样的考试的基础上进行命题,进而让研究教学应该怎样既成为研究考试、提高教学质量的最好途径与方式,也成为研究考试与命题的最好途径与方式.

1.4 2007年台州初中生学业考试数学命题的指导思想

基于以上认识,今年台州市初中生学业考试数学命题形成了如下指导思想:为激励正确的积极的教与学而考,为矫正教与学中存在的问题而考,为促进学生的可持续发展而考;不仅要考查学生对数学基本知识和基本技能的掌握情况,也要考查学生学习方法、学习习惯、数学素养等继续学习的潜能;要让真心认真搞课程改革的学校不吃亏,让切实减轻学生课业负担、不搞题海战术的学校和学生不吃亏,让学习真正成为一种快乐的事情.

2 命题中的实践与探索

聂卫平下棋时能赋予每步棋以鲜活的生命和在整局棋中的意义.命题也应努力赋予每个题目以生命、意义与价值,努力体现和落实命题的总体目标与要求.为此,命题在以下几方面进行了实践与探索.

2.1 **控制难度、降低起点、减缓坡度,突出基础性**.

义务教育和高中教育都属于基础教育的范畴.作为连接义务教育和高中教育的桥梁的初中生学业考试,理应把面向全体学生、突出基础性放在首要的位置.具体做法是:

一是坚决控制难度,确保难度系数达到0.70以上.

二是降低起点,减缓坡度.无论是选择题、填空题还是解答题,前面大量的题目都是作为一个初中毕业生所需要掌握的数学基础知识与基本技能, 也是他们升入高一级学校继续学习所必须具备的基础知识.

三是不出偏题、难题、怪题.题目中所要用到的数学知识、数学思想方法、数学思维等不仅具有很强的基础性,而且是学生在平时学习中所经常见到、用到的.

四是源于教材,高于教材,注重挖掘教材资源.试卷中许多题目,包括选择题、填空题、解答题的最后一题,都是由学生所用的人教版教材上的题目或内容改编而成.试卷中的较难题不在各地的中考试题和课外现成习题的基础上进行改编,目的是反对题海战术、减轻学生的学习负担.

2.2 关注学习潜能,深化能力立意,强化发展性

学习的根本目的是开发人的潜能,促进人更好地发展.教学也好,命题也好,都需要考虑什么知识与方法对学生后继的学习与发展影响最大.为此,命题深化了能力立意,强化了对学生学习潜能的考查:

(1)注重对数学思想方法和思维方法的考查.

试卷中,需要用类比思想解决的有第15(1),16题,需要用分类讨论思想解决的有第14,23,24题,需要用图形变换思想解决的有第5,6,8,16,24题,需要用函数方程思想解决的有第7,8,9,10,23,24题.

另外,命题尝试用显性的方法考查学生对数学思想方法的理解和使用情况.

例1(台州卷第15(1)题) 学习和研究"反比例函数的图象与性质""一次函数的图象与性质"时,用到的数学思想方法有_____、_____(填2个即可).

此题针对教师、学生对数学思想方法重视不够、体会和落实不到位等现象,希望考查学生学习函数时对所用到的数学思想方法是否清晰,引导师生重视数学思想方法,学会从数学思想方法角度看待问题.但为了降低难度,答题时只要求学生能填类比、数形结合、分类讨论、从特殊到一般、化归、函数方程思想等中的2个即可.

(2)加强了对学生数学直觉和合情推理能力的考查.

例2(台州卷第16题) (1)善于思考的小迪发现:半径为a,圆心在原点的圆(如图5-7),如果固定直径AB,把圆内的所有与y轴平行的弦都压缩到原来的$\dfrac{b}{a}$倍,就得到一种新的图形——椭圆(如图5-8).她受祖冲之"割圆术"的启发,采用"化整为零,积零为整""化曲为直,以直代曲"的方法,正确地求出了椭圆的面积,她求得的结果为___;

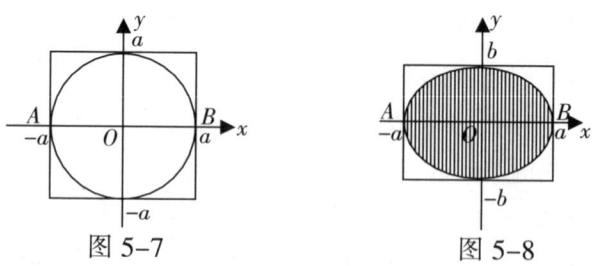

图 5-7　　　　　图 5-8

(2)(本小题为选做题,做对另加3分,但全卷满分不超过150分)小迪把图5-8的椭圆绕x轴旋转一周得到一个"鸡蛋形"的椭球.已知半径为a的球的体积为$\dfrac{4}{3}\pi a^3$,则此椭球的体积为_____.

数学直觉和合情推理能力是数学素养的重要组成部分,但教与学中却普遍对这两种能力重视和关注不够.此题针对这种情况,重在考查学生的数学直觉和类比能力.为了降低难度,试题做了两方面的铺垫:一是暗示性地设置了圆的外接正方形和椭圆的外接长方形,希望正方形面积与矩形面积的关系能给学生探索圆面积与椭圆面积的关系以某种启发;二是提示学生用"化整为零,积零为整""化曲为直,以直代曲"的方法探求椭圆的面积和椭球的体积.这也是命题希望通过深化数学能力和数学素养考查,使教材中的"课题学习"成为真正的课题学习落到实处的努力与尝试.应该说,例1、例2是反对题海战术、"让真心认真搞课程改革的学校、教师、学生不吃亏"的具体体现.

(3) 重视考查学生的思维品质,但不要"深挖洞".

例3(台州卷第24题) 如图5-9,四边形$OABC$是一张放在平面直角坐标系中的矩形纸片,点A在x轴上,点C在y轴上,将边BC折叠,使点B落在边OA的点D处.已知折痕$CE=5\sqrt{5}$,且$\tan\angle EDA=\dfrac{3}{4}$.

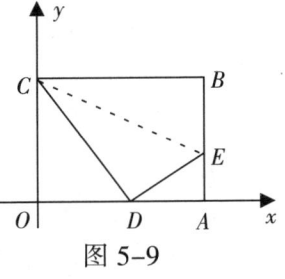

图 5-9

① 判断 $\triangle OCD$ 与 $\triangle ADE$ 是否相似?请说明理由;

② 求直线 CE 与 x 轴交点 P 的坐标;

③ 是否存在过点D的直线l,使直线l、直线CE与x轴所围成的三角形和直线l、直线CE与y轴所围成的三角形相似?如果存在,请直接写出其解析式并画出相应的直线;如果不存在,请说明理由.

此题由新课标人教版教材的复习题改编而成,目的是考查学生综合运用知识的能力和思维的灵活性与严谨性.作为全卷的最后一题,命题没有在知识与技能的"深挖洞"上做文章,没有把它设计成没有价值、没有意义、人为拼凑的所谓综合题和压轴题,以免给学生增加不必要的课业负担.让学生直接写出解析式并画出相应的直线,则是为了让学生有更多的时间用于思考和探究.

2.3 关注教学过程与学习过程,强化过程性

过程与方法是新课程教学目标的重要组成部分.但在实际教学过程中,"只讲是什么,不讲为什么,更不讲为什么这样想,省下时间反复做练习""三年的课程两年半教完""不重视数学活动、课题学习,完全忽视选学内容"等现象还是大量地存在.这些现象使生动活泼的数学变得单调、枯燥,不利于学生理解数学知识的本质,不利于学生数学素养的提高和学习兴趣的增强. 因此考试应更多地关注数学知识

形成与发展的过程,关注学生的思维过程与思维方法,关注三年的数学教学过程是否合理,考查的重点应该不是靠机械训练能够训练出来的东西.只有这样,才能达到反对在技能技巧上做文章、反对题海战术之目的.

例4(台州卷第15(2)题) 学数学不仅仅是听课和解题.三年初中数学学习期间,教材中给你留下深刻印象的选学内容、数学活动、课题学习有_____、_____、_____(填3个即可).

此题中"学数学不仅仅是听课和解题"一句,与其说是写出学生看的,还不如说是写给教师看的.因为命题希望每个教师能正确理解和把握"教数学"与"学数学"丰富的内涵.学生阅读选学内容、参加数学活动、进行课题学习等的多少及其质量是学生数学素养的重要组成部分.例4要学生填写给自己留下深刻印象的选学内容、数学活动、课题学习,目的是考查学生的数学学习经历,并引导教师和学生正确处理课内学习与课外学习的关系,重视有用的、学生能接受的、生动活泼的数学知识和学生数学素养的提高.此题体现了对整个数学教学过程的关注.

例5(台州卷第14题) 两个装有乒乓球的盒子,其中一个装有2个白球1个黄球,另一个装有1个白球2个黄球.现从这两个盒中随机各取出一个球,则取出的两个球一个是白球一个是黄球的概率为_____.

此题需要借助列举法或树形图来解决.而列举法、树形图是需要学生在动手"画"的过程中体会和掌握的方法,是从"事情"产生的"源头"和相互之间的关系出发、有条理地思考和解决问题的一种思维方法.

前面的例1也体现了对教学过程和学生学习方式的关注.因为学生清楚学习过程该用怎样的数学思想方法和思维方法是学生自主探究和有效探究的前提,也是实现知识有效迁移的前提.

2.4 关注学生学习方式的改进,强化实践性

课改后学生的学习方式有一定程度的变化,但由于传统习惯和观念的影响,这种变化既不明显,也不到位.动手实践、数学活动等仍是学生学习的薄弱环节.试卷从两个方面考查了学生的动手实践能力.

2.4.1 为解决某个实际问题进行的数学活动

例6(台州卷第10题) 一次数学活动中,小迪利用自己制作的测角器来测量小山的高度CD.已知她的眼睛与地面的距离为1.6米,小迪在B处测量时,测角器中的$\angle AOP=60°$(量角器零度线AC和铅垂线OP的夹角,如图5-10);然后她向小山走50米到达点F处(点B,F,D在同一直线上),这时测角器中的$\angle EO'P'=45°$,那么小山的高度CD约为( )

A. 68 米　　　　B. 70 米　　　　C. 121 米　　　　D. 123 米

(注:数据 $\sqrt{3}\approx 1.732, \sqrt{2}\approx 1.414$ 供计算时选用)

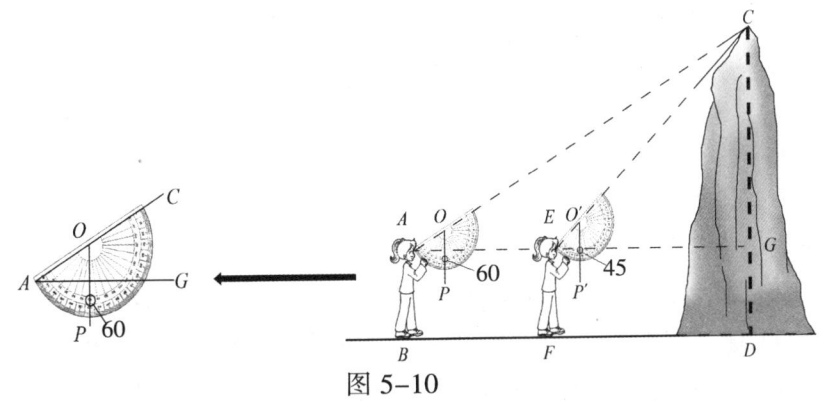

图 5-10

此题由教材中的数学活动"利用测角仪测量塔高"改编而成,目的是引导学生重视数学实践和数学活动设计.

2.4.2 为了解某方面情况而进行调查研究

例7(台州卷第22题)　台州某校七(1)班同学分三组进行数学活动,对七年级400名同学最喜欢喝的饮料种类情况、八年级300名同学零花钱主要用处情况、九年级300名同学完成家庭作业时间情况进行了全面调查,并分别用扇形图(如图5-11)、频数分布直方图(如图5-12)、表格来描述整理得到的数据.

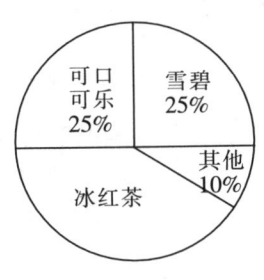
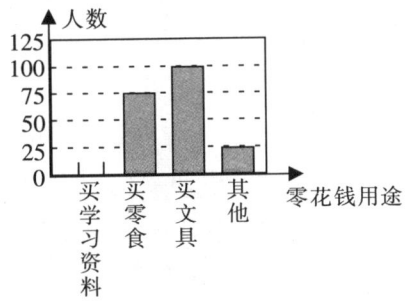

图 5-11　　　　　　　　　　图 5-12

九年级同学完成家庭作业时间情况统计表

时间	1小时左右	1.5小时左右	2小时左右	2.5小时左右
人数	50	80	120	50

根据以上信息,请回答下列问题:

(1)七年级400名同学中最喜欢喝"冰红茶"的人数是多少?

(2)补全八年级300名同学中零花钱的主要用处情况频数分布直方图;

(3)九年级300名同学中完成家庭作业的平均时间大约多少小时(结果保留一位小数)?

此题主要是考查学生基本的读图、识图、制图能力和简单的数据处理能力,倡导学生能就自己关心和感兴趣的问题进行调查研究.

2.5 关注数学与现实的联系,体现应用性

加强数学与现实的联系,既是新课程的要求,也是数学教与学的内在要求.它有助于学生理解数学与现实的联系,体会数学的价值,增强数学能力.

例8(台州卷第7题) 据2007年5月8日《台州晚报》报道,今年"五一"黄金周我市各旅游景点共接待游客约334万人,旅游总收入约9亿元.已知我市2005年"五一"黄金周旅游总收入约6.25亿元,那么这两年同期的旅游总收入年平均增长率约为( )

A. 12%　　　　B. 16%　　　　C. 20%　　　　D. 25%

此题根据真实的材料改编,就连数据也是为了运算简单一些而做了四舍五入处理,目的是考查学生数学建模与运用一元二次方程解决实际问题的能力.

例9(台州卷第9题) 为确保信息安全,信息需要加密传输,发送方由明文→密文(加密),接收方由密文→明文(解密).已知加密规则为:明文a,b,c对应的密文$a+1,2b+4,3c+9$,例如明文$1,2,3$对应的密文$2,8,18$.如果接收方收到密文$7,18,15$,则解密得到的明文为( )

A. 4,5,6　　　B. 6,7,2　　　C. 2,6,7　　　D. 7,2,6

此题既是考查学生的数学应用能力,也是考查学生的数学阅读理解能力.

例10(台州卷第23题) 善于不断改进学习方法的小迪发现,对解题进行回顾反思,学习效果更好.某一天小迪有20分钟时间可用于学习.假设小迪用于解题的时间x(单位:分钟)与学习收益量y的关系如图5-13所示,用于回顾反思的时间x(单位:分钟)与学习收益量y的关系如图5-14所示(其中OA是抛物线的一部分,A为抛物线的顶点),且用于回顾反思的时间不超过用于解题的时间.

(1)求小迪解题的学习收益量y与用于解题的时间x之间的函数关系式;

(2)求小迪回顾反思的学习收益量y与用于回顾反思的时间x的函数关系式;

(3)问小迪如何分配解题和回顾反思的时间,才能使这20分钟的学习收益总量最大?

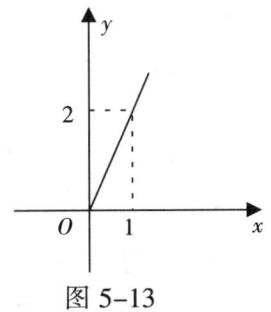

图 5-13

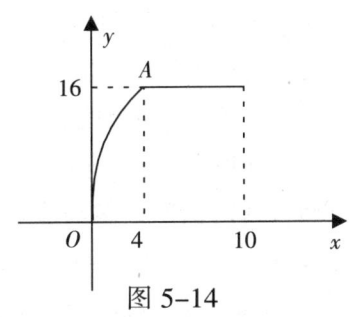

图 5-14

此题重在考查学生运用函数知识解决实际问题的能力,同时蕴含着对学生读图能力、分类讨论思想和思维严密性的考查.

2.6 关注情感态度价值观,渗透教育性

教育性是一切教育教学活动应遵循的共同准则,考试也一样.命题的具体做法是:

(1)渗透积极的情感态度与价值观.如例8中台州市近两年"五一"黄金周旅游收入的大幅增长既反映出家乡美、家乡好,也反映出老百姓的生活质量在提高.

(2)激励学生积极有效地学习生动活泼的知识.现在好多学生学习没有兴趣,这与学习内容、学习方式有很大的关系.因此考试要引导学生生动活泼地学,鼓励学习生动活泼的知识.例1、例2、例10等都充分地体现了这一点.

(3)引导学生乐于学习、善于学习.试卷中塑造了一个善于提出问题、善于思考、积极参加数学活动、讲究学习方法和学习效率的"小迪".例10更是针对学生只重解题数量、不重解题效益的现象,以学生的学习收益总量为问题情境.

2.7 关注学生的个性化发展,体现差异性

"人人学有价值的数学;人人都能获得必需的数学;不同的人在数学上得到不同的发展"是新课程所倡导的教育理念.命题相应的做法是:

(1)题目设置体现层次性,充分考虑不同层次学生的需求,激励不同层次的学生努力学习.例3入口易,大多数学生都可做,但它的第3小题答案有两条直线,能否求出两条直线在很大程度上反映出学生思维的严谨性和灵活性.

(2)思维切口尽可能多样化.如第20题"把正方形$ABCD$绕着点A,按顺时针方向旋转得到正方形$AEFG$,边FG与BC交于点H(如图5-15),试问线段HG与线段HB相等吗?"

既可以连接AH,通过证$Rt\triangle AGH \cong Rt\triangle ABH$来证明;

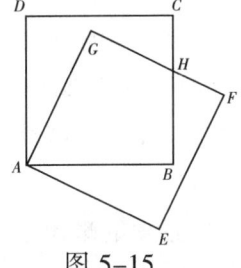

图 5-15

也可以连接BG,利用"三角形中,等边对等角,等角对等边"来证明.

(3)为优秀学生提供更大的发挥空间.如设置了选做题例2(2)题.不过,为了避免引发学生的过度学习,也是为了给优秀学生弥补偶发的低级错误的机会,特规定全卷满分不超过150分.

2.8 卷面亲切友好,试题内容与表述贴近学生,体现人文性

如何体现对学生的人文关怀,使学生学得亲切自然、乐于完成整个考试,减轻学生不必要的心理负担,帮助学生避免不必要的错误,这也是命题努力的目标之一.具体做法是：

(1)卷面亲切友好.卷首语为"亲爱的同学：欢迎你参加今天的数学考试！只要你用信心、细心、耐心去面对,相信你会有出色的表现！考试中请你注意：……"

(2)内容贴近学生的实际,让学生乐于完成.例7的就学生共同关注的问题进行调查、例8的台州市近两年"五一"黄金周的旅游总收入的增长率问题、例9的密码问题、例10的学习收益总量问题等,都体现了这一点.

(3)内容的表述尽可能自然,贴近学生的心理.试卷中塑造了一个与学生一起活动、一起探究的"小迪",其目的也正在于此.

(4)对学生阅读和理解中容易忽视的非本质之处加着重号.如第9题中的"不可能"、例10中的"总量".

(5)同类题目的排列尽可能由易到难,避免给学生造成不必要的紧张心理.

3 命题后对教与学的几点建议

从考后反馈的情况看,本次考试的一些题目完全出乎教师的意料,绝大多数教师受到较大的触动甚至震动,但大家对命题方向的认可程度很高,命题实现预设的"用积极的考试引导积极的教学"之目标与意图.从学生考后的反馈与考试中暴露出的问题看,今后教学需要注意以下几点：

3.1 注意控制教学的难度,不搞"深挖洞"

考后,许多教师和学生都觉得没有必要做那么多没有意义、没有价值或者价值与意义不大的题目,觉得没有必要在解题的技能与技巧上下功夫,没有必要搞"深挖洞".

3.2 加强选学内容、数学活动等教学

选学内容、数学活动、课题学习是新课程、新教材的特点和亮点之一,但实际教

学过程中的落实情况还不够理想,例4的难度系数仅为0.27.因此教师要采用课内与课外联动、书面作业与动手操作作业相结合等方式切实加强这方面的教学,进而增进学生对数学的理解和情感,提高数学素养.

3.3 让数学活动、课题学习成为真正的有效的数学活动和研究性学习

课改后,数学活动、课题学习等虽然已经进入课堂,但实际教学中还是形式多、实质少;"纸上谈兵"多、动手实践少;教师探究多、学生探究少.例2的难度系数仅为0.19证明了这一点.因此教师需要考虑如何加强课外的数学活动,如何使课题学习的问题真正"接近探究水平"、具有探究的价值,而不是用"现成的知识""现成的方法"来解决"现成的问题".

3.4 在数学思想方法的落实上下功夫

教师、学生不习惯例1这种类型的题目,说明了这一点.今后的教学要在"知其所以然"、在思维的自然性与合理性上多用力.

3.5 在研究教学应该怎样的基础上教学

少数教师认识不到命题的真正目的和意图,而试图以死记硬背的方式来应对例1、例4类型的题目,以大运动量机械训练的方式来应对例2类型的题目,而不在学生的数学素养和思维方式上下功夫,这将是复习指导思想和复习方法的双重错误.因为"还数学以它的本来面目,还数学教育以它本来应有的功能与价值,还学生学习以幸福与快乐"是我们数学命题坚定不移的目标.

我们深知,"变消极的考试为积极的考试,并用积极的考试引导和促进积极的教学"之路漫长而艰难,我们愿与大家一起共同求索.愿本文能成为"引玉之砖".

基于课标的中学生日常数学学业评价研究*

打开中学数学杂志,评价方面的文章几乎都是关于高考、中考的研究,而日常数学教学中经常用到的诊断性、形成性、发展性评价却很少涉及.实际工作中,许多教师不仅在教学中评价、通过评价来促进学生学习的意识比较淡薄,而且评价随意性大、规范性差、可靠性低.

笔者有幸参加"十一五"国家课题"中小学生学科学业评价标准的研究与开发"初中数学分课题的研究.深感此课题对指导教师搞好日常学生数学学业评价、促进教学有着十分重要的作用.子课题组在完成总课题任务的前提下,根据教学实际的需要,又进行了基于课标的中学生日常数学学业评价研究.现将实践和研究中的一些做法梳理、总结如下,以期"抛砖引玉".

1 基于课标的中学生日常数学学业评价的涵义

评价和教学如同是实现目标的教学活动之车的两个轮子. 基于课标的中学生日常数学学业评价是指以《全日制义务教育阶段数学课程标准》(以下简称为《数学课标》)为准绳,对中学生日常学习过程中的数学学业状况进行评价.它既是以"评价助教学"为宗旨的"作为过程的评价",也是使评价本身拥有更多教育功能的"作为教学的评价",是一种"与教学一体化"的评价.具体包括通过课堂问答、解决问题、巩固练习、课后作业、课题研究、单元检测等方式对学生数学知识、数学方法、数学技能、思维水平、学习方式等方面的评价.

基于课标的学生日常数学学业评价的目的,一是评定学生的学习状况,做出正确的教学决策;二是更好地了解教学的得失,改进教学方法;三是诊断学生的学习困难,帮助他们找出存在的问题;四是维持和激发学生的学习动力,促进他们保持良好的学习状态;五是较好地把握学生学习新内容的起点,准确地确定以后相关内

---

* 这部分内容发表于《中国数学教育》2008 年第 10 期,后被中国人民大学书报资料中心《中学数学教与学》2009 年第 2 期全文转载.

容的教学目标;六是帮助和促进学生优化学习状态,改进学习方式.

2 基于课标的中学生日常数学学业评价原则

(1)**标准性原则**.即日常数学学业评价是根据《数学课标》的内容、要求和精神进行的.它包含以下四方面内容:① 评价必须基于一定的标准,这是评价具有较高的信度和效度的前提和基础;②由于《数学课标》所具有的特定的权威与功能,因此它理所当然地成为日常学生数学学业评价的依据;③具体评价时要准确地把握课标的精神实质和具体要求,不任意拔高或降低评价的标准;④考虑到全国统一的《数学课标》难以适应和满足不同层次学校和学生的需要,以及课标本身也有值得商榷和完善的地方,因此日常数学学业评价应基于课标,但又不拘泥于课标.

(2)**基础性原则**.即日常数学学业评价要根据基础教育的特点,关注对学生可持续发展具有奠基性、根本性价值的知识、方法、情感、态度和价值观等.它包含以下两方面内容:①评价要体现中学数学教育作为基础教育的特点和价值,立足学生发展的需要,帮助和促进学生夯实"四基"(即数学基础知识、基本技能、基本活动经验、基本思想);②评价要关注可持续发展的"隐性基础",包括基本数学观点、基本价值观、基本情感态度和基本学习方法等,有利于学生增强学好数学的信心和决心.

(3)**教学性原则**.即日常数学学业评价是一种"基于教学,为了教学,在教学中进行"的评价.它包含以下三方面内容:①评价不是在教学之后进行一种孤立的、终极性的活动,而是教学的重要组成部分;②评价与教学的关系是"你中有我,我中有你",即在教学中评价,在评价中教学;③评价的根本目的是改善和促进教学.基于教学的实际和需要,又指导、促进、服务于教学是它的显著特征.

(4)**过程性原则**.即日常数学学业评价既是基于课标的诊断性评价,更是关注学生学习过程、学习方法、学习状态的过程性评价.它包含以下三方面内容:①评价要关注数学概念的形成与发展过程、数学定理法则的发现与证明过程、数学思想方法与思维方法的运用过程;②评价要关注学生学习过程,包括参与数学活动的程度、自信心、合作交流意识以及独立思考的习惯;③评价要关注学生的学习方法和思维发展水平,包括能否有效地解决问题,能否尝试从不同的角度思考和解决问题,能否有条理地解决问题和表达自己的观点.

(5)**及时性原则**.即日常数学学业评价需要及时反馈、掌握学生的最新学习情况，为教学决策提供有用的信息，因而它不一定在某个教学环节开始或结束时进行，而是往往融于教学过程中，与教学活动同时进行．它包含以下三方面内容：①评价反馈要及时，这是有效地改善和促进教学的前提；②评价要及时强化学生学习的成功之处，增强他们学好数学的乐趣和信心；③评价要及时暴露学生学习过程中需要改进的具体错误，发现问题症结之所在．

（6）**开放性原则**．即日常数学学业评价的内容、方式、时间是开放的、多样的．它包含着以下三方面内容：①评价的内容是开放的、多样的；②评价的方式是开放的、多样的，课堂观察、课堂提问、书面练习、作业批改等均可；③评价的时间是开放的、多样的，既可以是课堂上的，也可以是课外的，甚至是家庭的．

（7）**全面性原则**．即日常数学学业评价要关注全体学生数学学习的各个方面与各个环节．它包含以下三方面内容：①评价内容的全面性，既评价学生知识与技能的掌握情况，也评价学习过程与方法、情感态度与价值的发展情况；②评价对象的全面性，既关注一般学生，也关注好差"两头"学生；③评价过程的全面性，既注重结果又注重过程，不试图用统一的刻板的标准来衡量所有学生，而是通过学生学习过程中的表现判断每个学生的学业水平．

（8）**差异性原则**．即日常数学学业评价要关注学生的个体差异，反映不同学生的数学学习过程和取得的进步．它包含以下三方面内容：①对不同学业水平的学生可以有不同的评价内容和标准；②对不同的学习内容、数学能力可能采用不同的评价方式与方法；③评价内容的难度、方式等要符合学生的实际，体现"因材施评"和以学生为本的理念．

（9）**自主性原则**．日常数学学业评价的性质和目标决定了学生既是教师评价的客体，更是自我评价的主体．它包含以下两方面内容：①学生是评价的主体，要避免评价主体与评价客体相分离与对立的情况；②学生是自我学业情况分析、诊断、矫正的主体；评价不是"考试+评分"，也不一定要求客观、严密．由于每个教学班学生人数多、评价的复杂性、分析诊断矫正的复杂性等诸多因素的限制，教师必然难以有效、全面、准确地评价所教的每一个学生，也难以准确地分析、诊断每个学生的具体情况，因此真正有效的日常教学评价必然要在很大程度上依靠学生本人．

（10）**有效性原则**．即日常数学学业评价要有效地帮助教师更好地教，促进学生更好地学．它包含以下四方面内容：①能有效地、准确地评价学生的学业水平；②能有效地把握学生存在的问题，并找出问题的根源之所在；③能有效地指导和促进学生的学习；④坚持简洁、实用、可操作的评价策略．

3 基于课标的中学生日常数学学业评价实施

步骤一：基于课标进行目标界定与解析

目标界定是指用"了解""理解""掌握"三级目标，界定学生所学知识与技能应该达到的学习水平．目标解析是指从数学内容的发生发展过程和学生思维发展水平两个角度阐释规定相应目标的理由，并对"了解""理解""掌握"的具体涵义进行解析．在目标解析中要特别注意揭示出知识与技能所反映出来的数学思想方法，并把"过程与方法""情感态度价值观"等"隐性目标"融合到知识、技能、思想方法等"显性目标"的解析中．对于某些很难准确解析的了解、理解、掌握的"知识点"，以及学习目标中"过程与方法"点相应的行为动词经历、体验、探究，要阐明学生应有哪些变化，会做哪些以前不会做的事情．

如"有序数对"部分，课标的要求是"结合丰富的实例进一步体会有序数对可以表示物体的位置"．对此，我们给出的目标界定为：(1)通过熟悉的实际问题，学生感悟到用有序数对表示物体位置具有准确和方便等优越性；(2) 能利用有序数对，表示现实生活中的一些物体的位置，并体会数形结合的思想与方法．目标解释为：用有序数对表示物体的位置既是运用数学知识解决实际问题的需要，也是为后面学习平面直角坐标系奠定基础，是解析几何思想的萌芽；学习之前，学生已经具有相关的生活经验，教学要做的是使之清晰化、数学化，促进学生知识、能力、思维、情感和谐协调发展．

步骤二：根据学生实际与课标要求，确定教学目标和评价标准

在比较全面地分析学校层次、班级学生总体水平、学生个体水平差异等的基础上，结合课标和教材，制定学习目标．在具体制定时，一要与前面"目标界定与解析"相呼应；二要明确"谁做，做什么，在怎样的条件或环境中做（时间或条件限定），做到什么程度"；三要明确多少学生和哪些学生达到哪些教学目标和评价标准．如"相反数"部分的教学要求：全体学生都能借助数轴与具有相反意义的量，理解相反数的意义，能判断两个数是不是相反数．又如"坐标和图形的位置"部分的教学要求：全体学生能利用有序数对，表示现实生活中的一些物体的位置；30%的学生能较好地体会其中蕴含的数形结合思想与方法；20%的学生能意识到有序数对与平面直角坐标系之间存在内在的联系；10%的学生能用具有不同"原点"和"标准"的有序数对灵活地表示物体的位置．

步骤三：制作操作性、可测性强的"评价量表"

课堂中我们不仅需要具体的、明确的教学目标，更需要了解和掌握学生的目标达成程度.因此需要根据前面的教学目标和评价标准,制作操作性、可测性较强的"评价量表"——一组能较好地体现和反映课标要求、教学目标和评价标准的题目.否则,我们仍无法对学生是否达到目标进行评判.如对"坐标和图形的位置",我们给出了如下"评价量表".

题1 电影院、学术报告厅等是怎样表示座位位置的？这样表示有什么好处？从中我们可能得到怎样的启发？

题2 你能用有序数对表示教室中同学们的座位吗？请举例说明.

题3 你能举出其他用有序数对表示物体位置的例子吗？请与同学讨论、交流.

题4 如图5-16,甲处表示2街与5巷的十字路口,乙处表示5街与2巷的十字路口,如果用(2,5)表示甲处的位置.其他类推,那么"(2,5)→(3,5)→(4,5)→(5,5)→(5,4)→(5,3)→(5,2)"表示从甲处到乙处的一种路线.请你用有序数对写出几种从甲处到乙处的路线.

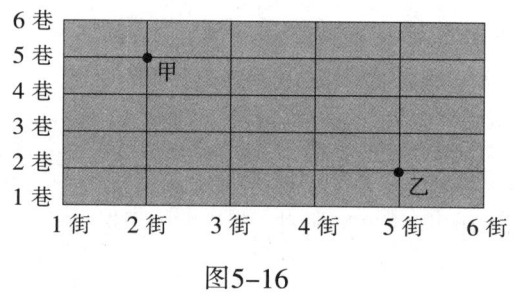

图5-16

步骤四：实施评价

实施评价可分为两部分,一是根据步骤三中制作的"评价量表"——题组(可以是课内练习,也可以是课外作业、单元测试)来评价学生学业水平的达成情况;二是以课时或学习单元或星期为单位,对学生的学习过程进行综合评价.如让学生填写如下过程性评价表.

附:中学生日常数学学业情况过程性评价表

学习内容:_____ 学生:_____ 填写日期:_____

一级目标	二级目标	评定等级		
		A	B	C
知识与技能	(1)对知识的理解与掌握;(2)问题解决能力			
思维与方法	(1)思维的创造性;(2)思维的条理性; (3)对所用到的数学思想与方法的认识与感悟			
情感与态度	(1)对数学的好奇心与求知欲;(2)克服困难的意志与信心; (3)对数学价值的认识与感悟			
过程与状态	(1)主动积极思考;(2)提出问题并发表见解; (3)学习方法有效;(4)时间的利用率高			
合作与交流	(1)认真听取别人的意见并积极询问;(2)参与度高,与教师和同学交流充分;(3)正确、有条理地表达自己的观点和看法			
突出表现				
需要努力和改进之处				
同学评价	同伴签名: 填写日期:			
教师评价	教师签名: 填写日期:			

注:(1)表中A表示优秀,B表示良好,C表示需要继续努力;(2)同学评价、教师评价只要写评价等级和亮点与需要改进之处即可.

实施评价时,要特别向学生说清楚:评价不是为了对他们进行分等或鉴定,而是为了帮助他们更好地学习;评价要力求实事求是,防止自欺欺人;评价既要看到自己的发展和进步,也要看到自己的不足和努力方向.

步骤五:对评价结果进行分析、诊断,进而改进教与学

对不同程度的学生实施有差异的诊断性、发展性评价,实际上是一个反馈、诊断、矫正、改进的过程.这个过程既能让教师清晰地掌握学生现在的学习状况,同时又为下面的教学找到有效的、准确的切入点.

如学生学习了"正比例函数的图象和性质""反比例函数的图象与性质"后,教师提出了如下问题:学习和研究"正比例函数的图象和性质""反比例函数的图象与性质"时,用到哪些数学思想方法?

解析:此例重在检测学生对学习正比例函数、反比例函数时所用到的数学方法的感悟、理解和运用情况.目的是引导学生重视数学思想方法,学会从数学思想方法角度看待问题.因为是否清晰地意识到所用的思想方法对学习的迁移作用是大不一样的.但实际测试情况很不令人乐观:只有16%左右的学生能基本正确地说出2~3种.事后调查、分析表明,造成错误的原因主要有:(1)学生在学习时只知"依样画葫芦",而不知学习中所用到的思想方法;(2)教师对数学思想方法重视、渗透、落实不够,甚至教师对用到的数学思想方法也没有清晰的认识;(3)教师往往只在课堂小结时讲到数学思想方法的名称,而没有在具体情境中引导学生如何运用数学思想方法,导致学生只知其名而不知其意.搞清楚了学生学习现状、存在的问题及其产生的原因,就为如何进行紧接着的"一次函数的图象和性质"的教学提供了很好的依据.

一般地,中学生日常数学学业评价的操作流程如下:

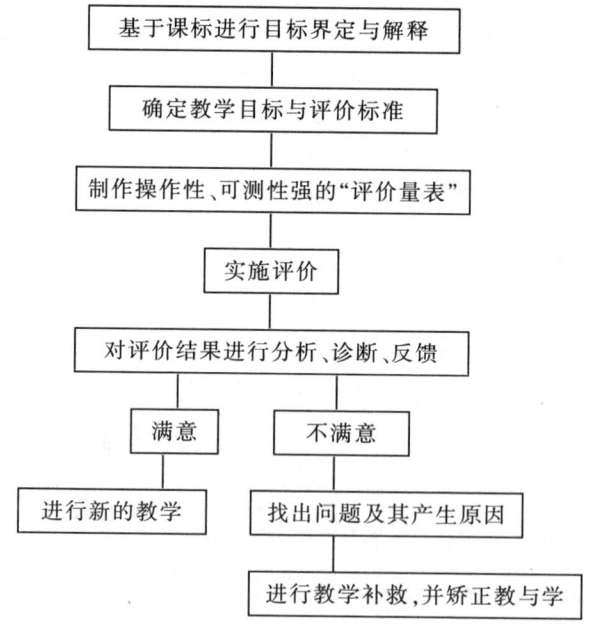

4 基于课标的中学生日常数学学业评价需注意的几个问题

(1)日常数学学业评价要有助于课程目标的整体实现.它不仅要有助于学生获得数学知识与技能,更要有助于"知识技能""数学思考""问题解决""情感态度"四个方面目标有机结合,整体实现课程目标.因此无论是设计、确定教学目标,还是在教学中实施各种评价,不仅要帮助学生获得知识技能,而且要激发他们的学习兴趣,通过独立思考或者合作交流感悟数学的基本思想,引导学生在数学活动的过程中积累基本经验,帮助学生形成良好的学习习惯.

(2)日常数学学业评价要与课堂教学有机结合.学生参与讨论概念的形成过程、定理法则的发现过程、例题解题思路的寻找过程等的表现,都是教师评价学生学业水平的重要依据.教师要注意观察、善于观察学生在课堂上的表现.

(3)日常数学学业评价要与课堂练习相结合.要有意识地根据课标要求安排一些诊断功能较强的课堂练习.这不仅可以检测出学生的认知缺陷,促进学生自主发展,也可以帮助教师反思自己的教学,及时调整教学策略,优化教学过程,提高教学效益.教师尤其要通过分析和寻找学生存在问题的背后原因来不断地调整和改进自己的教学.

(4)日常数学学业评价与布置和批改学生作业相结合.虽然作业的目的主要是对课堂上所学的知识进行回顾与深度加工,并促进知识向技能转化、技能向思维与策略转化,但布置作业、批改作业应成为检测学生日常数学学业状况最重要的手段与方式之一.要通过作业面批面改加强教学反馈、及时发现问题.

(5)日常数学学业评价要与单元检测等相结合.要充分挖掘单元检测对教学的激励功能、诊断功能和矫正功能.

(6)日常数学学业评价要与学生的自我评价、自我反思、自我发现与弥补知识缺陷相结合.要引导学生记录自己特有的解法、印象最深的学习体会、学习中的经验与教训,及时进行自我学业情况分析、诊断,并不断地自我矫正.

(7)日常数学学业评价的方式应该多样化:作业分析、书面考试、口头答辩、个别谈话、课堂观察、课题研究报告、专题小论文、作品制作等都可以.

(8)日常数学学业评价要避免"不当成功"和"不当失败"."不当成功"是指学生没有掌握,但评估时却使他通过了."不当失败"是指把不是失败的事情当作失败的事情来对待.

(9)日常数学学业评价实施时要有"成本意识".即不要给教师和学生增加不必

要的麻烦,造成不必要的压力.

　　正如斯塔弗尔比姆(Stufflebeam,D.L.)所说:"评价最重要的意图不是为了证明(prove),而是为了改进(improve)."中学生日常数学学业评价是基于课标且与教学融为一体的形成性、诊断性、发展性评价.数学教学不仅要有目标意识,更要有及时评估目标达成情况、并根据评估情况及时调整教学的意识;要不断提高学生日常数学学业评价的信度和效度,使之更好地服务于教学,促进教学.

第六章

初等数学研究：
数学好玩，其妙无穷

方程 $x^2+y^2=n^i(i=1,2)$ 有互素的正奇偶数解的个数*

大家知道,关于不定方程 $x^2+y^2=n^i(i=1,2)$ 有如下结论:

结论1 不定方程 $x^2+y^2=n^i(i=1,2)$ 有互素的正奇偶数解的充要条件是 n 的每一个因数都是形如 $4k+1$ 的整数(注:奇偶数解是指 x,y 中有一个为奇数,一个为偶数).

结论2 设 $n=a^2+b^2,(a,b)=1,(m>1)m|n$,则 $m=c^2+d^2,(c,d)=1$.

结论3 方程 $x^2+y^2=z^2$ 满足条件 $(x,y,z)=1,2\mid y$ 一切正整数解可表示为 $x=a^2-b^2$,$y=2ab$,$z=a^2+b^2$,其中 $a,b\in \mathbf{N},a>b>0,(a,b)=1,2\nmid(a+b)$.

结论4 若素数 $p=a^2+b^2$,那么这种表示法实际上是唯一的,即假定 $a\geq b>0$,若还有 $p=a_1^2+b_1^2$, $a_1\geq b_1>0$,则必有 $a=a_1,b=b_1$.

为了研究不定方程 $x^2+y^2=n^i(i=1,2)$ 互素的正奇偶数解的个数,先证如下三个引理.

引理1 如果方程 $x^2+y^2=p$(p 为素数)有互素的正奇偶数解,那么方程 $x^2+y^2=p^m$ ($m\in \mathbf{N}^*$) 也有互素的正奇偶数解.

证明:由题设,存在正偶数 a_1,正奇数 b_1,$(a_1,b_1)=1$,使 $a_1^2+b_1^2=p^m$. 下面用数学归纳法证明此命题成立.

(1)当 $m=1$ 时,命题显然成立.

当 $m=2$ 时,由 $p^2=(a_1^2+b_1^2)^2=(a_1^2-b_1^2)^2+(2a_1b_1)^2$,$(|a_1^2-b_1^2|,2a_1b_1)=1$ 知,命题也成立.

(2)假设当 $m=k(k\geq 2,k\in \mathbf{N}^*)$ 时命题成立,即存在正偶数 a_2,正奇数 b_2,$(a_2,b_2)=1$,使 $a_2^2+b_2^2=p^k$.则

$$p^{k+1}=p\cdot p^k=(a_1^2+b_1^2)(a_2^2+b_2^2)$$
$$=(a_1a_2+b_1b_2)^2+(a_1b_2-a_2b_1)^2$$
$$=(a_1a_2-b_1b_2)^2+(a_1b_2+a_2b_1)^2. \qquad ①$$

---
* 这部分内容发表于《浙江师范大学学报》2000年·增刊.

显然 $a_1a_2 \pm b_1b_2$ 为奇数，$a_1b_2 \pm a_2b_1$ 为偶数，且 $a_1a_2-b_1b_2 \neq 0$，$a_1b_2-a_2b_1 \neq 0$ [否则，由 $(a_1,b_1)=1$，$(a_2,b_2)=1$，有 $a_1 \mid a_2$，$a_2 \mid a_1$，$b_1 \mid b_2$，$b_2 \mid b_1$，从而 $a_1=a_2$，$b_1=b_2$，但这不可能]。

设 $(a_1a_2+b_1b_2, \mid a_1b_2-a_2b_1 \mid)=d_1$，$(\mid a_1a_2-b_1b_2 \mid, a_1b_2+a_2b_1)=d_2$。假若 $d_1>1$ 且 $d_2>1$，则由①有 $d_1^2 \mid p^{k+1}$，$d_2^2 \mid p^{k+1}$。再由 p 为素数知，$p \mid d_1$，$p \mid d_2$，从而 $p \mid (a_1a_2+b_1b_2)$，$p \mid (a_1b_2-a_2b_1)$，$p \mid (a_1a_2-b_1b_2)$，$p \mid (a_1b_2+a_2b_1)$。因此 $p \mid 2a_1a_2$，$p \mid 2b_1b_2$，$p \mid 2a_1b_2$，$p \mid 2a_2b_1$。又 p 为奇素数，故 $p \mid a_1a_2$，$p \mid b_1b_2$，$p \mid a_1b_2$，$p \mid a_2b_1$。

由 $p \mid a_1a_2$ 有 $p \mid a_1$ 或 $p \mid a_2$。若 $p \mid a_1$，由 $(a_1,b_1)=1$ 有 $p \nmid b_1$。再由 $p \mid b_1b_2$，有 $p \mid b_2$。又 $(a_2,b_2)=1$，故 $p \nmid a_2$，这与 $p \mid a_2b_1$ 矛盾。若 $p \mid a_2$，同样可推出矛盾。因此 d_1, d_2 中至少有一个为 1，从而 $m=k+1$ 时命题也成立。

综上可知，对任意 $m \in \mathbf{N}^*$，方程 $x^2+y^2=p^m$ 有互素的正奇偶数解。

引理 2 如果方程 $x^2+y^2=n_i(i=1,2)$ 有互素的正奇偶数解，且 $(n_1,n_2)=1$，那么方程 $x^2+y^2=n_1n_2$ 在不考虑 x,y 先后顺序时至少有两个互素的正奇偶数解。

证明：由题设，存在正偶数 a_i，正奇数 b_i，$(a_i,b_i)=1$，使 $a_i^2+b_i^2=n_i(i=1,2)$。故
$$n_1n_2=(a_1^2+b_1^2)(a_2^2+b_2^2)$$
$$=(a_1a_2+b_1b_2)^2+(a_1b_2-a_2b_1)^2$$
$$=(a_1a_2-b_1b_2)^2+(a_1b_2+a_2b_1)^2.$$

易知 $a_1a_2 \pm b_1b_2$ 为奇数，$a_1b_2 \pm a_2b_1$ 为偶数，且 $a_1b_2-a_2b_1 \neq 0$，$a_1a_2-b_1b_2 \neq 0$。设 $(a_1a_2+b_1b_2, \mid a_1b_2-a_2b_1 \mid)=d_1$，$(\mid a_1a_2-b_1b_2 \mid, a_1b_2+a_2b_1)=d_2$。故要证引理 2 成立，只要证 $d_1=d_2=1$。

假设 $(a_1a_2+b_1b_2, \mid a_1b_2-a_2b_1 \mid)=d_1>1$，则有 $d_1 \mid n_1n_2$。设 p 为 d_1 大于 1 的素因数，则 $p \mid n_1n_2$，进而 $p \mid n_1$ 或 $p \mid n_2$。不妨设 $p \mid n_1$，由 $(n_1,n_2)=1$，有 $(p,n_2)=1$。又
$$a_1a_2(a_1a_2+b_1b_2)+a_1b_2(a_1b_2-a_2b_1)=a_1^2a_2^2+a_1^2b_2^2=a_1^2(a_2^2+b_2^2)=a_1^2n_2 \equiv 0(\bmod p),$$
从而 $a_1^2 \equiv 0(\bmod p)$。

又 $n_1=a_1^2+b_1^2 \equiv 0(\bmod p)$，

故 $b_1^2 \equiv 0(\bmod p)$。

由 $a_1^2 \equiv 0(\bmod p)$，$b_1^2 \equiv 0(\bmod p)$ 知 $(a_1,b_1) \geq p>1$。但这与题设 $(a_1,b_1)=1$ 矛盾，故 $d_1=1$。同理 $d_2=1$。令 $s_1=a_1a_2+b_1b_2$，$t_1=\mid a_1b_2-a_2b_1 \mid$，$s_2=\mid a_1a_2-b_1b_2 \mid$，$t_2=a_1b_2+a_2b_1$，则 $s_1 \neq s_2$，$t_1 \neq t_2$。故引理 2 成立。

显然，此引理中 n_i 的个数可推广到任意有限个。

引理 3 方程 $x^2+y^2=n$ 在不考虑 x,y 先后顺序时有唯一的互素的正奇偶数解的充

要条件是n能表示成p^m(p为形如$4k+1$的素数,m为正整数)的形式.

证明:(1)(充分性)由题设及结论1知,方程$x^2+y^2=p$有符合题设的解.因而由引理1,方程$x^2+y^2=p^m$也有符合题设的解.下面用数学归纳法证明这种解的唯一性.

1)当$m=1$时,由结论4知,命题成立;

当$m=2$时,由结论4及结论3知,命题也成立.

2)假设$m\leq k(k\geq 2,k\in \mathbf{N}^*)$时命题成立,即方程$x^2+y^2=p^m$有唯一的符合题设的解,则可分$k+1$为奇数和偶数两种情况证明$m=k+1$时命题也成立.

若$k+1$为偶数,则$\dfrac{k+1}{2}\leq k$.由假设知,方程$x^2+y^2=p^{\frac{k+1}{2}}$有唯一的符合题设的解,进而根据结论3,方程$x^2+y^2=p^{k+1}$也有唯一的符合题设的解.

若$k+1$为奇数,且方程$x^2+y^2=p^{k+1}$至少有两个符合题设的解,则存在正偶数a_i,正奇数b_i,$(a_i,b_i)=1(i=2,3)$,$a_2\neq a_3,b_2\neq b_3$,使

$a_2^2+b_2^2=a_3^2+b_3^2=p^{k+1}$. ②

由结论1和结论4,有唯一的正偶数a_1,正奇数b_1,$(a_1,b_1)=1$,使$p=a_1^2+b_1^2$.

故$p^{k+2}=p\cdot p^{k+1}=(a_1^2+b_1^2)(a_2^2+b_2^2)$

$=(a_1a_2+b_1b_2)^2+(a_1b_2-a_2b_1)^2=(a_1a_2-b_1b_2)^2+(a_1b_2+a_2b_1)^2$

及$p^{k+2}=p\cdot p^{k+1}=(a_1^2+b_1^2)(a_3^2+b_3^2)$

$=(a_1a_3+b_1b_3)^2+(a_1b_3-a_3b_1)^2=(a_1a_3-b_1b_3)^2+(a_1b_3+a_3b_1)^2$.

由引理1的证明知,有$(a_1a_2+b_1b_2,|a_1b_2-a_2b_1|)=1$或$(|a_1a_2-b_1b_2|,a_1b_2+a_2b_1)=1$,$(a_1a_3+b_1b_3,|a_1b_3-a_3b_1|)=1$或$(|a_1a_3-b_1b_3|,a_1b_3+a_3b_1)=1$.

由②可知$a_1a_2+b_1b_2$,$|a_1a_2-b_1b_2|$,$a_1a_3+b_1b_3$,$|a_1a_3-b_1b_3|$两两不等,方程$x^2+y^2=p^{k+2}$至少有两个符合题设的解.由结论3,方程$x^2+y^2=p^{\frac{k+1}{2}}$也有两个符合题设的解,这与假设矛盾,因此$k+1$为奇数时,方程$x^2+y^2=p^{k+1}$也只有唯一的符合题设的解.

由1),2)知,对$m\in \mathbf{N}^*$,方程$x^2+y^2=p^m$符合题设的解唯一.

(2)(必要性)假设n至少有2个不同的素因数,则必有$n=n_1n_2$,其中$(n_1,n_2)=1$,且$n_1>1,n_2>1$.由结论2知,方程$x^2+y^2=n_i(i=1,2)$均有互素的正奇偶数解,进而由引理2,方程$x^2+y^2=n_1n_2$至少有2个符合题设的解.这与题设矛盾,故整数n只能有一个素因数,即n能表示成p^m的形式.由结论1,p必形如$4k+1$.

定理1 如果方程$x^2+y^2=n$有互素的正奇偶数解,那么在不考虑x,y先后顺序时方程解恰有2^{k-1}个,其中k为n不同素因数的个数.

证：(1) 当$k=1$时，由引理3知，命题成立；

(2) 假设$k=m(m\in \mathbf{N}^*)$时命题成立，即此时方程$x^2+y^2=n$有2^{m-1}个符合题设的解. 则当$m=k+1$时，先去掉n中任一素因数的幂q^t(q为素数，t为正整数)，则方程$x^2+y^2=\dfrac{n}{q^t}$符合题设的解恰好有2^{m-1}个. 由引理3知，方程$x^2+y^2=q^t$有唯一的符合题设的解. 再由引理2有，方程$x^2+y^2=n$有2^m个符合题设的解. 又根据引理3的证明，这2^m个解均不可能相同，从而$k=m+1$时，命题也成立.

由上(1)，(2)知，对$k\in \mathbf{N}^*$，命题均成立.

由定理1及结论3，有

定理2 如果方程$x^2+y^2=n^2$有互素的正奇偶数解，那么在不考虑x，y先后顺序时方程解恰有2^{k-1}个，其中k为整数n不同素因数的个数.

RMI原理浅说*

关系映射反演(relationship mapping inversion)原理,即RMI原理属于一般科学方法论范畴,是揭示事物间本质联系,实现不同结构系统之间相互转化的重要思想方法.中学数学中,虽然没有明确提出RMI原理,但其应用却随处可见.由于RMI原理具有很高的方法论价值、智力价值和应用价值,因此教学中应该积极地揭示和渗透这种思想方法.

1 RMI原理的涵义

RMI原理是把研究对象的关系结构(原象关系)通过映射转化为另一种对应关系结构(映象关系),再由映象关系求得目标映象,最后利用反演返回到原象关系得出结果的思维方法.其基本模式是

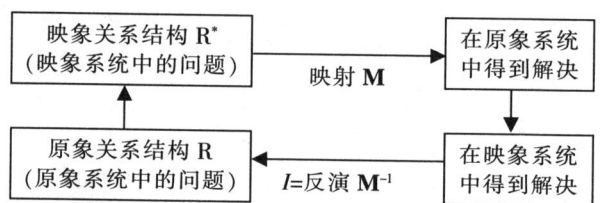

RMI原理的核心思想是利用两关系系统之间的联系性、相似性和在某种变换下的不变性来解决问题.具体操作要点是通过系统间的联系建立某种对应,把一个系统中较难解决或不能解决的问题转化为另一系统中的问题加以解决.如用解析法解决平面几何问题时,通过建立直角坐标系,使平面上的点与坐标(x,y),曲线与方程之间建立对应关系,从而把几何问题代数化,图形性质坐标化,再通过研究方程来得出代数结果,进而反演到几何问题中.

---

* 这部分内容发表在《西北师范大学学报(自然科学版)》第35卷.

2 RMI原理应用举例

RMI原理的应用十分广泛,解析法、函数法、利用对数计算、变量代换、数形转化、复数变换、数字化、有序化、几何变换、建立数学模型等都可看作RMI原理的具体应用.

2.1 变量代换

例1 设$x,y,z \in \mathbf{R}+$,求证$\frac{z^2-x^2}{x+y}+\frac{x^2-y^2}{y+z}+\frac{y^2-z^2}{z+x} \geq 0$(W.Janous猜想).

证明:令$x+y=a, y+z=b, z+x=c$,则原不等式可化为

$$\frac{c(b-a)}{a}+\frac{a(c-b)}{b}+\frac{b(a-c)}{c} \geq 0.$$

要证原不等式成立,只需证

$$\frac{bc}{a}+\frac{ac}{b}+\frac{ab}{c} \geq a+b+c \qquad ①$$

又$a,b,c>0$时,$\frac{ac}{b}+\frac{ab}{c} \geq 2a$,$\frac{bc}{a}+\frac{ab}{c} \geq 2b$,$\frac{ac}{b}+\frac{bc}{a} \geq 2c$成立,把这三式相加得①式,因此原不等式成立.

2.2 数形互化

例2 (蝴蝶定理)过一圆的弦PQ的中点M,引任意两弦AB和CD.连接AD和BC交弦PQ于X,Y,求证:$XM=YM$.

证明:以M为原点,直线PQ为x轴,建立直角坐标系(如图6-1).

设圆的方程为$x^2+(y+a)^2=r^2$,直线CD的方程为$y=k_1x$,直线AB的方程为$y=k_2x$,于是圆和两相交直线组成的二次曲线系为:

$$\lambda_1[x^2+(y+a)^2-r^2]+\lambda_2[(y-k_1x)(y-k_2x)]=0.$$

令$y=0$,则点X和点Y的横坐标满足二次方程

$$(\lambda_1+\lambda_2k_1k_2)x^2+\lambda_1(a^2-r^2)=0.$$

由x的系数为0知,x_1与x_2的和为0,即$x_1=-x_2$,故$XM=YM$. 当直线CD、直线AB中有一条斜率不存在时,同理可证结论成立.

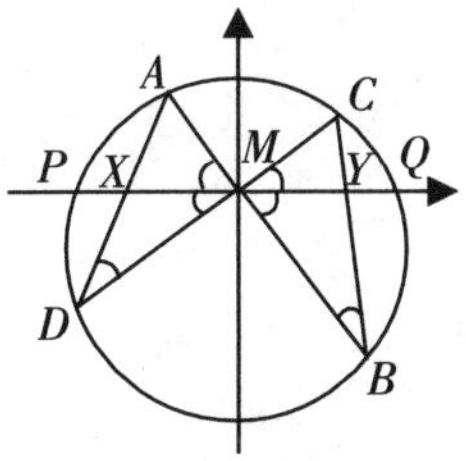

图 6-1

2.3 复数变换

例3 设$P_k(x)(k=0,1,2,3,4)$是关于x的多项式,且满足关系式

$$P_1(x^5)+xP_2(x^5)+x^2P_3(x^5)+x^3P_4(x^5)=(x^4+x^3+x^2+x+1)P_0(x),$$

求证:$(x-1)$是$P_k(x)$的因式,其中$k=1,2,3,4$.

证明：令 $\omega=\cos\dfrac{2\pi}{5}+i\sin\dfrac{2\pi}{5}$，则 $\omega^5=1$，且 $\omega,\omega^2,\omega^3,\omega^4$ 都是方程 $x^4+x^3+x^2+x+1=0$ 的根，把 $\omega,\omega^2,\omega^3,\omega^4$ 分别代入已知关系式得：

$$P_1(1)+\omega P_2(1)+\omega^2 P_3(1)+\omega^3 P_4(1)=0, \tag{1}$$

$$P_1(1)+\omega^2 P_2(1)+\omega^4 P_3(1)+\omega P_4(1)=0, \tag{2}$$

$$P_1(1)+\omega^3 P_2(1)+\omega P_3(1)+\omega^4 P_4(1)=0, \tag{3}$$

$$P_1(1)+\omega^4 P_2(1)+\omega^3 P_3(1)+\omega^2 P_4(1)=0, \tag{4}$$

设 $P_1(1)=x_1,P_2(1)=x_2,P_3(1)=x_3,P_4(1)=x_4$，则其对应方程组

$$\begin{cases} x_1+\omega x_2+\omega^2 x_3+\omega^3 x_4=0, \\ x_1+\omega^2 x_2+\omega^4 x_3+\omega x_4=0 \\ x_1+\omega^3 x_2+\omega x_3+\omega^4 x_4=0 \\ x_1+\omega^4 x_2+\omega^3 x_3+\omega^2 x_4=0 \end{cases}$$

的系数行列式为

$$\begin{vmatrix} 1 & \omega & \omega^2 & \omega^3 \\ 1 & \omega^2 & \omega^4 & \omega \\ 1 & \omega^3 & \omega & \omega^5 \\ 1 & \omega^4 & \omega^3 & \omega^2 \end{vmatrix}=5(-\omega+\omega^2+\omega^3-\omega^4)\neq 0,$$

故此齐次方程组只有唯一的零解：$P_1(1)=P_2(1)=P_3(1)=P_4(1)=0$，因此 $(x-1)$ 是 $P_k(x)$ 的因式 $(k=1,2,3,4)$.

2.4 数字化

例4 在一个圆上给定10个点，把其中6个点染成红色，余下的4个点染成白色，它们把圆周划分成互不包含的圆弧段.现规定：两端都是红色的弧段标上数字2，两端都是白色的弧段标上数字 $\dfrac{1}{2}$；两端异色的弧段标上数字1，把所有这些数字乘在一起，求它们的积.

解：给红点标上数字 $\sqrt{2}$，白点标上数字 $\dfrac{1}{\sqrt{2}}$，每段弧所标数字恰好是两端数字的乘积，从而各段弧所标数字的乘积就是各点所标数字积的平方，也即 $\left[(\sqrt{2})^6\left(\dfrac{1}{\sqrt{2}}\right)^4\right]^2=4.$

2.5 有序化

例5 平面上有600个点组成的点集，证明存在201个同心圆，使得其中每相邻两圆圆周所组成的200个圆环中，每个圆环内恰有600个点中的3点.

解:对于平面上的600个点,一定可以找到一点O,使它不在任两点连线的垂直平分线上,从而点O到这600个点的距离都两两不等.这样就可建立平面上的点的问题与数的排序问题间的映射关系,因而原命题可转化为:

有600个两两不相等的正数$0<t_1<t_2<t_3<\cdots<t_{600}$,证明存在201个正数$0<r_1<r_2<r_3<\cdots<r_{201}$,使每相邻的两个$r_i$与$r_{i+1}$间恰有3个数:$r_i<t_{k-1}<t_k<t_{k+1}<r_{i+1}$.

易证此命题成立,因此原命题成立.

2.6 建立数学模型

例6 求方程$x_1+x_2+x_3+\cdots+x_n=m(n<m)$的正整数解的个数.

解:原方程的每一组正整数解都对应于把图6-2的m个正方形分成n个部分的一种分法,而每一种分法都对应于从m个正方形的$(m-1)$条公共边中取出$(n-1)$条的一种取法,因此原方程正整数解的个数等于C_{m-1}^{n-1}.

图6-2

3 运用RMI原理的必要条件

运用RMI原理的关键是选择恰当的映射 M.这个映射应具备以下条件:

首先,映射M在将原象关系结构转化为映象关系结构时,应能化难为易、化繁为简、化未知为已知;其次,采用的映射M必须是可定映的.即给定目标原象x,通过确定的数学变换,可把映象$x^*=M(x)$确定下来;第三,相应的逆映射(反演)M^{-1}必须具有可行性,即由目标映象x^*去确定所求的目标原象x是完全能够做到的.

值得注意的是,在解决较复杂问题时,可能要经多次使用RMI原理,也可能需要增补某些条件后才能在映象结构中解决问题.

球面面积公式与球体积公式的证明

1 球面面积公式的证明

定理1 如果球的半径为R,那么它的表面积是$S_{球面}=4\pi R^2$

证法一:如图6-3,将半球面上的半圆分成$2n$等分,用过各等分点平行于大圆面的平面将半球分为n部分.则图6-3中每段弦所对的圆心角为$\frac{\pi}{2n}$,每段弦长为$2R\sin\frac{\pi}{4n}$.故这些圆台、圆锥的侧面积的和

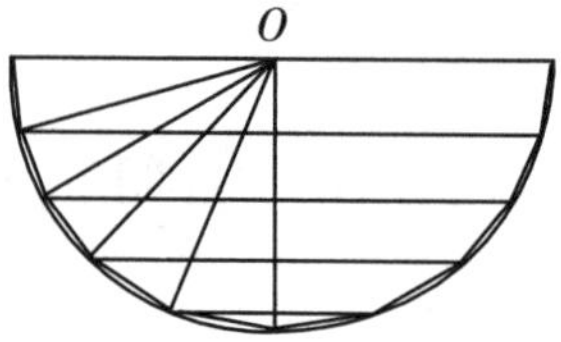

$$S=(2\pi R\sin\frac{\pi}{4n})\times\{[R+R\cos\frac{\pi}{2n}]+[R\cos\frac{\pi}{2n}+R\cos\frac{2\pi}{2n}]$$
$$+[R\cos\frac{2\pi}{2n}+R\cos\frac{3\pi}{2n}]+\cdots+[R\cos\frac{(n-1)\pi}{2n}+0]\}$$
$$=(2\pi R^2\sin\frac{\pi}{4n})\times[1+2(\cos\frac{\pi}{2n}+\cos\frac{2\pi}{2n}+\cos\frac{3\pi}{2n}+\cdots+\cos\frac{(n-1)\pi}{2n})]$$
$$=2\pi R^2[\sin\frac{\pi}{4n}+(\sin\frac{3\pi}{4n}-\sin\frac{\pi}{4n})+(\sin\frac{5\pi}{4n}-\sin\frac{3\pi}{4n})+(\sin\frac{7\pi}{4n}-\sin\frac{5\pi}{4n})$$
$$+\cdots+(\sin\frac{(2n-1)\pi}{4n}-\sin\frac{(2n-3)\pi}{4n})]=2\pi R^2\cdot\sin\frac{(2n-1)\pi}{4n}.$$

因此,$S_{球面}=2\lim\limits_{n\to\infty}2\pi R^2\cdot\sin\frac{(2n-1)\pi}{4n}=4\pi R^2$.

图6-3

证法二:由于球体积公式可不通过球面面积公式导出,因此可把球体积公式作为已知结论来推导球面面积公式.

如图6-4,过球心把球体不断地分割为许多三棱球锥,则每一个球锥对应一个以球心为顶点且底面三顶点在球面上的三棱锥.由于每一个三棱锥底面上任意两点间的距离必有一个最大值,可设所有这些最大值的极大值为d.又设所有这些三棱锥的高的最小

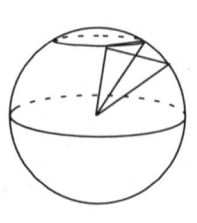

图6-4

值为h,体积的和为$\sum V_{三棱锥}$,底面积的和为$\sum S_{三棱锥}$,则

$$\frac{1}{3}\times h\times\sum S_{三棱锥}\leqslant\sum V_{三棱锥}\leqslant\frac{1}{3}\times R\times\sum S_{三棱锥},$$

$$\therefore \lim_{d\to 0}\frac{1}{3}\times h\times\sum S_{三棱锥}\leqslant\lim_{d\to 0}\sum V_{三棱锥}\leqslant\lim_{d\to 0}\frac{1}{3}\times R\times\sum S_{三棱锥},$$

$$\therefore \frac{1}{3}\times\lim_{d\to 0}h\times\lim_{d\to 0}\sum S_{三棱锥}\leqslant\lim_{d\to 0}\sum V_{三棱锥}\leqslant\frac{1}{3}\times R\times\lim_{d\to 0}\sum S_{三棱锥},$$

即 $\dfrac{1}{3}\times R\times S_{球面}\leqslant V_{球}\leqslant\dfrac{1}{3}\times R\times S_{球面}$,

$$\therefore V_{球}=\frac{1}{3}\times R\times S_{球面}\text{即}\frac{4}{3}\pi R^3=\frac{1}{3}RS_{球面},$$

$\therefore S_{球面}=4\pi R^2$.

2 球体积公式的证明

定理2 如果球的半径为R,那么它的体积是

$$V_{球}=\frac{4}{3}\pi R^3.$$

证法一:如图6-5,考虑半球,将与大圆面垂直的半径分成n等分,用过各等分点平行于半球大圆面的平面将半球分成n部分,得到n个球台或球缺.显然每一个球台或球缺的体积不小于等高的以球台上底面为底面的圆柱的体积,不大于等高的以球台下底面为底面的圆柱的体积.设V_k表示自下而上的第k个球台的体积,则有:

$$\frac{\pi R}{n}[R^2-\frac{k^2R^2}{n^2}]\leqslant V_k\leqslant\frac{\pi R}{n}[R^2-\frac{(k-1)^2R^2}{n^2}],$$

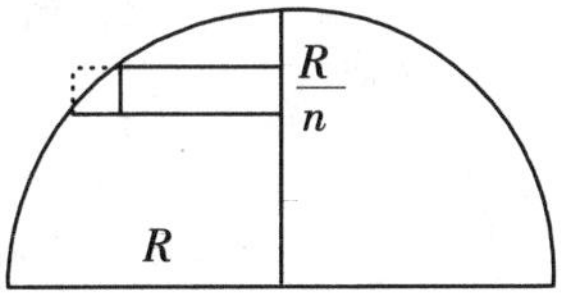

即 $\dfrac{\pi R^3}{n}[1-\dfrac{k^2}{n^2}]\leqslant V_k\leqslant\dfrac{\pi R^3}{n}[1-\dfrac{(k-1)^2}{n^2}]$,

图6-5

$$\sum_{k=1}^{n}\frac{\pi R^3}{n}[1-\frac{k^2}{n^2}]\leqslant V_{半球}\leqslant\sum_{k=1}^{n}\frac{\pi R^3}{n}[1-\frac{(k-1)^2}{n^2}],$$

即 $\dfrac{\pi R^3}{n}[n-\dfrac{1^2+2^2+\cdots+n^2}{n^2}]\leqslant V_{半球}\leqslant\dfrac{\pi R^3}{n}[n-\dfrac{1^2+2^2+\cdots+(n-1)^2}{n^2}]$,

$$\pi R^3[1-\frac{(n+1)(2n+1)}{6n^2}]\leqslant V_{半球}\leqslant\pi R^3[1-\frac{(n-1)(2n-1)}{6n^2}],$$

$$\lim_{n\to\infty}\pi R^3\left[1-\frac{(n+1)(2n+1)}{6n^2}\right] \leqslant V_{半球} \leqslant \lim_{n\to\infty}\pi R^3\left[1-\frac{(n-1)(2n-1)}{6n^2}\right],$$

即 $\frac{2}{3}\pi R^3 \leqslant V_{半球} \leqslant \frac{2}{3}\pi R^3$.

因此 $V_{半球}=\frac{2}{3}\pi R^3$，$V_{球}=\frac{4}{3}\pi R^3$.

(注：球面面积公式也可用类似的方法加以证明)

证法二：如果把球面面积公式作为已知结论，类似于球面面积公式的证法二，同样可证明球体积公式.

第七章

数学教学研究：
基于教学实践，改进教学实践

中学数学"问题中心教学"实践与研究*

1 从"问题解决教学"到"问题中心教学"

1.1 "问题解决教学"的意义与局限

20世纪80年代,针对过去数学教学改革中过分偏重理论结构、忽视应用的缺点,美国数学教育界提出了"问题解决教学".美国全国数学教师联合会理事会在一份名曰"关于行动的议程"(An Agenda for Action-Recommendation for Mathematics of the 1980's)中提出"必须把问题解决(problem solving)作为80年代中学数学的核心".英国在1982年著名的 *Cockcroft Report* 也指出,数学教育的核心是培养解决数学问题的能力,强调数学只有应用于各种情形时才是有意义的.后来"问题解决"的口号得到了世界各国的普遍响应.20世纪90年代开始,这一理论在我国十分流行,并在数学教育教学实践中得到了广泛的应用,对我国的数学教学改革以至整个理科教学改革产生了重大的积极的影响.山东省临沂师范学院李红婷、陈一飞、沈坤华等人对"问题解决教学"及其相应的教学模式做了深入的研究.

"问题解决教学"是一种发展性教学,在培养学生应用能力、解决问题能力和创新精神方面有着明显的优势,但它具有明显的局限性:

(1)"问题解决教学"没有把培养学生的问题意识和问题发现能力放到应有的位置.提出问题是解决问题的逻辑前提,学习与研究的起点应是发现问题、提出问题.就数学教学而言,学生总是被要求去解决由他人(教师、教材编写者、出考题者等)所提出的问题,也应被看成传统的"传授—接受"式教学思想的一个具体体现.因此,郑毓信先生指出:问题解决作为一个数学教育改革运动是有局限性的,因为数学教育的基本目标不仅包括解决问题的能力,而且也包括培养学生提出问题的能力,而问题解决恰恰忽略了后者.事实的确如此,尽管"问题解决教学"也包括提出问题这一教学环节,但却是教师提出问题,而不是教师引导学生发现、提出问题.

---

* 本成果获浙江省人民政府第二届基础教育教学成果二等奖.

(2)"问题解决教学"中问题的涵义不符合学生学习的实际.尽管人们对问题解决中"问题"的理解有很大的差异,但从它的起源和多数人的理解看,它主要是指非常规的实际问题,也包括非传统的文字应用题及智力游戏题等开放性问题.正如1988年第六届国际数学教育大会(ICME)"问题解决、模型化和应用"课题报告中所指出的:"一个数学问题是一个对人具有智力挑战特征的、没有现成直接方法、程序或算法的未解决问题的情境."而事实上,这种非常规性问题只是学生学习中遇到问题的一部分,与实际课堂教学有较大的距离.

(3)"问题解决教学"不利于基础知识和基本技能的学习."问题解决"过分强调问题的实际性、开放性和非常规性,这使学生的学习缺乏足够的规范性、系统性,不利于学生全面系统地学习数学知识、形成良好的数学知识结构."问题解决教学"普遍缺少"巩固和应用"教学环节,不符合学生学习的特点和认知规律,因此它削弱了学生对数学基础知识和基本技能的掌握,而这些基础知识和基本技能恰恰是创新意识和实践能力的前提和基础.另外,"问题解决"注重数学作为解决实际问题工具的一面,而忽视了数学作为一种思维方式、文化、精神在培养学生健全人格、训练学生思维等方面更广泛的"实用性".

(4)"问题解决教学"的涵义不够明确.这首先表现在"问题"的内涵和外延不够明确.有人把它理解为非常规性的、具有智力挑战特征的实际问题;有人把它理解为包括教科书上的习题在内的数学问题;也有人把它理解为包括数学方法和数学学习策略在内的学生数学学习中的问题.其次,"问题解决"和"问题解决教学"的涵义、目标不够明确,存在泛化和窄化的现象,甚至会出现相互矛盾的理解,令人困惑.根据我国三种有代表性的中学数学杂志统计,以"问题解决"名义发表的665篇文章中,属于数学试题与解题研究的文章共546篇,占82.1%.许多人将问题解决等同于一般的解题研究,更有一些人把"问题解决"当作"题海战术"的"理论依据".

正如美国问题解决研究的领头人物舍费尔教授所指出:我现在认识到这一名称的选用是不很恰当的,我所考虑的是单纯的问题解决的思想过于狭窄了;我所希望的并非仅仅是教会我的学生解决问题——特别是别人所提出的问题,而是帮助他们学会数学地思维.因此数学教学需要超越"问题解决教学",切实而有效地提高学生的问题发现能力.

1.2 中学数学"问题中心教学"应时而生

教育是有组织有计划地培养未来社会所需要的人的活动.一个对学生、对社会、对未来负责的教师,应该把自己的工作建立在对良知、对未来的确认上;应该用理性的态度去思考现实的教育到底是怎样的,理想的教育又应该怎样;应该脚踏实地地探索从哪些方面、通过怎样的途径、用怎样的方式切实而有效地使学生学会学习、学会思考.尽管目前高中学生每周都有研究性学习安排,但更重要、更根本也更有效的应该是把握研究性学习的本质和目标,把它作为一种教育的理念、学习的理念在学科教学中加以渗透和落实.就目前的教育环境和条件而言,培养学生创新精神最有效、最切实可行的途径还是课堂教学,其他的途径和方式只能起到一种矫正和补充作用.

1.2.1 中国学生严重缺乏问题意识和创新精神

郑毓信在《数学教学通讯》2000年第6期《努力培养学生提出问题的能力》一文中指出:"一次中美教育比较研究,用同样一批题目对中美四年级小学生进行了测试.试题包括两部分,第一部分要求学生根据所给的情境分别提出三个易、中、难的数学问题,第二部分则要求学生实际地求解数学试卷中根据特定情境所已直接给出的两个数学问题.结果表明:美国学生普遍感到第二部分难于第一部分,而对中国学生来说,则是相反的情况:第二部分对他们来说似乎没有任何困难,但面对第一部分试题他们则显得完全不知所措,甚至事后对中学生乃至大学生所进行的测试中我们也看到了同样的情况".笔者也曾对本校高一、高二、高三三个年级的308名学生进行了问卷调查,统计显示:上课习惯于教师提出问题的学生占88.4%,平时能经常发现并提出问题的学生占14.4%,喜欢追根究底的学生只占4.6%;高三对数学感兴趣的学生比高一少21.7%.上述对比和数据清楚地表明了我国数学教育重在使学生学会解决问题,而忽视使学生学会提出问题,表明我们的学生缺少一种追根究底的精神、习惯和勇气.

1.2.2 数学教育应承担起全面育人、有效育人的责任

数学是基础教育中的基础学科,每一个数学教师都应该思考:数学教学在促进学生发展和社会发展的过程中应承担怎样的职责?它应该引导学生学会什么、发展什么?自己的教学在十年、二十年、三十年后还会给学生留下什么?

"疑是思之始,学之端",发现问题、提出问题是解决问题的逻辑前提,提出问题比分析与解决问题更重要、更本原,"求学问,需学'问';只学'答',非学问",问题意识的强弱、提出问题能力的强弱是创新意识的强弱、创新能力的强弱的重要标志.因此数学教学需要把培养学生的问题意识和发现问题能力作为重要的内容和目标,切实提高学生"问"的本领,使他们想问、敢问、善问.相应地,学生应当从寻找问题的答案,转向独立地提出问题、提出假设,并设计方案或实验验证假设,从而增强

自己的创新意识和创新能力.

1.2.3 中学数学"问题中心教学"应时而生

中国数学教育有自己独特的优势,但也有其固有的问题与不足.现行数学教与学在很大程度上以传授知识和训练解题技能为出发点和落脚点,具有浓厚的功利性和工具性色彩,教学的目的和功能已经在很大程度上被异化和单一化,教学中接受和模仿太多而发现和创新太少,教学环境、思维方式、学生心态等封闭有余而开放不足,因此增强学生学习的问题性、情境性、自主性、探索性、开放性和批判性是数学教学发展的必然.进一步地,数学教学应该在目标、观念、内容、模式、技术、方法、评价等方面有较为全面的变革,变"解题中心"教学为"问题中心"教学.具体可从以下几方面入手:

(1) 调整数学教学目标和着重点.B.S.布鲁姆指出:教学是使学习者发生预期变化的过程.教学目标对教学具有很强的指向功能、激励功能、控制功能和评价功能.数学教学不仅应有"基础性和知识性学力"方面的目标,更应有"发展性和创造性学力"方面的目标,并使知识与技能、过程与方法、情感与态度三方面目标相互渗透、相互促进.要坚定而明确地把增强学生问题意识和问题提出能力作为数学教学的重要目标,把引导学生发现和提出问题作为数学教学的不可缺少的重要环节,变单纯的问题解决教学为问题解决与问题提出并重的教学,进而使数学学习成为学"答"与学"问"的相互渗透、相互促进、协调发展的学习.

(2) 建构相应的课堂教学模式.课程改革的重点和难点是教学功能与目标的重新定位,以及教学策略与手段、方式的革新.由于课堂教学模式是教学工作的集结点和落脚点,是现代教学的实体和工作枢纽,因此教学模式的选择和优化是有效完成教学任务、实现教学目标的必要条件.要增强学生的问题意识和问题发现能力,必然要求建立起相应的教学模式.否则,改革传统课堂教学的弊端,提高学生的问题意识和提出问题的能力将是一句空话.

(3) 切实、有效地改进学生的学习方式.这既是成功实施数学"问题中心教学"的前提,也是提高教学质量尤其是可持续发展质量的有效手段,因为离开了学生学习习惯与学习方式的改变,最好的教学设计也落不到实处;同时这也是教育教学的基本目标,是数学教学成果的重要方面.为此,在意识观念层面,要使学生认识到发展提出问题能力、改进自身学习方式的重要性,增强他们发现问题、提出问题的意识;在技能技巧层面,要让学生掌握发现和提出问题的常用策略和方法,形成良好的思维方式和行为方式,提高他们发现问题、提出问题的能力.

本研究旨在构建数学"问题中心"教学理论和教学模式,在如何增强学生问题意识、发展学生提出问题能力、促进学生学会学习与探究、改变学生学习习惯和学习方法等方面进行积极而有益的探索和尝试.

1.3 中学数学"问题中心教学"的逻辑起点与着力点

1.3.1 中学数学"问题中心教学"的历史渊源

无论何种教育观念或理念的形成,都有其浓厚的历史底蕴和基础."问题中心教学"也不例外,它有着悠久的历史渊源.早在两千多年前,孔子就非常重视问题的价值与意义,强调学生在学习过程中要善问,要"不耻下问""每事问".宋代理学大师朱熹对学习中的问题意识做了科学而辩证的阐述,认为:"读书无疑者,须教有疑,有疑者,却要无疑,到这里方是长进."宋代的另一著名学者陆九渊的观点则更精辟,他说:"为学患无疑,疑则有进,小疑则小进,大疑则大进."我国古代的书院教学也强调要从"疑问"入手,强调学生读书要善于提出疑难,鼓励学生问难论辩,督促学生认真仔细和有条理地带着问题读书.近代著名教育家陶行知说得更生动形象,他在一首诗里写道:"发明千千万,起点是一问.禽兽不如人,过在不会问.智者问得巧,愚者问得笨.人力胜天工,只在每事问."国外也有很多学者极力推崇问题及问题意识.亚里士多德曾说过,思维是从疑问和惊奇开始的.苏格拉底认为,问题是接生婆,它能帮助新思想诞生.近代英国科学哲学家K.R.波普尔指出:"科学开始于问题","科学知识的增长永远始于问题,终于问题——越来越深化的问题、越来越能启发新问题的问题".爱因斯坦认为:"发现问题和系统阐述问题可能要比得到解答更为重要.解答可能仅仅是数学或实验技能问题,而提出新问题,新的可能性,从新的角度去考虑问题,则要求创造性的想象,而且标志着科学的真正进步."

美国教育家杜威是思维教学的大师,他提出了"反省思维"(reflective thinking)概念,即对某个问题进行反复的、严肃的、持续不断的深思,并把反省思维分为五个阶段.这五个阶段分别是:(1)暗示:在暗示中,心智寻找可能的解决办法;(2)理智化:使感觉到的(直接经验到的)疑难或困惑理智化,成为有待解决的难题和必须寻求答案的问题;(3)假设:以一个接一个的暗示作为导向意见,或称假设,在搜集事实资料中开始并指导观察及其他工作;(4)推理:对一种概念或假设从理智上加以认真的推敲(推理是推论的一部分,而不是推论的全部);(5)检验:通过外显的或想象的行动来检验假设.这五个阶段或五步步骤构成了著名的杜威"五步教学法".

1.3.2 中学数学"问题中心教学"的逻辑起点

本研究以如下基本观点为前提和基础:

(1) 数学真正的组成部分是问题和解,它不是静止的真理的集合体,而是动态的、发展的.相应地,数学教育的核心应放在数学问题的提出和解决上.数学教学应既重视结果,也重视过程;既重视知识的量,也重视知识的质.学生学习应是以学生已有的数学知识和经验为基础的社会性建构过程;数学教师的基本任务在于根据学生思维的特点和规律,创设良好的学习情境,促进学生成为建构知识的主体.

(2) 数学教学是教师主导作用与学生主体作用相互促进的过程.无论"教师中心论"还是"学生中心论"都是错误而有害的.如果教师以学生为中心,那学生又以什么为中心,这个中心由谁确定？教学过程也不存在教师作用占百分之几、学生作用占百分之几的问题,只存在教师、学生、教学环境、学习对象等诸要素之间如何相互作用以达到教学效果最优化的问题.教与学应该是辩证统一、相互促进的;在教与学的矛盾中,学是矛盾的主要方面,教是为了学,教服从于学.

(3) 数学教学是接受学习与发现学习相互渗透、相互促进的过程.无论是学生学习还是一般的人类学习,接受学习与发现学习都是最基本的两种方式.它们之间虽有相互矛盾、相互排斥的一面,但更有相互促进、相互统一的一面,"接受"是基础,"发现"是目的.因此,学生的学习应该是"接受"中有"发现","发现"中有"接受",教师应把握好"接受"与"发现"之间的度.就现行教学而言,我们需要进一步提高学生自主发现、自主探索的程度.

(4) 数学教学是问题提出与问题解决相互统一、相互促进的过程.完整的数学学习应包括学"问"与学"答"两方面,发展学生的问题提出能力与问题解决能力是数学教学的两大基本任务.相应地,数学发现学习应该包括发现数学问题和发现数学结论两方面.只学"答"不学"问"的数学教学是一种工具型、仆从型、应试型的教学;只注重发现结论而忽视发现问题的发现式教学是片面的、不完整的发现式教学.

(5) 数学教学要立足现实、面向未来,既保证学生的"基础性学力",又发展学生的"创造性学力".或者说,数学教学既要反对"封闭型、依赖型、技能型、工具型"的传统教学,也要反对不顾学生学习特点的极端自主的、开放的所谓发现性学习与研究性学习.

1.3.3 中学数学"问题中心教学"与相关研究的异同

本研究与"问题解决教学"研究的最大不同在于它明确地以问题的提出和解决为中心,把培养学生的问题意识和问题发现能力为教学的重要目标,把教师引导学生提出问题作为教学的一个重要环节,强调教师要由问题的提出者和呈现者,变为问题产生情境的创设者.另外,本研究认为:学生学习中的数学问题不仅应来自学生生活、生产的实际,而更应来自数学知识的逻辑发展,来自学生学习的实际.

本研究与相关的问题发现能力研究的不同之处在于其他研究往往侧重于学生提出问题的方法和技巧,侧重于如何具体地帮助学生提出问题;而本研究则是在反思现行数学教育目标和功能的基础上,构建以问题为中心的教学模式,是重在创建利于增强学生问题意识和问题发现能力的课堂教学,并以此为突破口,培养和发展学生的创新精神和创新能力.

与研究性学习相比较,研究性学习的本质是在研究中学习,或者说是通过研究来学习.它重在培养学生的创新能力、实践能力和综合运用知识的能力,是针对现行教学重在传授学科知识而忽视运用知识和创新能力的培养而提出.但本研究旨在构建一种既能保证学生的"基础性学力"又能弥补学生问题意识和问题发现能力之不足,并且能在平时教学中普遍使用的课堂教学模式.

2 中学数学"问题中心教学"的涵义与依据

2.1 "学生数学问题"的涵义与价值
2.1.1 "学生数学问题"的涵义与特征

要讨论和研究数学"问题中心教学",我们首先必须明确何为问题、何为数学问题. 这里我们把问题界定为给定的信息和目标之间有某些障碍需要加以克服的情境.当个体有目的的活动受到阻碍时,或者有一种需要不能获得满足时,或是有一个疑难需要解答时,若个体不能以其经验中既有的或现成的反应来适应,我们就说该个体处于一种问题情境之中.

本研究所指的数学问题,主要是"教与学中的数学问题",不妨称之为"学生数学问题".它不仅包括来自生产、生活实践的现实数学问题,也包括数学知识逻辑发展所产生的数学问题以及教师和学生根据学习需要而编拟的学校数学问题;不仅包括常规的问题(routine problems),也包括非常规的问题 (non-routine problems);不仅包括条件充分、结论确定的问题,也包括条件不充分、结论不确定的问题.因此"学生数学问题"的涵义比"问题解决"中的"问题"要宽广得多,并且它与书本的练习或习题有着很大的区别. 书本的练习或习题的条件和需要解决的问题都是预设的,并且所有的问题都有确定的,甚至唯一的答案;而"学生数学问题"不是教师或学生人为预设的,而是学生数学学习过程中自然产生的.它通常具有以下特征:

（1）探索性."学生数学问题"是基于学生对现有知识的不满足或遇到实际问题需要解决而产生.也许"学生数学问题"对别人来说可能不是问题,不需要再去探索,但对学生本人来说却具有探索性,是学生学习过程中需要攻克的堡垒.

（2）混沌性（或障碍性）.问题意味着学生对已有知识的不满足,对新知识的渴望和追求,这种追求开始时是模糊不清的.在调动已有知识去发现未知时,学生的思维往往不能是原有思维定势中的有序活动.但正是这种混沌无序才有可能激发创造性思想火花,成为认识未知的有序之源.

（3）激励性."学生数学问题"应是处于学生的"最近发展区"内、难度适当、形式灵活的问题,是学生决心解决并且可能解决的问题,是学生提出问题后便力图寻找其答案直到圆满解决的问题.

（4）相对性.前人或他人已经提出和解决的问题,对学生来说,仍可作为问题提出和解决.学生的问题往往是相对于特定的个体或群体而言的.张三的问题不一定是李四的问题;高一学生的问题,对高三学生来说就可能不是问题.

2.1.2 "学生数学问题"的价值

创新始于"问题",提出新问题需要从新的角度去思考老问题,往往导致新的发现与突破,标志着科学的真正进展.英国科学哲学家波普尔（Popper,1902~1994）认为,科学总是经过不断试探,不断地排除错误,推翻原有结论,即不断地批判而进步的.波普尔把科学发展模式概括为：$P_1 \rightarrow TT \rightarrow EE \rightarrow P_2 \rightarrow \cdots\cdots$也就是说,科学认识是从问题$P_1$(Problem)开始的,通过提出试探性的理论TT(Tentative Theory),然后用证伪排除错误EE(Elimination of Error),进而发展到新的问题P_2.波普尔的模式把科学看成是 "从问题到问题的不断进步——从问题到愈来愈深刻的问题."他为科学家设计了一种富有批判精神和创造性思维的科学探索的图式.

"学生数学问题"是学生数学知识和能力发展的生长点和"催化剂",它有助于学生摆脱思维定势,激活想象力和创造力.一般来说,"学生数学问题"具有以下功能：

（1）激励功能."学生数学问题"通常是处于学生的"最近发展区"内、难度适当、形式灵活的问题,是学生决心解决并且可能解决的问题,因此它对学生的数学思维具有明显的激励作用,是学生数学思维的动力.

（2）引导功能.问题是思维的路标,是思维的目标与方向.提出一个数学问题,就向解决这个问题逼近了一步.爱因斯坦曾指出："提出一个问题往往比解决一个问题更重要,因为解决一个问题也许仅是一个数学上的或实验上的技能而已,而提出新的问题、新的可能性,从新的角度去看旧的问题,却需要有创造性的想象力,而且标志着科学的真正进步."

(3)探究功能.问题是数学学习与研究的对象和材料.事实上,数学思维的过程就是不断地提出问题,解决问题的过程."问题是数学的心脏".数学知识是数学问题的结果,数学方法、观点、思想是在解决问题中形成的具有一般性的观念系统,数学能力则是在数学思维过程中,在数学观念系统的建构过程中形成的心理特征.

总之,"学生数学问题"对学生思维活动的全过程,包括思维的起动、定向、展开,直到成果的获得,都起着决定性的影响.离开了数学问题,则就无所谓数学思维,至少说没有专注的、积极的思维.最善于提出问题的学生是最富有创新能力和创新精神的学生.

2.2 "问题产生情境"与"提出问题"的涵义

2.2.1 "问题产生情境"的涵义

这里所谓"问题产生情境"是指这样一种氛围:它既具有利于数学问题产生的丰富的数学信息或背景材料,又能给学生带来自由的、积极的、愉快的情感体验,同时对学生的数学探究起着思维定向、激发动机的作用.也就是说,"问题产生情境"是促进学生想提出问题、敢提出问题、能提出问题的一种教学情境.它包含以下四层涵义:

(1)它是一种民主的、"安全"的、开放的氛围.即它能促使学生积极主动地、自由地(而非迫于外界压力)去想象、思考、探索,去发现或解决问题.因为"心理的安全"与"心理的自由"是创造的两个条件.没有以民主、平等、开放、宽容为特征的教学氛围,没有对质疑、求异和个性的鼓励和张扬,问题意识和提出问题能力是很难培养的.

(2)它能激发学生产生某种积极的、愉快的情感体验.德国教育家第斯多惠曾说:"教学的艺术不在于传授本领,而在于激励、唤醒和鼓舞."对知识的渴求,探索数学王国的欲望与激情,发现规律的兴奋以及对教师的热爱等是学生发现问题的强大动力.教师应积极创设学生熟悉或感兴趣的问题情境,力戒单调枯燥的课堂引入、讲解和题海战术,因为这样会使学生产生消极的情感体验,妨害和压制他们的自由想象和主动思考,同时也不利于学生的个性、情感与知识、能力同步发展,相互促进.

(3)它具有利于数学问题产生的丰富的数学信息或背景材料,能激发学生自主地提出数学问题.也就是说,教师教学时首先呈现的不是数学问题,而是利于数学问题产生的数学材料或信息.这些信息或材料是学生数学问题的"催生婆".

(4)它是丰富的而不是单一的,迷惑的而不是确定的.它以学生自己发现提出问题为目的,而不是为了教师或课本更好地呈现问题创造条件.这种问题产生情境本身含有丰富的信息,能给学生以充分思考和探索的空间;它鼓励学生凭直觉提出问题或猜想,而不苛求对问题的严格表述和论证;它鼓励学生之间、师生之间进行平等民主的交流,但怎样提出问题、提出什么问题却是不确定的,需要学生思考、探索.

数学教学应让学生自始至终都处于问题产生情境之中,使学生头脑中充满数学问题意识.

如,"数学归纳法"教学时,以演示春节文娱晚会被载入吉尼斯世界纪录"多米诺"骨牌游戏开始,让学生探讨游戏成功的原因,并进行数学联想,提出数学问题.

又如,"等比数列求和公式"教学时,教师先提供了"古印度太子发不出奖品""阿基里斯追不上乌龟"两材料:

(1)"古印度太子发不出奖品"的故事.传说古印度有人发明了一种棋类游戏,太子西拉谟打算奖励这位发明者,让他自己选择奖品.发明者请求:"按棋盘上的格数,奖给他米粒,但须第一格给他一粒米,第二格两粒米,第三格四粒米,以下各格的米粒数是它前一格米粒数的两倍."太子答应了他的要求,但却不能兑现自己的诺言.为什么?

(2)阿基里斯是古希腊神话中善跑的英雄,可有人推测他永远也追不上前面的乌龟.理由如下:不妨设阿基里斯的速度是乌龟速度的10倍,乌龟在他前面1000米,乌龟跑,阿基里斯追,那么当阿基里斯跑了1000米到达乌龟出发点时,乌龟已经前进了100米;当阿基里斯又跑了100米时,乌龟又前进了10米;当阿基里斯又跑了10米时,乌龟又前进了1米……这样无穷无尽地下去,阿基里斯永远也追不上乌龟.

然后,再请学生讨论、发现、提出问题.

再如,"二项式系数的性质"教学时,教师提供的是比外国人早将近400年的"杨辉三角":

$(a+b)^1$ ················· 1　1
$(a+b)^2$ ················· 1　2　1
$(a+b)^3$ ················· 1　3　3　1
$(a+b)^4$ ················· 1　4　6　4　1
$(a+b)^5$ ················· 1　5　10　10　5　1
$(a+b)^6$ ················· 1　6　15　20　15　6　1

然后由学生自己去归纳、总结、发现、提出数学结论.由于所提供的数学背景含有丰富的数学信息,每个学生都能发现、提出许多问题,且不同的学生会提出不同的问题,因此为每个学生都提供了足够的探索空间,并且每个学生都能进行"再发现".

2.2.2 "问题意识"与"提出问题"的涵义

所谓问题意识是指一种探究心理,一种追根究底的精神,一种求异质疑的意识.它是创造的起点,是创新精神的基石.它能促使个体积极思考,不断地提出问题、分析问题和解决问题,是思维灵活性、深刻性、独立性和创造性的体现.增强学生的问题意识,是培养学生创新精神和创新能力的需要.

所谓提出问题,可以是就学习中的某个问题提出与他人不同的见解与想法,这种提出问题属于商榷型、完善型的学习活动;也可以根据自己对某个问题、现象或材料的观察、分析、综合,经过类比、归纳、抽象、概括,提出有价值的、需要进一步思考和研究的问题,这种提出问题属于创造性的学习与研究活动.提出问题的过程应包括感知问题、发现问题、明确问题、表述问题四个阶段.对提出问题,可从不同角度做不同的理解.

(1)培养提出问题能力是数学教育的重要目的.提出问题是解决问题的基础,并且解决问题本身就是由不断地提出新问题的过程组成的,因此学习数学不仅应学习解决问题还应学习提出问题.现在的课堂教学往往重在培养学生的解决问题的能力,而忽视培养学生的问题意识和提出问题的能力.但就学习与科学研究本身来说,"问"应该是前提,是"本",而"答"是结果,是"末".巴尔扎克说得好:"打开一切科学大门的钥匙是问号."创新能力首先表现在善于提出问题的能力上,因此要培养学生创新精神和创新能力,我们首先必须把培养学生的问题意识和发现问题能力作为数学教与学的重要目的,并以此为突破口,推动教学模式与学习方式的改革.

(2)提出问题是不可缺少的教学环节和教学过程.现行的课堂教学往往省略了引导学生发现问题、提出问题的过程,而由教师直接提出问题,这是一种片面的、不完善的教学,是一种应试色彩浓厚的教学.没有过程,就没有结果.要培养学生的问题意识和提出问题的能力,首先必须把提出问题作为课堂教学的一个必不可少的过程和环节,并且力求把提出问题渗透和体现在整个数学教学过程之中,使提出问题和解决问题相互渗透、相互融合、相互促进.

(3)提出问题是学习数学的重要途径和方式.正如游泳只能在游泳的过程中学习,学生的问题提出能力也只能在他们提出问题的过程中加以培养.提出问题过程是一个发现的过程、探索的过程、创新的过程.因此教师应积极创设问题产生情境,引导学生通过不断提出问题和解决问题来学习数学,使提出问题成为学生学习数学的重要途径和方式.

(4) 提出问题是一种数学能力.不论是学生还是数学家,数学活动都应该从发现问题、提出问题开始,因为没有问题,就无所谓问题解决.由于提出问题需要从新的角度去思考,需要丰富的想象力和创造性思维,因此它往往比解决问题更重要、更本原.事实上,解决问题的过程就是不断地提出问题,将所面临的问题转换、分解、组合、引申、变化为已经解决的问题的过程.美国著名数学家P.R.Halmos指出:"解决问题最困难的部分之一,是提出一个正确的问题."G.波利亚精辟地说:"你若不能解决问题,那一定有一个比较容易的问题你也不能解决,那你第一位的工作是去寻找它!"因此解决问题的全部创造性活动就在于提出问题,提出问题是数学能力的核心.

(5) 善于提出问题是优秀人才不可缺少的品质.现代思维科学认为:问题是思维的起点,任何思维过程总是指向某一具体问题的.问题又是创新的前提,一切发明创造都是从问题开始的.问题意识和提出问题的能力,既反映了一个人的洞察能力和思维能力,也体现出一个人善于思考、积极探索、敢于创新的个性品质.只会解决别人提出的问题而不会自己发现问题的人,是一种工具型、被动型、仆从型的人,而不是和谐发展的人.

以上几种理解的着眼点虽各有侧重,但其实质是一脉相通的,即提出问题是一种数学活动过程中形成的数学能力,它不仅是数学学习的目标,也是数学学习的主要方式.我们需要构建一种适当的教学模式来实现这一目标.

2.3 中学数学"问题中心教学"的涵义

任何教学目标的实现都必须借助一定的载体和途径,增强学生的问题意识和培养问题发现能力也一样.由于教学模式是教学工作的集结点、落脚点,是教学理论向教学实践转化的中介,因此构建符合特定要求的教学模式是有效完成教学任务、实现教学目标的必要条件.鉴于此,本研究试图以构建中学数学"问题中心教学"教学模式为切入点,达到增强学生问题意识和提出问题能力之目的.该模式旨在保证学生"基础性学力"的基础上,提高学生的"发展性学力",促进学生思维的发展和综合素质的提高.

2.3.1 中学数学"问题中心教学"的涵义

中学数学"问题中心教学"是指以增强学生的问题意识、问题发现能力、问题解决能力为出发点和落脚点,把教学内容问题化,以问题发现、提出、解决和拓展为思维主线组织和安排教学,以教师指导下的学生讨论、合作、自主探究为基本学习方式,促进学生基础性学力与发展性学力协调发展的一种教学.

(1)"问题中心教学"是以问题的提出和解决为中心的教学.它的根本目的是弥补学生问题意识和问题发现能力之不足.它特别强调创设问题产生情境,把从情境中发现和提出数学问题作为教学的出发点,然后以"问题"为主线组织课堂教学,从而使教师的教具有较强的问题性、开放性和动态性,学生的学具有较强的问题性、自主性和探究性,最后让学生带着问题走出课堂.因此"问题中心教学"包含着教学思想、教学目标、教学组织形式等的变化,是一种发展性教学.

(2)"问题中心教学"是问题发现与问题解决并重的教学,是"问题解决教学"的完善和发展."问题解决教学"曾有力地推动了数学教学观念和教学方法的转变,但它也有其自身的局限性.正如郑毓信先生所指出:积极地培养学生提出问题的能力"可以被看成是对于'问题解决'这一数学教育改革运动的自觉反思与批评,即是认识到下述的做法也应被看成传统的'传授—接受'式教学思想的一个具体体现:学生总是被要求去解决由他人(教师、教材编写者、出考题者等)所提出的问题".数学"问题中心教学"是在"问题解决教学"基础上发展起来的,但它与"问题解决教学"有着明显的不同.具体表现在:①"问题中心教学"与"问题解决教学"的出发点和着力点不同."问题解决教学"的出发点和着力点是弥补学生应用能力之不足,而"问题中心教学"的出发点和着力点是弥补学生问题发现能力之不足,它既培养学生的问题解决能力,也培养学生提出问题的能力,并且它使问题提出与问题解决有机地结合、相互渗透,因此它更关注学生作为人的发展性而不是工具性,是对以往教育过于重视工具性和功利性的一种批判和超越.②"问题中心教学"非常明确地把引导学生自己发现和提出问题作为课堂教学的一个重要环节,把培养学生的问题意识和提出问题能力作为课堂教学的目标之一,而"问题解决教学"没有把培养学生的问题发现能力摆到应有的位置.③"问题解决"中"问题"的涵义尽管不很一致,但从其起源和多数人的观点来看,主要是指非常规的实际问题,也包括非传统的文字应用题及智力游戏题等开放性问题.但"问题中心教学"中所指的数学问题则更加广泛,它既包括非常规性问题,也包括常规性问题;既包括从现实世界中抽象得到的数学问题,也包括数学知识逻辑发展所必然产出的问题.这使数学"问题中心教学"比"问题解决教学"更符合教学的实际和学生学习的实际.④"问题中心教学"是问题发现和问题解决并重的教学.完整的数学学习应包括学"问"与学"答"

两个方面.比较中美两国数学教育发现,中国学生善于解决现成问题而不善于提出问题,美国学生善于提出问题而不善于解决问题,反映了各自数学教学的现状和优缺点;同时也证明了只注重问题解决或只注重问题提出的教学都是片面的教学.

(3)"问题中心教学"是教师指导与学生自主相互结合相互促进的教学.人生有涯而知识无涯,无论成人还是少年,人类的学习实际上都是以学习间接经验为主.学生的学习更是如此.由于学生发现、探索带有较大的盲目性,因此教师的指导和引导是学生高效学习所必不可少的.建构主义认为,主体的动作——主客体的相互作用是一切经验和知识的源泉,知识就其性质来说"基本上就是建构的",因而从问题情境的创设到问题解决障碍的突破,教师的主导作用主要体现在创设良好的学习情境,引导学生将注意力和思维活动指向问题发现和求解的创新过程,体现在对学生学习的宏观调控上,体现在对学生独立思考、大胆探索的鼓励和帮助上,体现在对学生思维策略与方法的指导上,而不是由教师代替学生发现问题、提出问题、解决问题.因此数学"问题中心教学"力求宏观调控、微观放开,并且使教师的引导性与学生的自主性紧密地结合在一起,相辅相成.它反对工具型、仆从型的教育教学,也反对极端自主与开放的发现性学习与研究性学习;它主张把握好教师"引导"与学生"自主"之间的"度",寻求它们之间的结合点和平衡点.

(4)"问题中心教学"是对发现式教学的完善和发展.从某种意义上讲,创新或创造,就是在亲身实践的基础上,经历一个发现问题、提出问题、研究问题、解决问题等诸多环节的完整的认知过程.传统教学过多地关注后两个环节,对发现、归纳和提出问题的环节重视不够.就是通常的发现式教学也是往往注重发现结论,而忽视问题的发现和提出.但发现问题、提出问题是解决问题的逻辑前提,数学"问题中心教学"认为"发现"应包括发现问题、发现问题解决方法和发现问题结论等方面,认为数学教学应进一步加大研究性和再发现的成分,认为让学生头脑中充满问题是教学成功的标志.因此数学"问题中心教学"是发现问题和发现结论并重的教学,是对以往发现式教学的完善和发展.

(5)"问题中心教学"是研究性学习在学科教学中的推广和运用.知识的急剧增长、网络的普及和知识经济的日益发展,都要求学习的任务和功能发生相应的变化,即应由过去的注重继承转变为注重创新.为此,研究性学习应运而生.但研究性学习应不仅仅是一种课程,而更应是一种学习的理念、教育的理念;不仅仅是每周三节课的专题研究,更应是一种重要的学习方式和方法.即平时的课堂教学应让学生有更多的研究、更多的发现,并且这些研究和发现方式应更贴近数学家研究数学的方式和成人解决实际问题的方式.数学"问题中心教学"在教师的宏观指导下,由学生自己发现和提出问题,进而自主地探索、转化、解决问题,正是研究性学习和教育理念的具体体现.可以说,数学"问题中心教学"是素质教育和创新教育理念催生出来的一种新的教学方式和教学模式,它改变了传统的教与学的方式:由以教师的教为中心改变为以学生的学为中心;由以传授知识为目的的"教"改变为指导学生学习为目的的"导";由学生被动接受知识改变为主动探究、自主建构知识.

2.3.2 中学数学"问题中心教学"的结构流程

中学数学"问题中心教学"是教师创设利于学生产生问题的教学情境,由学生自己发现、提出、选择和确定待解决的问题,然后以问题为中心,以学生自主探究和不断地分解、转化问题为学习与解决问题的基本方式,然后通过应用和回顾反思来掌握知识技能,深化拓展问题的一种教学模式.这种教学模式着眼于发展学生提出问题能力和自主探索能力,其基本结构流程可表示如下:

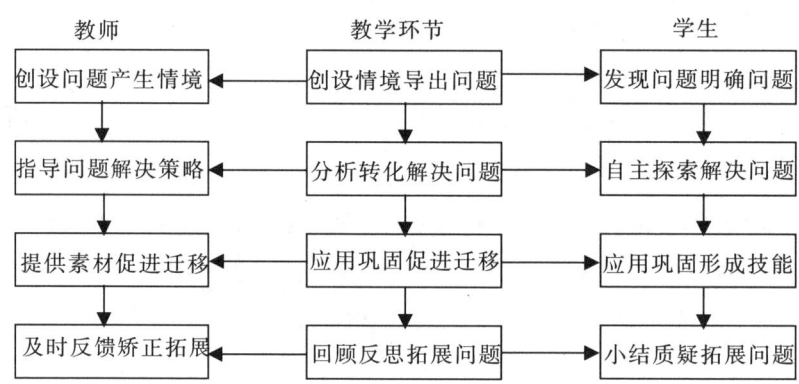

(1) 创设情境,导出问题.一方面,教师为学生学习新知识、新技能创造良好的外部条件(一定的物质条件)与内部条件(良好的心理状态),为学生提供产生数学问题的背景和材料,诱发学生产生学习和探索的愿望;另一方面,教师作定向、引导性、激励性讲解,大致限定研究的范围、方向和内容,接着让学生综合各方面信息提出问题.教学的起点是教师创设易于学生发现数学问题的情境,提供利于学生发现数学问题的背景或材料,而不是教师直接呈现、提出要解决的数学问题.这一环节主要教学功能:一是培养学生观察能力、分析能力,深化学生对相关知识的理解;二是激发学生探究的欲望,启发他们积极思考;三是引导学生在具体情境中发现数学问题、提出数学问题;四是为下一步探索解决问题创造良好的情境,酝酿必要的条件.这里需要指出的是:①创设情境的工作并不只出现在课堂教学开始之时.由于解

决问题的过程也是不断地提出问题的过程，因此教师应不断地用创设问题情境的方法来促进学生学习和思考，并且指导学生提出或发现问题.②这样做的目的，不仅仅是为了"符合认知规律"，使学生更自然更牢固地掌握数学知识；更重要的是，学生在接受数学知识的同时，潜移默化地受到多种数学思想和方法的熏陶.③常用的问题背景或材料有：数学知识逻辑发展所蕴含有待解决的问题、学生的认知冲突、学生感兴趣的生产生活材料、自然与社会发展相关材料、数学史等.

由于学生所提出的数学问题具有较大的盲目性和分散性，因此如果学生所提出的问题比较多，那么教师应引导学生对问题进行整合、评价和选择，进而确定适合本节课解决的问题. 正如郑毓信先生所指出的："我们应特别重视新的问题的评价与选择，或者说，这事实上也就应当被看成提出问题能力的一个重要内涵，即我们所需要的并不是无一遗漏地去列举各种可能的新的问题，而是如何提出好的、有价值的问题."

实例一 "任意角的三角函数(第二课时)"教学片段

教师提出引导性问题：由任意角的三角函数定义出发，我们可以得到哪些结论或还需要研究哪些问题？学生会提出大量的具体问题，如三角函数定义域问题、值域问题、函数值的符号问题、同角三角函数的关系问题、终边相同的角(或终边互为反向延长线的角、终边关于x轴对称的角、终边关于y轴对称的角、终边互相垂直的角等)的函数值之间的关系等，这时教师需要引导学生对问题进行适当的合并、归类、分类，师生共同选择确定适合本节课研究的问题和适合下节课研究的问题.

实例二 "组合与组合数公式"教学片段

上课之初，先请学生自由讨论、解决以下问题，然后在此基础上发现、提出新的问题：

①全班50位同学毕业后，如果相互间通一封信，那么总共要通多少封信？如果聚在一起开同学会，相互间握一次手，那么要握多少次？

②用2，3，5，7这四个数可组成多少个没有重复数字的三位数？如果从这四个数中任取3个数相乘，那么又可得到多少个不同的积？

在同学们讨论和解决以上问题的基础上，引导学生发现、提出、确定、解决以下问题：

①存在与"排列"问题既有共同点又有不同点的另一类问题；

②这类问题与"排列"相比，共同点和不同点分别是什么？

③如何给出这类问题的定义？它的个数与相应的排列数有什么联系？

253

④一般的组合数公式是什么？为什么？

⑤举出一些简单的排列、组合问题,计算其排列数或组合数.

(2) 分析转化,解决问题.这一环节通常包括以下两个步骤:

一是分析问题,做好相关知识储备.即要在分析问题的基础上,搞清解决问题所需的相关知识,然后有针对性地回顾、复习,激活已有的相关知识储存,为新知识提供生长点和固着点,为解决问题做好铺垫和准备.这种把课堂之初由教师组织安排复习,改为根据解决问题的需要来复习回顾相关知识,能使学生明确为什么要复习、复习什么内容,这不仅更符合学生解决问题的实际,符合学生的认知规律,而且有助于学生学习主体地位在更高的层次上落到实处,有助于学生收集、选择、运用已有信息能力的发展.

二是分解转化,解决问题.把要解决的问题分解为几个子问题或转化为容易解决的问题.这里,应把解决问题的过程看作不断地提出问题,将面临的问题转换、分解、组合、引申、变化为已经解决或容易解决的问题的过程.正如波利亚在《怎样解题》(How to solve it)中所指出:"如果你不能解决所提出的问题,可先解决一个与此有关的问题.你能不能想出一个更容易着手的有关问题？一个更普遍的问题？一个更特殊的问题？一个类比的问题？你能否解决这个问题的一部分？……"胡炳生在《数学解题研究和发现》中提出了"'观察—联想—转化'解题三部曲",并提出了转化的常用方法:能否将题中复杂的式子化简？能否对条件进行划分,将大问题化为几个小问题？能否将问题化归为基本命题？能否通过变换把问题变得更明显一些？能否数形互化？能否利用等价命题？问题转化的实质是把学生"最近发展区"内的问题不断转换、分解成学生"现有发展区"内的问题,是架设问题和目标之间桥梁、不断缩小问题空间.这个环节中,教师要加强对问题转换策略与方法的指导.

实例三 "两条异面直线是否一定有公垂线"教学片段

分析探究:此问题等价于是否一定能作出任意两条异面直线a,b的公垂线l？

分解转化:公垂线l应该①垂直于a;②垂直于b;③和a相交;④和b相交.

(3) 应用巩固,促进迁移.这里的应用巩固,是相对于前面重在解决问题、获取建构数学知识而言的,因此教师讲解例题、学生练习等都被看作是应用和巩固前面所获得知识的一部分.这一环节的主要教学功能一是为了巩固知识、形成技能,二是为了让学生了解和欣赏数学知识、数学方法的价值,进而激发学习兴趣,增强学习动力.片面理解和运用"熟能生巧",不计投入、不讲效率地搞大运动量的解题训练是错误的,但适当的巩固性、应用性练习却是促进数学知识向数学技能发展所必不可少的.省略这一环节既不符合学生学习规律,也不符合课堂教学实际.为了使每个学生都学有所得,应用巩固应在每个学生的"最近发展区"内,尽可能考虑不同层次学生的需求.同时,教师要引导学生把新知识、新技能应用到新的情境中,培养学生举一反三的能力.

(4) 回顾反思,拓展问题.要使学生对所获得的知识有正确、完整、系统的认识,回顾、反思、总结、评价非常重要.要通过引导学生归纳知识、概括要点、总结规律,把新的知识纳入他们原有的认知结构.由于系统化、结构化的知识材料,既利于学生掌握、应用,又利于学生的知识发生迁移,成为新的知识的生长点和固着点,因此这一环节的主要教学功能是使学生所获得的知识系统化、网络化、结构化.学生可以自我提问:这节课我获得了哪些知识?是通过怎样的途径与方式获得的?这些知识与原来所学的知识有怎样的联系?还有什么不足需要进一步解决?另外,教师应鼓励学生质疑问难,引导学生从不同的角度、用不同的方法对所学知识进行反思,让学生产生新的问题,拓展和深化对所学的知识、方法和问题的认识.即要引导学生用变维(改变问题的维度)、变序(改变问题的条件和结论)、扩展、深化等方式提出新问题,将问题链引向课外或后继课程.

2.4 中学数学"问题中心教学"的理论依据

2.4.1 问题是数学学习的心脏

(1)问题是数学的心脏.美国当代著名数学家哈尔莫斯(P.R.Halmos)有句至理名言:"问题是数学的心脏."希尔伯特也曾深刻地指出:"某类问题对于一般数学进展的深远意义以及它们在研究者个人的工作中所起的重要作用是不可否认的.只要一门科学分支能提出大量的问题,它就充满生命力;而问题的缺乏则预示着独立发展的衰亡或中止.正如人类的每项事业都追求确定的目标一样,数学研究也需要自己的问题.正是通过这些问题的解决,研究者锻炼其钢铁般的意志和力量,发现新方法和新观点,达到更为广阔和自由的境界."事实上,数学知识是数学问题的结果,是客观的物化了的结果,数学知识体系则是数学问题体系;数学能力(其核心是数学思维能力)是数学思维活动即提出数学问题和解决数学问题的产物.因此从本质上看,数学的真正组成部分是问题和解,数学的发展就是一个不断提出数学问题、解决数学问题的过程.

(2)问题是数学学习的心脏."疑是思之始,学之端".发现问题、提出问题是解决问题的逻辑前提."问"是前提,是"本",而"答"是结果,是"末".李政道先生指出:"对于科研工作者来说,最重要的是自己会不会提出正确的问题."又说:"我们学习知识,目的是要做'学问',学习,就是学习问问题,学习怎样问问题."因此完整的数学学习应包括学"问"与学"答"两个方面.

"学生数学问题"是学生数学知识和能力发展的生长点. 学生的数学方法、观点、思想是他们在解决数学问题过程中形成的具有一般性的观念系统;数学能力则是在数学思维过程中,在观念系统建构的过程中形成的心理特征.英国数学教育家Paul Ernest曾明确地指出:"为全体学生的中小学数学,其核心应放在人类数学问题的提出和解决上","探究应占据中小学数学课程的中心位置." 因此问题是数学学习的心脏. 数学教学的根本任务在于培养学生的问题提出能力和问题解决能力. 数学发现教学应该包括发现数学问题和发现数学结论两个方面. 由于问题提出与问题解决是紧密联系、相互渗透、相互促进的,因此问题发现能力的提高会有力地促进问题解决能力的提高.

(3)问题是学生学习的动力.思维是人脑对客观事物间接的、概括的反映,是寻找和发现从本质上说属于新东西的过程,因此思维总是由问题引起,并围绕着某个问题展开.一个人一旦向自己提出了某个问题,产生解决它的欲望,形成了"问题意识",就能够更敏锐地感受和觉察与该问题有关的信息,提高对无关信息的抗干扰能力.问题使人的注意力具有明显的指向性与选择性,对思维活动、探索活动具有明显的激励功能,问题是思维的动力.可以说,没有问题,就没有思维,至少没有积极的专注的思维.数学问题对数学思维具有很强的激励作用和导向作用,对思维活动的全过程,包括思维的起动,到定向、展开,直到成果的获得与否,都有着决定性的影响.离开了数学问题,则就无所谓数学思维.因为"所谓数学思维,就是以数学问题为载体,通过发现问题、解决问题的形式,达到对现实世界的空间形式和数量关系的本质的一般性的认识的思维过程"(张乃达语).

(4) 问题是思维的路标.哲学家卡尔·波普尔在《知识的增长:理论和问题》一文中指出:"科学与知识的增长永远始于问题,终于问题——愈来愈深化的问题,愈来愈能启发新问题的问题."数学课堂教学是学生知识增长的过程,当然也应该始于问题,终于问题.由于数学思维的过程就是不断提出问题、解决问题的过程,并且解决问题的关键在于把问题转化为易于解决的问题或分解为几个小问题的过程,因此可以认为数学思维过程在很大程度上就是提出问题的过程, 数学思维能力在很大程度上就是提出数学问题的能力.提出问题(猜想)是探索活动中的关键环节,新的数学问题(猜想)的出现既表示数学思维的进展,同时又为更深入的数学思维活动提供了动力和方向.

正是因为数学问题是数学学习的心脏,因此数学"问题中心教学"以提出和解决数学问题作为教学的重点和核心,并以问题为主线组织教学.

2.4.2 结构主义、建构主义和奥苏贝尔认知同化学习理论

法国布尔巴基(Bour-baki)学派认为:"数学不是研究数量的,而是研究结构的."布鲁纳也指出:"无论教什么课,务必要使学生理解这些科目的基本结构,这是使用知识、运用知识处理课外问题和事件或者处理日后课堂训练中遇到的问题的最起码要求.迁移这一经典问题的核心,是结构的教授和学习,而不是单纯的对事实和技巧的掌握."他主张学习者自己去发现教材结构,认为掌握事物的结构,就是以使许多别的东西与它有意义地联系起来的方式去理解它.事实上,数学是高度结构化的,学生数学问题大多数是他们数学认知结构和数学教材结构逻辑发展的结果,因此无论教还是学,站在数学学科结构和单元题材结构的高度,用结构的观点和方法处理问题非常重要. 正如奥苏贝尔所指出:"当我们努力影响认知结构以便提高有意义的学习与保持时,我们便深入到教育过程的核心了."本研究所指的结构主义,就是把掌握数学结构既作为学习数学的目的,又作为进一步学习数学的手段.也就是说,从数学知识结构和学生的数学认知结构出发设计和组织教学,以完善和发展学生原有数学认知结构为目的.

建构主义认为:学习在本质上是学习者主动构建心理表征的过程;学习不是外部知识直接输入到心理中的过程,而是主体以已有的经验为基础,通过与环境的相互作用而主动建构新的理解、新的心理表征的过程;学习者是认知的主体、是意义的主动建构者,因此有效的教学策略应以学习者为中心,以便最大限度地促进学习者与情境的交互作用,主动进行有意义的建构.学生提出的问题是"生长"和"固着"在自己原有的认知结构上,他们提出问题、解决问题正是在"原有认知基础上的主动建构",教师在这个过程中起着设计者、组织者、引导者和促进者的作用.

奥苏贝尔认知同化学习理论的核心是:学生能否习得新信息,主要取决于他们认知结构中已有的有关观念,有意义学习的实质是符号所代表的新知识与学习者认知结构中已有的适当观念建立非随意的(nonarbitrary)和实质性的(substantive)联系.他认为:(1)学生的认知结构是有意义学习的结果,但认知结构一旦形成,又是影响新的学习与保持的一个关键变量.(2)当学习者面临新的学习任务时,他的原有认知结构中是否有吸收并固定新观念的原有上位观念、原有观念与新观念之间的异同是否可以清晰分辨、原有观念是否巩固是影响新知识学习的三个重要变量.

基于以上理论,数学"问题中心教学",注重从学生熟悉或感兴趣的数学情境和数学知识的逻辑发展中提取数学问题,依据数学知识的内在联系和结构,以教师引导下的学生自主探索、主动建构作为学习的基本途径和方式,通过建立新旧知识之间非人为的、实质性的联系,完善和发展学生的数学认知结构.

2.4.3 知识经济和社会发展对人才提出的新要求

(1)完整的数学学习应该包括学"问"与学"答"两方面.学生的问题意识和发现问题能力既是学习能力的重要组成部分,又是创造性思维的基石.事实上,学习也好、科学研究也好、生产生活也好,发现问题、提出问题是解决问题的逻辑前提,是个体思维独立性和创造性的重要标志."疑是思之始,学之端"(孔子),"发明千千万,起点是一问"(陶行知),"发现一个问题往往比解决一个问题更重要"(爱因斯坦),"求学问,需学问,只学答,非学问"(李政道).心理学研究也表明:问题意识是思维的起点,没有问题的思维是肤浅的、被动的思维.只有当个体活动感到自己需要问个"为什么""是什么""怎么办"的时候,思维才算真正发动.因此只学"答"不学"问"的学习是一种片面的学习,完整的数学学习应该包括学"答"与学"问"两方面.

(2)既学"答"又学"问",有助于学生人格和独立自主精神的发展.美国当代杰出的教育家托马斯·里可纳(Thomas Lickona)在《人格教育》一书中指出:"有史以来,教育所有的目标都是双重的,一是帮助青年人开启智慧,二是帮助他们发展良好的人格." 心理学理论告诉我们,学习是人在一定的环境中,使个体获得经验,以及较持久地改变行为、才能与心理倾向(兴趣、态度或价值观等)的过程.也就是说,学习的目标有两方面:一方面是改变个体的"外显行为",另一方面是改变个体的内在才能与心理倾向. 着眼未来社会需要和学生可持续发展能力培养的现代学习观,比以往任何时候都更强调学习效果上要出现内部才能和心理倾向的改变.中学数学"问题中心教学"要求每一个学生敢质疑问难、会质疑问难;它不再把"教师的权威建立在学生的被动与无知的基础上,而是建立在教师借助学生的积极参与促进其充分发展的能力之上";它强调为学生的自由发展、自主探究提供足够的时间和空间,而不是把学生作为被"塑造"的消极客体.另外,在提出问题和解决问题的过程中,"问题中心教学"积极引导学生学会与他人合作,学会表达自己的思维过程与思维结果,学会倾听他人的思维方法与策略.因此这种教学有助于学生民主平等意识、独立自主意识、批判质疑意识、交流合作意识的增强,有助于学生个性和才能的自由发展.

(3)21世纪要求人才必须具有较强的问题意识和问题发现能力.现行只学"答"

不学"问"的数学教学实质上是与应试教育相适应的工具型、仆从型的教育,它只要求学生围绕着考试的要求、按照教师的安排、紧跟教师学习.从教学目的看,它是把学生作为应试的工具来加工、塑造,而不是作为真正的人来培养和发展;从教学功能看,它是被动适应和服务于眼前升学的需要而不是主动适应和服务于学生和社会的未来;从教学目标看,它重视书本知识、运算技能和推理技能的培养,只要求学生掌握根据考试大纲或课程标准规定的熟练技能,而忽视智力、学习动机、情感、态度、品质的培养;从教学方式看,它突出对规则、步骤的演示,强调操作程序,教师的主导被异化为主宰,学生学习被动性、依存性、模仿性、封闭性有余而主动性、自主性、创造性、开放性不足;从教学结果看,学生的思维方式、认知结构等封闭有余而开放不足,他们好奇、自主、创造的天性受到了极大的扼杀.但心理学研究表明:创新始于问题,问题意识和发现问题能力是创新精神和创新能力的基石;强化问题意识、提高问题发现能力是造就创新人才的关键之一.21世纪是以知识经济和信息化为基本形态的世纪,对人的创新意识和创新能力有更高的要求,教育应该主动适应和超越社会的发展,为未来社会培养好新人.

3 中学数学"问题中心教学"的实施

3.1 中学数学"问题中心教学"实施原则

数学"问题中心教学"的基本策略是以学生为主体,以问题为中心,以教师引导下的学生主动探究、自主建构知识为基本教学方式.它在教学过程中坚持如下原则:

3.1.1 问题性原则

问题是数学的心脏,是学生思维的动力,同时也是学生自主探索和研究的载体.数学"问题中心教学"坚持用问题来引领和促进学生的学习,让学生始终处于各种问题情境之中,让课堂教学成为学生提出问题、解决问题的过程.由于问题具有混沌性和障碍性,即问题的条件或结论或解决办法是未知的、不确定的,需要学生用类似数学家研究数学的方式去探究、去解决,因此"问题性"是探索性和研究性的前提.离开了数学问题,学生就会失去自主探索的空间,探索与研究也就无从谈起.所以"问题性原则"不仅符合数学学科的特点和创造性思维的特点,而且也与"问题中心教学"的目标和特点相一致,自然也成为教学的首要原则.

3.1.2 探究性原则

问题性是探究性的前提,探究性是问题性的必然结果.经验和研究都表明,中学生对未知问题充满强烈的好奇心和探究欲,"问题中心教学"正好符合学生个体发展的需要和认知规律.这里探究性原则的要求是:(1)问题不是预设的,而是学生从教师设置的数学情境中提出的;(2)问题的解决方法、结论是未知的、非预定的,结论的获取方式也不是教师传授或从书本上直接得到,而是学生在教师的指导下,用类似于数学家研究数学的方法获得;(3)学生不再被动地解决教师、书本上提出的问题,不再被动地记忆、接受教师传授的知识,而是主动地发现问题,寻求解决问题的策略与方法;(4)学生获得探究的情感体验、感悟探究方法也是教学的重要目标之一.

3.1.3 民主性原则

罗杰斯认为,"心理的安全"与"心理的自由"是创造的两个必要条件.没有以民主、平等、开放、宽容为特征的教学氛围,没有对质疑、求异和个性的鼓励和张扬,问题意识和提出问题能力的培养无从谈起,因此学生有没有强烈的问题意识,敢不敢提出问题,关键在于是否有一个良好的教学氛围.由于教师在教学活动中起着主导作用,教师的教学行为以及教学过程中的师生关系是影响教学气氛的重要因素,因此教师首先要摆正自己位置,把自己当作学生学习的鼓励者和服务者,不仅尊重学生的人格,而且还要尊重学生自主学习的权利,尊重学生的思维特点;不仅对提出有价值、有创意问题的学生要进行鼓励表扬,就是对提出不符合教学需要、不合教师心意的过浅、过难甚至离奇问题的学生也应予以肯定和尊重.要多用激励的方法提高学生学习数学的兴趣,变学生被动学习为主动学习;消除学生因害怕提出无新意或不适当的问题而受到批评、挖苦、耻笑的心理,增强学生质疑、求异的信心和勇气.

3.1.4 自主性原则

建构主义理论告诉我们:学生是知识的主动建构者和问题的积极探索者,而不是被动、消极的知识接收者."问题中心教学"需要以学生的自主性和探究性学习为基础,采用个人或小组学习的方式来进行.这里自主性原则的要求是:(1)学生可以自主选择、确定要解决的问题;(2)学生有较多自主学习的时间、较大自由发挥的空间;(3)教师不强制学生接受他不想接受或不愿接受的东西;(4)教师应有意识地、系统地增强学生的自主学习能力.

3.1.5 结构性原则

数学是高度结构化的.许多数学问题及其解决办法都是学生从其已有的数学知识结构出发,通过逻辑的或直觉的判断、推理而提出,它们是数学知识和学生认知结构自然发展的结果.数学教学应从数学知识结构和学生的数学认知结构出发,并根据它们的特点进行设计和组织;要把完善和发展学生数学认知结构既作为数学教学的目的,又作为数学教学的手段和方法.这里所说的结构性原则是指要从数学知识体系高度"结构化"的特点和学生认知结构的形成、发展规律出发,站在整体、系统和结构的高度把握和处理教材,引导学生提出问题、解决问题;既努力提高学生原有认知结构的可利用性、稳定性与清晰性,为新知识融入已有的认知结构创造条件,又积极引导学生充分感受和把握数学知识和方法内在的逻辑联系,尽可能地扩大、健全学生头脑中的数学知识的内容、观念和组织,完善和发展学生的数学认知结构,提高教学效益.

3.1.6 过程性原则

教学过程有两种基本倾向:一种是教师通过一种线性的、单一的教学过程把不容置疑的知识、结论、方法直接告诉学生,这是一种重结果轻过程的教学观;另一种是教师提供问题背景,引导学生通过一系列的质疑、判断、选择、比较、分析、归纳、综合,由发散到收敛,由求同到求异,这是一种重过程轻结果的教学观.现代数学教学理论认为,数学思维是数学活动中的思维,数学教学就是数学思维活动的教学.传统教学往往忽视概念的形成过程,忽视结论的推导过程,忽视方法的思考过程,忽视问题的发现过程和解决过程.数学"问题中心教学"要突出"问题性"和"探究性",就必然要突出"过程性".过程性原则要求教师在教学过程中不过分重视教学的结果而更多地关注教学的过程,力求充分暴露数学思维过程即提出问题、分析问题、解决问题的过程.

3.1.7 发展性原则

这里的发展性原则首先是指课堂教学应该以促进学生的发展为主旨,既提高学生的"基础性学力"又提高学生的"发展性学力";其次是指课堂教学的终点也应是学生探索新问题的起点,即教学应该营造一种"完而未完,意味无穷"的心理境界,让学生头脑中充满问题,让学生带着新的问题离去;再次是指教师的教学不应过全、过细、"过烂",不应追求让学生百分之百听懂和掌握,而应有意识地留下一些"空白",以供学生继续思考和探索.

3.2 中学数学"问题中心教学"实施要求

3.2.1 教师要做良好学习环境的创设者

正如柏拉斯基指出的:"数学教师的使命不是只向学生教数学,而是让学生自己在教师创设的环境中独立地或大家齐心协力地去掌握知识、技能、技巧."教师创设的良好的学习环境应包括以下三个方面:(1) 为学生提供各种活动的情境和机会,让学生在活动中获得基本的数学活动经验,并使学生在思想与思想的碰撞中产生思维的火花.(2)为学生留下自主探索发展的时间和空间.即教师不仅要善于创设"问题产生情境",善于激发学生提出问题,鼓励学生大胆问"为什么",大胆猜"可能是什么""估计不是什么",更重要的是教师要沉得住气,为学生留足、留好自主探索、发展的时间和空间.在学生思维受阻时,教师要沉得住气,不急于回答学生提出的问题,不怕教室里出现"冷场".因为"冷场"往往是酝酿智慧的关键时刻;表面上的"冷场",实际上却是学生头脑在高速运转,正处一种亢奋的探索的状态.这时教师不能越俎代庖、不能提前介入,而要在学生真正感到困难时,在他们"心欲通而未达,口欲言而未能"的节骨眼上,给他们适当的点拨.(3)在知识获取和解决问题的方向给学生一个宏观的指导,在知识的获取量上给学生提出具有一定弹性的目标,使学生的思维之火越烧越旺.

3.2.2 教师要做"问题产生情境"的创设者

一方面,创新源于问题,问题源于情境.数学问题总是源于某种数学情境;离开了数学情境,数学问题的产生就失去了肥沃的土壤.另一方面,学生的问题意识和问题发现能力只能在学生自己发现和提出问题的过程中加以培养和发展.因此"问题中心教学"必然要求教师的角色由问题的提出者、呈现者转变为"问题产生情境"的创设者.

"问题产生情境"的教学功能有三个:一是强化学生探索的欲望与需求,即从学生生活、社会生产、科学研究等学生感兴趣的数学材料入手,激活学生的好胜心、好奇心以及表现欲;二是调控学习和研究的方向,即对学生讨论的范围、发现问题的方向等进行必要的调控,防止学生的思维游离于教学目标之外;三是调控问题的难度,即使提出问题的难度、要解决问题的难度都比较适宜学生的实际,并为后面的问题解决做好铺垫, 因为挑战性过大或过小的问题情境和数学问题都将使问题中心教学难以取得好的实际效果.

3.2.3 教师要做学生思维策略的指导者

G.波利亚在《怎样解题》中指出:"重要的一点是可以而且应该使教师问的问题,将来学生自己也可以发出."学生的模仿力、创造力是很强的,那怎样来利用他们这种与生俱来的能力启发他们提问呢?教师可先让学生从模仿性的提问开始.例如:对一个易拉罐,可引导学生从不同角度研究,从美学角度看——满足黄金分割比较美观;从省料角度看——当容积一定时表面积最小的最合适;从形体角度看——为什么通常制作成圆柱体？是美观还是省料？有没有其他因素？讨论之后，再抛出问题——窗户的设计，用料、美观与透光度的关系，让学生学会提出问题．

另外，教师要引导学生在学习过程中多问几个"为什么"：这个概念一定要这样定义吗？这个定理是怎样发现的？这个定理还有其他证明方法吗？教师要努力使学生掌握数学基本知识、基本方法、基本结构，加强策略性知识的教学力度，引导学生从整体上把握问题，从不同的角度剖析问题．要鼓励学生大胆猜想，广泛应用分析、综合、一般化、特殊化、演绎、归纳、类比、联想等各种思维方法提出问题．要改变过去只重演绎过程的严密性而忽视直觉猜想的倾向，做到直觉思维与逻辑思维并重．也就是说，教师不仅要做学生学习活动的组织者和指导者，不同见解的鼓励者和支持者，还要做学生攀登知识高峰的"脚手架"的提供者，做"受教育者利用之以完成其自身的教育"（陈桂生语）的工具．

3.2.4 尊重学生的情感和思维特征

(1) 尊重学生的人格和情感．能平等、民主地对待学生，不讽刺、不挖苦；能虚心听取学生的意见，鼓励他们大胆表达自己真实的见解和情感，对积极的情感要表示赞许和鼓励，对消极的情感要分析和引导，做一个善解人意的人．

(2) 尊重学生的思维和个性差异．教师要鼓励学生提出自己的观点，大胆地进行观点和观点的碰撞，允许学生用不同的思维方式从不同的侧面提出问题、探索问题、解决问题；允许一个问题有多种答案，不要求学生对问题有统一的见解；允许学生保留自己的观点、看法和思维方式．

(3) 尊重学生的错误和缺陷．学生提出一些幼稚的问题和错误的看法在所难免，教师和其他学生都不应有嘲笑和鄙视．相反，教师要积极加以引导，在学生的错误观点或看法中发现正确的、合理的成分，使学生变得更加自信和自强．

3.2.5 构建与"问题中心教学"相适应的预习方式

长期以来，许多教师重视预习对学生学习的作用，但却只看到它有培养学生自学能力的一面，而忽视了它的另一面．其实，我们应该把课前预习的观念和做法放在历史和社会发展的宏观背景下进行考察，放在具体的学习内容、学习情境和学习目的中加以考察：传统的预习重在让学生掌握书本知识，其实质是书本把知识直接灌输给学生．它省略了学生对知识形成与发展过程的探索，不利于发展学生的智力和个性品质，不利于培养学生的探索精神与创新能力．就是对知识学习而言，学生得到的也往往是低层次、表面化的知识，这当然不如自己历尽困难所获得的知识来得深刻和利于保存．因此传统预习的副作用是显而易见的：第一，它的本质是灌输．

通过预习,学生已经知道了数学结论和思路,发现式探究式学习、自主探索、重视知识的形成与发展过程等都成了空话.第二,它容易使学生的思维受课本思路的限制,降低了学生思维的创造性成分.第三,它降低了学习效率.课前预习获得的,与通过上课获得的,是同样的知识和方法,是重复学习,这不仅会降低学生听课的新鲜感,也会降低学习效率.鉴于这些原因,数学"问题中心教学"多数情况下不要求学生预习,即使预习,也强调要改变其目的和方法.

　　本研究认为,预习的目的不仅是接受、理解、掌握书本知识,而更在于发展学生的问题意识、提出和解决问题的能力,在于发展学生的批判精神和自我探索能力.预习的方法应该是:猜想→探索→对照→反思.即先不打开课本,而根据前面所学内容或章节的标题,猜测后面要研究和解决的问题,设想课本的内容、结构;再猜想探索解决问题的方法和结论,即尝试自己定义数学概念,猜想定理法则;然后打开课本对照与自学,看看自己已经解决了哪些问题,还有哪些问题没有解决或没有解决好,哪些问题的解决方法不如课本;最后对课本的内容和方法做深层次的探讨,即为什么要这样,怎样想到要这样,还有别的结论或方法吗？当然以上做法是就总体而言的,教学时应视学生和学习内容的实际进行灵活调整.如基础不够扎实或刚开始尝试自学的同学,能接受和理解课本的内容,能模仿课本解决相应的问题,教师也应给予鼓励和表扬.

3.2.6 提倡鼓励小组合作学习

　　数学"问题中心教学"重在全面渗透问题意识的培养,贵在学生的高度参与."三人行,必有我师".由于学生个体的知识与能力比学生群体的知识与能力具有更大的局限性,需要通过相互合作提出问题、解决问题;也由于数学教学应该培养学生的合作能力和合作精神以满足他们在未来的工作和生活中的需要,因此"问题中心教学"比传统教学更重视小组讨论与合作学习.因为小组讨论与合作学习利于学生在思维与思维的碰撞中获得启示,从而拓宽问题空间,提高问题的质量,降低解决问题的难度.小组合作学习需要注意:(1)不能总是让表达能力强或学习能力强的学生担任组长,要让每位学生都有尝试不同角色的机会.(2)要引导学生从不同角度、不同方向进行发散性思考,学会对已知的资料或知识进行整理与归纳.(3)提醒学生学会聆听别人的见解,也学会准确、流畅地表达自己的见解,批判别人的见解.(4)鼓励学生多使用奥斯本的"智力激励法",把产生想法与评价想法区分开来.总的来说,要通过小组合作学习,为学生个性化的自主学习创造更好的环境和条件.

3.3 中学数学"问题中心教学"注意事项

中学数学"问题中心教学"作为一种新的教学理念与教学模式,在具体实施时有许多事项需要注意.

(1)应对发展学生提出问题的能力充满信心.实践证明:并不是我们的学生天生不会提问题,而是我们的教育没有给学生留下提出问题的时间和空间.教师往往以自己的讲解来代替学生的学习,讲得面面俱到、滴水不漏,这实际上剥夺了学生提出问题的权利,也剥夺了他们发展自己提出问题能力的机会和权利.事实上,只要我们把本该属于学生的权利还给他们,放松对学生学习内容、进度、方法的控制,鼓励并帮助他们发展好奇心、好胜心和研究的兴趣,那么学生的思维就会插上想象的翅膀,他们潜在的好奇、好问的天性就会发扬光大.

(2)使用"问题中心教学"理念和模式时,应重在其教学理念和精神实质,而不是机械地模仿套用.因为"问题中心教学"不仅是教学模式和教学方法的改进,更是教育目标和教学功能的重新定位.我们既可以以某节课的内容为单位,也可以以知识单元为单位使用;更多的是,我们可以在某个教学环节和教学方面使用.使用的关键是,教师要有培养学生问题意识和问题发现能力的教学意识和教学行为,要为学生创设良好的问题产生情境.

(3)使用"问题中心教学",需要学生的学习观念、学习习惯、学习方法发生相应的变化.事实上,学生最缺的不是发现问题的方法和技巧,而是追根究底的习惯和勇气.只要学生能主动参与,肯钻研,想问、敢问,数学问题就会不断地被发现和提出,因此发展学生批判、质疑、参与的习惯和精神,比让他们掌握一些提问的技巧和方法更重要.当然,这种习惯和精神也只能在发现问题、提出问题的过程中逐步培养和发展.

(4)帮助学生形成和完善良好的数学认知结构.因为"学生数学问题"大多是数学知识结构逻辑展开和发展的结果,因此教师应坚持从数学知识结构和学生的原有数学认知结构出发,组织和设计教学活动,并在教学活动中有意识地完善和发展学生良好的数学认知结构.

(5)要注意"问题中心教学"理念和模式的使用条件和范围.一般来说,高中比初中更合适,因为高中生比初中生拥有更完善的知识认知结构、更丰富的解决问题经验.另外,要允许不同程度的学生提出不同程度的问题,解决不同程度的问题.

(6)"问题中心教学"要求创造性地使用教材.课程不是僵死的知识的集合体,而是学生知识、经验与活动的总和;教材的本质是"学材",课堂教学是用教材帮助教而不是教教材.教学是师生交往、积极互动、共同发展的过程;教学不仅应关注学生知识和技能的掌握,也应关注学生的情感生活和情感体验,关注学生人格的养成.

4 需要进一步研究的问题

4.1 中学数学"问题中心教学"面临的问题和困难

中学数学"问题中心教学"作为一种新的教学理论和教学模式,其自身难免有不够完善之处,具体操作会碰到这样或那样的困难,但最大的问题和困难在于教育教学的评价机制.

(1)缺乏科学合理的评价体系和激励机制.尽管中学数学"问题中心教学"的指导思想是"立足现实,面向未来",力求在提高学生的综合素质和应试能力之间寻求一种结合点和平衡点. 即力求既提高学生的问题解决能力又提高学生的问题发现能力,并努力通过提高学生的数学素质来提高学生的考试成绩.但由于现行的数学考试还停留在对学生数学知识和解题技能的测试上而很难测试学生的综合素质,而"问题中心教学"重视学生探索和发现的过程,重视学生的自主性和发展性,这必然在一定程度上压缩教师讲解典型例题的时间,压缩学生解题训练的时间,从而会降低学生解题技能的熟练程度,影响数学考试成绩.另一方面,无论从传统还是从现实的情况看,我国的教育更多的是一种"应试教育",信奉的是分数第一.这种急功近利的教育现实、教育思想、教学观念,是对着眼于未来、着眼于学生学习心理和学习行为发生潜移默化的"问题中心教学"有着极大的制约.因此中学数学"问题中心教学"呼唤相对宽松的大的教学环境,呼唤科学合理的评价体系和激励机制.

(2)教师长期以来形成的教学习惯与风格.学生在一天一天地长大,但问题意识却在一年一年地削弱.这种状况的出现,既有传统的、社会的原因,也有教师自身的原因.许多教师本身没有培养学生问题发现能力的意识,没有意识到课堂教学应该有让学生自己提出问题的环节.他们往往是研究教材、教法多,考虑学生、学法少,教学时没有为学生提出问题能力的发展提供机会.而教学习惯、教学风格的改变,不仅需要时间,更需要意志、毅力与勇气.

(3)需要更利于学生提出数学问题的教材.普通高中课程标准实验教材在引导和帮助学生发现问题方面做了许多努力,尤其是人民教育出版社高中数学A版教材.如A版教材在主编寄语中明确提出:"要善于提问,学会提问,'凡事问个为什么',用自己的问题和别人的问题带动自己的学习.在这套书中,我们一有机会就提问题,希望'看过问题三百个,不会解题也会问'".但从更大的范围来说,现行中学数学教材在如何引导帮助学生提出问题、如何更好地培养学生的问题意识和问题提出能力等方面仍需加强.就"问题中心教学"而言,它呼唤把培养学生的问题意识和问题提出能力作为数学教材和课程的重要目标,把问题提出和探究编入数学课程,使数学教材更利于学生提出问题、更利于学生学会学习、更利于激发学生探究的兴趣,进而使"以教为本的教材"真正变成"以学为本的学材".

4.2 有待继续研究和探索的问题

尽管本研究在中学数学"问题中心教学"理论与模式的构建、实验以及问题发现策略方法等方面取得了一定的进展,学生的学习习惯、学习方法也有所改进,但由于研究者时间、精力和水平的限制,更加上实验的时间比较短,因此所取得的成果只是初步的,相关的需要研究的问题还很多.

(1)对"问题中心教学"及其功能还缺乏深入、系统而全面的认识.

(2)对问题发现的心理机制还缺乏足够的认识.它到底是收敛的,还是发散的?有没有一般性的过程或步骤?

(3)问题发现能力到底由哪些能力构成?或哪些能力对问题发现具有直接的、明显的影响?现行教学中影响学生问题发现的因素到底有哪些?如何克服或消除这些因素?

(4)对学生个体的问题意识和问题发现能力的变化缺乏研究.

(5)学生的学习习惯、学习方法、问题意识、问题发现能力的变化与预期的变化还有距离,需要进一步研究和实验.

(6)对"问题中心教学"还缺乏理论上的进一步总结与完善.

4.3 结束语:走向自主性探究性学习

中学数学"问题中心教学"既反对"封闭型、依赖型、技能型、工具型"的数学教学,也反对不顾学生学习特点的极端自主的、开放的所谓发现性学习与探究性学习.它力求在反思现行数学教学目标和功能的基础上,探索一种"开放型、自主型、探究型、发展型"的数学教学.它既是对传统发现学习的完善和补充,也是对"问题解决教学"的发展和提升,代表着一种新的教学思想和实践体系."问题中心教学"并不排斥其他教学思想和教学模式.相反,它十分注重与其他教学模式相互结合、相互渗透,优势互补,因此不可将"问题中心教学"模式绝对化,否则就可能从一个极端走向另一个极端.

如果说未来的数学教学必将由重在继承走向继承与创新相结合，未来的数学学习必将走向以最大限度地发展人、解放人为目的的自主性、探究性学习，那么中学数学"问题中心教学"只是通往教育理想之路的一块小小铺路石.

中学数学优质高效教学之研究*

1 中学数学优质高效教学的涵义

优质高效教学是一个相对的、历史的概念.不同的社会发展时期、不同的区域对它有着不同的理解.为了使讨论和研究有一个共同的基点,这里先对"中学数学优质高效教学"的涵义做一个初步的讨论和大致的界定.

1.1 有效教学的涵义

1.1.1 前人或他人所指的有效教学

"有效"是教学活动的永恒追求,但不同时代却有不同的主题.从扬·阿姆斯·夸美纽斯(Johann Amos Comenius)开始,"有效教学"的理想落实在"规模效应"及其相应的"教学模式"上.《大教学论》的理想寄托在"班级教学"中,它是"有效教学"的初始状态(可视为"有效教学"的第一个阶段).在这种初始状态的"有效教学"中,人们首先想到的是扩大教学的"规模",减少教师教学的重复性劳动,"一个教师可以同时教很多学生"."大规模"的班级教学从一开始就显示出它对具有某种普遍适用的"教学模式"的依赖,否则"大规模"的"班级教学"就很难长久地维持.这正是从"班级教学"产生以来,人们不懈地寻找"大"的、"普遍"的教学模式的缘由.

夸美纽斯以及赫尔巴特学派所倡导的"大"的、"普遍"的教学模式有"标准化""同步化""机械化"等缺陷.它容易忽视学生的个别差异,不利于发挥学生的主动性,故后来受到来自两方面的挑战.一是人们对"普遍有效"的、定型化的"教学模式"逐渐产生怀疑,有效教学朝着多元化的方向发展;二是以杜威教育理论为代表的"进步主义教育"开始突破"教学模式"的局限性而从"人的问题""教育与生活"的关系等视角来寻找有效教学的出路.这标志着有效教学实践及其研究进入第二个阶段.

有效教学实践及其研究的第三个阶段开始转向"教学设计".在探索教学模式

---

* 本成果获浙江省人民政府第三届基础教育教学成果二等奖.

多元化的基础上,人们认识到无论"大"的(夸美纽斯)、"普通"的(赫尔巴特)的教学模式,还是个性化的、多元化的教学模式,都不能完整地实现有效教学的理想.于是,有效教学实践及其研究越来越强调"设计意识"(或"教学设计")和"反思意识"(或"教学反思"),越来越强调课堂教学的改革不是一种教学方法或教学技术的更新和调整的事情,它需要在"教学理念"或"教学信念"的支撑下展开"教学设计".在"教学设计"方面,有效教学大体有三种取向:一是科学主义(以加涅的"设计教学"思想为代表);二是建构主义(以杜威的"参与者知识观"为代表);三是多元智能(以加德纳的理论为代表).

有效教学的核心问题是教学效益问题,即什么样的教学是有效的？谌业锋认为,所谓"有效",主要是指教师通过一段时间教学后,学生所获得的具体的进步或发展.也就是说,教学有没有效益,并不是指教师有没有教完内容或教得认真不认真,而是指学生有没有学到什么或学生学得好不好;学生有无进步或发展是教学有没有效益的唯一指标.如果学生不想学或者学了后没有收获,即使教师教得很辛苦也是无效教学.同样,如果学生学得很辛苦,但没有得到应有的发展,也是无效或低效教学.具体地,有效教学要求教师有"对象"意识和"全人"的概念,能关注学生的进步或发展;要求教师有时间与效益的观念,既不能跟着感觉走,又不能简单地把"效益"理解为"花最少的时间教最多的内容",而是对单位时间内学生的学习结果与学习过程进行综合考虑;要关注教学结果的可测性或量化,又要反对过于量化,能科学地处理定量与定性、过程与结果的关系;有效教学需要教师具备一种反思的意识,能不断地反思自己的日常教学行为,持续地追问什么样的教学才是有效的,我的教学有效吗,有没有比我更有效的教学.

肖川认为,有效教学具有如下特征:让学生明确通过努力而达到的目标,并且明白目标的达成对于个人成长的意义;设计具有挑战性的教学任务,促使学生在更复杂的水平上理解;通过联系学生的生活实际和经验背景,帮助学生达到更复杂水平的理解;适时与挑战性的目标进行对照,对学生的学习有一个清楚的、直接的反馈;能够使学生对每个学习主题都有一个整体的认识,形成对于事物的概念框架;能够迁移并发现和提出更为复杂的问题,有进一步探究的愿望.

美国教育多样性与高质量研究中心(The Center for Research on Education, Diversity & Excellence)发表报告提出了有效教学的5大原则:①教学是师生一种合作性的和生成性的活动(joint productive activity);②教学的过程是一个通过对话使学生积极参与的过程;③教学使学生在校的学习与他们的生活产生联系;④教学引导学生进行复合思维(complex thinking);⑤教学以课程为媒介使学生语言和读写水平得到提高.

1.1.2 本研究所指的有效教学

如果没有特别说明,本研究所指的有效教学是课堂教学相对于班级内全体学生而言的有效性,而不是指课堂教学相对于某个学生或某部分学生的有效性.它可从以下四个维度进行衡量:

一是教学对多少学生有效.如果全班50个学生中,基础好的10个学生教师不教他们就已经知道,基础差的10个学生教师教后他们还不知道,那么这节课就只有对中间的60%学生有效.

二是教学对学生的哪些方面有效.即教学是否对知识与技能、过程与方法、情感态度与价值观等方面的目标都有效.实际教学中经常有这样的课,在知识与技能方面比较有效而在过程与方法、情感态度与价值观方面比较低效甚至负效;或在过程与方法、情感态度与价值观方面比较有效,而在知识与技能方面相对低效.

三是教学对学生多大程度上有效.就每个学生个体来说,课堂45分钟中多少时间是有效的或高效的、多少时间内无效或低效的;或者说,课堂教学对学生知识、技能和方法的掌握、思维与能力的发展、情感态度与价值观形成在多大程度上是有效的.其中课堂上学生个体的课堂时间利用率、学生总体的课堂时间利用率可用如下公式计算:

$$学生个体的课堂时间利用率 = \frac{该学生课堂上有效利用时间}{这节课的总时间} \times 100\%,$$

$$学生总体的课堂时间利用率 = \frac{该班全体学生课堂上有效利用时间的和}{这节课的总时间 \times 该班的学生数} \times 100\%.$$

四是教学对学生多长时间内有效. 日本数学家米山国藏曾指出:"我搞了多年的数学教育,发现学生在初中、高中接受的数学知识毕业进入社会后,几乎没有什么机会应用这些作为知识的数学,所以通常出校门不到一两年就很快忘掉.然而,不管从事什么业务工作,唯有深深铭刻在头脑中的数学精神,数学的思维方法、研究方法和着眼点等,都随时随地发生作用,使他们受益终生."另一数学家M.劳厄尔也指出:教育的真谛是"所有学会的东西都忘却了以后仍然留下来的那些东西".因此课堂教学效果有一个在多长时期内有效的问题,是对今天的考试有效,还是对明天的学习、后天的工作继续有效;有一个五年、十年、二十年后还能给学生留下什么的问题.

1.2 中学数学优质高效教学的涵义

1.2.1 优质高效教学的涵义

国外,人们对优质教学开展了广泛而深入的研究.如德国奥尔登堡大学终身教授迈尔(Hilbert Meyer)先生认为,优质教学是指有助于人们获得持续有效的认知、情感以及(或者)社会方面的学习成就的教学活动,它是建立在对教学经验研究的基础上.优质教学体现以下内涵:(1)具有民主的课堂文化;(2)建立在教育责任和义务基础上;(3)形成有成效的工作同盟;(4)有助于学生活动和兴趣的提高;(5)能够使所有学生的各项能力得到持久的发展. 优质教学具有如下十大特征或标准:(1)体现相互尊重、自觉遵守制度、承担责任、公正合理以及相互帮助的学习氛围;(2)清晰的教学内容,包括清楚和明确的教学任务、通俗易懂的主题阐述、学习过程的合理监控以及确保有效教学效果的恰当措施;(3)明确清晰的教学结构,包括教学过程、目标和内容的清晰、角色的明确、规章制度的明确、必要的礼仪和给予学生自由的空间;(4)提高学生的净学习时间的比例,即体现对时间的合理分配和管理、守时、清除琐碎事务、合理调整日常工作的节奏等;(5)有助于学生学习动机和兴趣提高的交流,包括通过对计划的参与、交流文化的建立、学生会议、学习日记和学生信息反馈等;(6)方法的多样性,包括丰富的策略技巧、教学行为模式的多样性、教学形式的变化以及教学基本模式的平衡;(7)个别的促进,包括给予学生们自由的空间、耐心和时间,对内部进行区分和整合,对个别学习情况的分析和与之相应的促进计划,对学生中的风险群体进行特殊帮助;(8)思考型的练习,包括学习策略的明确与制定、合适的练习任务、明确有效的辅导以及良好的有益于练习的环境和条件;(9)明朗的学习期待,即在建议方针和教育标准的引导下,给学生们提供与他们能力相适应的课程,以支持和促进为导向,并且对于学习的进步给予及时的反馈;(10)学习环境的准备,包括良好的秩序、提前的准备和布置以及利用有效的学习工具.

就我国的多数地区而言,当前基础教育量的扩张的任务已基本完成,追求优质高效教育是基础教育今后相当长一段时期内的根本任务. 而优质高效教学是优质教育最重要的组成部分.通常所说的优质高效教学具有如下特征:

(1)优质高效教学是一个历史的、相对的、与时俱进的概念.作为上层建筑的重要内容之一,教育的产生和发展受制于社会经济发展水平,不同的历史阶段,社会和经济发展以及人们对教育的需求是不一样的.就是在同样的历史条件下,由于教育需求的不同,不同的人对教育也会有不同的认识,因而优质高效教学是发展的、动态的.在古代,能使孩子过目不忘、倒背如流、一目十行、高效传授知识的教学,即为优质高效教学,而教学是否培养学生问题意识和创新精神则是次要的事情.而在当今日趋信息化的社会,人们对教育的要求却有了很大的改变.

(2)优质高效教学是以人为本、促进人全面和谐可持续发展的教学.优质高效教学不是只注重人某一方面的进步和发展,或者只注重眼前的发展,它将超越知识教学、技能教学的范畴,更多地关注人自身的幸福及其发展的需要,促进受教育者的全面和谐可持续发展.

1.2.2 本研究中中学数学优质高效教学的涵义

本研究所指的中学数学优质高效教学是指把学教的本原作为思考、探究、处理教学问题的出发点和切入点,并依据学教的本原、数学知识的本原进行教学设计,最终使学与教回归本原、回归本质的高品质、高效率的数学教学.其具体涵义如下:

(1)它是一种教学理想、教学追求.它力求在搞清楚教育是什么、教育为了什么、数学是什么、数学教育又为了什么等"本原问题",以及情境为了什么、活动为了什么、合作为了什么、交流为了什么、使用多媒体为了什么、评价为了什么等"次本原问题"的基础上,追求人的全面和谐可持续发展,追求卓越、高效的课堂教学.

(2)它是一种教学设计的思路与策略.构成数学教学的基本要素有三个:一是数学,二是学生,三是教学.既然数学教学教的是数学,那么它就应基于数学的本质和特点进行教学;既然数学教学的对象是学生,那么它就应基于学生的年龄特征、学生已有的认知结构、学生的认知需求进行教学;既然数学教学的本质属性是教学,那么它就应基于教的特点、学的规律进行教学.这是思考和处理数学教学问题的一般性的思维方法和教学策略.

(3)它是一种教学设计的技术与方法.教学是科学,也是技术.教学最终要通过一系列具体的教学行为来体现和落实.每一个形式化的数学概念、数学定理法则都有其产生的背景、最初的根源或基本要素,都有其逐步抽象、逐步完善、逐步发展的过程,都有其自然的、合理的思维过程与思维方法.要做到针对具体的数学知识有效地揭示、再现其产生的源头、本质及其探究、形成的思维方法,需要教学设计具有很强的艺术性和很高的技术性.

(4)它具有主体性、服务性、差异性等特征."主体性"主要体现在三方面:一是学生是学习和发展的主体,他们具有高度的能动性;二是学生是学习责任的主体,教师要相信学生、依靠学生,还给学生应有的自主权和选择权;三是教师要在学习环境、学习策略、学习方法等方面给学生应有的指导和帮助,逐步提高学生发挥自己主体性的能力."服务性"主要体现在教师把自己作为"学习者利用之更好地完成自己学业的工具""让孩子表现出他最佳状态的人"为学生创设良好的情境,并基于学教本原为学生提供恰到好处的指导,为学生的自我评价提供参考性的标准."差异性"主要体现在通过正确处理群体教学与个体教学的关系来实施差异教学,提高学教的针对性、增加课堂上每个学生的有效学习时间.

(5)它具有低消耗、高效率、高品质等特征.它反对片面化的、绝对化的"自主、合作、探究"学习,反对片面化的、机械化的、绝对化的"先学后教",主张在教师指导与学生自主之间保持适度的张力;它希望学生学到的不仅有数学知识与方法,更有基于事物的本原进行思考和探究问题的策略、思路与方法;它希望在教学效率与教学品质之间保持适当的平衡,进而追求教学效益的最大化.

总之,"中学数学优质高效教学"与通常的数学教学相比,在教学信念、教学观念、教学目标、教学设计、教学方法、教学评价等方面都有着很大的不同.它追教育教学之本,思教育教学之源,蕴含着教学理念、教学行为、教学评价的系列变革,有利于数学教学正本清源、回归本质、提高效益,也有利于数学教师的专业成长.

2 当前中学数学教学存在的主要问题

2.1 当前中学数学教学存在的主要问题

在开展本课题研究的4年多时间里,笔者共听了418节课.其中省特级教师评比与台州市教坛新秀评比课55节,全国、浙江省、台州市优秀课评比课112节,各类名师、优秀教师上的台州市级以上示范课、观摩课88节,到各类学校进行的调研性听课163节.尽管所听的课,80%左右是优秀教师或骨干教师上的课,但从总体上讲,许多课在科学性、主体性、针对性、服务性、数学性、有效性等方面都还存在一定的问题.

2.1.1 科学性问题

这里的科学性不是指所教内容有科学性问题或者教师把数学内容教错了,而是指教师的教学原则、教学方法、教学设计等是否遵循和符合教育教学规律,是否符合学生的认知特点和年龄特征.因为教育是艺术,也是科学;既然教育是科学,那教师就要遵循教与学的规律.虽然教无定法,但教仍需得法.

与工业生产相比,课堂教学要落后得多、原始得多,它的科学化程度和技术含量都还比较低.早在1903年,泰勒(F.W.Taylor)就提出了科学管理理论.该理论注重理性与效率,认为提高生产率就是使工人的动作和机器的运行都获得最佳效率,而付出的努力最小.1907年吉尔布雷斯夫妇(F.Gilbreth,L.Gilbreth)进行了分解动作研究.他们用照相机拍摄工人工作时的连续动作,然后把胶片分解成慢动作进行研究,分析哪些动作是有效的,哪些动作是多余的或者可以改进的.相应地,如果把教学分解到每一个环节、每一个动作、每一个习题、每一个学生个体,我们会发现教学的浪费和失误是十分惊人的.高投入低产出的题海战术,学生重复练习多、效益低,更是无形之中浪费学生大量的宝贵时间.

2.1.2 主体性问题

这里的主体性是指学生作为学习主体所表现出来的本质属性,包括独立性、能动性、选择性、创造性等.课堂教学中学生主体性的缺失主要表现在:

(1)教师对学生的学习内容、学习进度、学习方式控制过多、过死.现实的多数数学课堂中,教学目标、学习内容、学习进度,学生在课堂上做什么、何时做、做多长时间都是由教师确定的,学生没有自主选择和支配的权利.课堂教学基本上处于教师讲、学生听,教师提问题、学生回答问题,教师布置题目、学生做题目的状态之下.教师迷信自己的讲,而不相信学生的学,潜意识中控制欲、支配欲很强,学生学习很被动.就是一些表面上看起来热热闹闹的课堂教学和学生自主探究的活动,也是教师定内容、定思路、定方向、定时间、定进度的活动,学生缺少真正的自主权和选择权.其实稍做换位思考,就会发现这是一个很大的问题:学生从早到晚一天听6~7节课,每节课都认真地听教师讲、认真地做教师布置的题目,这样的学习学生到底累不累?效果好不好?如果能意识到听课比自己上课更容易疲劳,想到自己搓麻将、打扑克、玩游戏到深夜的人比看别人搓麻将、打扑克、玩游戏的人要多得多,想到多数时候通过自己下棋来学习下棋比通过看别人下棋来学习更有效,我们就会清楚,人作为主体的一个重要特点就是希望自己是一个参与者,而不是一个旁观者.现在教学对学生自主性、主体性的重视和关注不是太多了,而是太少了.况且学习还有一条带普遍性的规律:"我听,我忘了;我看,我记住了;我做,我会了".大家都认可"抱大的孩子不会跑",家长"溺爱、包办过度、包办过多不利于子女的健康成长",那课堂教学中教师包办过多是否也会不利于学生个性的发展、能力的发展、思维的发展?由于忽视学生主体作用的课太多、太普遍,大家也都很熟悉,这里就不再举具体的例子.

(2)教师对学生的思维控制得过多、过死,往往强制性地把学生思维纳入自己思维或教材思维的轨道,学生没有足够的思维自由,学习的问题性、自主性、探索性不强,学习积极性没有得到有效调动.就是一些表面上热热闹闹、学生活动时间比较多的课,学生的活动也都是在教师的严格控制之下,存在模仿太多、机械操作太多,而学生真正自主分析、自主探究、自主思考太少的问题.下面是几位优秀教师的教学案例,相比较而言,已经是学生自主权利、自主空间比较多的课,但仍在很大程度上剥夺了学生思维的自主权、压缩了学生的思维空间.

案例1 "有理数乘法法则"教学片段

这是一节优秀教师上的示范课.教师以蜗牛在数轴上爬行问题为主线,提出问题,层层推进,引导学生得到有理数乘法法则,然后运用这个法则去解决相关的一些问题.但这节课有两点值得商榷:

①怎么想到让蜗牛在数轴上爬行?这有些像"帽子里突然跑出的兔子",使人摸不着头脑.为什么要由教材或教师来设计如此人为的问题情境,而不能让学生根据探究有理数乘法法则的需要、从自己的数学现实出发,自己去设计问题情境?

②此课教师完全采用了课本上的探究、发现有理数乘法法则的思路,也没有说明或引导学生从其他角度进行探究.难道有理数的乘法法则一定要用这样的方式和途径去发现?有更好的思路和方法吗?学生有没有别的思路和方法?实际上,课堂一开始教师就限制了学生自主探索、自主思考问题的空间.

案例2 "再探究实际问题与一元一次方程"教学片段

这也是一节优秀教师上的示范课.其要解决的主要问题如下:

小明想在两种灯中选购一种,其中一种是11瓦(即0.011千瓦)的节能灯,售价为60元;另一种是60瓦(即0.06千瓦)的白炽灯,售价3元.两种灯的照明效果一样,使用寿命也相同(3000小时以上).节能灯售价高,但是较省电;白炽灯售价低,但是用电多.如果电费是0.5元/千瓦时,选用哪种灯可以节省费用(灯的售价加电费)?

这节课教师围绕这个大问题设计如下一系列小问题:

问题1 灯的费用由哪几部分组成?如何计算?

问题2 两种灯的费用分别是多少?

问题3 两种灯的费用多少是确定的,还是与什么量有关?

问题4 两种灯用多少时间的费用相等?

问题5 猜一猜,照明时间为多少时使用白炽灯省钱?照明时间为多少时使用节能灯省钱?

问题6 请学生说明或验证自己猜想的正确性.

以上教学设计环环相扣,一气呵成,学生对这些小问题解决得也比较顺利,教学似乎很成功.但课后让学生做和教材例题基本一样的题目时,多数学生却基本不会,只有少数几个尖子生会.教师困惑:为什么上课时学生会做的题,到了作业时却不会做?

其实上课时学生会做只是一种表面现象,实际上他们是不会做.其原因除了对七年级学生来说此类题目比较难外,主要在于教师的教学,因为这样的教学回避了真正的难点.教师教学的主要失误在于:是教师自己去设计一系列小问题,是教师发布"操作指令",然后学生按教师的指令操作.整个教学过程中,即使学生在探究,探究的也是思维层次比较低的问题. 这节课的真正难点是如何把一个综合性比较强的大问题分解为几个相关的小问题,而这个难点是教师突破的,是教师自己根据大问题设计了一系列小问题,然后引导学生去解决.他既没有分析、说明为什么要把这个大问题分解成这些小问题,也没有说明如何去分解,并且学生在解决问题的过程中,只知道这一步要做什么,而不知道下一步要做什么,是走一步看一步,是在摸着石头过河.因此这节课是教师牵着学生的手在走,是教师越俎代庖代替了学生去设计了一系列的小问题,从而掩盖了学习和解决问题的难点,也使学生的思维失去了一次很好的磨炼和提高的机会.

(3)学生习惯于在教师的支配下被动地学习.许多学生已经习惯于按教师确定的进度与要求学习,习惯于通过听教师的讲解来学习,习惯于做教师布置的课内和课外作业,习惯于等待教师来帮自己整理所学的知识.他们不会自主地确定学习内容和学习进度,不会自己提出问题,不会自己对所学的知识进行回顾、整理与评价.少数学生甚至到了丧失主观能动性的地步,不知道自己该对学习负责.

(4)接受式学习时间和发现式学习时间比例失调.世界上没有100%的接受式学习,也没有100%的发现式学习.接受式学习与发现式学习作为人类学习最基本最主要的两种方式,它们之间不存在谁好谁差的问题,只存在两者如何有机结合、相互渗透的问题.目前课堂教学既有对接受式学习与发现式学习的涵义、功能与价值认识不清,对发现式学习使用、操作不当的问题,也存在接受式学习时间太多、探究式学习时间太少,接受式学习时间与探究式学习时间比例严重失调的问题(公开课、研究课、示范课可能好一些),这里原因有三:一是通常上这些课的教师水平要高一些,对教育教学的理解相对深刻一些;二是这些课往往有迎合别人的口味和评判标准的成分;三是这些课有表演给其他听课教师看的作秀成分.

(5)假民主、假探究.教师自己确定好的东西,拿来征求一下学生的意见,你同意是如此,不同意也是如此;教师把学生"塞进公共汽车",然后还美其名曰是学生自己到达目的地的;学生已经知道或不需要讨论就能知道的,也要小组讨论一下,以示课堂气氛活跃和学生在进行探究学习.课堂上,学生只是按教师编写的剧本演戏的演员,甚至是配合教师教学表演所需要的"道具".尽管多数教师口头上或理念上认可"教师主导,学生主体",但实际教学与此还有很大的距离.

2.1.3 针对性问题

这里的针对性是指课堂教学在教学目标、教学内容、教学方法、教学评价等方面对学生的适切程度.就教学对象而言,可以把教学的针对性分为对学生群体的针对性和对学生个体的针对性两方面.

(1)对学生群体的针对性

案例3　教师教学生完全可自主探究得到的知识

这是一位台州市级名师在当地一所生源很好的学校上的课,学生对不等式的性质1"不等式两边加(或减)同一个数(或式子),不等号方向不变"、不等式的性质2"不等式两边乘(或除)以同一个正数,不等号方向不变"已经能够完全理解和掌握,但教师还在按照课本的安排通过大量的例子并由这些例子归纳出不等式的这两个性质,然后再借助天平演示来说明这两个性质.这实在是低效学习或浪费时间.其实,面对这样好的学生,加上学生又有学习和探究等式性质的相关经验,这节课只要教师提出:不等式是否也具有与等式类似的性质,然后由学生自己通过独立探究、小组讨论、组间交流就能很好地达到教学要求.

案例4　教师教的都是学生已经掌握的知识

这是一位台州市级名师在一所生源较好学校上的一元一次不等式的复习课,教师很好地联系生产、生活的实际,层层递进设计了一系列问题.表面看,整个课堂教学的展开自然而流畅,学生发言活跃,参与程度高,课堂教学效果也不错.但课后向学生所做的调查却表明,课堂上的大多数实际问题、例题、练习,教师不教,学生也已经会做.显然,这节复习课温故有余而知新不足,实际的教学效果远不如表面所显示的那么好,许多学生课堂上有效利用的时间很少.

案例5　基础和水平差异极大的两个班竟然教同样的内容

教学调研是教研室的一项常规工作.一次调研中,曾经发现这样很有代表性、也比较极端的例子.我们第一天在一所省一级重点中学的理科创新班听高三数学复习课,第二天在一所农村普通高中的文科班听高三数学复习课.由于两所学校用的是同一版本的文理通用的高三复习用书,并且这两个班刚好教同一内容,两位教师竟不约而同地按书本讲了同样的4个例题.学生在课堂上的表现是两个班的学习积极性都比较低,一级重点中学理科创新班的许多学生都没有在听而在自己看书或做题目,因为这些题目教师不教,他们自己早已会做了;而农村普通高中的文科班,教师讲第1个例题时有60%左右的学生在听,讲第2个例题时有40%左右的学生在听,讲第3、第4个例题时,就分别只有20%、10%左右的学生在听,因为许多学生根本听不懂.从学生一脸迷惘的表情看,就是认真听讲的学生还有许多东西没有听懂.在课中和课后向学生所做的调查中,省一级重点中学理科创新班的学生认为教师上课讲的例题,教师不用讲他们自己都会做,并且是"小菜一碟、随便玩玩、手到擒来";而农村普通中学的文科班许多学生没有听的原因不是不想听,而是实在听不懂.课后问上课教师为什么要讲这些例题,两位教师的回答也惊人的一致:因为书本是这样编的,高考这部分内容的难度大致就是这样.尽管两位教师本身的素质都不错,讲解、分析都很清楚,都在力求引导学生如何思考、如何探究.可是,他们就是没有想过教学的出发点应该是学生实际还是考试要求或教材,没有想过教师的任务是教完教材还是帮助学生学得更有效率.

就更一般的情况而言,教师以教完课本上的内容和事先准备好的内容为目标而不顾学生实际的现象是比较普遍的,教学要求、教学内容脱离学生实际的现象也是比较普遍的.新课程提倡教学内容要联系学生的生活现实,许多教师以学生自身和周围环境中的现象,以自然、社会与其他学科中的问题为学习的切入点,突出数学与现实世界、与其他学科之间的联系,使学生感受到数学的现实意义和应用价值,这是一个很大的进步.但数学教学在关注学生生活现实的同时,也应关注学生的数学现实,即学生已经具有怎样的数学事实、数学思想方法、数学观念、数学知识结构.只有这样,课堂教学才能增强针对性.

(2)对学生个体的针对性

班级授课制有它赖以存在的现实基础和理论基础:同年龄的学生具有许多共同点;学习同一个知识点也往往需要经过类似的过程.班级授课制有它独特的优势,批量培养学生,成本低、效益高(在社会和教育发展水平较低,教育资源比较短缺的情况下尤其如此).但班级授课制存在天然的缺陷:学生的基础、兴趣、目标存在较大的差异,而教师很难照顾到学生个体之间的差异.

由于班级授课制的局限性和教师不能较好地把握学生的现有知识水平,导致了教师往往一厢情愿地从教材、教学大纲的要求和考试的要求出发,造成了教学内容、教学难度、教学进度严重脱离学生的实际.对基础好的学生来说,已经知道的许多概念法则教师还要他们探究、已经懂的知识教师还要他们认真听讲、已经会做的题目教师还要他们再做;学生自己20分钟就可以解决的问题,教师可能用了40分钟,甚至更长时间.这样就出现了赞可夫所说的:"如果教材和给学生出的题目大大低于他的能力,如果儿童的精神力量派不上用场,那么他的发展就进行得缓慢无力."与此相对应的是,对基础差的学生来说,听不懂的东西教师也要他们坚持听,根本不会做的题目教师也要他们想方设法做,他们只能无奈地陪同其他学生学习.

案例6　好生的"吃不饱"与后进生的"吃不了"

这是生源总体比较好的一所城镇初中的八年级数学课.由于是划片招生,均匀分班,因此班级里学生的水平参差不齐.结果教师讲解时,20%左右好的学生因已经掌握而无精打采,10%左右基础差的学生因听不懂讲解而无所事事.整节课教师按事先的教学设计,既没有考虑到后进学生的基础和他们需要怎样的关心、帮助,让他们"吃得了",也没有考虑优秀生如何进一步发展和提高,让他们"吃得饱",只是面向中间的多数学生有序而平稳地过来.那这节课对"两端"的30%左右的学生来说,是不是低效的或无效的?

以上讨论主要是智育教学方面的针对性问题.如果在多元智能理论的视野下考察,问题可能会更严重.这正如动物学校的故事所描述的:森林里的动物要办一所学校,学校决定开设跑步、游泳等课程,规定每个学生都必须学好.鸭子是游泳高手,可跑步对它来说就太难了,它磨破了脚掌才勉强过关,但原来的游泳强项却变得平庸了;兔子是跑步冠军,可游泳对它来说,却是难上加难,由于心理压力过大,终于精神崩溃……现实教育中有没有大量的类似动物学校的事情发生?中国为什么缺少天才、怪才?这与我们的教育体制和学校教学应该有很大的关系.

(3)对学习内容的针对性

俗话说,到什么山,唱什么歌,但少数教师却往往没有根据教学内容和教学要求的变化去调整自己的教学方式和教学习惯.如高三三角函数复习教学,由于课程标准和考试说明对这部分内容的难度要求都不是很高,加上高考考的都是容易题和中档题,因此这部分内容对基础好的学生来说是比较容易的,教师完全没有必要像其他部分内容一样仔细地讲解,而完全可以让学生自己通过讨论、探究去解决.不根据教学内容的特点,机械地采用讲解或探究的方式去解决问题,是不恰当的,也是低效的.

2.1.4　服务性问题

这里的服务性是指教师应从学生已有的知识、能力、情感等基础出发,站在学生学的角度考虑问题,根据学生学的需要、以学生的发展为本来确定教什么与如何教,以更好地促进学生学习."以学定教""以教促学""教是为了学""教是为了不教"

等从不同角度反映了教学的服务性.下面三个故事也许能帮助我们更好地认识到教学中这方面的问题.

故事一　应倾听乌龟的意见

路人由于怕乌龟被来往的汽车轧死,好心地把乌龟推回河中,而不知道这是乌龟为了在路边的泥里产卵,可能花了一个月的时间才爬上公路.

启示:好心人也经常会办坏事,教师的教学是否也存在类似现象?会不会愿望是美好的,但却违背了学生的愿望和需求、脱离了学生的实际?

故事二　电梯里的镜子

在一次电视台的综艺节目中,主持人问几位嘉宾:"宾馆、酒店的电梯常会有一面大镜子,这镜子是干什么用的?"

有的回答:"用来检查一下自己的仪表";有的回答:"用来看看后面有没有跟进不怀好意的人";有的回答:"用来扩大视角空间,增强透气感."而正确的答案是"残疾人摇着轮椅进电梯时,不必费神转身,就可以从镜子里看到楼层显示灯".

启示:人们考虑问题时常常会海阔天空,但不幸的是,无论思路多么开阔,人们往往还是从自己经验与感受出发的.教师的教也是这样.

故事三　什么是"鱼牛现象"?

有一则欧洲童话:一口不深的井中(另一说是"池塘中"),住着一条鱼和一只青蛙.青蛙除了坐井观天,还经常跳到井外,去看看外面精彩的世界.鱼对此十分羡慕,请求青蛙讲一讲井外的新鲜事物.青蛙讲到牛,说"牛真是一种奇怪的动物,头上长着两只角,肚子底下长着四条腿……"鱼边听边根据自己的经验想象牛的样子——鱼一样的头、鱼一样的身子、鱼一样的尾巴,头上却长了两只角,肚子下长了四条腿……这就是所谓的"鱼牛".

启示:这个故事体现了建构主义的核心思想,也揭示了人类学习的一条规律——人都是从自己已有的经验和知识出发,来建构和接受新的知识.正所谓"一千个读者,就有一千个哈姆雷特".

尽管理论上大家都赞成"教是为了学,教师是学生学习的服务者和促进者",但对照上面三个故事,我们不得不承认:要做到教有效地服务于学是很难的;实际教学中,还存在大量的教没有服务于学、教脱离学的现象.具体表现在:

(1)师生角色错位.课堂教学中,往往是教师要教所以学生要学,而不是学生要学所以教师要教,是学生的"学"配合教师的"教".学生听不懂也得听,已经懂的也得听,是学生陪着教师"玩";把学生作为道具、演员,让学生按照教师的需要、思路、想法"表演"的现象随处可见."是不是啊？是.对不对啊？对.想不想啊？想."这样的师生问答我们实在是太熟悉、太普遍了.许多公开课,往往成为了教师展示自身风采的表演课,学生要按教师事先的安排配合教师"出色地"完成表演任务;本来是服务对象的学生竟成了服务于教师教的"工具",以至于许多教师在公开课结束时发自内心地说"谢谢同学们的配合".

(2)教没有从学生的实际出发,教为学服务的意识还不够强.能够证明这一点的事例实在太多了.如申报中学高级教师职称考核说课或全国、省、市的说课比赛中,能够说明自己是根据怎样的学生进行教学设计的教师是少数;能够说明某一教学目标是针对班级里哪部分学生的或者说明不同程度的学生分别达到怎样的不同目标的教师更是凤毛麟角.这足以说明:备课时,真正心中有学生,并且想学生之所想,急学生之所急,供学生之所需的教师所占的比例还不高;心中既有抽象的、一般的学生,又有具体的张三、李四、王五等学生的教师所占的比例也不高.公开课似乎讲得越难越能显示自己水平并不是个别现象.平时的作业、考试从教材的安排、课标的要求、中考或高考的需要出发而忽视学生的学习需求、忽视学生之间差异的现象更是非常普遍.

(3)教为学服务的能力还不够强.部分教师有较强的为学生服务的意识,但对在哪些方面服务、怎样服务、服务到什么程度却搞不清楚、把握不好,往往不该指导的时候、不该指导的地方给予指导,而需要指导的时候、需要指导的地方却没有给予指导.尤其是教师对学生的学法指导还处于自发的无意识的状态,对学生如何预习、如何听课、如何复习指导不够,对如何学习数学概念、如何探究数学定理法则、如何寻找解决问题的切入点和突破点、如何进行自我学习评价与自我反思等更是重视和关注不够.多数课堂中的学法指导还是站在教的角度而不是站在学的角度考虑,是自发的无意识的而不是自觉的有计划的,是零碎的而不是系统的.而这些也正是学生无法从根本上转变学习方式,进而学会学习数学的重要原因.

2.1.5 学科性问题

这里的学科性主要有以下几个涵义:一是数学教学是否突出了重点、突破了难点、抓住了关键;二是数学教学是否体现数学的特点、揭示知识的本质;三是数学教学是否充分发挥数学内在的力量尤其是逻辑力量；四是数学教学是否充分发挥数学独特的育人功能.当前中学数学教育"去数学化"现象,除了离开数学知识及其本质,片面地强调数学联系实际、联系其他各学科,结果是"种了别人的田,荒了自己的地",主要表现为以下几方面:

(1)教学目标没有体现数学的功能与价值

赫钦斯说:"教育不能复制学生毕业后所需的经验,它应当使学生致力于培养思维的正确性,作为达到实际的智慧即理智的行为的一种手段."叶圣陶先生早在20世纪40年代就指出:"训练思想(维)应该是学校各科教学的共同任务."

数学是思维的科学、思维的体操,数学中到处闪耀着理性的光芒.虽然其他学科或其他方式也可以培养人的思维,但在深度、广度、系统性等方面,是无法与数学相比的.因此数学在启迪、培养和发展学生的思维尤其是理性思维方面具有自己独特的优势,也应承担更多的责任与义务.但实际教学中,由于受分数为目标的数学解题教学的影响,以及教师认识和水平的限制,许多数学教学还停留在数学知识、数学技能、数学方法教学的层面上,数学理性的光芒被大量没有思想的具体运算、推理所掩盖,理性思维、理性精神的培养还处于自发的、无意识的状态,是数学知识技能教学的副产品.

在教学定位上,许多教师过于注重一招一式的数学知识与技能,而对本原性的大观念、大思维重视不够,使数学显得枯燥、琐碎而失去了智慧和理性的光芒.如等比数列求和公式、函数单调性、函数奇偶性等数学概念,教师往往很快给出最简便的推导方法,简洁准确的形式化定义,而把教学的重点放在如何应用公式、如何程序化地解决问题上.

(2)教学方法没有体现数学作为思维科学的特点

①没有揭示数学问题、数学思维、数学知识产生与发展的自然性与合理性.毕达哥拉斯曾说:"在数学的天地里,重要的不是我们知道了什么,而是我们怎样知道的."从探究和再创造的角度看,学生的思维方式、思维过程与当初建构、创造这些数学知识的数学家的思维本质上是一样的.既然数学的产生与发展是自然的、合理的,数学知识与方法之间的联系是自然的、合理的,数学与现实、与其他学科的联系是自然的、合理的,那么数学教学、数学思维也应该是自然的、合理的,并且只有自然的、合理的数学教学才是真正有效的、经得起时间考验的数学教学.但许多数学教学却忽视了这一点.

案例7 "平面的概念及其画法"教学片段

三位地市级名师教平面的概念、水平放置的平面的画法、两个相交平面的画法三个知识点,其中两位教师直接给出概念和画法而没有分析原因,只有一位教师通过师生共同分析,用探究的方式再现平面概念的形成过程,平面一是平直的;二是无限延伸的;三是没有厚度的;四是点的集合;五是直线的集合.也是这位老师,画水平放置的平面和两个相交平面时,引导学生先观察生活中具有平面形象的物体给人的直观印象,想象如何表示平面比较科学、合理、规范,如何抓住画两个平面相交时最重要的因素——相交直线.

案例8 "互为反函数的两个函数的图象之间的关系"教学片段

在学校调研听课时,三位教师都是直接告诉学生结论,然后按教材的证明步骤分析、讲解,却掩盖了问题、证明思路产生的"源头"及其自然性与合理性:(i)问题的提出:既然互为反函数的两个函数的关系式存在着一种特殊的联系,而函数的图象是由函数的解析式决定的,那么它们的图象是否具有特殊的关系呢?(ii)结论的探究:如果直接得出一般性的结论有一定的难度,那我们能否从简单的、特殊的互为反函数的两个函数,如 $y=2x+1$ 与 $y=\frac{1}{2}x-\frac{1}{2}$,$y=2^x$ 与 $y=\log_2 x$ 的图象开始探究,发现结论?(iii)结论证明思路的寻找:要证明互为反函数的两个函数的图象的关系,自然应该先搞清楚反函数是怎样产生的,它与原函数之间有怎样的关系;要证明两个图象关于直线 $y=x$ 对称,自然应搞清楚关于直线 $y=x$ 对称的两个图象有什么特点. (iv)给出证明.

只可惜,许多教学中,这种数学问题、数学思维、数学知识产生的自然性与合理性都不见了,留下的只是生硬的、机械的数学知识传授与灌输.

②没有有效地揭示数学知识的本质,包括数学知识的内在联系,数学知识的形成过程,数学思想方法的提炼,数学理性精神的体验等.如"正数和负数"教学,只看到它们可以用来表示具有相反意义的量,只看到在正数前面加"-"表示负数比用其他符号表示负数方便,而看不到负数是要参与运算的,看不到用在正数前面加"-"表示负数给后面的运算带来了极大的方便."用字母表示数"教学,也存在类似的现象.只是在举几个例子后,就告诉学生可以用字母表示数,而没有揭示生活中的你、我、他、她、它与用字母表示数有异曲同工之妙,这个数、那个数也是用字母表示数的另一种形式.

案例9 "一元一次方程"第一课时教学片段

这是教学调研中所听的课.教师创设情境:小颖种了一棵树苗,开始时树苗为40厘米,栽种后每周树苗长高约为15厘米,大约几周后树苗长高到1米?

然后列出等式 $40+15x=100$,再指出"像这样含有未知数的等式叫作方程".接着教师再让学生辨别、判断下列式子是不是方程:

(i) $x^2-1=x+3$; (ii) $x-1=3$; (iii) $2^2+3^2=13$;

(iv)$x-4$；(v)$x+5>8$；(vi)$x-y=3$.

反思一：问题情境不仅是人为的、杜撰的，而且过于简单，学生根本无法体会用方程解决问题的优越性和必要性.

反思二：尽管学生表面上似乎理解了方程的概念(外在逻辑形式的概念)，但学生并没有理解方程内在的本质，即方程是为了求出未知数而在已知数和未知数之间建立的一种等量关系.方程思想的合理性在于：为了到达彼岸——找到未知数，就以已知数为媒介和桥梁，先找到未知数与已知数的关系，再设法求出未知数.

案例10 "正弦定理"教学片段

这是一节借助信息技术改进数学教学的研究课.

教师提出问题：已知$\triangle ABC$中，$\angle C=90°$，$BC=a$，$AC=b$，$AB=c$，则有$\sin A=\dfrac{a}{c}$，$\sin B=\dfrac{b}{c}$，$\sin C=1$，即$c=\dfrac{a}{\sin A}$，$c=\dfrac{b}{\sin B}$，$c=\dfrac{c}{\sin C}$，所以$\dfrac{a}{\sin A}=\dfrac{b}{\sin B}=\dfrac{c}{\sin C}$.

那么在任意三角形中，这一关系式是否成立呢？

学生借助电脑和图形计算器对许多三角形量出其边长和角的大小，再计算$\dfrac{a}{\sin A}$，$\dfrac{b}{\sin B}$，$\dfrac{c}{\sin C}$，验证上述结论.

反思一：由直角三角形的边角关系想到探究任意三角形的边角关系，是完全合乎情理的，但由"$\sin A=\dfrac{a}{c}$，$\sin B=\dfrac{b}{c}$，$\sin C=1$"直接猜想得出"$\dfrac{a}{\sin A}=\dfrac{b}{\sin B}=\dfrac{c}{\sin C}$"难度、跨度都比较大，使人觉得有些突然.由于教材和教师回避了这个难点，学生也就失去了一次很好的磨炼和发展思维的机会.事实上，正弦定理的本质是"定量描述三角形边角之间的关系"，是"大边对大角，大角对大边"的定量化.教师在此基础上，从学生对正弦、余弦函数值变化规律初步认识出发进行不断尝试、探索，进而猜想出正弦定理可能更好.

反思二：上述教学过程没有抓住正弦定理的本质，也缺乏数学思考.因为只要对斜三角形作高，化斜三角形为直角三角形，然后以"高"为桥梁，很容易找到斜三角形的边角关系，运用先进的工具、花大量的时间去测量和计算，而置数学思考和问题的本质不顾，可能是得不偿失.

③没有体现数学知识的严谨性与结构性.数学是严谨的，它不允许数学知识存在这样或那样的漏洞.这突出表现在：(i)数学知识和结构往往是清晰的、确定的，它拒绝模棱两可的表述和结论；(ii)数学知识往往具有和谐性和统一性，如数学中有

许多补充性规定,像"零的相反数是零,零的绝对值是零,$a^0=1(a\neq0)$,$0!=1$,与平面平行的直线与平面所成的角为$0°$,零向量与任一向量平行"等等.教师往往没有从数学严谨性的角度来看待这些问题,并借此培养学生思维的严谨性.

数学知识具有很强的系统性与结构性.如正比例函数、反比例函数、一次函数、二次函数、幂函数、指数函数、对数函数,教材的编排体系都是基本相同的,即都是按"现实背景—具体函数—相关函数概念—图象—性质探究"的顺序编排,所用的数学思想和方法通常都包括从特殊到一般、数形结合、分类讨论等.但实际教学中,教师往往是"只见树木,不见森林",看到的是孤立的点上的知识,而不能在更大背景下探究和解决问题、建构知识.

案例11 "一元二次不等式的解法"教学片段

这是一节在省二级重点中学听的调研课.教师按照教材编排讲解如何利用一元二次函数的图象解一元二次不等式.课后调查发现,绝大多数学生根本没有意识到一元二次不等式也像一元二次方程那样可用降次的方法求解.

反思:联系到消元、降次是解方程的基本思想和方法,化一元二次不等式为一元一次不等式应是最合乎情理的思路和方法(尽管也许不是最好的方法).因此教师应尽可能站在系统的、结构的高度,揭示知识的内在联系和发展的必然性,把知识教"活"而不是教"死".教师的责任是拓展学生的思维空间而不是压缩学生的思维空间,是促进学生的思维发展而不是抑制学生的思维发展.

④课堂教学缺乏思想和灵魂,甚至思维和逻辑顺序混乱.高手下棋往往赋予每步棋在整盘棋中的意义和生命,而新手下棋则容易顾前不顾后,把各步棋之间相互割裂开来.教学也是如此."只见树木,不见森林""只有操作,没有思想"使数学教学显得机械和死板,而缺少思想、灵魂和活力.数学本是充满智慧和灵性的学科,是使人聪明的学科,但如果操作不当,数学就无法显露出它的本来面目,教学也无法达到真正育人的目的.许多教师过分强调运算技巧和具体操作,数学学习被退化为死记公式、模仿例题解题的活动;他们重视"是什么、如何做",而对"为什么要这样做、怎样想到要这样做"分析、重视不够,对大背景、大观念、大思维重视更加不够.下面两个教学片段可以说明这一点.

案例12 "指数函数"教学片段

这是在一所省二级重点中学所听的调研课.教师简单地介绍指数函数的概念以后,就让学生作函数$y=2^x$、$y=0.5^x$的图象,而对为什么要作这两个函数的图象、怎样想到作这两个函数的图象只字不提.学生为作函数图象而作函数图象,而不知这是为了研究函数的性质以及如何研究函数的性质.

案例13 "曲线与方程"教学片段

笔者听过多次这节课,上课的有新教师,也有骨干教师.他们在讲解曲线的方程与方程的曲线两个概念时,都强调"曲线上的点的坐标都是这个方程的解;以这个方程的解为坐标的点都是曲线上的点",但却忽视了知识的深刻背景:解析几何的本质是用坐标法研究几何图形的性质,解析几何最基本的方法就是坐标法和数形结合,而要使通过坐标法得到的结果准确、有效,就必须在点和点的坐标之间、在曲线上点的坐标与曲线方程的解之间建立一种一一对应关系.

⑤教师照本宣科,不能有效地把学术形态的数学还原为教学形态的数学.这里有两方面的原因:一是有些教师教教材的意识太强而用教材教的意识不够,照本宣科现象比较严重;二是有些教师对教材和数学知识理解不够深刻,往往看不到数学知识的原始形态,看不到或看不清数学知识背后所蕴含的数学思想与方法、结构与特点.

案例14 "平面的斜线和平面所成的角"教学片段

三位优秀教师在地市级的教学业务评比中上这节课,都是按教材的顺序先讲"最小性定理"(即"平面的斜线和它在平面内的射影所成的角,是这条斜线和这个平面内任一条直线所成的角中最小的角"),然后得出直线和平面所成的角的概念.这里教师讲授的显然是学术形态的数学.合乎自然且有利于发展学生思维的教学形态的数学应该是:先让学生感受到平面的斜线与平面之间存在角的大小问题,然后根据"把空间问题转化为平面问题解决"的原则猜想如何定义斜线与平面所成的角,再分析、探究为什么要这样定义,这样定义的科学性、合理性在哪里,最后发现并证明"最小性定理".事实上,"最小性定理"是斜线和平面所成的角的定义的科学性、合理性的基石.

⑥为活动而活动、为探究而探究,表面化、形式化现象严重.部分教师片面理解所谓的"新课程理念",把教学设计的着重点放在如下问题:"创设了日常生活情境了吗?""学生活动了吗?探究了吗?""有没有进行小组合作讨论?""有没有使用多媒体?"等等,而忽视了创设日常生活情境、小组合作讨论、使用多媒体等是为了更好更有效地学习数学,忽视了活动和探究要围绕知识本质、促进思维与能力发展展开.试想,离开了数学知识的掌握、数学能力的养成和数学思维的发展,还会有真正的情感、态度和价值观?

(3) 重陈述性知识、程序性知识教学,而轻策略性知识教学

① 只讲结论,不讲缘由.许多数学问题的提出、数学知识和方法的呈现像"帽子里突然跑出的兔子",使人觉得很不自在、很不合理;许多数学概念、结论是教师强加给学生的,学生根本不理解这个概念、结论为什么这样.如,教师只告诉学生角怎样表示,而不分析为什么要这样表示、怎么会想到这样表示;只告诉学生什么叫做直线的倾斜角和斜率,而不分析探讨概念本身的科学性、合理性;只告诉学生任意角的三角函数的定义而不分析探讨如何由借助直角三角形定义锐角三角函数过渡、迁移到借助平面直角坐标系来定义任意角的三角函数,揭示两者之间内在的统一性.

② 只讲推理,不讲道理.问题解决时往往只是展现解法、展现思路,而对思路的寻找过程以及为什么要这样解、怎样想到这样解重视不够,对解决问题中思维与策略的自然性与合理性揭示不够,在花了大量时间"画龙"后却忘记了"点睛".

③ 重归纳轻分析、重感性轻理性.许多教师只凭几个简单的事例就得出数学结论,而忽视根据数学问题产生的"源头"进行深刻的分析;在加强了合情推理的同时,却忘记和忽视了逻辑推理和理性思维.

案例15 "绝对值"教学片段

一位优秀教师上这一课,在师生共同讨论、得出绝对值的定义和求法后,让学生求下列各数的绝对值:

$|+3|=$___,$|-3|=$___,$\left|\dfrac{1}{5}\right|=$___,$|-0.2|=$___,

$|+8.2|=$___,$|-8.2|=$___,$|-12.58|=$___,$|0|=$___.

再由学生讨论、归纳出绝对值的其他性质:任何有理数的绝对值是非负数,互为相反数的两个数的绝对值相等,零是绝对值最小的有理数……

教师表扬、肯定,该环节教学结束.

反思和改进:归纳法是探究数学问题、发现数学结论的重要方法,但数学教学不能止于这一步.因为数学结论最终要建立在逻辑推理的基础上,并且数学教育的价值在于发展学生的理性思维、培养学生追根究底的意识和能力.因此该环节教学让学生在归纳的基础上,再借助绝对值的定义来说明绝对值性质可能会更好.

案例16 "求曲线的方程"教学片段

笔者曾先后听了六位教师上"求曲线的方程"一课,都是先讲课本上两个求曲线方程的例题,然后归纳总结出求曲线方程的一般步骤,都没有分析这些解题步骤所蕴含的数学思维的自然性与合理性.即要建立方程就必须首先建立适当的坐标系,必须设出曲线上点的坐标,这是利用坐标法解决问题的前提.而第二步写出适合条件的点的集合,则是为了明确研究对象的本身.它是把几何问题转化为代数问题的基础.事实上,求曲线方程每个步骤的合理性可做如下分析:

步骤	具体内容	原因分析
1	建立适当的坐标系,并用有序实数对(x,y)表示曲线上任一点M的坐标.	建立方程和用坐标法研究问题的前提
2	写出适合条件的点M的集合 $P=\{M|p(M)\}$	明确研究的几何对象,为把它代数化打下基础
3	用坐标表示条件$P(M)$,列出方程$f(x,y)=0$	把几何问题转化为代数问题
4	化方程$f(x,y)=0$为最简形式	求简求美的需要
5	证明以化简后的方程的解为坐标的点都是曲线上的点.	保持曲线与方程等价性的需要

(4)重视数学问题的解决而忽视数学问题的提出

数学的核心是问题和解,提出问题是解决问题的逻辑前提,完整的数学学习应包括学"问"与学"答"两方面,但目前的数学教学轻学"问"重学"答",课堂上基本上都是学生解决教师或书本上提出的问题.而这不仅造成了学生的学习停留在接受和模仿的层次上,影响了学生对数学知识及其内在联系的深层次理解,而且降低了学生的思维层次和学习层次,降低了数学学习的效益,也妨害了学生学会学习数学和他们健康个性品质的形成与发展.

(5)少数教师对数学知识本身的理解存在较大的偏差

数学本来是充满生机和活力的学科,但由于少数教师把数学等同于数学教材上的知识,看不到数学知识产生与发展的自然性与合理性,看不到数学知识形成与发展的曲折过程,看不到数学多姿多彩的一面,从而使数学课缺少鲜活的、充满智慧的数学. 在少数教师和许多学生的心目中,$x^2=2$中的x在学习无理数前是无法求的,似乎数学只能靠逻辑、推理和准确计算得出结果,似乎估算不是数学,测量更应该远离数学.而事实上,类似于下列例子的教学也许能给学生以更大的帮助.

案例17 盖学生宿舍楼的地方能"容纳"得下运动场吗?

2001年浙江省临海市回浦中学领导和老师在讨论由浙江省建筑设计院绘制的新校园平面图(图纸为正规的精确图纸)时,多数人认为400米的运动场与学生宿舍楼的布局不够合理,最好能够调换,但又不知原计划盖学生宿舍楼的地方能否"容纳"得下运动场(运动场占地面积比宿舍楼更大).

笔者当时解决这个问题的方法很简单:剪一张与运动场一样大小的报纸,看看图纸上原计划盖学生宿舍楼的地方能否容得下这张纸即可．这种方法背后蕴含的是等量代换、空间观念和估算意识等．

2.2 当前中学数学教学的负面效应

2.2.1 学生无法学习、放慢学习等陪同学习现象普遍而严重

就某个内容而言，一个班上的学生大致可分为三类——已经会的或能很轻松学会的、适合或比较适合学习的、很难学会或无法学会的．尽管多数教师采取了"立足中间，兼顾两头"的教学策略，但还往往不能取得令人满意的效果：学习有困难的学生由于没有得到切实有效的帮助而无法坚持正常的学习，他们最后成为了传统班级教学的失败者被淘汰出局；而优秀学生永远只能在等待别人，他们本来可以走得更快、学得更多，而现在却只能放慢自己的脚步和其他同学一起前进，他们的学习潜能没有得到充分的发挥．也许我们可以为自己的教学帮助了处于中间层次的大多数学生而觉得自慰和高兴，但我们也应该为自己没有能力为"两头学生"的发展提供更好的帮助、浪费了他们的时间、影响了他们潜能的发挥感到自责．

稍加观察，我们就会发现课堂上许多学生学习时间浪费非常惊人．有根本无法正常跟班学习、整节课无所事事的、已经被"淘汰出局"的学生，也有课堂时间实际利用率不到30%的学习困难生，有时间利用率达到60%~90%的中等生，有放慢脚步与其他同学一起前进的优秀生，他们本来用30分钟甚至20分钟就可"跑完全程"，而现在却用了整整45分钟．"一刀切"的教学导致了许多学生课堂有效利用时间量小质差，课堂教学效率和效益低下．

2.2.2 教学禁锢了学生的思维，"思维的体操"名不符实

学生每天大量地解题，但他们对数学知识的理解并没有因此而加深，数学思维水平并没有因此而提高，这具体表现在：(1)不能深层次地理解数学概念、定理、法则的本质内涵，不知数学概念和定理法则的来龙去脉；(2)分析问题、解决问题时缺乏正确的思维策略，难以把握思维方向，不能融会贯通地运用数学方法、领悟数学思想；(3)许多学生不会学习数学，不会基本的、简单的迁移和类比，他们会做的似乎只有接受和模仿．学生存在的这些问题不仅在新知识学习中暴露无遗，而且在考试中也充分地反映出来．

案例18 2004年台州市中考卷第15题学生的答题情况

如图7-1，把一个边长为2cm的立方体截成8个边长为1cm的小立方体，至少需截_____次．

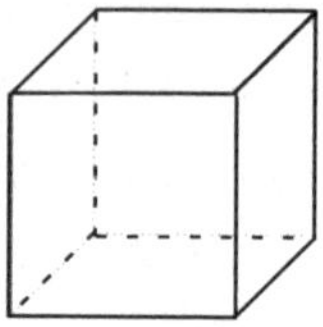

此题是一道考空间想象能力的好题，并且日常生活中也经常遇

图7-1

到类似的问题,但学生实际得分率低得令人难以置信.有人说只需截2次,也有人说要截5次、6次,甚至20次,此题的难度系数为0.52.这表明了学生的动手操作能力和空间想象能力都不尽如人意.

案例19 2004年台州市中考卷第18题学生的答题情况

如图7-2,边长分别为4与3的矩形$ABCD$放置在直线AP上,然后不滑动地转动.当它转动一周时($A \to A'$),顶点A所经过的路线长等于 _____.

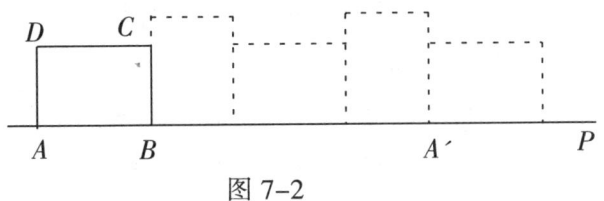

图 7-2

按理说,此题是一个弧长的计算问题,它没有涉及多少数学知识,只不过要求学生能动态地思考问题,但此题的难度系数只有0.268.

由于学生的思维潜能只有经过有效地开发、加工、培育,才能成为现实的思维能力.但目前的许多数学教学却有意无意之间、无形之中禁锢了学生的思维,造成了他们数学素养、数学思维水平低下.绝大多数学生根本没有深层次地理解数学概念、定理、法则,没有理解知识的本质及其内在联系.他们不知数学问题从何处来,要到何处去,他们只会机械地接受教师讲解的知识.据2005年7月8日《文汇报》的报道,几天前,知名华人数学家、哈佛大学教授丘成桐兴冲冲地赶到杭州,与一群刚在高考中取得好成绩的数学尖子见面,结果却令他大失所望:"大多数学生对数学根本没有清晰的概念,对定理不甚了了,只是做习题的机器.这样的教育体系,难以培养出什么数学人才."事实上,我们稍加注意就会发现:数学教学中,学生数学能力与思维的发展明显滞后于数学知识与技能的掌握.许多学生知识、技能掌握得很好,但数学素养、数学思维却处于比较低的水平上.数学知识技能掌握与数学能力思维发展之间存在着巨大的"落差".

2.2.3 学生缺少基本的质疑批判与自我反思能力

由于许多课堂教学思维含量不高,学生的思维没有受到真正的、有效的挑战,并且教师往往从书本和自己预设的思路和方法出发而不顾学生的想法和思维,这在很大程度上造成了学生思维僵化、单一.

案例20 2004年全国高中数学联赛第14题学生的答题情况

在平面直角坐标系XOY中,给定三点$A(0, \frac{4}{3})$,$B(-1,0)$,$C(1,0)$.点P到直线BC

的距离是该点到直线AB,AC距离的等比中项.(Ⅰ)求点P的轨迹方程;(Ⅱ)若直线L经过$\triangle ABC$的内心(设为D),且与P点的轨迹恰好有三个公共点,求L的斜率k的取值范围.

评卷中发现学生如下错误比较普遍:

①第一小题结果只有一个圆或只有一条双曲线的占一半以上.如果意识到直线与圆或圆锥曲线最多有两个交点,且考虑第二小题的"直线L与P点的轨迹恰好有三个公共点",那么就应该意识到自己第一小题的解答是不全面的.这从一个侧面说明学生缺少良好的思维指向和自我反思能力.

②80%学生第二小题求出的斜率的范围是区间,而不是若干个特殊值.殊不知直线与一个圆或双曲线只有一个交点仅有有限种特殊情况,没有交点或者两个交点则是一般的情形.这反映出考生解题时盲目与迷惘.更有甚者,第一小题求得的点P轨迹只有一个圆,第二小题直线与这个轨迹居然有三个交点.弗赖登塔尔认为"数学的根源在于普通常识",数学学到一定程度后,竟然为了得出题目的答案而置基本常识于不顾,真是数学教育的悲哀.考虑到参加竞赛的绝大多数学生是重点中学中数学比较优秀生,问题可能会更严重一些.

从上面的事实和错误中,不难看出:就是数学成绩比较好的学生,解决问题时也往往是"在黑暗中摸索",而缺少良好的思维指向和洞察问题本质的能力,缺少自我调控能力和应有的自我反思能力.

2.2.4 学生的情感、态度、价值观等没有得到有效发展

记得曾有一位家长告诉我:他的孩子在初中第五学期时数学成绩都还处于中上水平,但第六学期开始数学成绩直线下降,对数学也日益厌烦,到高中后数学成绩也一直无法提高.原因是初中第六学期时数学教师只顾少数尖子学生考当地最好重点中学的需要而让学生每天做高难度的综合题,而他的孩子水平只能做中等或中等偏上难度的题目,这造成了他的孩子对学好数学缺乏信心;由于教师每天布置大量的题目,而他的孩子不想做那么多的题目,这造成了师生情绪对立,进而他的孩子讨厌数学教师、讨厌数学.

比上述问题更普遍、更严重的是现行的数学教学过于重视数学知识与技能的传授,学生长期只能在教师的严格控制下被动地学习,他们在很大程度上丧失了作为学习主体、作为人应有的主动性和能动性,个性也变得顺从、胆怯、唯书、唯上.数学教学往往没有让学生作为健康、自主、和谐的人的个性品质得到应有的发展,反而被人为扭曲.正如郐庭瑾教授所说:"长期以来,学生在唯书、唯上、迷信权威、盲

目服从的思维定势中生活,最终丧失了思考能力,丧失了创造的愿望,在读书、做题、考试三位一体的教育循环圈里共同走向雷同和平庸."

3 中学数学优质高效教学策略

查《辞海》、《辞源》等工具书知,"本原"是哲学术语,指一切事物的最初根源或构成事物的基本的、最初的元素.哲学中对"本原性"的思考表现为一种追根究底的探究精神,表现为把事物的根源或构成事物的最基本的要素作为研究的首要问题.教学是科学,是艺术,也是技术.为了全面提高中学数学教学的科学性、针对性和有效性,我们需要把学教的本原作为思考、探究、处理教学问题的出发点和切入点,并依据教的本原、学的本原、数学知识的本原进行教学设计;需要从教学观念、教学目标、教学内容、教学方法、教学过程、教学手段、学生学习、教学评价等方面优化中学数学教学.

3.1 优化教学观念

打个不很恰当的比喻：在投资房地产大家都赚钱的情况下，想不想投资房地产、敢不敢投资房地产是意识和观念问题,有多少资金能投资房地产、投资房地产后能赚多少是能力和技术问题.许多人有能力、有实力投资房地产但没有去投资、没有赚到能赚到的钱,主要问题出在意识和观念上.教育教学也一样.观念是行动的先导,有怎样的教育教学观念往往就会有怎样的教育教学行为.教学观念对教学行为的改进、教学质量的提高有着直接的、重大的影响.当前尤其要强化学生主体意识、民主公平意识、差异教学意识、发展学生能力和思维意识、教为学服务意识、依靠教育技术提高课堂效益意识.

3.1.1 学生主体意识

主体性既是现代教育的基本特征,也是现代教育的基本要求.它主要体现在以下四方面:(1)学生是学习和发展的主体,是有认识能力和实践能力的人,他们具有可贵的能动性,应有学习自主权和选择权,教师不能剥夺这些权利;(2)学生活动是教学活动的主体,没有学生的参与就没有教学;(3)课堂教学要建立民主平等、相互尊重的新型师生关系;(4)相信学生、依靠学生是教学的基本要求,培育和增强学生的主体性是数学教育的重要目标.

就具体的课堂教学而言,教师的根本任务不是向学生提出问题、提供方法和解决问题的思路,而是设计一种既支持又挑战学习者思维的学习情境,让学生在这种情境中自由地探究、发现数学问题和数学结论,构建相应的数学知识.或者,退一步说,教师一定要减少对学生过多的统一约束和"一刀切"的要求,尽最大可能减少约束学生的条条框框,最大限度地为学生创设自由思考、自由选择的空间,减少对学生思维活动过多地、人为地控制和约束.

在如何尊重和发挥学生的主体性、能动性方面,陶行知"喂鸡"的故事也许能给我们以很大的启发.有一次,陶行知在武汉大学讲学,走上讲台,他不慌不忙地从箱子中拿出一只大公鸡.台下的听众全都愣住了,不知陶先生要干什么.陶先生又从容不迫地掏出一把米放在桌子上,然后按住公鸡的头,强迫它吃米,可是公鸡只叫不吃.怎么才能让鸡吃米呢?他掰开鸡的嘴,把米硬往鸡的嘴里塞,公鸡拼命挣扎,还是不肯吃.陶先生轻轻地松开手,把鸡放在桌子上,自己向后退了几步,大公鸡自己就吃起米来.这时陶先生开始演讲,"我认为,教育就像喂鸡一样,先生强迫学生去学习,把知识硬灌给他,他是不情愿学的.即使学也是食而不化,过了不多久,他还是会把知识还给先生的.但是如果让他自由地学习,充分发挥他的主观能动性,那效果将一定会好得多!"学生学习如同公鸡吃米一样,也应该而且必须是自觉自愿的行为.

3.1.2 民主公平意识

民主公平意识是现代人的基本素质之一.现在许多课堂看起来很民主、学生讨论发言很充分,其实学生学什么、怎样学、学到什么程度为止、作业做什么做多少都是教师控制的,这样的民主其实是一种假民主.现在许多教学看起来很公平,教师一视同仁地教班级里每一个学生、给他们布置同样的题目、让他们考同样的试卷,这样的公平其实是一种假公平,因为不同层次学生的学习能力与学习需求是不同的、他们需要得到的帮助也是不同的.

数学教学应营造民主公平的氛围,既让学生在这种氛围中获得愉悦的心理感受、进行更好地学习,也同时潜移默化地孕育学生的民主公平观念.民主公平意识要求教师具有平等、民主、合作的意识.具体地,一要把教学过程建立在师生合作、相互尊重的基础上,而不是把学生当作教师指令的执行者和操作员;二要确立以学生为主体的教学思想,把该属于学生的学习自主权与选择权等还给学生,不把自己的意志、想法、思维强加给学生;三要承认学生之间的差异、尊重学生之间的差异,贯彻因材施教原则和差异教学原则,尽可能为不同的学生提供不同的帮助;四要不歧视、讽刺、挖苦学生,为学生创设安全的心理环境,促进他们自由、充分地表达自己的想法.

3.1.3 差异教学意识

教育心理学为我们刻画、描述了共性、抽象的"儿童"和"少年",而真实的、具体的学生仍需要教师自己来观察、了解和把握.因为每个学生都是独特的、具体的、有差异的,他们的发展基础不同、发展需求也不一样,教师应正视学生之间客观存在的差异性与独特性.如果教师没有对具体学生的认识,那么教师的主导作用将具有很大的盲目性.如果教师以为可以用教育学、心理学中得来的关于学生的一般认识来代替对学生应有的具体认识,那么"请记住,没有也不可能有抽象的学生"(苏霍姆林斯基语).

教学应该是公平的,应该充分考虑每个学生发展机会和发展潜力,为他们提供一个公平发展的空间,提供公平的支持和支撑.我们需要认识到:当好学生重复已经掌握的知识技能,仍停留在原地踏步时,"学习"并没有发生;当学习内容难度远远超出学生的现有水平时,学生会感到困惑和挫折,"学习"无从谈起.为了一部分学生的发展而牺牲另一部分学生发展的教学是不公平的、残酷的、低层次的教学.方向正确、方法得当、组织良好的教学不应对学生个体的学习产生抑制性的影响,因此教师需要增强从不同学生的实际出发组织和安排不同教学内容的意识,以使教学更加公平、更加有效.

与此相关的是,我们需要严肃地思考如下两个问题:一是差生是怎样产生的?是他们天生不想学习或智力低下造成的,还是社会环境和教师教学方式不当造成的? 如果是学生不想学习造成的,考虑到好奇和学习是人的本能,那么就需要进一步探讨是什么原因造成了学生丧失了人的本能.如果说是学生智力低下造成的,那天下是否有那么多弱智的学生?如果说是学生学习能力低下造成的,那又是谁导致这一点?二是教育教学在多大程度上妨害和压抑了优秀生能力和个性的自由发展?中国人那么聪明、那么勤奋,为什么却缺少世界一流的科学家?

3.1.4 发展学生能力和思维意识

自古教育目的就有形式目的与实质目的之争.形式目的在于发展学生的智慧能力,包括观察力、记忆力、想象力和思考力,也包括情感、态度、价值观等.实质目的就是掌握学科的知识与技能.但形式目的与实质目的并不是对立的,而是相互促进的.因为学生的智力和情感态度价值观主要是在掌握知识和技能的过程中形成和发展的;同时,学生智力的发展、正确的情感态度价值的形成又会极大地促进学生知识和技能的学习.但现在的教学还没有正确处理形式目的和实质目的之间的关系,甚至有相互割裂的现象.在许多情况下,学生能力和思维教学还停留在无意识的状态,还是知识与技能教学的副产品.而优质高效的数学教学必须而且应该以数学知识、数学思想方法为载体发展学生的数学能力和数学思维,同时又借助数学能力和数学思维的发展促进学生更好、更快地掌握数学知识、数学思想方法.就目前的数学教学而言,需要强化的是发展学生能力和思维的意识,并把这种意识要自觉地体现和落实在教学设计和教学行为之中.

3.1.5 教为学服务意识

1976年,联合国教科文组织在《国际教育标准分类》中,将教育定义为"有组织、有目的的传授知识的工作".1997年,对该文件的修订中,则将教育定义为"是能够导致学习的交流活动".显然,教师的作用在于为学生的数学认知活动营造一种良好的环境,创设一种良好的氛围,从而促进学生更好地学习.课堂的本质不应是"教"堂,而应是"学"堂;课堂不仅是教师展示自己才能的场所,更是学生学习、探究与交流的场所.教师不是导演,学生不是演员,更不是道具.教师应是"导游",应根据学生学习的需要安排、确定"旅游线路和旅游内容",为学生指点迷津,但不代替学生去欣赏和发现,"旅游的主动权和自主权"应属于学生.教学的本质是学生在教师创造的环境中更好地获得知识、发展能力和张扬个性的过程;教的本质在于服务于学、促进学.

3.1.6 依靠教育科学与技术提高课堂效益意识

科学与技术的威力在探求圆周率的历史过程中表现得淋漓尽致.祖冲之求圆周率用割圆法,他把圆分割到 24 576($=6×2^{12}$)边形才得出 $3.1415926<\pi<3.1415927$.到1706年,伦敦天文学家马青运用 $\pi=16\arctan\dfrac{1}{5}-4\arctan\dfrac{1}{239}$ 分析幂级数展开的方法,突破了π的百位小数大关.1945年世界第一台电子计算机"ENIAC"号诞生后,仅用几秒钟就验算出法国夏因克斯1853年算得的530位π值中第528位的错误.而1989年日本东京大学金田康正副教授,运用"日立"超级计算机,用时67小时13分钟,把π值计算到5.3687亿个数字.

既然大家都认可,"科学技术是第一生产力"、"教育是科学,也是艺术",那我们就应自觉地运用教育教学规律,下大力气提高课堂教学的科学化水平和技术含量,使课堂教学由经验型、粗放型向科学型、技术集约型转化和发展.

3.2 优化教学目标

教学目标对教学起着决定性、导向性作用.当前制定教学目标时应注意以下几点.

3.2.1 教学目标要全面,三维目标要整合

(1)把基础知识与基本技能目标落到实处.学生掌握必要的基础知识、基本技能,不仅是现实的需要,也是学生能力、情感和思维发展的需要.新课程所提倡的三维目标(知识与技能、过程与方法、情感态度与价值观)中,知识与技能仍然排在第一位.因此课堂教学首先要落实好知识与技能.教学改革没有必要、也不应该以丢掉中国传统数学教学的优势为代价.另外,需要注意的是,过程与方法目标、情感态度价值观目标在很大程度上是单元目标、课程目标,而不是课时目标;在实际教学中,需要的是把知识与技能、过程与方法、情感态度与价值观目标整合在一起,而不是把这三方面的目标相互割裂.

(2)切实加强数学能力与思维数学.一线教师很关注考试成绩,这是可以理解的.但这里有一个问题值得探讨:是通过大运动量的机械训练、题海战术提高考试成绩有效,还是通过培养和发展学生的能力与思维来提高考试成绩更有效?《2012年浙江省普通高考考试说明(理科)》明确规定:"数学科的考试,按照'考查基础知识的同时,注重考查能力'的原则,确立以能力立意的指导思想,将知识、能力与素质融为一体,全面检测考生的数学素养.数学学科的考试,要发挥数学作为主要基础学科的作用,既考查考生的基础知识、基本技能的掌握程度,又考查对数学思想方法、数学本质的理解水平及进入高等学校继续学习的潜能."从知识、能力、思维的关系看,知识是能力和思维发展的基础,能力和思维发展是掌握知识与技能的条件和保障,掌握数学知识、形成数学解题技能离不开数学能力和数学思维.从高考和中考的实践看,尽管题海战术还在一定程度上有效,但有效程度已大大地降低.尤其对许多情景新、设问新、解题思路和方法新的创新型题目,传统的题海战术已经难以取得好的效果,因此教师需要把教学的着重点和着力点转移到数学能力和思维的培养上,而不是把会生金蛋的金鸡——概念、公式等的形成与发展过程丢在一边.如三角形内角和定理、等比数列的前n项和公式、两角差的余弦公式等新课教学的侧重点应放在公式的发现、寻找和推导的过程上,而不是放在公式的应用上.

(3)情感态度价值观目标从"务虚"走向"务实".尽管这方面的目标有难以把握和测试的一面,但它们却实实在在地存在着.数学教学应坚守几条底线:一要使学生明确学习这部分知识的意义与价值,激发学生的学习动机;二要做到使学生不仅对数学不厌倦、不反感,而且能欣赏数学、享受数学,能在学习中加深对数学的情感;三要使学生对数学考试、数学学习有信心,相信自己能够学好数学、用好数学;四要培养学生勇于面对困难、克服困难的意志和品质.为了更真切地感受情感态度

教学方面的问题,我们不妨看几个事例.

事例1 "正弦函数的图象"教学.教材是用平移单位圆的正弦三角函数线作正弦曲线的,并且作图过程规范、严谨,但少数教师图省力、怕麻烦,用很不规范的作图来代替.这不仅使学生难以体会作图中所蕴含的思路与方法,而且给学生以浮夸、潦草、马虎、怕麻烦的坏印象.这与数学严谨、规范、求实的品格格格不入.

事例2 2008年浙江数学高考,由于试题灵活性和难度相对偏大,结果许多考生在考场上就蒙掉,考后哭鼻子、影响下一场考试的则更多;极个别严重的,甚至跳楼.这些充分说明了考生在面对困难、遭受挫折时心理存在严重问题.它从一个侧面揭示了教育教学没有培养学生敢于克服困难的决心与勇气.

3.2.2 教学目标要在学生的"认知发展区"内,并与课程目标相一致

(1)从学生实际出发确定教学目标.为此要从认知、能力、情感、学习方法等方面分析学生的情况,搞清楚学生学习的起点、难点、关键点在哪里.教师不能用自己美好的愿望来代替学生的可接受性和需求;不能把考试要求作为教学要求.

(2)在把握学科的整体意义和课程目标、单元目标的基础上确定课时教学目标.即不仅要明确本节课的教学目标,而且要透彻地了解整个单元和整个学科的任务、意义与价值.确定教学目标时,做到"既见树木又见森林,见森林才见树木",自觉地有意识地把局部的教学目标放在整体课程目标下加以处理.由于知识容易遗忘,而真正的教育却是知识遗忘后仍留下的东西,因此数学教学要以数学知识、方法为载体,有意识有计划地追求知识遗忘后还会留下的东西.

3.2.3 教学目标要具有层次性与差异性

教学目标要兼顾不同基础与水平的学生,尤其是关注好差两头的学生.有些数学知识与方法,对基础差的学生来说,可以是了解、经历与感受;对中等的学生来说,可以是理解和掌握;而对基础好的学生来说,可以是灵活掌握和运用.也就是说,教学目标要体现让不同的学生学习不同的数学的理念.

3.2.4 教学目标要基于学生发展的需要

数学只是学生发展和成长需要的"营养"之一.对中学生来说,并不是数学学得越多越难就越好,要防止学生"营养"结构单一和数学"营养"过剩,要注意为学生其他方面的发展留出空间和时间.那些大大地超过了课程标准要求的内容即使学生有能力学,作为课外学习、课外辅助时面向少数数学尖子生的教学内容是可以的,作为面向全体学生的教学内容则是不妥当的.

3.2.5 教学目标要明确、具体,具有操作性

教学目标不能太宽泛,不能把什么能力培养都放进去,因为许多能力、思维、习惯和情感态度价值的培养绝非一节课所能完成,而需要一段时间甚至几年时间,因此要注意课时目标与单元目标、课程目标的区别.确定教学目标时就应充分考虑相应的教学行为,使教学目标有相应的教学过程和教学行为做支持,具有可操作性和现实性.

3.2.6 教学目标的表述要完整、准确

不要把许多需要长期培养和发展的能力、思维、情感目标作为一节课、两节课的目标加以表述;也不要使用"让学生……""使学生……""培养学生……"等语句,因为让学生怎样、使学生怎样,这是教师的教学行为和教学设计,而教学目标是教师通过教学期望学生发生的变化,行为的主体是学生,是学生所发生的变化和所要达到的要求,因此教学目标的规范写法是"学生会……""学生能……""学生经历……""学生感受……"等,或者省略"学生"两字.

3.3 优化教学内容

由于诸多现实的困难,新课程没有从根本上解决学科教学的选择性、针对性的问题.尽管现在实行了"一标多本",但是不同版本的教材没有本质区别.高中、初中实施新课程后,各种研讨会往往讨论、宣讲哪些内容该教、教到什么程度为止,却很少提到针对怎样的学生哪些内容该教、教到什么程度为止,似乎全国的学生都应该是按同一个要求学习相同的内容.而事实上,在初中已经普及和许多省份高中也已经基本普及的今天,学生之间的水平差异很大,因此基于学生的实际,全方位地优化教学内容,是学生有效学习的需要,也是改进和优化中学数学教学的需要.

3.3.1 根据学生的最近发展区,大胆地调整教学内容

根据学生的最近发展区和学生发展的需要,大胆地调整教学内容,该增加的要增加,该提高的要提高,该删除的要删除,该降低要求的要降低要求,而不能机械地从教材出发,按教材的要求和预定的"轨道"进行教学.如对难度与要求大大超过农村生源较差学校实际的教材内容,或大大超过文科班学生数学基础实际的教材内容,教学时要给予调整;对明显脱离学生生活实际和数学现实、不利于学生数学学习的教材上的例子,教师要寻找相应的例子进行替换.

3.3.2 把"学术形态的数学"还原成"教学形态的数学"

如"平面的斜线和平面所成的角"一课,原来教材是先讲"最小性定理"(即"平面的斜线和它在平面内的射影所成的角,是这条斜线和这个平面内任一条直线所

成的角中最小的角"),然后得出直线和平面所成的角的概念.这样安排显然不符合学生一般的认知规律:这个角是哪里来的?怎样想到这个角就是最小的?为什么要证明它是最小的?学生会丈二和尚摸不着头脑.这里合乎学生思维和认知特点的一般思路是:①认识到平面的斜线与平面之间存在角的大小问题;②探究该如何定义斜线与平面所成的角,并在探讨定义的科学性、合理性的过程中,发现这个角具有最小性;③证明"最小性定理";④给出直线与平面所成角的初步定义;⑤对直线与平面平行、直线在平面内、直线与平面垂直这三种情况做补充规定,逐步完善这个定义.

3.3.3 把引导学生提出问题作为教学的重要环节

这不仅是因为完整的数学学习应包括学"问"与学"答"两方面,提出问题是解决问题的逻辑前提,而且还因为学生自己提出问题有助于学生深刻理解数学知识的来源与结构,有助于提高学生思维的主动性和学习的层次.可以说,让学生学会自己提出问题,既是学习数学的重要途径与方法,也是学习数学的重要目的之一.

3.3.4 把过程与方法作为教学内容的重要组成部分

尽管教师对"过程与方法"较过去更加重视,但仍存在对"过程与方法"理解不到位,以及虽重视过程但不能准确地把握过程的本质与要点这两个问题.如"曲线与方程"教学,尽管许多教师都强调"曲线上的点的坐标都是这个方程的解;以这个方程的解为坐标的点都是曲线上的点",但却无法说明其合理性与必然性;其实,解析几何的本质是用坐标法研究几何问题,而要使坐标法真正有效,就必须在点和点的坐标之间、曲线上点的坐标与曲线方程的解之间建立一一对应的关系.另外,需要指出的是:为了更好地落实"过程与方法"方面的目标,也应把获取知识的过程、方法、思维、策略等作为课堂小结的重要组成部分.

3.3.5 加强与当地社会现实和学生现实的联系,加强数学知识应用教学

由于通用的数学教材不是针对某省、某地编写的,更不是针对某校编写的,因此难免与当地的社会现实和学生的实际有一定的距离,教师应努力缩短这个距离.当然,这里要避免从一个极端走向另一个极端,即从传统的"复习旧知,引入新知"一统天下到什么课都要从实际问题引入,找不到实际问题就人为地编造.数学课程标准提倡采用"问题情境—建立模型—解释、应用与拓展"的模式展开教学,但这并不是唯一的模式,并且"问题情境"也不等于"实际问题".

3.3.6 充分利用阅读材料、实习作业等,更多地关注生动活波的教学

新课标教材为师生提供了大量拓展性材料,包括知识内容的拓展延伸、数学史

话、生活中的数学、趣味数学以及供探究与发现的拓展性问题,这些材料对提高学生的数学素养、激发学生对数学的兴趣、增进学生对数学的情感有很大的促进作用,在教学中需要引起足够的重视.

3.4 优化教学思路

课堂教学不仅需要科学、准确、合理的教学目标,也需要有能够具体实现教学目标的思路与方法.教学策略、教学设计思路是否与教学目标相匹配,是否符合教学内容与学生的实际,是教师是否成熟的重要标志.

3.4.1 基于知识的发展轨迹及其本质进行教学设计

(1)深刻理解数学知识产生的背景与发展轨迹

①数学有三种形态:原始形态、学术形态和教育形态.原始形态是指数学家发现数学真理、证明数学命题时所进行的原始的、曲折的、火热的数学思考.学术形态是指数学家在发表论文时采用的形态,形式化、抽象化,严密地演绎,逻辑地推理.它呈现出简洁的、冰冷的形式化美丽,却把原始的、火热的思想隐藏在形式的背后.教育形态是指通过教师的努力,启发学生高效地进行火热的思考,使学生容易接受人类数千年积累的数学知识体系.

一次全国性的新课程课堂教学研讨上,一位教师上新课标教材中的"算法"一节.教学的第一阶段主要是教师给出问题"写出二元一次方程 $\begin{cases} x-2y=-1, \\ 2x+y=1 \end{cases}$ 的解题过程",然后让学生上台板演,再由此得出算法的概念.教学的第二阶段是两个例题,一个是"写出判断7这个数是否为质数的一个算法",另一个是"用二分法求 $x^2-2=0$ 在区间(1,2)上的一个近似解(精确到0.01).此课给人的感觉是教师有揭示算法产生背景的意识,但很不充分、很不到位.算法的思想、观念、意识是来自生产生活实际.算法首先是一种思想,一种解决带规律性、重复性问题的策略,其次才是一种技术和方法,是一种按一定的规则解决某一类问题的明确和有限的步骤.算法一课,教师应通过揭示算法产生的现实背景、算法与生活的联系,使学生理解算法的思想,增强学生有条理地解决问题的习惯和意识.生活中有原始的、朴素的算法思想,如人们要烧一壶开水,或者启用某种电器设备,按怎样的程序和步骤来做是最合理的.就数学学习而言,不管解系数为多少的"标准型"的二元一次方程,其解决步骤、方法都是相同的,因为这是重复的、有规律可循的"机械劳动",是可以借助计算机来完成的.因此算法思想有其产生的必要性和现实性.

②数学有两个侧面:结论的形式性与发现的经验性.事实上,算法思想也好,极

限思想、逼近思想也好,最初都是来自人们的某种直觉,都是在形象直观的基础上建立起来的.每一位数学家都是先直观地思考问题,然后才用演绎方式,用文字、数学符号和普通的逻辑来表述他的论点.因此数学学习应该让学生首先用直观的方法理解数学,然后再逐步向逻辑化、形式化、抽象化过渡和发展.正如G.波利亚所指出的:"数学有两个侧面,一方面它是欧几里得式的严谨的科学,从这个方面看,数学像是一门系统的演绎科学;但另一方面,创造过程中的数学,看上去却像一门实验性的归纳科学."基于此,M.克莱因提出了如下课程原理和教学原理:必须将每一种数学思想或方法的直观意义从直观上给学生讲清楚.

③数学问题解决有其内在的逻辑必然性.笔者在一所学校听课时,课堂上有一个例题如下:

从原点出发的某质点M,按向量$\vec{a}=(0,1)$移动的概率为$\frac{2}{3}$,$\vec{b}=(0,2)$移动的概率为$\frac{1}{3}$,设点M到达点$(0,n)$的概率为P_n.

(i)求P_1,P_2的值;(ii)求证:$P_{n+2}-P_{n+1}=-\frac{1}{3}(P_{n+1}-P_n)$;(iii)求$P_n$的表达式.

此题许多学生在解决第(i)小题后,难以找到第(ii)小题的思维切入点.其实从模式识别角度看,第(ii)小题要证的是一个关于P_{n+2},P_{n+1},P_n的关系式,因此从P_{n+2}产生的源头及其相互关系入手,就比较容易找到解决问题的思路.因为点M到达点$(0,n+2)$,就必须先到达点$(0,n)$或点$(0,n+1)$,因此由题设和相互独立事件的概率公式可知,$P_{n+2}=\frac{1}{3}P_n+\frac{2}{3}P_{n+1}$,即$P_{n+2}-P_{n+1}=-\frac{1}{3}(P_{n+1}-P_n)$.因此解题时,要善于从事物产生的"源头"入手寻找解题的切入点,从第(i),(ii)小题所蕴含的信息中寻找提示、启发和思维的方向,应是本题给我们的最大启发.

(2)基于知识的发展轨迹及其本质进行教学过程设计

对如何进行数学教学,数学家和数学教育家们有许多精辟的论述.法国数学家庞加莱(H.Poincaré)指出:"动物学家坚持认为,在一个短时期内,动物胚胎的发育重蹈所有地质年代其祖先们的发展历史.人的思维发展似乎也是如此.教育工作者的任务就是让孩子的思维经历其祖先之所经历,迅速通过某些阶段而不跳过任何阶段."波利亚也指出:"只有理解人类如何获得某些事实或概念的知识,我们才能对人类的孩子应该如何获得这样的知识做出更好的判断";"学习数学只有当看到数学的产生、数学发展的历史顺序,或亲自从事数学发现时,才能最好地理解数学."由于任何数学知识都有一个萌芽、成长、成熟的过程,因此数学教学要基于实验、归纳,进行演绎、证明;要基于感性,发展理性;要根据知识的发展轨迹,教给学生"活的、有根的、有血有肉的"知识,而避免把"无根浮萍式的成年知识"硬塞给学生.如数学概念教学通常可按以下六个步骤进行:①播下概念的种子——揭示概念产生的背景,明了研究和建立概念的必要性.这既是帮助学生更好地理解数学知识的需要,也是激发学生学习兴趣、增强学习动力的需要,同时也为学生后面运用所学知识解决问题埋下伏笔.②使概念的种子发芽——对典型丰富的具体事例进行分析、比较,让"种子"吸收各方面的"营养".这是概念诞生前必不可少的孕育阶段,否则数学概念将因"先天月份不足"而造成后天不足.③使概念破土而出——通过概括、归纳、抽象,得到概念的本质属性.这是概念诞生所必须经历的"阵痛"过程,教学时应予重视和加强,并且要力求让学生利用自己的"内力"去建构、"生产",尽可能避免用教师的"外力"来"剖腹产".④下定义、给出概念——用准确无误的数学语言刻画、描述概念.由于有前面三个步骤的准备与酝酿,这一步将成为水到渠成的事情.⑤给概念"浇水施肥"——用正反两方面的实例对概念进行辨析,并建立它与相关概念的联系.这是概念"诞生"后成长与发展所必然经历的过程与阶段.⑥实现概念的价值——运用概念解决相关实际问题和学习问题.这既是实现概念价值的需要,也是让学生进一步理解和巩固概念的需要.另外,由于数学思想、方法、知识体系的发展有其内在的规律性,并且每一个数学概念都和其他概念具有一定的联系,因此看数学、教数学需要站在整体的高度,用联系的眼光、辩证的思维看待问题,避免"只见树木,不见森林"和"瞎子摸象"的现象.也就是说,数学教学要突出大背景、大思路、大框架,要突出思维主线和思想主线,使数学教学能顺着数学知识发展内在的逻辑展开.

3.4.2 基于学生的认知基础、认知规律进行教学设计

(1)基于学生的认知基础,提高教学的适切性

教师教学的对象是学生.数学教学、数学思维是否自然、合理,最终要由学生说了算.因此教师要具有强烈的学生意识(即教师把所教的知识也当作未知知识来看待和探索,并努力用学生思维来思考数学问题)和童年意识(即能把学生提出的稚嫩问题和"天真"想法当作宝贵的教学资源).相应地,数学教学不能从教材、课标、考试要求出发,也不能从教师自身的美好愿望出发,而要从学生已经知道和掌握什么、能够知道和掌握什么、需要知道和掌握什么出发.正如美国认知教育心理学家奥苏贝尔说过:"如果我不得不将教育心理学还原为一条原理的话,我将会说,影响

学习的最重要因素是学生已知道了什么,我们应该根据学生原有的认知状况去教学."

(2)基于生命的能动性,提高学习的自主性

笔者有一次坐私家车,司机不小心把车子开到了一个小土墩上,笔者请了十个左右的人来抬,结果是怎么抬也抬不下来.这时过来一位师傅说:你们这样干不行,汽车的前轮已经离地,要搬石头垫上,然后充分利用汽车自身的动力把车倒退出来.笔者依计而行,加上那么多人一起抬,汽车顺利地倒退下来.这件事的成功解决是典型的以汽车"内力"为主、汽车"内力"与人的"外力"共同作用的结果.由此想到,1978年前后,由于实行家庭承包生产责任制,土地还是原来的土地、农民还是原来的农民、生产资料与生产工具还是原来的生产资料与生产工具,仅仅是因为农民的生产积极性得到充分的调动,农业劳动生产率得到极大程度的提高.又如人们原来常说"火车跑得快,全靠车头带",而动车的运行实践告诉我们:这个观点是片面的,车头跑得快固然重要,但每节车厢都有前进的动力同样重要.学习也是这样,有效的学习应该是学生内力与教师外力共同作用的结果,并且教师外力只能通过学生内力起作用.

(3)基于生命的愉悦性,提高学习的趣味性

课堂教学要更生动活泼些,要让学生体会成功的乐趣、学习的乐趣,增强学生积极的学习情感体验.不妨想象一下:有没有打扑克、搓麻将老是输的人喜欢打扑克、搓麻将?没有的.学习也一样,单纯靠意志、靠需要来支撑的学习是难以长久的,效果也不会好.由于学习兴趣只有在学习的过程中培养,因此只有建立在成功、愉快与学生高度参与基础上的学习才是真正有效的学习.美国军方把士兵喜闻乐见的东西用于军事活动,取得了很好的效果.如用扑克牌通缉令抓萨达姆,用游戏软件训练飞行员,用连环画让士兵学习军事条例.美军的做法给了数学教学以很大的启示:严肃与活泼是可以同时存在的;只有当人们喜欢做某件事时才容易把事情做好.数学教学需要把严肃、冰冷的教材变成生动的课堂教学,让学生以自己喜欢的方式学自己能够学的知识.

3.4.3 基于"人物合一"思想,追求自然的教学

中国古代就有"天人合一"思想,追求人与自然、人与客观规律的和谐与统一.其实,数学教学也一样,也应追求数学与学生、教与学的和谐与统一.

(1)数学知识、数学思维是自然的合理的

数学知识、思想、方法的产生和发展是自然的、合理的,数学思维也是自然的、

合理的. 正如人教版普通高中课程标准实验教科书的主编寄语中指出的:"数学概念、数学方法、数学思想的起源与发展都是自然的.如果有人感到某个概念不自然,是强加于人的,那么只要想一下它的背景,它的形成过程,它的应用,以及它与其他概念的联系,你就会发现它实际上是水到渠成、浑然天成的产物,不仅合情合理,甚至很有人情味."

(2)数学是严谨性、结构性很强的学科

许多数学知识与方法之间具有高度的相似性和统一性.数学课教的是数学.只有当教师充分认识和把握数学知识的结构、本质与内在联系时,他们才能用自然的、联系的、发展的眼光看数学,才能做到"既见树木,又见森林;见森林,才见树木"(孙维刚先生语),才能顺着数学本身的发展轨迹和内在联系自然地、合理地组织和安排教学.教师要充分揭示、展示数学知识内在的结构与联系,让学生充分感受、体验数学知识内在的结构与联系.

(3)数学教学要把握和顺应数学知识结构与学生的认知结构

①数学教学应认识、把握和顺应数学知识结构.教师应从数学内容结构与数学方法结构两方面把握数学知识结构,其中数学内容结构包括数学教材内容的编排结构、数学知识本身的逻辑结构和数学知识之间的内在联系三方面,数学方法结构包括教材中数学思想方法的编排结构、数学思想方法本身的逻辑结构和数学思想方法之间的内在联系三方面.教学中,教师要突出数学知识形成与发展的思维过程,突出问题主线和思维主线,突出数学知识的结构性和相似性.

②教学应认识、把握和顺应学生的数学认识结构.数学教学要基于学生原有的数学认知结构,完善和发展学生的数学认知结构、优化他们的思维品质、促进他们学会数学地思考问题.这里的数学认知结构是指学习者头脑里的数学知识,按照自己理解的深度、广度,结合自己的感觉、知觉、记忆、思维和联想等认知特点,组成的一个具有内部规律的整体结构.或者说,数学认知结构就是包括数学学习心理和学习方法在内的学习者头脑中的数学知识结构.这里需要强调的是,由于"每个人都有自己的数学现实",因此数学教学不能从教材、课标和考试要求出发,也不能从教师自身的美好愿望出发,而要从学生已经知道和掌握什么、能够知道和掌握什么、需要知道和掌握什么出发.

③数学教学要"削枝强干".要突出教学内容中主要的、本质的东西,而不要在细枝末节上花过多的时间.只有紧紧抓住主要的、本质的东西,才能做到"纲举目张",促进学生所学知识的迁移和深化,并有效地减轻学生的学业负担.

3.4.4 基于生命的差异性,妥善处理群体教学与个体教学的关系

(1)增强关注好差"两头"学生和差异教学的意识

意识和观念是相应行动的前提和基础,"一刀切"教学的背后是教师对学生之间差异的漠视.就学习而言,学生的学习就如同他们的爱好、个性、吃饭、穿衣等一样因人而异.承认学生在学习速度、学习能力上的差异,就如同承认学生身体高矮胖瘦不一那样简单明了.忽视学生之间的个别差异,是教育的失误和损失;而实施差异教学则是提高课堂教学有效性的重要途径与方法,是实现教学优质与公平双重目标的途径与方式.

(2)激励学生,相信学生,依靠学生

记得一次在一所重点中学的创新班听高三第二轮的三角函数复习课,教师因担心学生基础不扎实,开头再现性地复习诱导公式和同角三角函数的基本关系式就用了20多分钟.考虑到这些公式比较基础,并且教学对象是重点中学的创新班学生,因此这节课教学设计与教学重心的偏差可想而知.课后与教师交流得知,他是希望通过详细地复习公式、希望通过教师的讲解使学生记住而理解这些公式.可是,他忽略了三点:一是多数学生已经记住并理解这些公式,让多数学生陪同少数未记住公式学生进行这样的学习必然是低效的、不合理的学习;二是教师再现性的讲解未必使没有记住或理解这些公式的学生就记住或理解这些公式,认为自己教了学生就懂了或会了的观点是靠不住的;三是应区分什么是教师的责任、什么是学生自己的责任,应把相信学生、依靠学生作为教学的立足点.这使人想起日内瓦湖隧道的管理者在提醒司机关灯这一问题上的做法.

日内瓦湖前面有一条隧道,人们开着汽车穿过隧道,隧道的管理者在隧道口树立了告示牌,要求司机即使白天也要开亮灯.但是由于出隧道时没有提醒司机要关灯,许多司机出隧道该关灯时忘记了关灯,电很容易用光.面对司机们的抱怨,管理方想到在出口处也树一块牌,要司机们"出隧道后关车灯".但这样写显然是不够的:晚上司机看到这个告示也要关灯吗?这样一来,告示要写上多种情况:白天如何,晚上如何,下雨和阴天又如何.可是,司机如果要看清楚这么多的条文,车就可能冲进日内瓦湖里去了!写少了不清楚,写多了看不清,一时人们一筹莫展.后来,一位管理人员想出一个办法,只在告示牌上写一句话:你的车灯还亮着吗?于是所有的问题都解决了.

这个故事给人这样的启示:开始管理者没有想到自己的服务对象的能动性,只想到"我告诉你",而后来则依托了生命的能动性,让司机的生命机制起作用,从而

事情变得简单而高效.

教学也一样,面对各方面差异比较大、情况比较复杂的众多学生,把学生学习完全寄托在教师的教上,是根本不可能的,也必然是效率低下的.为此,教师一可通过展示数学知识的价值及其内在的魅力,让学生欣赏数学、喜欢数学,使他们有足够的兴趣和主动性来学习;二可通过培养学生的学习责任心和自豪感,让学生更多地承担起学习的责任;三要相信学生、依靠学生,并帮助他们由消极被动地接受知识变为积极主动地获取知识.

(3)增强教学目标、教学内容、教学评价、课外作业的层次性和多样性

不同的学生应在数学上得到不同的发展,并且也只能得到不同的发展,因此教师要为不同的学生设置不同的课程.有的教学目标、教学内容是为基础好的学生设置的,是要求他们达到和掌握的,而其他学生可以是了解和感受;有的教学目标、教学内容可能是为后进学生设置的,好的学生已经掌握而不必再去浪费时间.

(4)革新课堂教学的组织形式,赋予学生更大的自主空间

积极探索全班教学、小组讨论与个人自学相结合的新的课堂教学模式,增强教学的弹性和针对性.由于班级授课制与学生个性化学习之间存在天然的矛盾,教师要真正兼顾不同层次的学生、有效地面对每一个学生是很难的,因此要提高学生学习的个性化程度,教师必须赋予学生应有的自主权和选择权,允许学生根据自己的实际,自主选择听与不听、做与不做,自主确定学习内容与学习进度.即教师要关注群体发展与个体发展的平衡与统一,共同要求与多元要求的平衡与统一,为学生创设更好的自主学习条件,留下更大的自主学习的空间,以便最大限度地使集体教学接近或达到个体教学的效果.

(5)不断地提升学生自主学习的能力

实现班级授课制下的差异教育最有效最根本的途径是将受教育者变成教育自己的教育者,使教学活动逐渐地被学习活动所代替.为此,教师要不断转变教学功能,即由传授知识转变为激发学生的需要与动机,由教会学生知识转变为教会学生学习方法、思维方法,发展学生自主学习的能力.

(6)积极探索差异教学的具体途径与方法

虽然在班级授课制的条件下实施差异教学会有一定的困难,但只要肯动脑筋,办法还是有的.如①学习任务单:教师告知学习目标、学习内容,并根据实际情况给予学习策略指导,然后让"能飞的学生飞、能跑的学生跑、能走的学生走",为学生的差异发展提供时间和空间.在这个过程中,对学习有困难的学生,教师可具体地、有

针对性地给予帮助.②复式教学:差异教学更像在单个教室中进行的复式教学.教师有时需要面对全班学生进行教学,有时只对部分学生进行教学,有时甚至只辅导个别学生.灵活多样的教学组织形式,既可以使每个学生按照各自的知识与能力水平学习,又可以增长学生的集体意识.③学习合同:强化学生的学习主体意识、责任意识,养成寄希望于自己、通过自己努力去掌握知识、解决问题的意识.

总之,面向全体学生不等于全体学生齐步走,教师需要及时了解学生的个体差异,承认差异,尊重差异.在力所能及的范围内,给后进生以更多的帮助、关心和照顾,为学有余力且对数学有兴趣的学生留下自主探索和发展的空间,鼓励他们更好地发展.我们需要把"不同的学生在数学上得到不同的发展"的理念转化为具体的实实在在的教学行为.

3.5 优化教学过程

3.5.1 优化师生角色,把握好教师指导与学生自主的"度"

师生关系是教学中最基本,也很难把握好的关系.教师的主导作用是由教师的地位作用与学生学习的特点共同决定的;而学生的主体作用是由学生作为人天然所具有的独立性、能动性、选择性和创造性所决定的.正确处理和把握好教师主导与学生主体的关系有助于学生知识、能力、个性和情感态度全面、高效、和谐、协调发展.但实际教学中,存在教师"不作为"和"过度作为"的现象.少数教师片面理解新课程所提倡的学生学习的自主性,不敢大胆地、有效地发挥教师应有的作用,该"主导"的时候不"主导".笔者曾在一所学校听"角的度量"课,学生用了12分钟举例说出生活中存在的各种不同的角,而这对初中生来说实在没有必要,用2分钟就差不多了.另一位教师上这节内容的第二课时,主题是如何作一个角等于已知角.学生很有创意地提出了8种不同的方法,虽然这些方法都有一定程度的不合题意的地方,或有明显的缺陷,但教师却一味地鼓励而没有指出其存在的问题或不足.这既使学生学习失去了明确的指向,也使学生失去了改进错误或完善不足的机会.虽然这两节课学生的主体作用发挥得比较好,但由于教师却没有发挥应有的主导作用,导致了学生探究的盲目性和学习效率低下.

当然,实际教学中更多的是教师不该"主导"的时候、不该"主导"的地方,教师"主导"了,并且"主导"过度了.学生的学习目标、学习内容、学习进度,学生在课堂上做什么、何时做、做多长时间都是由教师完全确定的,学生没有自主选择和支配的权利.更可怕的是,教师对学生的思维也控制得过多、过死,往往强制性地把学生的思维纳入自己思维的轨道,造成了学生没有足够的思维空间和思维自由.就是一些表面上看热热闹闹的学生自主探究活动,其实真正学生自主的成分也很少.如人教版七年级上册"再探实际问题与一元一次方程(2)"一课要解决的是综合性较强的"用哪种灯省钱"的问题.一位教师由这个问题出发设计了6个由浅入深、环环相扣的小问题,设计得不错.但问题的关键在于:这些小问题到底应该是由教师提出还是由学生提出?是教师站在思维策略与思维方法的高度指导、帮助学生提出这些问题,还是指导、帮助学生去解决教师提出的小问题?这节课中,教师只是不断地引导学生逐个解决自己提出的思维层次、思维水平都比较低的小问题.学生不仅不知道为什么要提出这些问题、怎样想到提出这些问题,并且在解决问题的过程中只知道这一步要做什么而不知道下一步要做什么,是走一步看一步,思维只能被动地跟着教师的思维转.尽管学生学习认真投入,但由于教师没有有效地抓住和利用深层次的、真正有利于优化学生思维品质、引导学生学会思考的问题和载体,导致了学生思维失去了一次难得的磨炼与发展的机会.因此这样的教学与学生作为人所希望享有的自主性、与数学作为思维体操应发挥的功能、与未来社会对学生能力与个性的要求是相违背的.

在教师主导与学生主体关系的处理上要明确以下三个点:一是教师凭什么指导、又为了什么指导.教师应凭借自己对学科知识与结构的深刻理解,凭借自己对学生已有的知识水平、学习兴趣和学习难点的准确把握,凭借自己对教育教学的深切感悟,以优化学生思维品质、促进学生可持续发展为目的进行指导.二是在哪些方面、哪些关节点上给予指导.一般地,教师可在以下三方面给予学生指导:①在学生的学习方法、思维方向、思维策略上给予指导.如前面"用哪种灯省钱"这节课,教师应指导学生在弄清题意的基础上,如何把一个较大、较复杂的问题转化为已经熟悉的、简单的问题;如何在搞清解决问题细节之前,先探究出解决问题的总体思路.②在学生的学习出现比较重大偏差的时候及时给予矫正,如刚才提到的"角的度量"与"作一个角等于已知角"两节课.③在学生的思维难点尤其是学生难以体会和认识到的数学本质上给予指导.如学生很难独立自主地探究发现对数概念、椭圆定义、正弦定理等,也很难深刻地理解统计思想、解析几何思想等.三是指导到什么程度为好.教师需要准确把握学生的"最近发展区",并把探究问题控制在学生的"最近发展区"内,使学生"跳一跳能摘到桃子".打个不很恰当的比喻:要从地面爬到桌面上,对幼儿园小朋友来说,也许需要铺设两至三级阶梯;对小学生来说,也许只需要一级阶梯就够了;而初中生来说,则无须铺设阶梯.

由上,要在短时间内把人类几千年积累的知识精华传递给学生,要让学生能有效地面向未来,数学教学就必须妥善处理教师主导与学生主体关系,解决为了什么指导、在哪些方面指导、怎样指导、指导到什么程度等问题,从而让学生站在前人的肩膀上攀登而避免在黑暗中盲目地探索.

3.5.2 整合接受式学习与发现式学习

世界上不存在纯粹的接受式学习与纯粹的发现式学习,并且接受式学习永远是人类最基本最主要的学习方式.只不过,针对原来过于强调、过多采用教师主导取向的有意义接受学习而学生自主探究发现程度很低的现实,新课程提倡加强发现式学习.实际教学中,少数教师没有处理好接受式学习与发现式学习的关系.这具体表现在:①对发现式学习的涵义认识不清,口头上宣称自己指导学生进行发现式学习,而具体教学设计中反映出来的仍是接受式学习;②对发现式学习与接受式学习的功能与价值认识不清,盲目地使用发现式学习与接受式学习;③发现式学习运用不当,许多发现式学习难度和要求脱离学生的实际,而教师又未能给予有效的指导,学生在黑暗中摸索,结果是一无所获;④"作秀",平时课堂教学采用接受式学习,而公开课、观摩课采用发现式学习.

事实上,接受式学习与发现式学习不存在谁好谁差的问题,只存在它们的功能与特点不同的问题,存在在怎样的情况下使用接受式学习、在怎样的情况下使用发现式学习的问题,存在两者之间如何相互结合、相互渗透、相互促进的问题,存在如何在两者之间取中、平衡,把握好"度"的问题.如角的表示法,教师应揭示其背后的科学性与合理性. 从角是由有共同端点的两条射线构成出发(如图7-3),比较 $\angle AOB$, $\angle ABO$, $\angle OAB$ 等表示法,考虑到点 A, B 是射线上任意的点,故用 $\angle AOB$ 表示最科学合理;为了方便书写,在不引起混淆的情况下,$\angle AOB$ 可简写为 $\angle O$;为了避免歧义或混淆,当以点 O 为顶点的射线有3条或更多的时候,角又必须用 $\angle AOB$, $\angle AOC$ 等表示;再基于表达简便的需要,又可把 $\angle AOB$, $\angle AOC$ 用 $\angle 1$, $\angle 2$ 或 $\angle \alpha$, $\angle \beta$ 等来表示.这里,教师呈现的是解决问题的策略与思路,是数学概念、数学符号建构的原则与方法,而学生发现的是数学结论,受到的是数学思想与方法的熏陶.这样的教学,学生接受中有发现、发现中有接受,是接受式学习与发现式学习的相互结合、相互促进.也许只有这样,数学教学才能使学生的知识、能力、思维、情感态度等得到和谐、协调、可持续的发展,才能有效地兼顾效率和效益、眼前利益与长远利益.

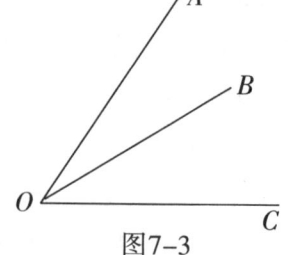

图7-3

3.5.3 展示数学源于现实、高于现实、回归现实的过程与方法

数学教育家H.Freudenthal曾指出:"数学是现实的,学生从现实生活中学习数学,再把学到的数学应用到现实中去."加强数学与学生生活的联系,从现实中寻找学生学习的素材,让学生感知数学的来源与价值,对提高学生的数学化能力、数学应用能力和学习兴趣都具有重要的意义.课改后,数学与生活的距离明显拉近,这是一个很大的进步.但部分教师不管什么课、不管什么内容,都从实际问题引入,就有点矫枉过正.因为学生的生活经验难以支撑整个中学数学的学习,况且许多数学问题、数学知识与方法是数学知识体系逻辑发展的结果,而不是来自生活实际.数学教学需要力求自然地合理地联系现实,而不必人为地刻意地联系现实甚至编造"现实".在处理数学与现实的关系时要注意以下三点:

一要防止机械地人为地联系生活现实.尽管许多数学问题源于现实,但学生的学习现实既包括学生的生活现实,也包括学生的数学现实.教学中,要处理好生活现实与数学现实的关系,而没有必要什么内容都联系生活现实.如学习用公式法解一元二次方程是为了使问题解决程序化、简单化;研究向量的运算法则与运算律是使向量具有"数"的优点的必然要求.如果这些课也从实际问题引入,就脱离了学生学习现实和数学现实.

二要突出数学化的过程与方法.数学源于现实又高于现实,这既是数学本身的性质和特点所决定的,也是数学魅力之所在,是数学具有广泛应用性的前提和基础.生活到处有"1"的踪影,到处有角的形象,但我们谁也无法在生活中找到真正数学意义上的"1"、真正数学意义的"角".教学中,要注意数学经验与生活经验、数学问题与生活问题、数学语言与生活语言的联系与区别;要突出数学化的过程与方法,使学生把自己的生活经验、生活问题、日常语言抽象、总结、升华为数学经验、数学问题、数学语言.如角的概念教学,要突出舍弃生活中角两边的粗细、长短、材料组成以及公共点的大小等非数学本质属性,归纳抽象出生活中角的共同特征,最后建立一个通用的数学模型——角.只有这样,才能让学生充分认识到数学源于现实又高于现实,感受到数学的魅力与理性思维的光芒,并学会学习数学.

三要注意让数学回归现实.这里又有两层意思:一是指利用所学数学知识、方法解决现实问题和相关学习中遇到的问题,提高学生在具体的真实的情境中灵活运用知识的能力.二是指遇到一些有待解决的数学问题时,可以寻找它在生活中的原型,把数学问题还原为现实问题,寻找启示.如"两个负数相乘"问题,七年级学生很难一下得出正确的结果,但如果把它还原为"如果飞机飞行高度下降3千米,那么

飞机外围的温度将会有怎样的变化"等现实问题,那么学生将不难得出正确的结论.又如向量加法法则问题,考虑到向量是由力、速度、位移等抽象得到的,不妨先研究力、速度、位移等是怎样相加的.再如要理解拓扑学中三角形、四边形、圆之间是没有什么区别的,可以用电路是否相通与电路的形状无关加以说明.

数学源于现实,高于现实,又服务于现实.学数学与用数学互为目的和手段,它们是相互渗透、相互促进的.数学与现实需要更高意义上的整合.数学教学既要反对因过于关注数学而造成了数学"有骨无肉",也要防止因过于关注现实造成数学"失去骨架而只留下血淋淋的皮肉",避免因为生活化而把数学搞得支离破碎、失去灵魂.

3.5.4 基于感性,发展理性,让数学教学闪耀着理性的光芒

数学具有两重性,即数学内容的形式性与数学发现的经验性.G.波利亚曾精辟地指出:"数学有两个侧面,一方面它是欧几里得式的严谨的科学,从这个方面看,数学像是一门系统的演绎科学;但另一方面,创造过程中的数学,看上去却像一门实验性的归纳科学."与此相对应,数学教学既要重视数学内容形式化、抽象化的一面,更要重视数学创造过程中感性化、经验化的一面;要处理好归纳与演绎、感性与理性的关系.这方面,美国视听教育家戴尔(Edgar Dale)为我们提供了很好的理论指导.戴尔的"经验之塔"理论有三个基本观点:(1)经验之塔最底层的经验最具体,越往上升,则越趋抽象.(2)教育应从具体经验入手,逐步进到抽象.有效的学习之路,必须充满具体经验;教育的最大失败在于让学生记许多普通的法则和概念,而没有具体经验做它们的支柱.(3)教育不能止于具体经验,而要向抽象和普遍发展,要形成概念.因为概念是最经济的思想工具,它把我们探求知识的智力大大简单化、经济化.

数学教学的一个很大问题就是少数教师只传授抽象的数学概念、数学法则,而学生没有自己的活动经验、创造经验做支撑.新课程强调通过观察、模仿、尝试、实验、猜想等手段来获得对数学知识、数学方法的感性认识.这是对传统教学的有效矫正.但在实际教学中,又出现了情境简单化、活动形式化以及为活动而活动、为探究而探究等止于具体经验而不向抽象和普遍发展的现象.新课程提倡"做中学",这非常好,但我们需要对"做中学"有完整、清晰的理解."做中学"应包含如下三层意思:

(1)通过做,通过学生自己的活动来学习.

(2)做是为学服务的,是根据学的需要安排的;做是手段,学是目的.

(3)学什么?学数学,学数学的知识、方法、思想,学数学严谨、求真、创新的品格,学数学的理性思维、理性精神.

M.克莱因曾精辟地指出:"在最广泛的意义上说,数学是一种精神,一种理性的精神.正是这种精神,使得人类的思维运用到最完善的程度.亦正是这种精神,试图决定性地影响人类的物质、道德和社会生活;试图回答有关人类自身存在提出的问题;努力去理解和控制自然;尽力去探求和确立已经获得知识的最深刻和最完善的内涵."因此数学教育要义不容辞地承担起发展学生的理性思维、培育学生的理性精神、促进学生形成求真求实品格的教育责任;要按照"经验之塔"理论,基于感性,发展理性.通过生动、形象、有趣的"做"使学生获得对数学知识的感性认识,再使这些感性认识向抽象的、理性的数学过渡和发展.让学生在做与思的过程中,获得对数学完整的感受和体验,潜移默化地养成追根究底的习惯和理性的探索精神.

3.5.5 既讲推理和结论,更讲道理和缘由,使过程与结果相得益彰

过程与结论是相互依存的两个方面.课改后,许多教师比以前更加重视知识的形成与发展过程,但仍存在以下两方面的问题.

一是对"过程"两字理解不到位、不全面.具体表现在:(1)重视解决问题而忽视引导学生提出问题.而提出问题是解决问题的逻辑前提,问题意识是创新精神的基石,提出问题的过程与方法对学生学好数学非常重要.(2)只讲结论,不讲缘由.许多数学问题的提出、数学知识和方法的呈现像"帽子里突然跑出的兔子",使人觉得很不自在、很不合理.如,教师只告诉学生角怎样表示,而不分析为什么要这样表示、怎么会想到这样表示;只告诉学生什么叫做直线的倾斜角和斜率,而不分析探讨概念本身的科学性、合理性;只告诉学生任意角的三角函数的定义而不分析探讨如何由借助直角三角形定义锐角三角函数过渡、迁移到借助平面直角坐标系来定义任意角的三角函数,揭示两者之间内在的统一性.(3)只讲推理,不讲道理.教学中经常有这样的现象:重数学知识与数学技能而忽视蕴含在数学知识与方法背后的数学思维的自然性与合理性;问题解决时往往只是展现解法、展现思路,而对思路的寻找过程以及为什么要这样解、怎样想到这样解重视不够,给人以"入宝山而空返"和"买椟还珠"之感.

二是虽重视过程,但不能准确地把握过程的本质与要点.具体表现在:(1)不能站在系统的、结构的高度,突出知识内在的联系和发展的必然性,往往把知识讲"死"而不是讲"活".笔者在一所省重点中学听"一元二次不等式的解法"课时,教师根据课本讲解如何利用一元二次函数的图象解一元二次不等式.课后调查发现,绝大多数学生根本没有意识到一元二次不等式也可以像一元二次方程一样用降次的方法去解.而联系到消元、降次是解方程的基本思想和方法,化一元二次不等式为

一元一次不等式应是合乎情理的思路和方法.又如直线与平面平行的判定定理、两角和的余弦公式、正弦定理、余弦定理等许多定理法则,尽管有多种导出或证明的方法,但部分教师就是只讲书本上的方法,而对其他思路和方法只字不提(有的方法、思路虽然不是最简单的,但却往往是自然而合乎情理的).(2)看不到问题的本质,分析讲解不深、不透.如教师分析、讲解角的表示法时,没有抓住其深层次原因:一是角的构造;二是数学追求符号化、最简化和确定性.又如证明"互为反函数的两个函数的图象关于直线$y=x$对称"时,看不到结论产生的"源头":一是反函数是怎样产生的,即反函数与原函数之间有怎样的关系;二是关于直线$y=x$对称的两个图象有什么特点.

数学是思维的科学、思维的体操.学生的思维潜能只有经过有效的开发、加工、培育,才能成为现实的思维能力.我们既不应该借口重视数学知识形成与发展的过程而否认数学结论的重要性,也不应只看到数学结论而忽视数学结论形成与产生的背景、过程与方法.

3.6 优化教学技术

优化教学技术可从以下四方面入手.

3.6.1 完整、准确地把握教育技术的涵义

技术有"过程性技术"和"产品型技术"之分,我们切不可简单地把教育技术理解为产品型的(或称"硬技术"),那样的话,教育技术专业和计算机科学、软件工程、动画制作等等偏于"产品型技术"的专业之间似乎不存在区别,对教学和教师的专业发展都极为不利.美国教育传播与技术协会(简称AECT)在1994年将教育技术定义为:教育技术是关于学习资源和学习过程的设计、开发、利用、管理和评价的理论和实践.(其英文原文为:Instructional Technology is the theory and practice of design, development, utilization, management and evaluation of processes and resources for learning.)因此把教育技术等同于多媒体技术是非常片面的,教育技术包括如下三层涵义:一是在先进、正确的教育理念指导下;二是要根据教育学、心理学原理进行最优化设计;三是充分利用现代教学媒体和手段.教育技术的核心是科学合理的学习资源与学习过程设计.

3.6.2 教学技术要围绕教学目标、服务于教学目标

需要注意的是,教学技术是为教学目的服务的;我们一定要把教学技术的选择和使用置于正确的教育理念、教学目标的指导下.记得一次关于数学课程与信息技术整合的课题会上,少数教师在谈论教学时,把利用信息技术尤其是人机交互的教

学等同于现代教学,把只用黑板粉笔的教学等同于传统教学,而忽视了教学技术是为教学目标服务的.我们在不断地优化教学技术的同时,千万不要忘记优化教学目标.离开了教学目标的现代化,教学技术的现代化可能是南辕北辙.

3.6.3 更多地更好地利用现代教育技术手段

大家都认可,科学技术是第一生产力,同样道理,教育科学与教学技术是教育教学的第一生产力.与产业升级、软件升级一样,教育教学也有一个不断升级的问题.优化教学技术手段是提高课堂教学有效性的重要突破点和切入点.

3.6.4 适时适度使用,讲求实效

不为追求表面的热热闹闹、为使用多媒体而使用多媒体;不把原来的"人灌"演变成"机灌",而把多媒体、图形计算器等技术手段作为学生学习和探究的工具.另外,教师要有时间成本和经济成本的意识,防止在多媒体的制作上投入过多的时间、精力和财力.

3.7 优化学生学习

教学过程的双边性决定了教师教的最优化与学生学的最优化是一个不可分割的整体,决定了教学系统的效率是由教的效率、学的效率和教与学相互作用的效率共同决定的.数学教学中,学生的学习积极性一旦得到了充分的调动,学习方法一旦被学生所真正掌握,那课堂教学的效益将会得到大幅度的提高.就当前的学习数学而言,需要从以下几方面优化学生的学习体验与学习方法.

3.7.1 创设良好的学习情境,优化学生的学习体验

学习的兴趣、动机、意向、意志等对学习结果有着直接的、决定性的影响,因此如何激发学生的学习兴趣、增强学生的思维动力、优化学生的学习心理是教师在数学教学中必须自始至终注意的问题.

(1)建立民主、和谐、愉悦的师生关系

传统师生关系中,教师不仅是知识和真理的拥有者,而且是教学活动的组织者,教学内容的策划者,教学过程的控制者,学生成绩的评判者,即教师在教学活动中拥有绝对的权威,是教学活动的中心,而学生则完全处于被动服从的地位,只需也只能按教师的要求按部就班地完成教师所布置的"工作".而真正高效的课堂教学应该而且必定建立在民主、和谐、愉悦的师生关系的基础上,学生不仅拥有"心灵的自由",而且还享有愉悦的情感.

(2)让学生以自己喜欢的方式学习

苏霍姆林斯基曾说过:"在人的心灵深处都有一种根深蒂固的需要,这就是希

望自己是一个发现者、研究者、探索者.在儿童的精神世界里这种需要特别强烈."因此教师应创设情境、提供指导、周密组织,让学生带着问题、在愉悦的气氛中进行有效的自主探究.具体地,课堂教学要注意以下三点:

①让学生带着问题探究.许多教学往往没有明确要解决的大问题或初始问题是什么,或者自己把一个大问题、初始问题分解为一系列小问题、子问题,而大问题及其解决的总思路、大方向却很少引导学生先探究清楚;是走一步算一步、走一步看一步.由于学生不清楚要解决的问题和努力的方向,因此他们的思维只能被动地跟着教师思维转.就算学生在解决小问题上有一定的自主空间,那么这个空间是非常有限的.问题是思维的动力,也是思维的路标.问题指向不明或缺乏问题的探索,必然是盲目的、低效的探索.

②多让学生自己"下棋".大家都会认同这样一个事实:自己下棋、打扑克到深夜的人比看人家下棋、打扑克到深夜的人多得多.因此在通常情况下,观棋与下棋哪一个更有吸引力,哪一个更容易使人疲劳,答案不言自明.游戏如此,学习也如此.况且,"我听,我忘了;我看,我记住了;我做,我会了"这是一条带有普遍性的规律.课堂教学应把握好学生观看教师"下棋"时间与学生自己"下棋"时间的比例,让学生有更多的时间自己"下棋",而教师则为学生设置"棋的难度",创设"下棋"的环境和条件,提供必要的指导和帮助.

③让学生以自己喜欢的方式学习.美国军方把通缉令印成扑克牌、把作战条例编成连环画、把飞行训练编成游戏软件,收到了很好的效果.这对教学很有启示、借鉴意义.类似地,数学教学应把严肃与活泼、动脑与动手很好地结合在一起,进一步增强学习的趣味性、活动性,丰富学生的学习方式、思维方式和解决问题策略.

(3)不断地激发和增强学生学习数学的内在动力

课堂教学不仅要关注学生的学习方法,还要关注学生的学习状态和参与课堂教学活动的程度.只有当学生学习的主动性、积极性得到充分调动的时候,课堂教学才有可能真正地高效.为了激发学生学习数学的内在动力,教师应让学生"亲历"数学的概念、原理和思想方法从产生到发展再到应用的整个过程,让学生悉心体验解决问题的思维过程.教师可以借助出人意料的数学问题、出人意料的数学方法、出人意料的数学结论、出人意料的数学知识的内在联系、出人意料的数学事实等给学生的心灵以震撼,引起"心灵的共鸣和思维的共振"(肖川语).只有当学生能够发自内心地欣赏数学、喜欢数学、感受数学的美与力时,学生学习数学才会有持久的强大的内在动力.

3.7.2 加强思维策略与方法指导,提高学生自主探究能力

(1)提高学生的理解层次,引导学生学会迁移

《全日制普通高级中学数学教学大纲》(试验修订版)指出:"理解是对概念和规律(定律、定理、公式、法则等)达到了理性认识,不仅能说出概念和规律是什么,而且能够知道它是怎样得来的,它与其他概念和规律之间的关系,有什么用途."数学教育家R.Skemp认为数学理解有"工具性(instrumental)理解"和"关系性(relational)理解"之分.工具性理解是指知道法则但并不懂得其理由,知道符号所代表的事物或操作的规则但不知道其逻辑依据;而关系性理解是指对符号的意义、获得符号所代表的事物意义的途径、规则的逻辑依据等有深刻的认识.简单地说,工具性理解就是知道是什么、如何做,关系性理解则是除了知道是什么、如何做外,还要知道为什么是这样、为什么要这样做.由于关系性理解能使学生把握知识间的本质联系,而且所学知识容易长久保存,因此多数情况下关系性理解比工具性理解要重要得多.

另外,英国的S.Pirie和加拿大的T.Kieren将数学理解划分成八个水平:初步了解、产生表象、形成表象、关注性质、形式化、观察评述、组织结构和发现创造.这八个水平的关系可以用八个嵌套的圆来表示,每一个圆代表了一种水平,后一个圆既包含前面的圆,同时又被更后面的圆所包含,逐步拓广.这一模式描述了理解水平之间的相互关系.它将理解看作为整体的、动态的、分水平的而不是线性的发展.这表明理解是人们知识结构的不断、连续的组织,是一个动态的过程,而不是各种认识的获得.

教学中,教师不能让学生对数学问题的理解停留在低水平上,停留在简单、机械模仿的水平上,停留在只会机械解题的水平上,而要引导学生对数学问题进行实质性的探索,获得"关系性理解".如图形的渐近线教学:初中教材描述反比例函数$y=\dfrac{k}{x}(k\neq 0)$的性质时,有"两个分支都无限接近但永远不能达到x轴与y轴",这里给出了渐近线的直观概念;高一研究$y=\log_a x$,$y=\tan x$,$y=x\pm\dfrac{1}{x}$等函数图象时,再次给出了渐近线的直观形象.如果说前面这些函数图象的渐近线比较形象、直观、容易发现,并且学生对渐近线的认识还停留在感性的"工具性理解"阶段的话,那么双曲线$\dfrac{x^2}{a^2}-\dfrac{y^2}{b^2}=1$渐近线的教学则应向"关系性理解"发展.在探索双曲线$\dfrac{x^2}{a^2}-\dfrac{y^2}{b^2}=1$的渐近线时,教师需要根据渐近线的性质,引导学生如何从形与数两方面入手深入地研究

双曲线渐近线问题.即要从学生已有的渐近线的经验和直观的图形入手,发现双曲线有渐近线,进而探索、猜想它的渐近线是什么,然后根据横坐标相同时双曲线 $\frac{x^2}{a^2}-\frac{y^2}{b^2}=1$ 上点的纵坐标与直线 $y=\pm\frac{b}{a}x$ 上点的纵坐标的差的绝对值的极限为0证明直线 $y=\pm\frac{b}{a}x$ 是双曲线 $\frac{x^2}{a^2}-\frac{y^2}{b^2}=1$ 的渐近线(少数优秀学生若能直接由双曲线的方程获得结论并给出证明,教师应给予充分的肯定和鼓励).当学生对渐近线的概念获得实质性的"关系性理解"时,它就会相应地探索抛物线有无渐近线问题,学生也就学会了探索、研究渐近线问题的基本思路与方法.

又如人们对线面垂直的认识有一个由生活概念上升为数学概念、由直观感知到把握本质的过程,具体可分为八个层次:一是对线面垂直有正确的直观感知;二是认识到线面垂直时该直线与平面内过交点的所有直线都垂直;三是认识到线面垂直时该直线与平面内所有直线都垂直;四是认识到线面垂直的实质是该直线与平面内任意一条直线都垂直;五是认识到"只要直线与平面内两条相交直线都垂直,则该直线与平面垂直";六是认识到线面垂直的本质是该直线与平面内两条相交直线垂直,它是由平面是2维空间决定的;七是能运用线面垂直判定定理解决相关问题;八是能对线面垂直判定定理给出严格的逻辑证明.因此对每一个数学知识点做深层次剖析,深入了解其与学生思维的结合点,引导学生进行深层次的"有意义"学习,有利于学生明晰数学知识形成的思想方法和思维过程,让学生在潜移默化中提升数学素养.

(2)强化数学思想和思维方法教学,引导学生学会探究

数学是思维的科学,其基本思维方法包括观察与实验、分析与比较、类比与猜想、综合与分解、概括与抽象、归纳与演绎、一般化与特殊化等等.这些数学思维方法是对数学思维活动规律与方法的科学总结,对有效地解决数学问题具有重要的思维方法论价值.数学思想方法很多,重要的有函数与方程思想、数形结合思想、分类讨论思想、化归思想、符号化与模型化思想、概率与统计思想、极限思想等.

教学时需要加强对学生思维策略与方法的指导,让隐性的数学思想和思维方法显性化、操作化、实践化;要突出数学思维的自然性与合理性,突出思维背景与思维主线,努力使学生掌握常用的思维策略与方法.譬如函数零点的教学,我们可以简单地告诉学生什么是函数的零点,如何借助二分法用逐步逼近的方法求函数零

点.但这样处理,数学思维教学的味道就没有出来,提高学生数学素养、优化学生思维的目的也根本无法达到.因此教学时要突出和体现以下几点:①为什么要引入函数的零点问题,即引入函数零点的必要性和优越性——观点提升,即引入函数的零点后,求方程的解就变成了求函数的零点,函数与方程就在函数的观点下得到了更好的统一;求方程解的思维方式发生了变化,即由原来静态的方程变为了现在动态的函数,由原来单纯从数的角度考虑问题到现在从数与形两个方面考虑问题;求方程解的技术手段发生了变化,即由原来只能依靠公式和推理求解到现在的用逐步逼近的方法求解,结果是由原来的精确解到现在的符合一定精确度要求的近似解;适用的范围扩大,即没有求根公式的方程也可求解.②求方程解的问题转化为求函数的零点问题后,怎么处理?这就要求我们从问题产生的"源头"和特征出发寻找解决问题的思路.零点的最大特征是零点附近两侧的函数值异号,那么自然地,零点一定在函数值异号的两个自变量的值之间.我们只要不断地缩小这两个自变量的取值范围,就可以求出函数零点的近似值.③如何不断地缩小自变量的取值范围,我们可以用二分法,也可以用三分法,但相对而言,二分法简单易行.这样的教学就较好地体现了数学思维的整体性、条理性、自然性与合理性,是宏观的思维与微观的思维有机地结合一起、既见树木又见森林的数学思维教学.

3.7.3 关注学生的学习状态,促进学生养成良好的学习习惯

(1)增强引导学生思考的意识

教师一要注意自己的提问方式,如问"这个题目你是怎样解的"——重的是学生思维的结果;问"这个问题你是怎样想的"——重的是学生思维的过程.二要注意优化学生的思维.如问"这个问题还有其他思路和方法吗?你觉得这些思路和方法中哪个是最好的?"——是引导学生追求解题思路和策略的多样化和最优化.三要注意引导学生关注获取知识的思路和方法,如要课堂小结时,不仅回顾本节课所学的知识,也反思获取知识的思路与方法、获取知识中所遇到的困难与挫折等.四要注意培养学生的探究意识.如问"你学了这节课后还有什么问题""问题解决后会产生哪些新的需要解决的问题"等.五要注意引导学生用联系的观点看问题.学习新知识时,为了便于解决问题,往往从某个局部入手加以突破,但知识获得后需要回过头来从宏观的角度看问题,以便把所学知识纳入学生原有的认知结构.

(2)把学法指导细化具体化

可把学会学习数学分解为学会学习数学概念、学会学习数学定理法则、学会解决数学问题、学会对所学知识进行归纳与整理等,并进而各个击破.如对数学概念,

要引导学生分析其科学性、合理性、确定性、最优性,使学生明确做这样的规定是自然的、合理的.又如,对问题解决,要引导学生先整体把握解决问题的思路与方法,再从局部和细节加以突破;追求有条理地、合理地解决问题,而不是盲目探究,因为数学是理性的,数学思维是理性的.数学问题解决需要思维策略和方法的引导,摸着石头过河是没有办法的办法.针对学生粗心的习惯,要特别注意培养学生良好的审题习惯,提高学生的审题能力和从题目中提取有用信息的能力.事实上,学生解题思维受阻或出错,在很大程度上缘于审题不仔细,缘于没有充分挖掘和利用已知条件.又如例题教学,许多学生把听课的重点放在如何做上,而对教师如何思考问题、如何寻找解决问题的思路重视不够,这是学习方法、学习习惯上的误区,应予纠正.

另外,也可按学习环节对学法指导进行分解,如分解为学会预习、学会听课、学会复习、学会作业等.听课有困难的学生,可以在课前先进行预习,这样一方面可以减轻听课的困难,另一方面也可提高听课的针对性;而基础好的学生,课前预习大可不必,因为这样既会降低学习的新鲜感,也会使自己丧失探究未知知识的机会,进而降低学习效率.对复习课,基础好的学生可以考虑什么时候听,什么时候不听;听的话,重点要放在自己不会、不懂的问题上,不要平均用力.当然,这里教师要允许学生自主确定听与不听,并积极地为学生提供自主学习的空间和时间.

(3)指导学生加强解题后的反思

数学学习离不开解题.解题效益的高低对数学学习的效率与效益有着直接的影响.当前在解题指导方面尤其需要注意以下几点:

①解题不是目的,而是巩固知识、提高能力、发展思维的手段.解题要避免出现"猴子摘桃子,摘一个丢一个"和"入宝山而空返"的现象.

②注意养成从知识、方法、思路、注意点等角度看题目、解剖题目的习惯;学会跳出题目看题目,因为有时"不识庐山真面目"往往是由于"身在此山中".

③解题切忌平均用力.可对要做的数学题目进行分类.一看就知道怎么解答的题目,看看就过去;一想就知道怎么解答的题目,想想就过去;缺少足够把握的题目,做出结果后才过去;对一时找不到解题思路或较困难的题目,要认真分析困难的原因,从中发现自己知识与能力的不足;对难度大大超过自己能力的题目,要勇于放弃.

④加强解题后的反思,使解题效益的获取方式由"自发领悟"走向"自觉领悟".尤其是对哪些曾经遇到困难或出现错误的题目.反思的内容应包括:对题目理解的反思,对解题思考过程的反思,对解题结果的反思,对自己知识与方法缺陷的反思,

对相关问题的反思等.教师要为学生的解题反思留出时间.如果学生没有反思的时间,那就减少作业数量,本来学生做四个题目的现在做三个题目,把做其中一个题目的时间用来反思.也就是说,解题要树立"以质取胜"而不是"以量取胜"的观念,解题在于质而不是量.

3.8 优化教学评价

评价是教学的重要组成部分,是为教育教学服务的.对评价,首先我们应搞清楚评价是为了什么.我们不是为鉴定、甄别学生的学业成绩而评价,而是为了诊断、矫正、激励、促进学生更好地学习而评价.其次,要考虑应该从哪些方面进行评价:教与学,过程与结果,知识、能力、思维、情感、态度、价值观等都是评价的重要内容.第三,评价的方式与途径要多样化.传统的评价方式主要是终结性评价,方式方法比较单一,无法借以全面地了解学生的学习情况,也难以较好地发挥评价的效益.第四是评价的主体要多样化.传统的评价学生始终处于被评判的被动地位,而忽视培养学生的自我评价、自我反思能力,抑制了学生主体性的充分发挥.第五,要提高评价的效度与信度,防止因片面评价或评价失真而产生副作用.具体地,当前中学数学教学评价要注意以下几点.

3.8.1 课堂教学评价的重心要由"教"转向"学"

笔者曾有意识地收集各地、各校公开课、优秀课评比中用的《课堂教学评价表》,各地、各校印制的备课本、听课本中的《课堂教学评价表》.发现它们尽管在内容、结构、细节上有所不同,但教学目标、教学内容、教学过程、教学方法、教学效果、教师素质等项目与指标都有.与这些项目与指标对应的,评价的关注点是:教师是否具有正确的教学理念、是否以学生的发展为本;教学目标是否符合课程标准的要求、是否符合学生的实际,是否具体、明确、全面;教学环节安排是否紧凑,教学方法是否灵活多样,等等.但对学生的学习过程、学习方法、学习状态、情感体验重视和关注不够,对教的设计与安排是否符合学的规律与要求重视和考虑不够,"以学定教、以学论教"的意识还有待于增强和落实.

3.8.2 加强形成性评价,使评价更好地服务于教学

教育评价按其目的的不同,通常分为"形成性评价"与"总结性评价"两种类型."形成性评价"与"总结性评价"这两个概念是由斯克里文在其1967年所著的《评价方法论》中首先提出来的.形成性评价(formative evaluation)是通过诊断教育方案或计划、教育过程与活动中存在的问题,为正在进行的教育活动提供反馈信息,以提高实践中正在进行的教育活动质量的评价.一般地说,形成性评价不以区分评价对

象的优良程度为目的,不重视对被评对象进行分等鉴定.终结性评价(summative evaluation)与此不同,它是在教育活动发生后关于教育效果的判断.一般地,它与分等鉴定、做出关于受教育者和教育者个体的决策、做出教育资源分配的决策相联系.就数学教学而言,形成性评价与终结性评价的区别如下:

比较内容	形成性评价	终结性评价
评价目的	向师生及时提供学习状态、学习进程的反馈信息,从而调节教与学活动,提高教与学的效率与效益	通过对学生学习结果的评价来评估学生是否达到或多少程度上达到了教学目标
评价重点	学习过程	学习结果
评价内容	除了数学知识与技能外,也包括时间投入、学习策略与方法、学习态度、合作精神等	只评价数学知识与技能的掌握情况
评价主体与方式	学生自我评价、小组成员相互评价、教师评价	教师评价
评价结果记录	以档案袋或等级加评语的形式记录或者不记录	精确的百分制分数
评价标准	既以课程标准为统一的参照标准,又以学生个体的已有水平为参照物和个性化标准	只以课程标准、考试大纲为统一标准

3.8.3 加强对思维方式、学习方法、学习潜能的评价

由前面提到的丘成桐先生认为数学高考高分考生数学素养不高,我们可初步得到如下结论:一是现行的教学没有效地培养学生的数学素养;二是考试分数高不等于能力强、素质好;三是现行的中考、高考重在考数学知识与技能,而不是能力和素质.考虑到考试是教学的指挥棒,因此加强对学生思维方式、学习方法、学习潜能的评价是一个十分重大而紧迫的问题.对此,2006年浙江省台州市中考数学命题做了有益的探索和尝试,具体可见第五章中的"为引导和矫正教与学而考".

总之,好课应关心有多少学生得到了发展、在哪些方面得到发展、得到多大程度的发展;好课应基于学教本原确定教学目标、进行合理的教学设计.好课没有统一的模式与标准;只有切合实际的、自然的课才可能是好课.没有最好,只有更好.好课需要我们不断地去追求和创造.

4 需要注意和进一步研究的问题

4.1 当前中学数学教学改进需要注意的问题

4.1.1 聚焦课堂、提升课堂、超越课堂

本研究立足于真实的课堂教学,以研究课堂教学为主,但又不仅仅局限于课堂教学.相反,优质高效教学要注意课内与课外的协调与统一.具体地,一要改变传统的单一的以巩固课堂所学知识为目标的模仿性作业,而代之以丰富多彩的、鼓励学生创新和发展的新的作业形式,如阅读自学、独立探究或合作探究课内未竟的内容或一个问题解决后所自然产生的另一个问题、社会调查等;二是与差异教学、自主学习相配套,分层次布置作业,并给学生一定的挑选、选择余地;三是精选课外作业,能够3个题目达到的目标就不要用4个题目,能够用20分钟完成的问题就不要用30分钟去完成.

4.1.2 关注学生作为人的价值与需求

记得一位纳粹集中营的幸存者当上美国一所中学校长后,经常用自己的所见所闻教育教师:"亲爱的老师,我亲眼看到人类不应当见到的情景:毒气室由学有专长的工程师建造,儿童被学识渊博的医生毒死,幼儿被训练有素的护士杀害.看到这一切,我怀疑:教育究竟是为了什么?我的请求是:请你帮助学生成长为具有人性的人.只有在使我们的孩子具有人性的情况下,读写算的能力才有价值."爱因斯坦曾一针见血指出:"用专业知识教育人是不够的.通过专业教育,他可以成为一种有用的机器,但是不能成为一个和谐发展的人.要使学生对价值有所理解并且产生热烈的感情,那是最基本的.他必须获得对美和道德上的善有鲜明的辨别力.否则,他——连同他的专业知识——就更像一只受过很好训练的狗,而不像一个和谐发展的人."因此数学教育在引导学生追求真理、区分真伪的同时,也应引导学生追求善与美,区分善与恶、美与丑.数学本质上是真善美的统一体,数学教学的最高境界应是引导学生感受和追求真善美、提升学生创造真善美的能力.

4.1.3 关注教师和教学改革的"最近发展区",提高教改有效性

优质高效教学必须建立在教师专业高度发展的基础上.如要优化学生的思维,教师要先优化自己的思维;要优化学生的学习方法、学习习惯,教师要先优化自己的学习方法、学习习惯;要使学生获得对数学、数学知识的深刻理解,教师要先自己对数学知识有透彻的理解和感悟.另外,教师还必须善于使用多媒体等各种现代教学

手段,必须善于组织和调控学生学习活动,必须有良好的与学生沟通的技巧,等等.

学校要引导教师由重在落实数学知识、技能起步,走向重在培养学生的数学能力与数学思维,最后走向重在培养完整的、真正的人;要引导教师从关注自己的教、立足于自己"教"好起步,走向关注学生的学、立足于学生能够学好发展;要引导教师从关注课堂教学、搞好课堂教学起步,走向关注完整的教学、完整的教育.尽管教师专业发展阶段性与层次性不是很分明,但每个教师的发展都不可能超越特定的环境、特定的阶段,学校对教师的要求要注意从学校实际、教师实际出发,切不可照搬一切.正如教学必须从学生的实际和接受能力出发一样,教学改革、课程改革也要从学校和教师的实际出发,要警惕和避免仅从良好的主观愿望出发、脱离教师专业"最近发展区"的教学改革和课程改革.

4.2 需要继续研究的问题

4.2.1 对课堂教学有效性的定量分析需要进一步加强

尽管本研究有从定性与定量两方面研究课堂教学的有效性的意识和行为,但由于能力、水平和精力的限制,定量研究还是做得很不够,没有对课堂教学进行全面的、深入的、细致的分析.

4.2.2 对优质高效教与学的特征与特点需要进一步研究

现在课题组成员对优质高效教学、优质高效学习的认识还处于初步的、比较模糊的阶段.只有当教师对优质高效教学的特征、特点和具体操作有深刻的理解和掌握,当学生对优质高效学习的方法能够正确、熟练地运用,课堂教学的优质高效才可能在更高程度上得到保障和落实.同时对课堂教学各环节、各组成部分的微观研究需要进一步加强,如应深入研究课堂引入的有效性、课堂提问的有效性、课堂小结的有效性、小组合作学习与交流的有效性、自主探究的有效性、作业与课堂练习的有效性等.

4.2.3 对薄弱教师的教学情况、后进生的数学学习情况需要进一步研究

由于本课题组成员都是浙江省一级重点中学或省城镇示范初中的优秀教师,他们所面对的学生通常都比较好;加上本课题所研究的许多课是名师、骨干教师所上的公开课、评比课、示范课,因此对薄弱教师的教学情况与后进生学习情况的研究相对比较薄弱,而这恰恰是让全体学生都得到发展和教育质量全面提高所需要研究和解决的问题.

4.3 结束语

追求优质高效教学,让更多的学生在有限的时间内学到更多、更有用、更持久

的知识,得到更好、更全面的发展,这是一个永恒的课题,也是每个教师永恒的追求.如同软件需要不断升级、产业需要不断升级一样,教学质量的提高途径与方式也需要不断升级.课堂教学没有最好,只有更好.也许我们无法、无力全面认识和把握学教的本原、数学知识的本原,但我们至少可以通过努力使自己的教学离学教的本原、学教的本质更近一些,使自己的教学更加有效、更加优秀.中学数学教学改进之路"漫漫其修远兮",我们愿与全体同行一起"上下求索".

高中数学"导研式教学"研究与实践*

1 研究的背景与目的

1.1 研究的起因

本研究的直接起因是对高中数学教学现状的强烈不满:为什么学生花了那么多的时间学数学、做了那么多的数学题目,数学高考还是考不好?为什么学生到了高中、大学自主学习能力、探究能力还很弱?为什么高考的佼佼者"只是做习题的机器"和"不但对知识不感兴趣,对文化也十分陌生,不敢问问题、不喜欢动手、课本里没有的他们就不会的只会考试的文盲"?

面对现实,我们彷徨、思考、探索、实践:我们工作的意义与价值何在?我们该如何改变这种状况?

1.2 研究的背景

本研究更深刻的背景在于:(1)学生自主性学力、创造性学力低下的严峻现实与信息社会、知识经济社会的需求形成了尖锐的矛盾,而数学教育没有承担起应有的责任.(2)许多教师把布鲁纳发现法教学和新课程倡导的自主探究学习成效不佳的原因归结为理念与方向错了,而没有意识到其根本原因在于没有找到好的、切实可行的"技术路线图";也有许多教师积极尝试探究式教学但却为难以取得好的成效而苦恼.(3)绝大多数教师没有意识到自己教学能力不足和教学设计程序出了问题是造成探究式教学低效的根本原因.(4)加强探究创造教学是一种世界性潮流,中国不能逆潮流而动,不能永远落在别人后面.

1.3 研究的目的

本研究的主要目的在于以下四点.(1)吸取布鲁纳发现式教学失败和新课程自

---

* 这部分是全国教育科学"十一五"规划 2010 年度教育部重点课题"中小学数学核心内容及其教学的研究"(课题批准号 G0A107010)研究成果,发表在《课程·教材·教法》2013 年第 2 期,后被中国人民大学复印报刊资料《高中数学教与学》2013 年第 6 期转载.相关课题成果获 2011 年浙江省第四届基础教育教学成果评比二等奖.

主探究式学习成效不佳的教训,重在探索培育学生自主性学力、创造性学力的"技术路线图",架设教育理想与教育现实之间的"技术之桥".(2)引导教师在关注优秀课表现形式与评价标准的同时,更关注优秀课成长的基础、过程与方法.(3)促进课堂教学由"知识导向"向"能力导向",由"结论模式"向"过程模式",由"接受模式"向"探究模式",由"学会"模式向"会学"模式转变和发展.(4)为学生学习方式的改变、创新型品格的养成和创新能力的发展铺设道路.

2 研究的过程与方法

2.1 理论依据

(1)数学观.数学是思维的科学、模式的科学;数学是动态的、发展的;数学的核心是问题和解.

(2)教学观.学生是能动的、具有自主学习能力的主体;学习即准研究、准创造,教师的职责在于组织和营造探究的氛围,指导和帮助学生搭建探究的"脚手架";数学教育的价值在于通过挖掘数学的教育价值来增强学生追求真善美的意识与能力.

(3)方法观.教育科学与教学技术是教学的"第一生产力",根据建构主义理论,创建利于学生自主建构知识的环境与条件;根据布卢姆认知目标新分类理论,引导学生学习结构更好、层次更高、价值更大的数学知识;根据最近发展区理论,通过搭建"脚手架"使探究的问题处于学生的"最近发展区"内.

2.2 研究过程

"导研式教学"的萌芽产生于我市选手参加2005年12月浙江省高中数学优秀课评比以及随后笔者在此会议上的评课发言.2005年12月至2006年9月期间,基本上形成了"三个自然+一个内化"(即课堂教学由"自然地合理地提出问题,自然地合理地解决问题,及时巩固、内化迁移,自然地合理地拓展问题"四个基本环节组成)的教学构想,并在实践中尝试,以此构想为基础的我市选手获省高中数学优秀课评比一等奖.但如何真正做到"三个自然"和有效探究的问题始终困扰着笔者.所幸的是,笔者于2006年10月开始作为核心成员参与人教社中数室章建跃博士主持的教育部课程教材研究所"十一五"重点课题"中学数学核心课程及教学设计的理论与实践"(课题批准号:KC2009-004),章博士提出的"三个理解(理解数学、理解学生、理解教学)"为本研究指明了方向,从而使研究转向如何让多数教师也能通过一定的程序与方法更好地做到"三个理解".2009年9~10月,笔者对3所省一级重点高中的8000多位学生按每班抽取5人进行了系统的问卷调查,收回有效问卷752张.调查统计表明:46.6%的学生认为不听教师讲通过独立探究或与同学讨论能解决60%以上的问题,60.7%的学生认为自己看书、动手动脑探究、与同学讨论比听教师讲解更加有效,这更加增强了我们研究的信心与决心.2009年9月~2010年6月,在对"三个理解"有了较透彻理解的基础上,又着手研究按怎样的思路、策略与方法进行教学设计才能保证探究式教学的真实、自然与有效,形成了相对成熟的"导研式教学".期间我市教师按"导研式教学"思路与方法设计的课获浙江省高中数学优秀课评比第一名、全国一等奖.2010年底,作为核心成员,继续参与章建跃博士主持的全国教育科学"十一五"规划2010年度教育部重点课题"中小学数学核心内容及其教学的研究"(课题批准号:G0A107010),使"导研式教学"得到进一步深化.

2.3 研究方法

(1)行动研究.围绕培育学生创造性学力的目标,把教学设计和教学研究相结合,不断地反思自己和他人的教学实践活动,并在实践中不断验证、完善假设与操作程序.

(2)调查研究.主要调查高中数学教学现状、学生的探究能力与意愿及对教学的建议等;调查方式包括课内、课后、平时进行的个别访谈、师生座谈会、问卷调查等.

(3)个案研究.即对典型课例进行同课异构、教学会诊,并进行随堂检测和课后学生访谈,比较教学效果与效益.

(4)文献研究.主要查阅了发现式教学、探究式教学、尝试教学法、导学式教学、研究性学习等相关文献资料,并在此基础上寻找本研究的着力点与突破点.

3 研究的进展与成果

3.1 高中数学"导研式教学"的基本涵义

3.1.1 基本涵义

高中数学"导研式教学"是指学生在教师提供的认知策略、探究支架指导下,通过独立探究或合作探究自主提出问题、自主解决问题、自主拓展问题、自主内化反思,旨在掌握活的、充满智慧的知识和研究问题的思路与方法,具有较高效率和效益的教学.

(1)"导研式教学"以掌握研究问题的思路与方法,进而学会数学地、有条理地思考,学会分析、探究与创造为主要目标.

(2)"导研式教学"是"还教于学、变教为导、变学为研"的教学.它认为学习是一个"准发现、准创造"的活动和过程,是一种"再发现、再创造"的能力;教的最好方式是"导",学的最好方式是"研".

(3)"导研式教学"是"以研定导,以导促研"的教学.学生是知识的主动建构者,而教师是引路人和"助产婆";在这里,学习即研究,学生即研究者,教师是研究策略的指导者、研究"脚手架"的搭建者、研究效率与效益的保证者.

(4)"导研式教学"是一种课内、课外一体化的教学.它注重学生在解决问题的基础上提出新的问题,让学生带着问题回去.而这些问题很大一部分就成为学生课外探究作业.这既突破了作业不是做习题就是自学书本的传统模式,也为学生自主探究能力的发展搭建了一个很好的平台.

(5)"导研式教学"是发现式教学、探究式教学、研究性学习和导学式教学的完善与发展.它重在为教师引导性的教和学生研究性的学提供"技术路线图",并用学生在校学习的主要板块时间探究高中数学的主干知识,是一种常态化、连续性的研究.它不提倡学生用自学教材的方式获取浅层次的、表面化的知识.

总之,"导研式教学"不仅是一种重要的教学方式与学习方式,更是教学思想、教学目标、教学形式、教学评价的变化.它是一种创新性、发展性教学.

3.1.2 基本特征

(1)问题性.把问题作为探究的动力与路标,以问题的"发现—提出—解决—拓展"为主线组织教学;同时以问题为载体,聚焦教学重点和难点.

(2)自主性.做什么、做到什么程度,听什么、听到什么程度,学生都拥有较高程度的自主权、选择权和决定权.

(3)指导性.教师不仅鼓励学生"能走则走,能跑则跑,能飞则飞",而且帮助学生搭建自主"走、跑、飞"的平台,为他们排忧解难.

(4)探究性.学生有能力通过自主探究获得的知识尽可能让学生自己去获得,以最大限度地避免由于教师灌输和书本灌输而降低学习的效益与品质.

(5)优质性.学生的能力、思维和情感态度在探究和掌握活的、有血有肉的、充满智慧的知识的过程中得到很好的发展.

3.2 高中数学"导研式教学"的基本结构

高中数学"导研式教学"的本质是教师引导与学生探究的有机结合与相互促

进,其基本结构是"三个自然+一个内化".

教学环节	教师	学生
自然地合理地提出问题	①提供产生问题的情境与素材(或初始问题),激发学生探究的兴趣与欲望; ②提供提出问题的策略与方法指导; ③通过搭建"脚手架"调控问题及其难度.	①感受研究的必要性,提出要探究的问题; ②使问题具体化、系列化、结构化,并处于自身的最近发展区内.
自然地合理地解决问题	①引导学生做好相关知识与技能的准备; ②指导探究的策略与方法,尤其是知识形成与重点难点突破的策略与方法; ③帮助搭建探究的支架,并释疑解难.	①根据探究的需要复习回顾相关知识; ②明确探究的思路、策略与方法; ③独立探究或合作探究解决问题,自主建构数学知识、发现数学结论.
及时巩固内化迁移	①提供对概念或结论进行辨析的素材; ②提供变式训练材料; ③引导学生做到举一反三、触类旁通.	①对概念或结论进行辨析、梳理; ②进行变式训练; ③把握问题本质,感悟解决的思路与方法.
自然地合理地拓展问题	①为学生提供反思框架,明确反思目标; ②画龙点睛,梳理知识的联系与结构; ③指导解决后继问题的思路、策略与方法.	①回顾习得的知识,总结研究的方法; ②寻找新的认知冲突,提出新的问题; ③尝试在课外探究解决新的问题.

"导研式教学"的整个过程类似于数学家研究数学,但又有明显不同,主要表现在:一是条件不同,它有教师的指导;二是目的不同,数学家研究重在解决问题,而它则是以解决问题为手段,以掌握知识和研究问题的方法、发展学生创造性学力为目标;三是过程不同,它有对所学知识进行及时巩固与迁移的环节.

3.3 高中数学"导研式教学"的实施方法

3.3.1 借助三个"六问",实现"三个理解"

(1)"三个理解"的涵义

"三个理解"是指理解数学、理解学生、理解教学.它是一个多侧面、多层次、无止境的过程,其基本内涵见参考文献.

(2)"三个理解"是"导研式教学"设计的基础

仅有让学生进行探究式学习的良好愿望,而缺乏应有的教学设计基础、没有掌握相应的教学技术是发现式教学、自主探究式学习失败的根本原因.因为离开了"三个理解",教学设计将成为"拍脑袋决策"的"豆腐渣工程",其科学性和有效性都无从谈起.

就"三个理解"的内在关系而言,理解数学是首要的,因为"教学只有围绕核心知识与知识核心展开,才能教给学生货真价实的数学知识和数学思维,否则无论教学方法有多好,结果都是'竹篮打水一场空'"(章建跃).

(3)借助三个"六问",实现"三个理解"

一是借助"六问"理解数学:一问知识产生的背景与萌芽是什么;二问知识经历了哪些成长过程、成长阶段;三问知识成长的策略与方法是什么;四问知识的联系与结构如何;五问知识的要点与本质是什么;六问知识的学科意义与价值何在.

也就是说,为了理解数学,教师需要忘掉"结论性的知识",亲身体验知识的发展轨迹,体验知识的成长过程与成长方法.

二是借助"六问"理解学生:一问学生学习的总体基础如何、总体目标是什么;二问将要学的知识学生已经具有怎样的基础与萌芽;三问学生是否掌握探究相关问题、建构相关知识的策略与方法;四问学生在探究问题、建构知识的过程中可能会遇到哪些困难;五问哪些知识与方法是学生可以独立建构的,哪些是需要学生合作讨论的,哪些是需要教师指导、帮助的;六问不同学生的基础、潜能与需求的差异有多大.

为了有效地理解学生,教师要有强烈的学生意识和教学调查意识,要善于围绕主题、带着问题,开展课堂教学调查、作业调查、学习方法调查等.

三是借助"六问"理解教学:一问如何整合知识目标、能力目标、情感态度价值观目标;二问是否掌握数学概念教学、定理法则教学、习题课教学的一般套路与方法;三问是否清楚怎样为学生提供探究策略与方法的指导,以及怎样的教才是"为了不教的教",才是"授人以渔而不是授人以鱼";四问如何围绕核心知识与知识本质组织教学;五问如何面对不同学生不同的需求、问题与困难;六问通过怎样的载体与平台促进学生知识与技能的内化与迁移.

需要指出的是,"中学数学核心概念、思想方法及其教学设计的理论与实践"课题组提出的"内容和内容解析、目标和目标解析、教学问题诊断分析、教学支持条件分析"框架也为实现"三个理解"提供了很好的途径与方式.

3.3.2 为教学过程设计确立正确的目标、方向与要求

(1)把高中数学课程目标内化为教学设计的灵魂

目标是前进的方向和动力.高中数学教育要有效承担起超越应试、启智育人的历史使命,使学生的基础性学力、发展性学力(尤其是创造性学力)得到全面发展.

具体地,高中数学课程目标有三方面.一是求知,即学生能获得基础数学知识、基本数学技能、基本数学思想和基本数学活动经验;二是启智,即学生通过掌握高层次、高品质的数学知识,掌握数学思想方法、思维方法来开发自己的智能,善于发现问题,学会数学地有条理地提出、思考与解决问题;三是育人,即学生通过求知、启智来培育理性精神,促进自己的全面发展与可持续发展,提高自己追求和创造真善美的意识与能力.

(2)基于"三个理解",在课程目标指引下制定单元或课时目标

为了使单元目标或课时目标更加科学、合理,教师可自问自答以下问题:一问学生要掌握哪些知识与技能,达到怎样的程度、会做怎样的题目;二问哪些知识由学生自主探究、建构得到的,哪些知识由教师讲解或启发式教学得到;三问探究过程中学生要体会或了解或掌握哪些探究的策略与方法,学生今后能否独立探究类似的问题;四问对学生的思维、心理有怎样潜在的影响,学习过程中学生是否会有快乐的情绪体验;五问面对不同基础与水平的学生,教学目标应该有怎样的不同;六问教学目标是否具有整体性、差异性、适切性和可测性,教学定位是否"低起点、高立意".

3.3.3 按照一定的程序与方法进行教学过程设计

"导研式教学"的设计步骤与方法如下:一问教的设计是否围绕核心知识,基于知识的发展轨迹与本质展开;是否突出了知识发展的大背景、大问题、大思路,做到"见树木更见森林,见森林才见树木";二问教学内容的选取(包括例题、习题)是否与教学目标相一致;三问学的设计是否基于学生的认知基础与认知规律,学生探究的难点是什么,需要教师提供怎样的指导和帮助,需要搭建怎样的"脚手架";四问是否为学生搭建了主动发展、差异发展平台,是否鼓励和帮助学生"能走则走,能跑则跑,能飞则飞",以切实减少课堂上放慢学习、陪同学习等现象;五问教学环节过渡是否自然合理,教学时间分配是否突出了重点,是否在知识的核心与思维的难点上舍得花时间;六问如何对学生的学习进行及时、准确的评价与反馈,如何矫正与弥补学生学习存在的问题与不足,是否安排了与教学目标相对应的教学检测.

简言之,"导研式教学"要按照"立意高远,结构大气,思维自然,探究真实,难点利用,过程自主"的要求进行设计.其设计程序可表示如下(注:广义的教学设计包括教学设计的前期准备工作——通过"三个六问"做到"三个理解"):

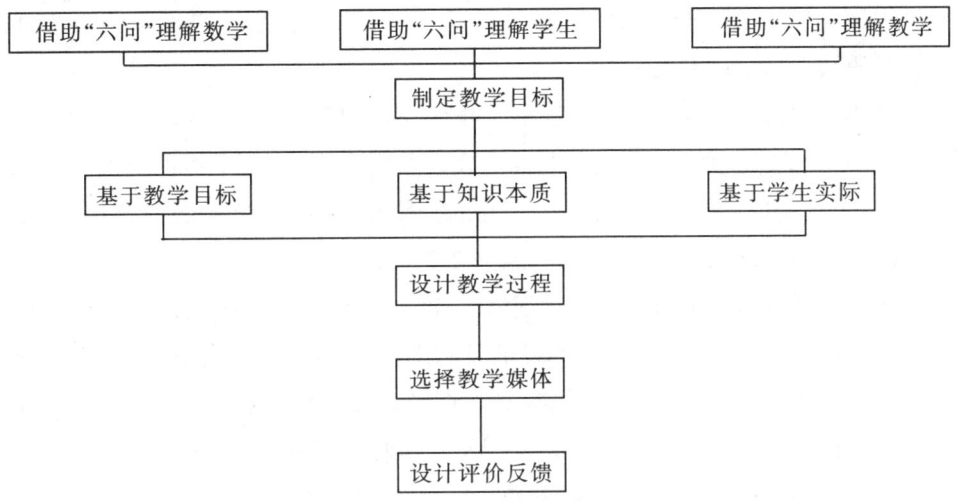

3.3.4 变革教与学的组织形式与方式

(1)丰富教学的组织形式.使教师讲授指导、学生独立探究、小组合作交流等都成为教学组织的基本形式;要恰当减少教师讲授指导的时间,增加学生独立探究、小组合作交流等时间.

(2)改进教的方式,变教为导.从学生探究的需要和可能遇到的难点与障碍出发,为帮助和促进学生更好地探究而指导,进而把"教是为了不教""授人以渔,而不是授人以鱼"落到实处.

(3)改进学的方式,变学为研.教学不应是教师教、学生听,不应是教师讲解例题、学生做相应的习题;学习的最佳方式应是教师指导下的学生再创造、准创造;教学要最大限度地减少学生的接受(尤其是机械接受)与模仿.

(4)以研定导、以导促研.教师要把握好导的"内容"与"程度",即要以促进学生自主探究、优化学生思维品质、促进学生可持续发展为目的,根据学生的"最近发展区"确定导的内容、时机、方式和程度,避免出现"不作为"和"过度作为"的现象.

3.3.5 丰富作业的内涵、形式与功能

(1)作业不仅应有后置型的,也应该有前置型的.现在的作业基本上是与课堂例题相对应、为巩固课堂上所学知识与技能服务的后置型、巩固型的题目,而缺乏为下节课学习服务、把下节课内容提前进行探究的前置型作业.作业可以巩固为目的的后置型作业为主,但至少应该有为下节课学习服务的前置型作业.

(2)前置型作业不仅应该有自学,也应该有探究.现在有些学校也有一些前置型作业,但主要是学生围绕导学案自学教材,然后是完成相应的习题,而不是自主

探究、建构新的知识,发现新的结论.自学可以有,也应该有,但也应给学生自主探究、建构新的知识以空间和时间.

(3)作业可以独立完成,也可以是小组合作完成.当作业的内容是探究学习本节课知识后自然地产生的问题,或下节课需要学习的内容,学生个体可能因能力与水平限制而无法完成,这时就需要学生之间的合作探究、讨论交流.也就是说,合作探究、讨论交流不仅课内应该有,课外也应该有.

(4)让作业成为学生自主性学力、创造性学力发展的重要平台.作业要改变模仿性、机械性有余而创新性、发展性不足的现状.鉴于学生学习的特点,作业可以巩固型作业为主、创新型作业为辅,但探究型、创新型作业至少应该占有一席之地.作业要为学生自主性学力、创造性学力的发展承担应尽的责任.

3.3.6 处理好"四个关系",把握好"四个度"

(1)处理好教师指导与学生自主的关系,把握好教师指导与学生自主之间的"度".既强化对学生探究策略、探究方法指导,又放手让学生自己探究能够探究与发现的东西,最大限度地淡化教的痕迹.

(2)处理好接受学习与发现学习的关系,把握好接受学习与发现学习之间的"度".接受中有发现,发现中有接受,使接受学习与发现学习成为相互统一、相互促进的整体,进而实现教学效益的最大化.

(3)处理好共同要求与差异发展的关系,把握好共同发展与差异发展之间的"度".在共同要求、共同基础之上,承认学生之间的差异、尊重学生之间的差异,通过有差异的途径与方式实现学生有差异的发展.

(4)处理好探究权利与探究能力的关系,把握好引领学习与尊重学生之间的"度".即既把自主与探究的权利还给学生,又使探究的问题及其难度与学生的探究能力相适应,使学生能够自然探究、有效探究.

3.4 高中数学"导研式教学"的注意事项

(1)基于模式,但不拘泥于模式."导研式教学"有自己基本的模式与框架,但实施时需要根据学生的实际、教学内容的实际灵活运用,不能机械照搬.

(2)宜以单元或知识点为单位进行整体设计和安排.由于有些探究能在一节课(甚至不要一节课)内完成,而有些则需要几节课才能完成,因此要突破课时的界限.

(3)坚持循序渐进.由于"导研式教学"要求教师具有深厚的数学功底和较强的探究指导能力,因此教师需要一个成长、适应的过程;由于学生主动探究的意识与能力不是短时间内就能养成，因此有一个从"牵着走"到"护着走"，再到"放手走"的过程．

(4)注意"导研式教学"的适用范围与适用条件．要根据学生的能力、内容的特点和教师的实际决定用不用、如何用，避免盲目实施和推进．

(5)注意与其他教学模式与教学方式做恰当整合．毕竟"寸有所长，尺有所短"．

3.5 高中数学"导研式教学"评价

(1)"以学论教""以研论导"是"导研式教学"评价的根本原则；探究是否真实、自然、有效是评价"导研式教学"有效性的重要依据．

(2)高中数学"导研式教学"评价——"四个多少有效"

①课堂教学对多少学生有效．如果全班50个学生中，基础好的10个学生不学就已经知道，基础差的10个学生学后还不知道，那么这节课就只对其他的60%学生有效．

②课堂教学对学生的哪些方面有效．即学生在学会、会学、乐学等方面的有效性分别如何，尤其是学生在学会学习、学会探究、学习创造方面的有效性如何．

③课堂教学对学生多大程度上有效．其中个体学生的时间利用率=该生在课堂上有效利用的时间÷这节课的总时间×100%；全体学生的时间利用率=该班所有学生在课堂有效利用时间的和÷(该班学生数×这节课的总时间)×100%．

④课堂教学对学生多长时间内有效．即今天的课堂能为学生的明天留下什么．

"四个多少有效"的价值在于：一是能比较全面(从4个维度入手)、精确(定性与定量相结合) 地衡量教学有效性；二是强调教学要关注每个个体每个方面的有效性，并通过提高每个个体每个方面的有效性来提高教学有效性．

(3)高中数学"导研式教学"的终极目标——超越应试、有效育人

与树木、产品等有品质高低之分一样，数学教学也有品质高低之分．数学教学品质是指数学教学对人影响的广泛程度、深刻程度、有用程度和持久程度．"导研式教学"追求卓越、高品质的教学，评价时重学生是否掌握了结构好、层次高、价值大的知识，看学生的自主学习力、创造力以及心智、个性等是否得到和谐发展．

3.6 高中数学"导研式教学"的突破与创新

"导研式教学"围绕"一个中心"(学生的可持续发展)，立足"两个基本点"(教师的导与学生的研)，通过"三个理解"(理解数学、理解学生、理解教学)，提升"四个有效"(对多少学生有效、对哪些方面有效、多大程度上有效、多长时间内有效)．它是对教与学目标、关系、功能、策略、途径、方式的重新定位．

"导研式教学"提供了两个"技术路线图":一是培育学生自主性学力、创造性学力的"技术路线图"——"导研式教学"本身;二是"导研式教学"实施的"技术路线图",包括通过三个"六问"做到"三个理解",通过两个"六问"确定教学目标和设计教学过程."导研式教学"架设了教育理想与教育现实之间的"技术之桥",有助于高中数学教学理念与技术的"转型升级".

4 需要进一步研究的问题

"导研式教学"在实践中面临诸多的疑难与困惑:一是如何让更多教师的数学素养和敬业精神能够达到"导研式教学"的要求;二是如何让学生提高探究能力,适应新的学习方式,形成新的学习习惯;三是考试与评价如何适当降低对速度与技能的要求而真正重能力、重思维;四是习题课、复习课如何渗透与落实"导研式教学"的理念与方式;五是面对复杂多样的学习内容和不同层次的学生如何灵活地、有效地实施"导研式教学"等.这些问题都有待进一步研究和解决.

参考文献

[1] Carol Ann Tomlinson.多元能力课堂中的差异教学[M].刘颂,译.北京:中国轻工业出版社,2003.

[2] G.波利亚.怎样解题[M].涂泓,冯承天,译.上海:上海科技教育出版社,2002.

[3] L.W.安德森,等.学习、教学和评估的分类学[M].皮连生,等,译.上海:华东师范大学出版社,2008.

[4] Paul Ernest.数学教育哲学[M].齐建华,张松枝,译.上海:上海教育出版社,1998.

[5] 爱因斯坦.论理论物理学的方法[A].周洪林.现代教师读本科学卷[C].南宁:广西教育出版社,2006.

[6] 爱因斯坦文集第三卷[M].许良英,等,译.北京:商务印书馆,1979.

[7] 曹一鸣.数学教学中的科学人文精神[J].中学数学教学参考,2001(5).

[8] 陈桂生.教育原理[M].上海:华东师范大学出版社,1993.

[9] 陈琦,刘儒德.当代教育心理学[M].北京:北京师范大学出版社,1997.

[10] 陈自强.数学解题思维方法导引[M].长沙:中南工业大学出版社,1995.

[11] 邓志伟,吴敏.优质教学的特征[J].全球教育展望,2006(5).

[12] 高慎英."有效教学"的理想[J].课程·教材·教法,2005(8).

[13] 高文.现代教学的模式化研究[M].济南:山东教育出版社,1998.

[14] 胡庆芳.美国有效教学原则及能力要求的教学论意义探寻[J].上海教育科研,2006(5).

[15] 杰罗姆·布鲁纳.布鲁纳教育文化观[M].宋文里,黄小鹏,译.北京:首都师范大学出版社,2011.

[16] 卡尔·波普尔.猜想与反驳[M].傅季重,等,译.上海:上海译文出版社,1986.

[17] 李红婷,等.问题解决教学相关理论及课堂教学模式[J].数学教育学报,1998,7(4).

[18] 李士锜.PME:数学教育心理[M].上海:华东师范大学出版社,2001.

[19] 列·符·赞可夫.和教师的谈话[M].杜殿坤,译.北京:教育科学出版社,1980.

[20] 林永伟,叶立军.数学史与数学教育[M].杭州:浙江大学出版社,2004.

[21] 罗增儒.数学解题学引论[M].西安:陕西师范大学出版社,1997.

[22] 南国农,李运林.电化教育学[M].北京:高等教育出版社,1998.

[23] 皮连生.智育心理学[M].北京:人民教育出版社,1998.

[24] 齐民友.数学与文化[M].大连:大连理工大学出版社,2008.

[25] 沈文选.走进教育数学[M].北京:科学出版社,2009.

[26] 唐瑞芬.数学教学理论选讲[M].上海:华东师范大学出版社,2001.

[27] 瓦·阿·苏霍姆林斯基.给教师的建议[M].杜殿坤,译.北京:教育科学出版社,1980.

[28] 约翰·杜威.我们怎样思维·经验与教育[M].姜文闵,译.北京:人民教育出版社,2005.

[29] 张奠宙,过伯祥.数学方法论稿[M].上海:上海教育出版社,1996.

[30] 张奠宙,唐瑞芬.数学教育国际透视[M].杭州:浙江教育出版社,1995.

[31] 张奠宙.教育数学是具有教育形态的数学[M].数学教育学报,2005,14(3).

[32] 张乃达.数学思维教育学[M].南京:江苏教育出版社,1990.

[33] 张乃达.数学文化教育特征初探[J].中学数学,2002(7).

[34] 张乃达.数学证明和理性精神[J].中学数学,2003(2).

[35] 张维忠.数学文化与数学课程[M].上海:上海教育出版社,1999.

[36] 章建跃.聚焦中学数学核心概念、思想方法的课堂教学设计[J].中学数学教学参考,2008(11).

[37] 章建跃.数学教学的首要问题是"教什么"[J].中小学数学:高中,2009(10).

[38] 郑毓信.努力培养学生提出问题的能力[J].数学教学通讯,2000(6).

[39] 郑毓信.数学教育科研之关键性论题与发展趋势[J].数学教育学报,1998,7(4).

[40] 郑毓信.数学教育领域中的三个新"教条"[J].数学教育学报,2001,20(1).

[41] 郑毓信.数学教育哲学[M].成都:四川教育出版社,1995.

[42] 郅庭瑾.教会学生思维[M].北京:教育科学出版社,2001.

[43] 中华人民共和国教育部.普通高中数学课程标准(实验)[S].北京:人民教育出版社,2003.

[44] 中华人民共和国教育部.全日制义务教育数学课程标准(实验稿)[S].北京:北京师范大学出版社,2001.

[45] 钟启泉,黄志成.美国教学论流派[M].西安:陕西人民教育出版社,1993.

[46] 周春荔.数学观与方法论[M].北京:首都师范大学出版社,1996.

再版后记

本书汇集了笔者近十几年数学教育实践与研究的主要成果,是笔者对自己30多年数学教育工作的回顾、总结与反思。衷心感谢工作以后有幸遇到的许多"贵人"。他们有的是我的好领导,如王人操、王才长、邵桂兴、郑郁、郑米杰、任学宝、章以珍、徐林德、鹿先法、朱李益、林晓鸣、许建强、叶卫、徐涛宁、袁相千、王而冶、王铁、刘宝剑、季芳、缪水娟、石世昌、张丰、许芬英、张金良等;有的是我工作后继续学习中遇到的好老师,如首都师范大学王尚志教授、浙江外国语学院蒋志萍教授、浙江师范大学李伟建教授、杨天平教授、卜月华教授、张维忠教授、张翼教授、杭州师范大学王秀玲副教授、华东师范大学徐斌艳教授和崔允漷教授等;有的是我的良师益友,如人民教育出版社章建跃博士、李海东主任、李龙才副主任,陕西师范大学出版社副社长马小为先生,等等。是他们给了我莫大的鼓励和帮助,使我从一个普通的农村初中数学教师成长为台州市终身拔尖人才、浙江省特级教师、苏步青数学教育奖一等奖获得者、教育部"国培计划"专家。特别要感谢章建跃博士在多个课题研究过程中所给予的指导和帮助,以及他在繁忙的工作中抽出时间为本书作序。感谢宁波出版社第四编辑部王松见主任,正是他的努力和帮助才使本书得以出版,并再版与各位见面。感谢妻子冯雪芹女士和儿子李弘实一如既往的鼓励和支持。

由于读者的厚爱,本书2014年7月出版后,很快就销售一空,在此对广大读者表示衷心的感谢!由于本人水平限制和校对不够认真仔细,第一版存在较多差错,在此向读者表示深深的歉意!再版时,除了对已经发现的错误做了修正,还对书的结构做了一些调整。

愿本书能成为数学教育改革大潮中的小浪花和前进道路上的铺路石。如果它能给您带来点滴的帮助,我将感到无限欣慰。

李昌官

2015年12月